컴퓨터활용능력
2급 실기 엑셀 2016

컴퓨터활용능력 2급
엑셀 2016

발 행 일 : 2021년 11월 01일(1판 1쇄)
개 정 일 : 2022년 11월 01일(1판 3쇄)
I S B N : 978-89-8455-056-8(13000)
정   가 : 21,000원

집   필 : 김진원
진   행 : 김동주
본문디자인 : 앤미디어

발 행 처 : (주)아카데미소프트
발 행 인 : 유성천
주   소 : 경기도 파주시 정문로 588번길 24
홈페이지 : www.aso.co.kr / www.asotup.co.kr

시 / 험 / 안 / 내

1 검정기준

- 시행처(응시자격) : 대한상공회의소(제한없음)
- 검정절차 : 필기시험 합격 후, 실기시험
  (필기 합격자는 합격자 발표일을 기준으로 2년간 필기시험 면제)
- 필기시험 : 객관식 4지 택일형으로 매과목 100점 만점에 과목당 40점 이상, 평균 60점 이상
- 실기시험 : 시험방식은 작업형으로 진행, 100점 만점에 70점 이상
  (1급은 두과목 모두 70점 이상)

2 시험 등급별 출제형태 및 합격 기준

등급	시험방법	시험과목	출제형태	시험시간	합격 결정 기준
1급	필기	컴퓨터 일반 스프레드시트 일반 데이터베이스 일반	객관식 (60문항)	60분	• 과목당 40점 이상 • 평균 60점 이상
	실기	스프레드시트 실무 데이터베이스 실무	컴퓨터 작업형 (10문항 이내)	90분 (과목별 45분)	두 과목 모두 70점 이상
2급	필기	컴퓨터 일반 스프레드시트 일반	객관식 (40문항)	40분	• 과목당 40점 이상 • 평균 60점 이상
	실기	스프레드시트 실무	컴퓨터 작업형 (5문항 이내)	40분	70점 이상

※ 실기 프로그램 : 1급(MS Office 2016 중 Excel 2016, Access 2016) / 2급(MS Office 2016 중 Excel 2016)

3 원서접수 안내

- 대한상공회의소 인터넷 홈페이지를 통해 접수(http://license.korcham.net)
- 검정 수수료는 변경될 수 있으니, 대한상공회의소 홈페이지를 참조

4 합격자 발표 및 자격증 수령

- 합격자 발표는 대한상공회의소 홈페이지를 통해 확인할 수 있음
- 최종 합격자(필기/실기 합격자)는 자격증 발급 신청자에 한하여 카드 형태의 자격증이 교부됨
  – 자격증 신청 방법 : 인터넷 신청
  – 자격증 수령 방법 : 우체국 등기 배송

세/부/출/제/기/준

주요항목	세부항목	세세항목
응용 프로그램 준비	1. 프로그램 환경 설정하기	1.1 정보 가공을 위한 응용 프로그램을 실행할 수 있다. 1.2 프로그램의 기본적인 사용을 위한 프로그램 환경을 파악할 수 있다. 1.3 프로그램의 효율적인 사용을 위해 프로그램의 옵션을 설정할 수 있다.
	2. 파일 관리하기	2.1 작업할 파일을 열고 닫을 수 있다. 2.2 파일을 다양한 저장 옵션으로 저장할 수 있다. 2.3 공동작업을 위해 파일을 배포하고 내보낼 수 있다.
	3. 통합 문서 관리하기	3.1 새로운 시트를 삽입할 수 있다. 3.2 시트 복사/이동, 이름 바꾸기, 그룹 설정하여 작업할 수 있다. 3.3 시트 보호 설정을 할 수 있다. 3.4 통합 문서를 보호할 수 있다. 3.5 통합 문서를 공유하고 병합할 수 있다.
데이터 입력	1. 데이터 입력하기	1.1 업무에 필요한 데이터를 종류별 특성에 맞게 입력할 수 있다. 1.2 데이터의 시각화를 위해 일러스트레이션 개체를 삽입할 수 있다. 1.3 이름, 메모, 윗주 등의 기능을 이용하여 기타 정보를 입력할 수 있다.
	2. 데이터 편집하기	2.1 필요에 따라 입력된 데이터를 수정할 수 있다. 2.2 효율적인 데이터의 편집을 위한 다양한 영역 설정 방법을 사용할 수 있다. 2.3 데이터의 다양한 활용을 위해 복사하여 다른 형식으로 붙여 넣을 수 있다.
	3. 서식 설정하기	3.1 데이터의 가독성을 고려하여 데이터에 기본 서식을 지정할 수 있다. 3.2 데이터의 가독성을 높이고, 이해를 높이기 위해 사용자지정 서식을 지정할 수 있다. 3.3 데이터의 파악을 용이하게 하기 위해 조건부 서식을 적용할 수 있다. 3.4 업무 능률을 높이기 위해 서식파일과 스타일을 사용할 수 있다.
데이터 계산	1. 기본 계산식 사용하기	1.1 데이터의 계산 작업을 위한 기본 계산식을 사용할 수 있다. 1.2 분산된 데이터들의 계산을 위해 시트 및 통합 문서 간 수식을 사용할 수 있다. 1.3 계산 결과의 정확성을 위해 오류 메시지를 처리할 수 있다.
데이터 관리	1. 기본 데이터 관리하기	1.1 분산 데이터의 통합 관리를 위해 워크시트를 관리할 수 있다. 1.2 기본적인 데이터의 분석을 위해 기본 데이터 도구를 사용할 수 있다. 1.3 데이터의 형식과 사용자의 입력을 제어하기 위해 데이터 유효성 검사를 설정할 수 있다.
	2. 데이터 분석하기	2.1 데이터를 요약하고 보고하기 위해 데이터 분석 도구를 사용할 수 있다. 2.2 가상 분석 도구를 이용하여 수식에 여러 가지 값 집합을 적용한 다양한 결과를 확인할 수 있다.

차트 활용	1. 차트 작성하기	1.1 데이터에 적합한 차트의 종류를 선택하여 작성할 수 있다. 1.2 데이터의 내용에 맞춰 차트의 구성 요소를 변경할 수 있다. 1.3 작성된 차트를 필요에 따라 크기를 조정하여 재배치할 수 있다.
	2. 차트 편집하기	2.1 차트에 표현하고자 하는 데이터 원본을 선택하여 반영할 수 있다. 2.2 필요에 따라 적합한 차트 종류로 변경할 수 있다. 2.3 필요에 따라 작성된 차트의 서식을 변경할 수 있다. 2.4 반복적으로 사용되는 차트를 서식 파일로 저장하여 활용할 수 있다.
출력 작업	1. 페이지 레이아웃 설정하기	1.1 인쇄물의 출력을 위해 페이지 레이아웃을 설정할 수 있다. 1.2 화면 보기에서 인쇄물을 확인하고 페이지 레이아웃을 변경할 수 있다.
	2. 인쇄 작업하기	2.1 인쇄물의 출력을 위한 프린터 속성을 설정할 수 있다. 2.2 인쇄물의 출력을 위한 다양한 인쇄 옵션을 설정할 수 있다.
매크로 활용	1. 매크로 작성하기	1.1 반복적인 작업을 단순화하기 위해 매크로를 작성할 수 있다. 1.2 컨트롤과 연계하여 매크로를 실행할 수 있다.

※ 스프레드시트는 Microsoft Office 2016 버전 기준임

스프레드시트 함/수/출/제/범/위

구분	주요 함수
날짜와 시간함수	DATE, DAY, DAYS, EDATE, EOMONTH, HOUR, MINUTE, MONTH, NOW, SECOND, TIME, TODAY, WEEKDAY, WORKDAY, YEAR
논리 함수	AND, FALSE, IF, IFERROR, NOT, OR, TRUE
데이터베이스 함수	DAVERAGE, DCOUNT, DCOUNTA, DMAX, DMIN, DSUM
문자열 함수	FIND/FINDB, LEFT, LEN, LOWER, MID, PROPER, RIGHT, SEARCH/SEARCHB, TRIM, UPPER
수학과 삼각함수	ABS, INT, MOD, POWER, RAND, RANDBETWEEN, ROUND, ROUNDDOWN, ROUNDUP, SUM, SUMIF, SUMIFS, TRUNC
찾기와 참조함수	CHOOSE, COLUMN, COLUMNS, HLOOKUP, INDEX, MATCH, ROW, ROWS, VLOOKUP
통계함수	AVERAGE, AVERAGEA, AVERAGEIF, AVERAGEIFS, COUNT, COUNTA, COUNTBLANK, COUNTIF, COUNTIFS, LARGE, MAX, MAXA, MEDIAN, MIN, MINA, MODE, RANK.AVG, RANK.EQ, SMALL, STDEV, VAR

※ 스프레드시트는 Microsoft Office 2016 버전 기준임

★ CONTENTS ★

컴퓨터활용능력 2급 실기

엑셀 2016

CHAPTER

01 데이터 입력 및 편집

데이터 입력 및 수정과 삭제

출제유형

출제유형 분석

1 한글, 영어, 숫자 및 특수문자 등이 조합된 형태의 데이터를 입력하는 문제가 출제됩니다.
2 데이터 입력시 주어진 형태에 맞추어 그대로 입력하며 내용을 수정해서 입력할 경우 감점 처리됩니다.

|유형체크|
01 **데이터의 입력**

• **한글 또는 영문 입력** : 키를 이용하여 전환합니다.
• **특수문자 입력** : 한글 '자음'(ㄱ, ㄴ, ㄷ 등)을 입력한 후 **한자** 키를 누르면 표시되는 기호 중 원하는 기호를 찾아 입력합니다.
• **한 셀에 두 줄 이상의 내용을 입력** : 첫 번째 줄에 내용을 입력한 후 **Alt**+**Enter** 키를 누르고 나머지 내용을 입력한 다음 **Enter** 키를 누릅니다.

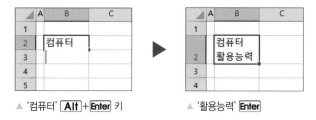

▲ '컴퓨터' **Alt**+**Enter** 키   ▲ '활용능력' **Enter**

|유형체크|
02 **데이터의 수정**

• 데이터가 입력된 셀에 새로운 데이터를 입력합니다. (이때, 기존 셀의 데이터는 삭제됨)
• 입력된 데이터 또는 입력 중인 데이터의 일부를 수정할 때에는 **F2** 키를 누른 후 데이터를 수정합니다.(또는, 수식 입력줄 클릭 / 수정할 셀에서 더블 클릭)

|유형체크|
03 **데이터의 삭제**

• 입력한 데이터를 삭제할 경우 해당 셀에서 **Delete** 키를 누릅니다.
• 여러 셀의 내용을 삭제할 경우 삭제할 영역을 범위로 지정하고 **Delete** 키를 누릅니다.

출제유형 완/전/정/복/ _ 데이터 입력

완전정복

소스파일 : 따라하기₩데이터입력-1.xlsx   **정답파일** : 따라하기₩데이터입력-1(완성).xlsx

1. '기본작업-1' 시트에 다음의 자료를 주어진 대로 입력하시오.

	A	B	C	D	E	F	G	H
1	신입 인턴사원 모집안내							
2								
3	구분코드	회사명	접수기간	전공분야	연봉	연락처	담당자	
4	DH-530	대한상사	10월 20일	제한없음	2200만원	3444-5677	이동건	
5	KO-620	한국A&G Ins	10월 15일	화학공학	2150만원	5533-6667	박은혜	
6	WE-113	웰컴Tour	수시채용	경영학	1950만원	2345-6789	정지욱	
7	DY-057	동양인터코리아	11월 17일	컴퓨터공학	2300만원	2020-7777	남상천	
8	SA-850	삼진유업	10월 25일	식품영양	2100만원	6533-9800	김성식	
9	GR-007	그래픽월드	11월 13일	컴퓨터그래픽	2000만원	8700-5000	곽인기	
10	SH-332	식자재코리아	10월 17일	산업디자인	1900만원	6455-8899	박동건	
11								

완전정복

소스파일 : 따라하기₩데이터입력-2.xlsx   **정답파일** : 따라하기₩데이터입력-2(완성).xlsx

1. '기본작업-1' 시트에 다음의 자료를 주어진 대로 입력하시오.

	A	B	C	D	E	F	G	H
1	행복은행 고객 대출금 현황							
2						(단위:천원)		
3	고객명	회원번호	대출종류	대출금	적용이율	연락처	담보물	
4	나운규	847SE08	신용	67,000	6.50%	6543-2333	없음	
5	김창수	848SF07	담보	25,000	5.10%	5577-9800	아파트	
6	박한선	855SA01	신용	32,000	7.50%	3653-6969	없음	
7	조민규	912SG12	담보	17,500	5.20%	7745-9900	주택	
8	노대리	893SS05	신용	45,000	7.80%	3325-6698	없음	
9	주노민	887SH06	신용	23,000	7.95%	2345-6636	없음	
10	한승희	923SB02	담보	7,500	5.10%	7278-5560	아파트	
11								

> ⊘ **TIP 기본작업-1**
> • [기본작업-1]은 셀 단위로 채점이 이루어지므로 오타없이 정확하게 내용을 입력
> • 주어진 내용을 그대로 입력하며, 임의로 내용을 수정해서 입력할 경우 감점

02
출제유형

데이터 편집

출제유형 분석
1 미리 입력된 데이터를 각종 지시사항에 맞추어 편집하는 문제가 출제되므로 엑셀의 기능을 충분히 숙지해둘 필요가 있습니다.
2 한자 및 특수문자, 메모, 이름 정의와 [셀 서식]을 이용한 각종 서식 및 사용자 지정 서식 설정 방법 등을 익혀두어야 합니다.

| 유형체크 |
01 → 한자 변환

한자로 변환할 데이터가 입력된 셀에서 F2 키를 누른 후 한자 키를 누르고 해당 한자를 선택합니다.

▶ '신입사원'을 한자 '新入社員'으로 변환

❶ [A1] 셀의 '상공상사 신입사원 모집현황'에서 '신입사원'을 한자 '新入社員'으로 변환해 보도록 합니다.

❷ [A1] 셀에서 F2 키를 누른 후 '신'자 앞에 커서를 위치시킵니다.

❸ 한자 키를 누른 후 [한글/한자 변환] 대화상자가 표시되면 〈한자 선택〉에서 '新入社員'을 클릭한 후, 〈입력 형태〉에서 '漢字'를 선택하고 〈변환〉 단추를 클릭합니다.

❹ Enter 키를 누른 후, 한자로 변환된 것을 확인합니다.

메모의 삽입과 표시

- 메모란 특정 셀에 추가 설명을 입력하는 기능으로 메모가 입력된 셀은 셀의 오른쪽 상단에 빨간 삼각형(▼)이 표시되어 쉽게 구분할 수 있습니다.
- **메뉴** : [검토] 탭–[메모] 그룹–[새 메모] / 바로 가기 키 : **Shift**+**F2** 키

▶ '자격증 보유 현황' 내용의 메모 삽입

① [파일]–[열기]–[찾아보기]를 클릭한 후, '소스파일₩따라하기' 폴더를 더블 클릭합니다.

② '메모삽입.xlsx' 파일을 불러온 후, [C3] 셀에 '자격증 보유 현황'이라는 메모를 삽입해 보도록 합니다.

③ [C3] 셀을 클릭한 후, [검토] 탭–[메모] 그룹–[새 메모](또는, **Shift**+**F2** 키)를 선택한 다음 **Back space** 키를 이용하여 기존의 메모 내용을 모두 삭제합니다.

④ '자격증 보유 현황'을 입력한 후 [C3] 셀을 클릭합니다.

⑤ [C3] 셀에서 마우스 오른쪽 버튼을 누른 후, [바로 가기] 메뉴–[메모 표시/숨기기]를 클릭합니다. (또는, [검토] 탭–[메모] 그룹에서 🗹메모 표시/숨기기 아이콘을 클릭합니다.)

⑥ 메모가 표시된 것을 확인합니다.

▲	A	B	C	D	E	F
1		자격증 현황				
2						
3		발급처	자격종목	자격증 보유 현황		
4		상공회의소	컴퓨터활용능력1급			
5		상공회의소	컴퓨터활용능력2급			
6		생산성본부	ITQ 한글 2010			
7		생산성본부	ITQ 엑셀 2010			
8		생산성본부	ITQ 파워포인트 2010			
9		산업인력공단	정보처리산업기사			
10						

▶ 메모 ('자격증 보유 현황') 자동 크기 설정

① 마우스 포인터를 메모 테두리에 위치시킨 후 포인터의 모양이 ⊕로 변경되면 마우스 오른쪽 버튼을 눌러줍니다.

② [메모 서식]을 클릭한 후, [메모 서식] 대화상자가 표시되면 [맞춤] 탭을 클릭합니다.

❸ '자동 크기'를 선택하여 체크 표시(✓)가 지정되면 〈확인〉 단추를 클릭합니다.

❹ 다음과 같이 메모 상자의 크기가 자동으로 조절된 것을 확인합니다.

	A	B	C	D	E	F
1		자격증 현황				
2				자격증 보유 현황		
3		발급처	자격종목			
4		상공회의소	컴퓨터활용능력1급			
5		상공회의소	컴퓨터활용능력2급			
6		생산성본부	ITQ 한글 2010			
7		생산성본부	ITQ 엑셀 2010			
8		생산성본부	ITQ 파워포인트 2010			
9		산업인력공단	정보처리산업기사			
10						

| 유형체크 |
03 › 이름 정의

특정한 의미가 있는 셀 범위를 이름으로 정의하여 수식 등에서 사용하는 기능입니다.

▶ **특정 영역에 이름 정의('목표수량')**

❶ [파일]-[열기]-[찾아보기]를 클릭한 후, '소스파일W따라하기' 폴더를 더블 클릭합니다.

❷ '판매현황.xlsx' 파일을 불러온 후, [C4:C11] 영역에 '목표수량'으로 이름을 정의해 봅니다.

❸ [C4:C11] 영역을 드래그한 후, [이름 상자]에 '목표수량'을 입력하고 **Enter** 키를 누릅니다.

❹ [C12] 셀에 '=SUM(목표수량)'을 입력한 후 **Enter** 키를 눌러 합계 점수를 계산해 봅니다.

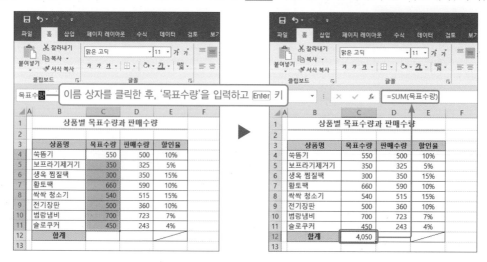

유형체크 04 ▶ [셀 서식] 지정하기

[홈] 탭의 [글꼴], [맞춤], [표시 형식] 그룹 또는, [셀 서식] 대화상자를 이용하여 셀에 각종 서식을 지정할 수 있습니다. ([셀 서식]의 바로 가기 키 : **Ctrl**+**1** 키)

1 표시 형식

▶ [홈] 탭-[표시 형식] 그룹

❶ **회계 표시 형식** : 통화 기호(₩)를 지정([셀 서식]–[표시 형식]에서 '회계' 서식과 동일)

❷ **백분율 스타일** : 셀 값에 100을 곱한 값이 백분율 기호(%)와 함께 표시

❸ **쉼표 스타일** : 천 단위마다 쉼표(,)를 표시

❹ **자릿수 늘림** : 클릭할 때 마다 소수 이하 자릿수를 늘려줌

❺ **자릿수 줄임** : 클릭할 때 마다 소수 이하 자릿수를 줄여줌

▶ [셀 서식]-[표시 형식] 탭

❶ 모든 표시 형식을 없애고 기본 표시 형식으로 설정

❷ 숫자의 표시 형식을 지정

❸ 통화 기호가 숫자 옆에 붙어서 표시 [예] ₩100

❹ 통화 기호와 소수점에 맞추어 열이 정렬 [예] ₩ 100

❺ 다양한 날짜 표시 형식을 지정

❻ 다양한 시간 표시 형식을 지정

❼ 숫자에 100을 곱한 후 백분율 기호(%)와 함께 표시

❽ 우편번호, 전화번호, 주민등록번호 등의 형식으로 표시

❾ 사용자가 직접 필요한 표시 형식을 만들어 사용

② 맞춤

▶ [홈] 탭-[맞춤] 그룹

① **왼쪽 맞춤** : 셀의 왼쪽에 맞춰 정렬

② **가운데 맞춤** : 셀의 가운데에 맞춰 정렬

③ **오른쪽 맞춤** : 셀의 오른쪽에 맞춰 정렬

④ **내어쓰기** : 들여쓰기와 반대로 한 글자씩 왼쪽으로 이동

⑤ **들여쓰기** : 데이터의 왼쪽에 한 글자씩 여백을 주면서 오른쪽으로 이동

⑥ **병합하고 가운데 맞춤** : 선택한 범위의 셀들을 하나로 병합하고 가로 방향 가운데를 기준으로 정렬

▶ [셀 서식]-[맞춤] 탭

① 데이터의 가로 방향 정렬 방식을 지정

② 데이터의 세로 방향 정렬 방식을 지정

③ 셀의 너비에 맞추어 전체 문자가 표시되지 않을 때 두 줄 이상으로 나누어 표시
   (Alt +Enter 키를 누른 것과 동일)

④ 셀의 너비에 맞추어 전체 문자가 표시되지 않을 때 글자 크기를 줄여서 셀 안에 표시

⑤ 선택한 범위의 셀들을 하나의 셀로 병합

⑥ 텍스트의 세로쓰기 등 표의 제목이나 차트의 축 제목 설정 등에 효과적으로 사용

③ 글꼴

▶ [홈] 탭-[글꼴] 그룹

❶ **글꼴** : 글꼴의 종류를 지정

❷ **글꼴 크기** : 글꼴의 크기를 지정

❸ **굵게** : 글꼴을 굵게(진하게) 지정

❹ **기울임꼴** : 글꼴을 기울임꼴로 지정

❺ **밑줄** : 글꼴에 밑줄을 지정

❻ **글꼴 색** : 글꼴에 색을 지정

❼ **글꼴 크기 크게** : 글꼴 크기를 크게 지정

❽ **글꼴 크기 작게** : 글꼴 크기를 작게 지정

▶ [셀 서식]-[글꼴] 탭

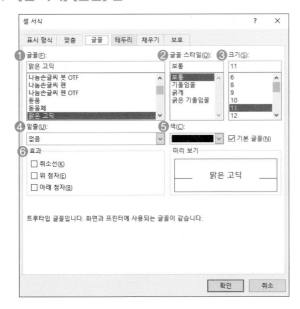

❶ 글꼴의 종류를 지정

❷ 보통, 기울임꼴, 굵게, 굵은 기울임꼴 등을 지정

❸ 글꼴의 크기를 지정

❹ 실선, 이중 실선 등을 지정

❺ 글꼴에 색을 지정

❻ 취소선, 위 첨자, 아래 첨자 등 글꼴에 효과를 지정

4 테두리

▶ [홈] 탭-[글꼴] 그룹

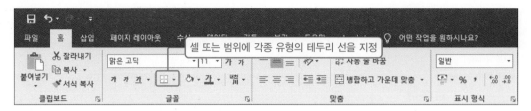

▶ [셀 서식]-[테두리] 탭

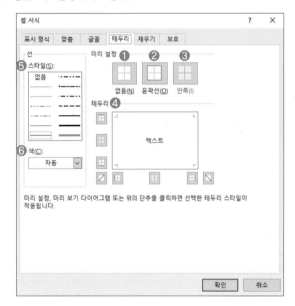

❶ 범위에 지정된 테두리 선을 모두 제거

❷ 범위의 테두리에만 선을 지정

❸ 범위의 안쪽에만 선을 지정

❹ 테두리 선을 지정할 위치를 지정

❺ 테두리 선의 종류를 지정

❻ 테두리 선의 색상을 지정

⑤ 채우기

▶ [홈] 탭-[글꼴] 그룹

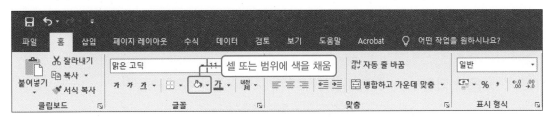

▶ [셀 서식]-[채우기] 탭

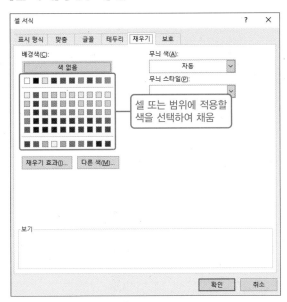

05 사용자 지정 서식 지정하기

엑셀에서 제공되는 서식만으로 데이터를 원하는 대로 표현할 수 없을 때 사용자가 직접 필요한 표시 형식을 만들어 사용할 수 있습니다.

TIP : 사용자 지정 서식 지정하기

- 마우스 오른쪽 버튼을 눌러 [바로 가기] 메뉴 중 [셀 서식]을 클릭한 후 [표시 형식] 탭에서 〈범주〉 항목의 '사용자 지정'을 선택
- 기존의 사용자 지정 표시 형식을 선택하거나 〈형식〉 입력 상자에 직접 표시 형식을 입력

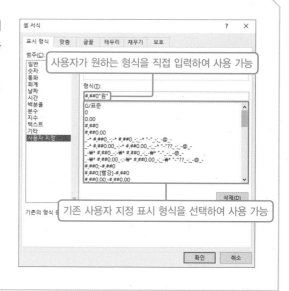

• 주요 서식 코드

0	숫자가 들어가는 자리를 표시하는 기호(숫자가 없을시 빈자리를 '0'으로 채움)
?	숫자가 들어가는 자리를 표시하는 기호(숫자가 없을시 빈 자리를 빈 칸으로 채움)
#	• 숫자를 표시하는 기호로 가장 기본이 되는 기호 • 0과 사용법은 같으나 #은 빈 칸을 공백으로 비워둠
,	1000 단위 구분 기호를 표시
[색상]	• 숫자나 문자에 색을 지정하여 표시하는 기호 • [검정], [파랑], [녹청], [녹색], [자홍], [빨강], [흰색], [노랑] • [파랑]#,##0;-#,### : 양수와 0은 파랑색으로 표시되고, 음수는 기본 색상인 검정색으로 표시
[조건값]	• 특정 값을 비교하여 조건에 맞는 결과만 특정한 서식을 지정할 때 사용 • 조건 연산자 : <, >, =, <=, >=, <> [예] [빨강][>=1000]#,##0;[파랑][>=500](#,##0);#,##0
"텍스트"	사용자 지정 서식에 문자열을 추가하여 보여주고자 할 때 따옴표를 넣어 주어야 함
@	특정한 문자를 항상 붙여서 표기할 때 사용 [예] "아카"@ : 서식을 적용할 셀에 '데미'라는 문자열이 있다면 '아카데미'로 표시

출제유형 완/전/정/복/ _ 데이터 편집

1. '기본작업-2' 시트에 대하여 다음의 지시사항을 처리하시오.

1 [A1:H1] 영역은 '병합하고 가운데 맞춤', 글꼴 '맑은 고딕', 글꼴 스타일 '굵게', 크기 '18', 글꼴 색 '표준 색-파랑'으로 지정하시오.

2 [A4:F13], [H4:H13] 영역은 '가운데 맞춤'으로 지정하시오.

3 [H3] 셀에 '사원별 자격증'이라는 메모를 삽입한 후 항상 표시되도록 지정하고, 메모 서식에서 맞춤 '자동 크기'를 설정하시오.

4 [G4:G13] 영역은 사용자 지정 표시 형식을 이용하여 숫자 뒤에 '개월'을 표시 예와 같이 표시하시오.
  [표시 예 : 150 → 150개월]

5 [A3:H13] 영역에 '모든 테두리(⊞)'를 적용하여 표시하시오.

▶ **1번 작업 과정**

① [A1:H1] 영역을 드래그한 후, **Ctrl**+**1** 키를 눌러 [셀 서식] 메뉴를 실행합니다.

② [맞춤] 탭의 〈텍스트 조정〉에서 '셀 병합'에 체크 표시(√)를 지정한 후, 〈텍스트 맞춤〉의 가로에서 '가운데'를 지정합니다.

③ [글꼴] 탭을 선택한 후, 〈글꼴〉 '맑은 고딕', 〈글꼴 스타일〉 '굵게', 〈크기〉 '18', 글꼴 〈색〉 '파랑'을 지정하고 〈확인〉 단추를 클릭합니다.

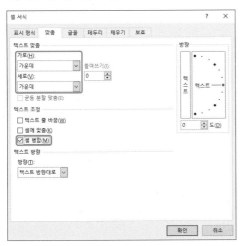 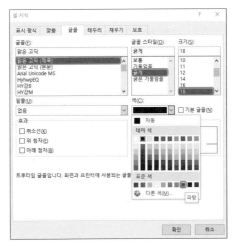

④ 또는, [홈] 탭-[글꼴] 그룹과 [맞춤] 그룹에서 다음과 같이 지정해도 됩니다.

▶ **❷번 작업 과정**

① [A4:F13] 영역을 드래그한 후, **Ctrl** 키를 누른 상태에서 [H4:H13] 영역도 드래그 합니다.
② **Ctrl**+**1** 키를 눌러 [셀 서식] 메뉴를 실행한 후, [맞춤] 탭의 〈텍스트 맞춤〉에서 가로에 '가운데'를 지정하고 〈확인〉 단추를 클릭합니다.
③ 또는, [홈] 탭-[맞춤] 그룹에서 다음과 같이 지정해도 됩니다.

▶ **❸번 작업 과정**

① [H3] 셀에서 **Shift**+**F2** 키를 누릅니다. (또는, [검토] 탭-[메모] 그룹-[새 메모]를 선택)
② 기존의 메모 내용을 **Back space** 키를 이용하여 모두 삭제하고 '사원별 자격증'을 입력합니다.

③ 마우스 포인터를 메모 상자의 테두리에 위치시킨 후, 포인터의 모양이 ⊹로 변경되면 마우스 오른쪽 버튼을 눌러 [메모 서식]을 클릭합니다.
④ [메모 서식] 대화상자가 표시되면 [맞춤] 탭에서 '자동 크기'에 체크 표시(✔)를 지정한 후 〈확인〉 단추를 클릭합니다.

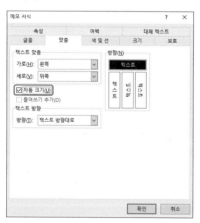

⑤ 만일, 메모의 내용이 화면에 표시되지 않을 경우 [H3] 셀에서 마우스 오른쪽 버튼을 눌러 [메모 표시/숨기기]를 선택합니다.

▶ **4번 작업 과정**

① [G4:G13] 영역을 드래그한 후, **Ctrl**+**1** 키를 눌러 [셀 서식] 메뉴를 실행합니다.

② [표시 형식] 탭의 〈범주〉 항목에서 '사용자 지정'을 선택한 후, 〈형식〉 항목에 '#"개월"'을 입력한 다음 〈확인〉 단추를 클릭합니다.

▶ **5번 작업 과정**

① [A3:H13] 영역을 드래그한 후, **Ctrl**+**1** 키를 눌러 [셀 서식] 메뉴를 실행합니다.

② [테두리] 탭의 〈선〉 스타일 항목에서 [▭](실선)을 선택한 후, 〈미리 설정〉에서 [▦](윤곽선)과 [▦](안쪽)을 선택하고 〈확인〉 단추를 클릭합니다.

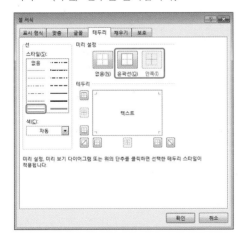

③ 또는, [홈] 탭-[글꼴] 그룹에서 ⊞·(아래쪽 테두리) 아이콘의 ▾(목록 단추)를 눌러 ⊞(모든 테두리) 아이콘을 클릭합니다.

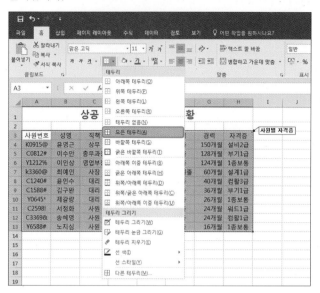

④ 다음과 같이 편집된 결과를 확인합니다.

	A	B	C	D	E	F	G	H	I	J
1			상공 엔지니어링 사원 현황							
2										
3	사원번호	성명	직책	부서	호봉	학력	경력	자격증	사원별 자격증	
4	K0915@	윤영근	상무	기획실	1급8호	대졸	150개월	설비2급		
5	C0812#	이수안	총무과장	총무과	3급4호	대졸	128개월	부기1급		
6	Y1212%	이인상	영업부장	영업부	2급8호	대졸	124개월	1종보통		
7	k3360@	최예인	사장	기획실	1급32호	대학원졸	60개월	설계1급		
8	C1240#	윤인수	대리	총무과	4급8호	대졸	40개월	컴활3급		
9	C1588#	김구완	대리	총무과	4급8호	대졸	36개월	부기1급		
10	Y0645*	제갈량	대리	영업1부	4급4호	대졸	26개월	1종보통		
11	C2598!	서정화	사원	총무과	6급16호	고졸	24개월	워드1급		
12	C3369&	송혜영	사원	총무과	5급4호	고졸	24개월	컴활1급		
13	Y6588#	노지심	사원	영업1부	6급8호	대졸	16개월	1종보통		
14										

완전정복 02

소스파일 : 따라하기\데이터편집-2.xlsx   **정답파일** : 따라하기\데이터편집-2(완성).xlsx

1. '기본작업-2' 시트에 대하여 다음의 지시사항을 처리하시오.

1 [B1:H1] 영역은 '병합하고 가운데 맞춤', 글꼴 '궁서', 크기 '20', 글꼴 스타일 '굵게'로 지정하시오.

2 [B3:C12], [D3:H4] 영역은 가로 '가운데 맞춤', 세로 '위쪽 맞춤', 글꼴 '굴림', 글꼴 스타일 '굵게', 크기 '12'로 지정하시오.

3 [D5:D12], [F5:F12] 영역에 '쉼표 스타일(,)'을 지정하고 [E5:E12], [G5:H12] 영역은 사용자 지정 표시 형식을 이용하여 소수점 아래 1자리와 숫자 뒤에 '%'를 표시 예와 같이 표시하시오. [표시 예 : 5 → 5.0%]

4 [H5:H12] 영역의 이름을 '중국비중'으로 정의하시오.

5 [E4], [G4] 셀의 '구성비'를 한자 '構成比'로 변경하고, [B3:H12] 영역에 '모든 테두리(⊞)'를 적용하여 표시하시오.

▶ **1번 작업 과정**

① [B1:H1] 영역을 드래그한 후, [홈] 탭-[맞춤] 그룹에서 ▦ 병합하고 가운데 맞춤 ▾ 아이콘을 클릭합니다.

② 이어서, [글꼴] 그룹에서 글꼴에 '궁서', 글꼴 스타일 '굵게', 크기 '20'을 각각 지정합니다.

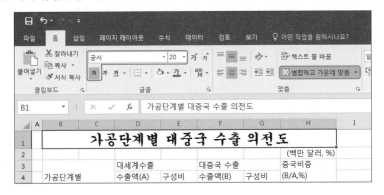

▶ **2번 작업 과정**

① [B3:C12] 영역을 드래그한 후, [Ctrl] 키를 누른 상태에서 [D3:H4] 영역도 드래그 합니다.

② [Ctrl]+[1] 키를 눌러 [셀 서식] 메뉴를 실행한 후, [맞춤] 탭을 클릭합니다.

③ 〈텍스트 맞춤〉의 가로에서 '가운데', 세로에서 '위쪽'을 각각 선택한 다음 [글꼴] 탭을 클릭합니다.

④ 〈글꼴〉에 '굴림', 〈글꼴 스타일〉 '굵게', 〈크기〉 '12'를 각각 지정한 후 〈확인〉 단추를 클릭합니다.

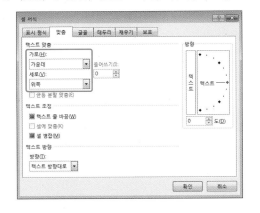

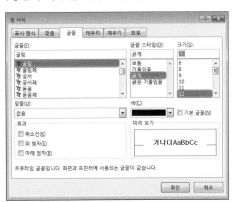

⑤ 또는, [홈] 탭–[맞춤] 그룹에서 ▤(위쪽 맞춤) 아이콘과 ▤(가운데 맞춤) 아이콘을 클릭한 후, [글꼴] 그룹에서 글꼴에 '굴림', 글꼴 스타일 '굵게', 크기 '12'를 각각 지정해도 됩니다.

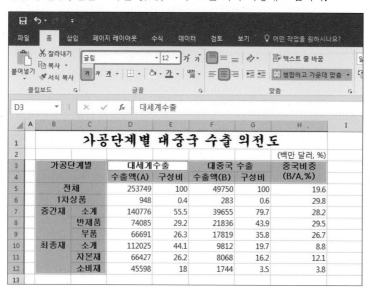

▶ **3번 작업 과정**

① [D5:D12] 영역을 드래그한 후, **Ctrl** 키를 누른 상태에서 [F5:F12] 영역도 드래그 합니다.

② [홈] 탭의 [표시 형식] 그룹에서 **,**(쉼표 스타일) 아이콘을 클릭합니다.

③ 이어서, [E5:E12] 영역을 드래그한 후, **Ctrl** 키를 누른 상태에서 [G5:H12] 영역도 드래그 합니다.

④ **Ctrl**+**1** 키를 눌러 [셀 서식] 메뉴를 실행합니다.

⑤ [표시 형식] 탭의 〈범주〉 항목에서 '사용자 지정'을 선택한 후, 〈형식〉에서 '0.0%'를 입력하고 〈확인〉 단추를 클릭합니다.

▶ **4번 작업 과정**

① [H5:H12] 영역을 드래그한 후, [이름 상자]에 '중국비중'을 입력하고 **Enter** 키를 누릅니다.

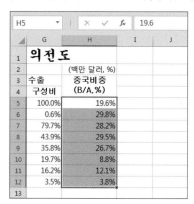 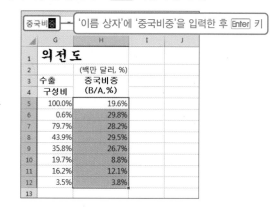

▶ **5번 작업 과정**

① [E4] 셀에서 **F2** 키를 누른 후 **한자** 키를 누릅니다.
② [한글/한자 변환] 대화상자가 표시되면 〈한자 선택〉 항목에서 '構成比'를 선택하고, 〈입력 형태〉 항목에서 '漢字'를 선택한 다음 〈변환〉 단추를 클릭합니다.
③ 이어서, **Enter** 키를 누릅니다.
④ [G4] 셀의 '구성비'도 동일한 방법으로 변경해 줍니다.

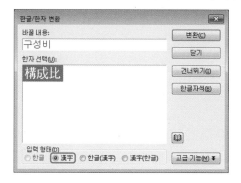

⑤ [B3:H12] 영역을 드래그한 후, [홈] 탭–[글꼴] 그룹에서 ⊞▾(아래쪽 테두리) 아이콘의 ▾(목록 단추)를 눌러 ⊞(모든 테두리) 아이콘을 클릭합니다.

A	B		C	D	E	F	G	H	I
1	가공단계별 대중국 수출 의전도								
2								(백만 달러, %)	
3	가공단계별			대세계수출		대중국 수출		중국비중	
4				수출액(A)	構成比	수출액(B)	構成比	(B/A,%)	
5	전체			253,749	100.0%	49,750	100.0%	19.6%	
6	1차상품			948	0.4%	283	0.6%	29.8%	
7	중간재		소계	140,776	55.5%	39,655	79.7%	28.2%	
8			반제품	74,085	29.2%	21,836	43.9%	29.5%	
9			부품	66,691	26.3%	17,819	35.8%	26.7%	
10	최종재		소개	112,025	44.1%	9,812	19.7%	8.8%	
11			자본재	66,427	26.2%	8,068	16.2%	12.1%	
12			소비재	45,598	18.0%	1,744	3.5%	3.8%	
13									

MEMO

CHAPTER

02 서식 설정 및 데이터 관리

01

고급 필터와 자동 필터

출제유형 분석

특정 조건을 입력한 후 원하는 데이터만을 필터링하는 방법에 대해서 충분히 숙지해 둘 필요가 있습니다.

| 유형체크 |

01 → 고급 필터

- 임의의 조건을 특정 셀에 입력한 후 원하는 자료만을 필터링하는 기능을 의미하며, 다른 위치에 필터 결과를 기록하거나 특정 필드만을 필터링할 수 있습니다.
- **고급 필터** : [데이터] 탭–[정렬 및 필터] 그룹– ▼고급 이용

TIP : **고급 필터**

- 특정 셀에 조건을 먼저 입력한 후, [데이터] 탭–[정렬 및 필터] 그룹에서 ▼고급 아이콘 이용
- 두 개의 필드를 AND나 OR 조건으로 결합할 수 있음
- 찾을 조건에 빈 행이 있으면 아무런 조건이 없음을 의미

■ 다음과 같이 고급 필터를 이용하여 데이터를 검색해 보자.

'퇴직금 정산서' 표에서 팀별이 '2팀'이고, 직위가 '대리'인 데이터 값을 고급 필터를 사용하여 검색하시오.
  ▶ 고급 필터 조건은 [C19:D20] 영역 내에 알맞게 입력하시오.
  ▶ 고급 필터 결과는 [B22] 셀에서 시작하시오.

▶ **'2팀'이면서 '대리'인 사람만 필터링**

① '퇴직금 정산서'에서 고급 필터 기능을 이용하여 2팀이면서 대리인 사람만 필터링 하도록 합니다.

② [파일]–[열기]–[찾아보기]를 클릭한 후, '소스파일￦따라하기' 폴더에서 '퇴직금.xlsx' 파일을 불러옵니다.

③ 조건에 사용할 필드 제목인 [C3:D3] 영역을 드래그한 후, **Ctrl**+**C** 키를 눌러 [복사]를 실행합니다.

④ 조건이 놓여질 [C19] 셀을 클릭한 후, **Ctrl**+**V** 키를 눌러 [붙여넣기] 합니다.

❺ **Esc** 키를 눌러 영역 지정을 해제한 후, [C20] 셀과 [D20] 셀에 조건을 입력합니다.

	A	B	C	D		H	I	J
1				❶ [C3:D3] 영역 드래그				
2				❷ Ctrl + C 키를 눌러 [복사]				
3		이름	팀별	직위	근속기간	기본급	상여금	수당	퇴직금
4		홍기자	1팀	팀장	22	2,500	10,000	125	65,125
5		도연명	2팀	차장	18	2,200	8,800	44	48,444
6		공사덕	2팀	차장	17	1,800	7,200	36	37,836
7		강대수	1팀	팀장	23	2,500	10,000	125	67,625
8		김동철	1팀	대리	6	1,500	6,000	30	15,030
9		박현지	1팀	과장	12	1,800	7,200	36	28,836
10		추연철	2팀	대리	7	1,500	6,000	30	16,530
11		탁지훈	2팀	대리	9	1,500	6,000	30	19,530
12		송지나	1팀	과장	13	1,800	7,200	36	30,636
13		모정아	1팀	대리	8	1,500	6,000	30	18,030
14		유영철	1팀	대리	8	1,500	6,000	30	18,030
15					14	1,800	7,200	36	32,436
16					7	1,500	6,000	30	16,530
17					20	2,200	8,800	110	52,910
18									
19			팀별	직위					
20			2팀	대리	❺ 조건 입력				
21									

❸ [C19] 셀 클릭
❹ Ctrl + V 키를 눌러 [붙여넣기]

TIP ⫶ **고급 필터에서의 조건 지정**

❶ AND 조건(~이면서, ~이고)
- 조건 내용을 동일한 줄에 입력
- 조건식 모두를 만족할 경우에만 결과 출력

	A	B	C	D
1				
2		**부서**	**직급**	
3		영업부	실장	
4				

부서가 '영업부'이면서, 직급이 '실장'인 데이터

	A	B	C	D
1				
2		**이름**	**직급**	
3		김*	실장	
4				

이름이 '김'으로 시작하고, 직급이 '실장'인 데이터

❷ OR 조건(~또는, ~이거나)
- 조건 내용을 서로 다른 줄에 입력
- 조건식 중 하나만 만족해도 결과 출력

	A	B	C	D
1				
2		**부서**	**직급**	
3		영업부		
4			실장	
5				

부서가 '영업부' 또는, 직급이 '실장'인 데이터

	A	B	C	D
1				
2		**이름**	**직급**	
3		김*		
4			실장	
5				

이름이 '김'으로 시작하거나, 직급이 '실장'인 데이터

⑥ [B3] 셀을 클릭한 후, [데이터] 탭–[정렬 및 필터] 그룹에서 ▼고급 아이콘을 클릭합니다.

⑦ 다음과 같이 각 범위를 지정하고 〈확인〉 단추를 클릭합니다.

퇴직금 정산서

이름	팀별	직위	근속기간	기본급	상여금	수당	퇴직금
홍기자	1팀	팀장			000	125	65,125
도연명	2팀	차장			800	44	48,444
공사덕	2팀	차장			200	36	37,836
강대수	1팀	팀장			000	125	67,625
김동철	1팀	대리			000	30	15,030
박현지	1팀	과장			200	36	28,836
추연철	2팀	대리			000	30	16,530
탁지훈	2팀	대리			000	30	19,530
송지나	1팀	과장			200	36	30,636
모정아	1팀	대리			000	30	18,030
유영철	2팀	대리			000	30	18,030
김미영	1팀	팀장			200	36	32,436
홍동영	2팀	대리		1,500	6,000	30	16,530
우칠성	1팀	팀장	20	2,200	8,800	110	52,910

팀별	직위
2팀	대리

고급 필터 대화상자
결과
○ 현재 위치에 필터(F)
◉ 다른 장소에 복사(O)
목록 범위(L): $B$3:$I$17
조건 범위(C): 고급필터!$C$19:$D$20
복사 위치(T): 고급필터!$B$22
☐ 동일한 레코드는 하나만(R)
〈확인〉 〈취소〉

TIP : [고급 필터] 대화상자

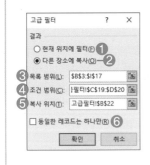

고급 필터
결과
○ 현재 위치에 필터(F) ❶
◉ 다른 장소에 복사(O) ❷
❸ 목록 범위(L): $B$3:$I$17
❹ 조건 범위(C): 고급필터!$C$19:$D$20
❺ 복사 위치(T): 고급필터!$B$22
☐ 동일한 레코드는 하나만(R) ❻
〈확인〉 〈취소〉

❶ **현재 위치에 필터** : 원본 데이터 목록에 직접 필터 결과를 표시

❷ **다른 장소에 복사** : 다른 셀 범위에 필터 결과를 표시

❸ **목록 범위** : 원본 데이터 목록에서 필터링할 범위를 지정

❹ **조건 범위** : 필터 조건이 위치한 범위를 지정

❺ **복사 위치** : '다른 장소에 복사'를 선택했을 경우 필터 결과를 표시할 위치를 지정
　– 만약 추출할 결과가 전체가 아닌 특정 자료만 추출하고자 할 때는 추출할 자료의
　　필드명을 입력한 후 해당 필드명을 복사 위치로 지정

❻ **동일한 레코드는 하나만** : 필터링한 결과 중 같은 레코드가 있을 경우 하나만 표시

---

⑧ 다음과 같이 '2팀 대리'만 고급 필터 결과로 표시된 것을 확인합니다.

팀별	직위
2팀	대리

이름	팀별	직위	근속기간	기본급	상여금	수당	퇴직금
추연철	2팀	대리	7	1,500	6,000	30	16,530
탁지훈	2팀	대리	9	1,500	6,000	30	19,530
유영철	2팀	대리	8	1,500	6,000	30	18,030
홍동영	2팀	대리	7	1,500	6,000	30	16,530

TIP : 특정 필드만 추출하여 표시

❶ 고급 필터 추출 결과를 전체가 아닌 특정 필드만 추출하여 표시하고자 할 때는 해당 필드명만 복사하여 표시합니다.

퇴직금 정산서

이름	팀별	직위	근속기간	기본급	상여금	수당	퇴직금
홍기자	1팀	팀장	22	2,500	10,000	125	65,125
도연명	2팀	차장	18	2,200	8,800	44	48,444
공사덕	2팀	차장	17	1,800	7,200	36	37,836
강대수	1팀	팀장	23	2,500	10,000	125	67,625
김동철	1팀	대리	6	1,500	6,000	30	15,030
박현지	1팀	과장	12	1,800	7,200	36	28,836
추연철	2팀	대리	7	1,500	6,000	30	16,530
탁지훈	2팀	대리	9	1,500	6,000	30	19,530
송지나	1팀	과장	13	1,800	7,200	36	30,636
모정아	1팀	대리	8	1,500	6,000	30	18,030
유영철	2팀	대리	8	1,500	6,000	30	18,030
김미영	1팀	팀장	14	1,800	7,200	36	32,436
홍동영	2팀	대리	7	1,500	6,000	30	16,530
우칠성	1팀	팀장	20	2,200	8,800	110	52,910

팀별	직위
2팀	대리

이름	근속기간	기본급	퇴직금

> [B3] 셀을 클릭한 후, Ctrl 키를 누른 상태에서 [E3:F3], [I3] 영역을 드래그하여 [복사]한 후, [B22] 셀에서 [붙여넣기] 한다.

❷ 다음과 같이 복사 위치의 범위를 지정하고 〈확인〉 단추를 클릭합니다.

❸ '2팀 대리'의 이름과 근속기간, 기본급, 퇴직금 항목만 추출하여 표시합니다.

팀별	직위
2팀	대리

이름	근속기간	기본급	퇴직금
추연철	7	1,500	16,530
탁지훈	9	1,500	19,530
유영철	8	1,500	18,030
홍동영	7	1,500	16,530

출제유형 완/전/정/복/ _ 고급 필터

소스파일 : 따라하기\고급필터.xlsx　　　**정답파일** : 따라하기\고급필터(완성).xlsx

완전정복 01

1. '기본작업-3' 시트에서 다음의 지시사항을 처리하시오.

'위치별 아파트 분양 현황' 표에서 브랜드명이 '편한세상'이고, 구분이 '민영 일반'인 데이터 값을 고급 필터를 사용하여 검색하시오.

▶ 고급 필터 조건은 [B15:C16] 영역 내에 알맞게 입력하시오.
▶ 고급 필터 결과는 [A18] 셀에서 시작하시오.

▶ 작업 과정

① [B15:C16] 영역에 조건을 입력합니다.

	A	B	C	D
14				
15		브랜드명	구분	
16		편한세상	민영 일반	
17				

② [A4] 셀을 클릭한 후, [데이터] 탭-[정렬 및 필터] 그룹에서 ▼고급 아이콘을 클릭합니다.

③ 다음과 같이 각 범위를 지정하고 〈확인〉 단추를 클릭합니다.

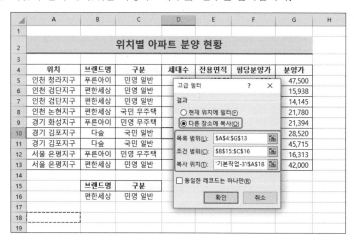

④ 고급 필터 결과를 확인합니다.

	A	B	C	D	E	F	G	H
14								
15		브랜드명	구분					
16		편한세상	민영 일반					
17								
18	위치	브랜드명	구분	세대수	전용면적	평당분양가	분양가	
19	인천 검단지구	편한세상	민영 일반	369	82.63	850	15,938	
20	인천 검단지구	편한세상	민영 일반	213	76.02	820	14,145	
21	서울 은평지구	편한세상	민영 일반	117	138.81	1,000	42,000	
22								

유형체크 02 자동 필터

- 조건에 해당하는 자료들을 추출하여 표시하는 기능으로 ▼(자동 필터 목록) 단추를 이용하여 쉽게 필터 조건을 선택할 수 있습니다.
- **자동 필터** : [데이터] 탭–[정렬 및 필터] 그룹–▼(필터) 이용

■ 다음과 같이 자동 필터를 이용하여 데이터를 검색해 보자.

> '업체별 인테리어 견적서' 표에서 합계가 '7,000' 이상인 데이터 값을 자동 필터를 사용하여 검색하시오.

▶ **합계가 '7,000' 이상인 데이터만 필터링**

❶ '업체별 인테리어 견적서'에서 자동 필터 기능을 이용하여 합계가 7,000 이상인 자료만 검색하도록 합니다.

❷ [파일]–[열기]–[찾아보기]를 클릭한 후, '소스파일₩따라하기' 폴더에서 '견적서.xlsx' 파일을 불러옵니다.

❸ [B3] 셀을 클릭한 후, [데이터] 탭의 [정렬 및 필터] 그룹에서 ▼(필터)를 클릭합니다.

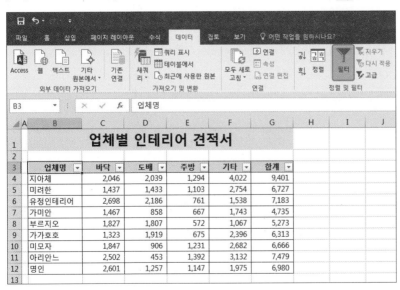

❹ '합계' 항목의 ▼(자동 필터 목록) 단추를 눌러 [숫자 필터]–[크거나 같음]을 선택합니다.

⑤ [사용자 지정 자동 필터] 대화상자가 표시되면 다음과 같이 조건을 지정한 후 〈확인〉 단추를 클릭합니다.

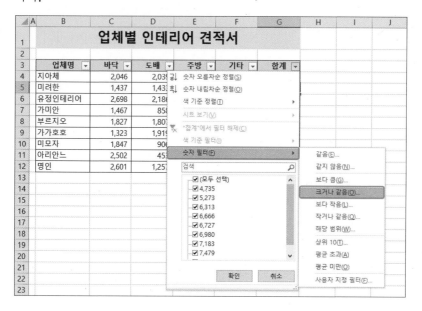

⑥ 다음과 같이 합계가 7,000 이상인 데이터만 표시된 것을 확인합니다.

출제유형 완/전/정/복/ _ 자동 필터

완전정복 01

소스파일 : 따라하기₩자동필터.xlsx　　　**정답파일** : 따라하기₩자동필터(완성).xlsx

1. '기본작업-3' 시트에 대하여 다음의 지시사항을 처리하시오.

'하반기 매출 실적' 표에서 부서명이 '영업3팀'이면서 총계가 '520' 이상인 데이터 값을 자동 필터를 사용하여 검색하시오.

▶ **작업 과정**

① [A5] 셀을 클릭한 후, [데이터] 탭-[정렬 및 필터] 그룹에서 [필터]를 클릭합니다.

② '부서명' 항목의 ▼(자동 필터 목록) 단추를 클릭합니다.

③ 다음과 같이 ☑(모두 선택)을 클릭하여 체크 표시를 해제(☐(모두 선택))한 후, '영업3팀'만 다시 클릭하여 체크 표시를 지정(☑영업3팀)하고 〈확인〉 단추를 클릭합니다.

④ 이어서, '총계' 항목의 ▼(자동 필터 목록) 단추를 눌러 [숫자 필터]-[크거나 같음]을 선택합니다.

⑤ [사용자 지정 자동 필터] 대화상자가 표시되면 다음과 같이 조건을 지정한 후 〈확인〉 단추를 클릭합니다.

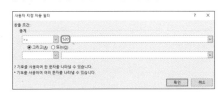

⑥ 다음과 같이 부서명이 '영업3팀'이면서 총계가 '520' 이상인 데이터만 표시된 것을 확인합니다.

	A	B	C	D	E	F	G	H	I	J	K	L
1												
2				하반기 매출 실적								
3												
4										(단위:백만 원)		
5	부서명	이름	7월	8월	9월	3분기	10월	11월	12월	4분기	총계	
14	영업3팀	최권수	80	90	88	258	82	94	92	268	526	
15	영업3팀	이영의	86	92	94	272	82	94	92	268	540	
18	영업3팀	홍성호	94	94	92	280	96	88	92	276	556	
20												

조건부 서식

출제유형 분석

1 조건을 '수식'으로 설정하는 문제가 주로 출제됩니다.

2 함수식과 함께 수식을 작성하여 조건을 부여하는 방법을 충분히 숙지해 둘 필요가 있습니다.

|유형체크| 01 ▶ 조건부 서식

- 특정한 조건에 부합될 경우에만 서식이 적용될 수 있도록 해주는 기능으로 셀 값이 바뀌어 지정한 조건과 일치하지 않게 되면 서식 설정이 해제되고, 다시 셀 값이 바뀌어 조건에 부합되면 서식이 적용됩니다.

- **조건부 서식** : [홈] 탭-[스타일] 그룹-[조건부 서식] 이용

- '수식을 사용하여 서식을 지정할 셀 결정'을 이용한 조건부 서식
  - [홈] 탭-[스타일] 그룹에서 [조건부 서식]-[새 규칙]을 이용하여 설정하는 방법
  - 수식의 표현은 반드시 열 고정 혼합번지([예] $D4)로 지정

■ 다음과 같은 조건부 서식을 작성해 보자.

> [A4:F17] 영역에 대하여 품명이 '하드디스크'이면서 금액이 '3,000,000' 이상인 행 전체에 대하여 글꼴 스타일을 '굵게', 글꼴 색을 '표준 색-빨강'으로 지정하는 조건부 서식을 작성하시오.

▶ **'수식을 사용하여 서식을 지정할 셀 결정'을 이용한 조건부 서식**

❶ [파일]-[열기]-[찾아보기]를 클릭한 후, '소스파일₩따라하기' 폴더에서 '납품현황.xlsx' 파일을 불러옵니다.

❷ [A4:F17] 영역을 드래그한 후, [홈] 탭의 [스타일] 그룹에서 [조건부 서식]-[새 규칙]을 클릭합니다.

❸ [새 서식 규칙] 대화상자가 표시되면 '▶수식을 사용하여 서식을 지정할 셀 결정'을 선택한 후, 수식 '=AND($C4="하드디스크",$F4>=3000000)'을 입력하고 〈서식〉 단추를 클릭합니다.

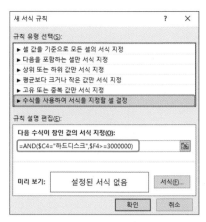

▲ 수식을 사용하여 서식을 지정할 경우 열고정 혼합번지([예] $C4, $F4)로 지정

❹ [셀 서식] 대화상자가 표시되면 [글꼴] 탭에서 〈글꼴 스타일〉 '굵게', 글꼴 〈색〉 '빨강'을 지정한 후 〈확인〉 단추를 클릭합니다.

❺ [새 서식 규칙] 대화상자가 다시 표시되면 지정한 서식을 확인한 후 〈확인〉 단추를 클릭합니다.

⑥ 품명이 '하드디스크' 이면서 금액이 '3,000,000' 이상인 데이터에 조건부 서식이 적용된 것을 확인합니다.

일자	납품처	품명	수량	단가	금액
		한국 총판 부품 납품현황			
일자	납품처	품명	수량	단가	금액
06월 02일	현수컴퓨터	하드디스크	**25**	**120,000**	**3,000,000**
06월 05일	미래컴퓨터	RAM	30	30,000	900,000
07월 08일	HQ컴퓨터	CPU	12	200,000	2,400,000
07월 09일	주인테크	그래픽카드	15	130,000	1,950,000
07월 12일	현수컴퓨터	하드디스크	18	120,000	2,160,000
07월 15일	딜컴퓨터	RAM	12	30,000	360,000
07월 25일	딜컴퓨터	하드디스크	**27**	**120,000**	**3,240,000**
07월 26일	현수컴퓨터	CPU	8	200,000	1,600,000
07월 27일	HQ컴퓨터	RAM	12	30,000	360,000
08월 04일	미래컴퓨터	RAM	15	30,000	450,000
08월 05일	딜컴퓨터	CPU	35	200,000	7,000,000
08월 08일	HQ컴퓨터	하드디스크	**40**	**120,000**	**4,800,000**
08월 09일	현수컴퓨터	하드디스크	**57**	**120,000**	**6,840,000**
08월 15일	주인테크	CPU	15	200,000	3,000,000

출제유형 완/전/정/복/ _ 조건부 서식

완전정복 01

소스파일 : 따라하기\조건부서식.xlsx   **정답파일** : 따라하기\조건부서식(완성).xlsx

1. '기본작업-3' 시트에서 다음의 지시사항을 처리하시오.

[B5:I12] 영역에 대하여 해외투자한도가 '10,000,000' 이상이면 행 전체에 대하여 글꼴 스타일을 '굵게', 글꼴 색을 '표준 색-파랑'으로 지정하고, 해외투자한도가 '1,000,000' 미만이면 행 전체에 대하여 글꼴 색을 '표준 색-빨강'으로 지정하는 조건부 서식을 작성하시오.

▶ 단, 규칙 유형은 '수식을 사용하여 서식을 지정할 셀 결정'을 이용하시오.

▶ 작업 과정

① [B5:I12] 영역을 드래그한 후, [홈] 탭-[스타일] 그룹에서 [조건부 서식]-[규칙 관리]를 클릭합니다.

② [조건부 서식 규칙 관리자] 대화상자가 표시되면 ⊞ 새 규칙(N)... 단추를 클릭합니다.

③ [새 서식 규칙] 대화상자에서 '▶수식을 사용하여 서식을 지정할 셀 결정'을 선택한 후, 수식 '=$C5>=10000000'을 입력하고 〈서식〉 단추를 클릭합니다.

④ [셀 서식] 대화상자의 [글꼴] 탭에서 〈글꼴 스타일〉 '굵게'와 글꼴 〈색〉 '파랑'을 지정한 후 〈확인〉 단추를 클릭합니다.

⑤ [새 서식 규칙] 대화상자가 다시 표시되면 지정한 서식을 확인한 후 〈확인〉 단추를 클릭합니다.

⑥ [조건부 서식 규칙 관리자] 대화상자가 표시되면 두 번째 조건식을 작성하기 위하여 ⊞ 새 규칙(N)... 단추를 클릭합니다.

⑦ [새 서식 규칙] 대화상자에서 '▶수식을 사용하여 서식을 지정할 셀 결정'을 선택한 후, 다음과 같이 수식 '=$C5<1000000'을 입력하고 〈서식〉 단추를 클릭한 후 [셀 서식] 대화상자의 [글꼴] 탭에서 〈글꼴〉 색을 '빨강'으로 선택한 후 〈확인〉 단추를 클릭합니다.

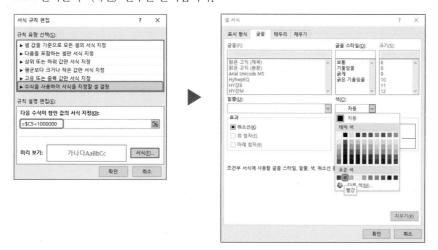

⑧ [새 서식 규칙] 대화상자가 다시 표시되면 지정한 서식을 확인한 후 〈확인〉 단추를 클릭합니다.
⑨ [조건부 서식 규칙 관리자] 대화상자가 표시되면 지정한 규칙과 서식을 확인한 후 〈확인〉 단추를 클릭합니다.

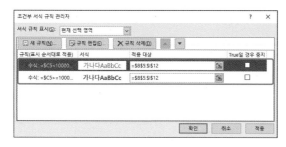

⑩ 다음과 같이 지정한 조건에 맞게 조건부 서식이 적용된 것을 확인합니다.

업체명	해외투자한도	대표이사	자본금	매출액			
				2014년	2015년	2016년	2017년
프리티미디어	1,440,000	이철중	8,000	35,000	50,000	100,000	150,000
우성미디어	900,000	김완태	15,000	120,000	130,000	150,000	190,000
미디어게이트	580,000	심은혜	8,000	230,000	250,000	260,000	280,000
삼창미디어	1,598,000	김현정	10,000	220,000	210,000	230,000	270,000
다솔미디어	1,112,000	고은정	20,000	300,000	280,000	290,000	320,000
미디어닷컴	406,800	최율성	25,000	320,000	330,000	340,000	370,000
모빅픽처스	18,000,000	박기완	12,000	250,000	270,000	300,000	350,000
DVD World	10,750,000	심혜신	22,000	280,000	290,000	320,000	380,000

텍스트 나누기

출제유형 분석

쉼표(,), 세미콜론(;), 공백 등으로 구분된 데이터를 텍스트 나누기하는 방법을 충분히 숙지해 둘 필요가 있습니다.

| 유형체크 |
01 ➔ 텍스트 나누기

- 한 셀에 입력되어 있는 즉, 필드 구분이 되지 않은 데이터를 특정한 구분 기호를 기준으로 여러 열로 나누어주는 기능을 말합니다.
- **텍스트 나누기** : [데이터] 탭−[데이터 도구] 그룹−[텍스트 나누기] 이용

┌─ **TIP** ⫶ **텍스트 나누기** ──────────────────────

보통 특정 문자(쉼표(,), 세미콜론(;), 공백 등)나 탭으로 구분된 경우와 같이 규칙은 가지고 있지만 필드 구분이 되어 있지 않은 데이터를 필드 구분시켜 나누는 경우에 사용

└──────────────────────────────────────

■ 다음과 같이 텍스트 나누기를 실행해 보자.

'부서별 현황'에서 [A4:A11] 영역에 입력된 데이터를 [A4:E11] 영역의 각 셀에 맞게 구분하여 표시하시오.
- ▶ 텍스트 나누기 기능을 이용
- ▶ 원본 데이터 형식은 구분 기호 세미콜론(;)으로 분리됨
- ▶ 별도의 열 너비 조정은 지정하지 않음

▶ **텍스트 나누기(세미콜론(;)으로 구분)**

❶ [파일]−[열기]−[찾아보기]를 클릭한 후, '소스파일₩따라하기' 폴더에서 '부서별현황.xlsx' 파일을 불러옵니다.

❷ [A4:A11] 영역을 드래그한 후, [데이터] 탭−[데이터 도구] 그룹에서 [텍스트 나누기]를 클릭합니다.

❸ [텍스트 마법사 - 3단계 중 1단계]에서 '구분 기호로 분리됨'을 선택하고 〈다음〉 단추를 클릭합니다.

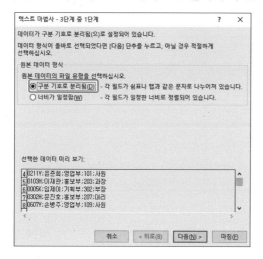

❹ [텍스트 마법사 - 3단계 중 2단계]에서 구분 기호에 '세미콜론'을 선택하고 〈다음〉 단추를 클릭합니다.

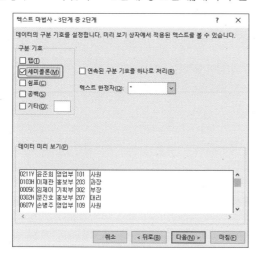

❺ [텍스트 마법사 - 3단계 중 3단계]에서 〈마침〉 단추를 클릭합니다.

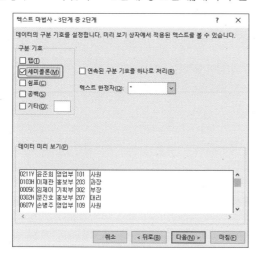

❻ '해당 영역에 이미 데이터가 있습니다. 기존 데이터를 바꾸시겠습니까?'를 묻는 창에서 〈확인〉 단추를 클릭합니다.

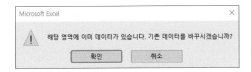

❼ 텍스트 나누기 결과를 확인합니다.

	A	B	C	D	E	F
1	부서별 현황					
2						
3	사원번호	성명	부서	구내번호	직책	
4	0211Y	윤준희	영업부	101	사원	
5	0103H	이재관	홍보부	203	과장	
6	0005K	임제이	기획부	302	부장	
7	0302H	문진호	홍보부	207	대리	
8	0607Y	손병주	영업부	109	사원	
9	0502K	박동준	기획부	303	사원	
10	0007Y	맹주표	영업부	100	부장	
11	0412H	이상은	홍보부	207	대리	
12						

출제유형 완/전/정/복/ _ 텍스트 나누기

완전정복 01

소스파일 : 따라하기₩텍스트나누기.xlsx   정답파일 : 따라하기₩텍스트나누기(완성).xlsx

1. '기본작업-3' 시트에서 다음의 지시사항을 처리하시오.

[B4:B9] 영역에 입력된 데이터를 [B4:G9] 영역의 각 셀에 맞게 구분하여 표시하시오.

▶ 각 데이터는 공백으로 구분되어 있음

▶ 왼쪽으로부터 1번째 열은 포함하지 않음

▶ 작업 과정

① [B4:B9] 영역을 드래그한 후, [데이터] 탭-[데이터 도구] 그룹에서 [텍스트 나누기]를 클릭합니다.

② [텍스트 마법사 - 3단계 중 1단계]에서 '구분 기호로 분리됨'을 선택하고 〈다음〉 단추를 클릭합니다.

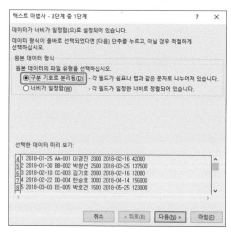

③ [텍스트 마법사 - 3단계 중 2단계]에서 구분 기호에 '공백'을 선택하고 〈다음〉 단추를 클릭합니다.

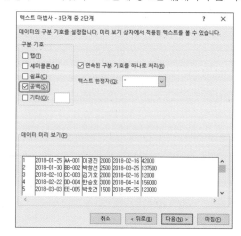

④ [텍스트 마법사 – 3단계 중 3단계]에서 〈데이터 미리 보기〉의 첫 번째 열을 선택한 후, '열 가져오지 않음(건 너뜀)'을 선택하고 〈마침〉 단추를 클릭합니다.

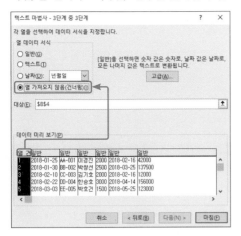

⑤ '해당 영역에 이미 데이터가 있습니다. 기존 데이터를 바꾸시겠습니까?'를 묻는 창에서 〈확인〉 단추를 클릭합니다.

⑥ 텍스트 나누기 결과를 확인합니다.

대출일	도서코드	회원명	대여료	반납일	총대여료
2018-01-25	AA-001	이경진	2,000	2018-02-16	42,000
2018-01-30	BB-002	박창선	2,500	2018-03-25	137,500
2018-02-10	CC-003	김기호	2,000	2018-02-16	12,000
2018-02-22	DD-004	한승호	3,000	2018-04-14	156,000
2018-03-03	EE-005	박호건	1,500	2018-05-25	123,000
2018-03-15	FF-006	정준희	3,500	2018-03-31	56,000

외부 데이터 가져오기

출제유형 분석

텍스트 형식의 문서 파일을 엑셀에서 불러오는 방법에 대해 충분히 숙지해 둘 필요가 있습니다.

| 유형체크 | 01 → **외부 데이터 가져오기**

- 텍스트 형식의 문서 파일을 엑셀에서 사용할 수 있도록 불러오는 기능을 말합니다.
- **외부 데이터 가져오기** : [데이터] 탭–[외부 데이터 가져오기] 그룹–[텍스트] 이용

■ 다음과 같이 외부 데이터 가져오기를 실행해 보자.

> 다음의 텍스트 파일을 열고, 생성된 데이터를 '외부 데이터' 시트의 [A3:G11] 영역에 가져오시오.
> ▶ 외부 데이터 파일명은 '임용.txt' 임
> ▶ 원본 데이터는 공백으로 구분되어 있음
> ▶ 열 너비 및 서식은 지정하지 않음

▶ **외부 데이터 가져오기('임용.txt')**

❶ [파일]–[열기]–[찾아보기]를 클릭한 후, '소스파일₩따라하기' 폴더에서 '응시현황.xlsx' 파일을 불러 옵니다.

❷ [데이터] 탭–[외부 데이터 가져오기] 그룹에서 [텍스트]를 클릭합니다.

❸ [텍스트 파일 가져오기] 대화상자에서 불러올 텍스트 파일이 수록된 위치를 찾아 지정합니다. ('소스파일₩따라하기₩임용.txt')

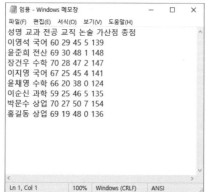

◀ 불러올 텍스트 파일 – '임용.txt'

④ [텍스트 마법사 - 3단계 중 1단계]에서 '구분 기호로 분리됨'을 선택하고 〈다음〉 단추를 클릭합니다.

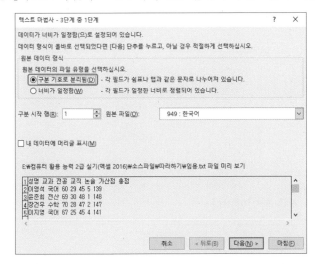

⑤ [텍스트 마법사 - 3단계 중 2단계]에서 구분 기호에 '공백'을 선택하고 〈다음〉 단추를 클릭합니다.

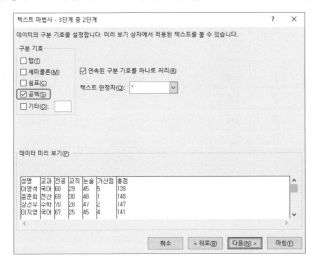

⑥ [텍스트 마법사 - 3단계 중 3단계]에서 〈마침〉 단추를 클릭합니다.

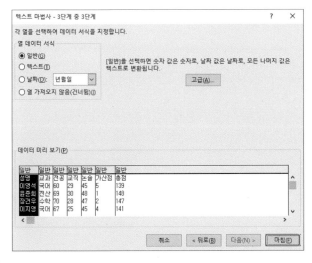

❼ 데이터가 들어갈 위치를 다음과 같이 지정하고 〈확인〉 단추를 클릭합니다.

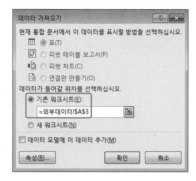

❽ [A3] 셀을 기준으로 '임용.txt' 파일이 삽입된 것을 확인합니다.

	A	B	C	D	E	F	G	H
1	임용고시 응시현황							
2								
3	성명	교과	전공	교직	논술	가산점	총점	
4	이영석	국어	60	29	45	5	139	
5	윤준희	전산	69	30	48	1	148	
6	장건우	수학	70	28	47	2	147	
7	이지영	국어	67	25	45	4	141	
8	윤채영	수학	66	20	38	0	124	
9	이순신	과학	59	25	46	5	135	
10	박문수	상업	70	27	50	7	154	
11	홍길동	상업	69	19	48	0	136	
12								
13								

출제유형 완/전/정/복/ _ 외부 데이터 가져오기

완전정복 **01**

소스파일 : 따라하기₩외부데이터.xlsx   **정답파일** : 따라하기₩외부데이터(완성).xlsx

1. '기본작업-3' 시트에서 다음의 지시사항을 처리하시오.

다음의 텍스트 파일을 열고 생성된 데이터를 '기본작업-3' 시트의 [B3:I9] 영역에 붙여 넣으시오.

▶ 외부 데이터 파일명은 '재고량현황.txt'
▶ 외부 데이터는 쉼표(,)로 구분되어 있음

▶ **작업 과정**

① [데이터] 탭-[외부 데이터 가져오기] 그룹에서 [텍스트]를 클릭합니다.
② [텍스트 파일 가져오기] 대화상자에서 불러올 텍스트 파일이 수록된 위치를 찾아 지정합니다.
('소스파일₩따라하기₩재고량현황.txt')

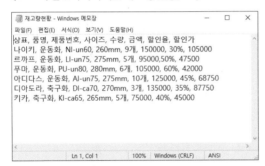

◀ 불러올 텍스트 파일 – '재고량현황.txt'

③ [텍스트 마법사 – 3단계 중 1단계]에서 '구분 기호로 분리됨'을 선택하고 〈다음〉 단추를 클릭합니다.

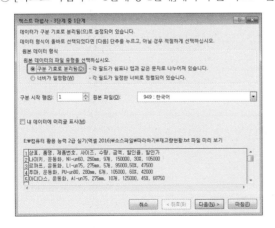

④ [텍스트 마법사 – 3단계 중 2단계]에서 구분 기호에 '쉼표'를 선택하고 〈다음〉 단추를 클릭합니다.

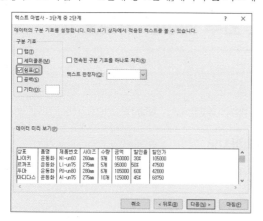

⑤ [텍스트 마법사 – 3단계 중 3단계]에서 〈마침〉 단추를 클릭합니다.

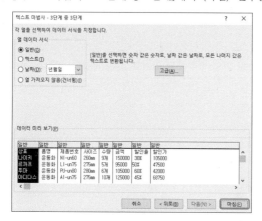

⑥ 데이터가 들어갈 위치를 다음과 같이 지정하고 〈확인〉 단추를 클릭합니다.

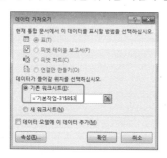

⑦ [B3] 셀을 기준으로 '재고량현황.txt' 파일이 삽입된 것을 확인합니다.

	상표	품명	제품번호	사이즈	수량	금액	할인율	할인가
	나이키	운동화	NI-un60	260mm	9개	150000	30%	105000
	르까프	운동화	LI-un75	275mm	5개	95000	50%	47500
	푸마	운동화	PU-un80	280mm	6개	105000	60%	42000
	아디다스	운동화	AI-un75	275mm	10개	125000	45%	68750
	디아도라	축구화	DI-ca70	270mm	3개	135000	35%	87750
	키카	축구화	KI-ca65	265mm	5개	75000	40%	45000

신발 재고현황 및 판매

그림 복사/붙여넣기

출제유형 분석

특정 셀 범위를 그림으로 복사한 후, 지정된 위치에 붙여넣는 방법을 충분히 숙지해 둘 필요가 있습니다.

그림 복사/붙여넣기

특정 셀 범위를 하나의 그림으로 복사하여 붙여넣는 기능으로 결재란과 같이 셀의 크기가 각기 다른 틀을 만들 때 사용합니다.

■ 다음과 같이 그림 복사/붙여넣기를 실행해 보자.

▶ '그림복사' 시트에 있는 결재란 부분(그림 참조)을 [C2:G5] 영역내에 나타내시오.

결재	담당	부서장	사장	회장

▶ 그림 복사 기능을 이용하여 결재란 만들기

❶ [파일]−[열기]−[찾아보기]를 클릭한 후, '소스파일₩따라하기' 폴더에서 '결재란.xlsx' 파일을 불러옵니다.

❷ [B11:F13] 영역을 드래그한 후, [홈] 탭−[클립보드] 그룹에서 [복사]−[그림으로 복사]를 클릭합니다.

❸ [그림 복사] 대화상자가 표시되면 〈모양〉에서 '화면에 표시된 대로', 〈형식〉에서 '그림'을 선택하고 〈확인〉 단추를 클릭합니다.

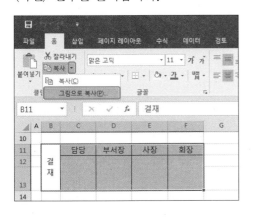
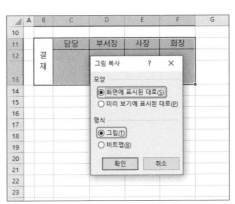

❹ [C2] 셀을 클릭한 후, [홈] 탭-[클립보드] 그룹에서 📋(붙여넣기) 아이콘을 클릭합니다.
  (※ 삽입된 결재란은 방향키(↑, ↓, ←, →)를 이용하여 위치를 이동시킬 수 있습니다.)

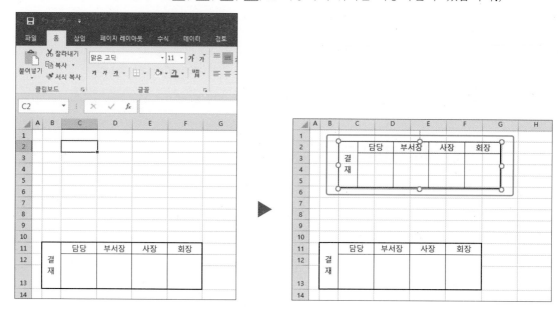

출제유형 완/전/정/복/ _ 그림 복사/붙여넣기

완전정복 01

소스파일 : 따라하기₩그림복사.xlsx   **정답파일** : 따라하기₩그림복사(완성).xlsx

1. '기본작업-3' 시트에서 다음의 지시사항을 처리하시오.

1 [F10:I11] 영역을 '그림복사' 기능을 이용하여 [F2:I2] 영역에 위치시키시오.

2 그림 복사 작업이 끝나면 10, 11행을 삭제하시오.

▶ 1번 작업 과정

① [F10:I11] 영역을 드래그한 후, [홈] 탭-[클립보드] 그룹에서 [복사]-[그림으로 복사]를 클릭합니다.

② [그림 복사] 대화상자가 표시되면 〈모양〉에서 '화면에 표시된 대로', 〈형식〉에서 '그림'을 선택하고 〈확인〉 단추를 클릭합니다.

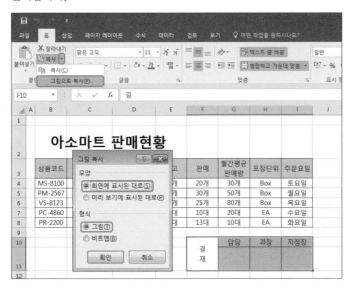

③ [F2] 셀을 클릭한 후, [홈] 탭-[클립보드] 그룹에서 📋(붙여넣기) 아이콘을 클릭합니다.

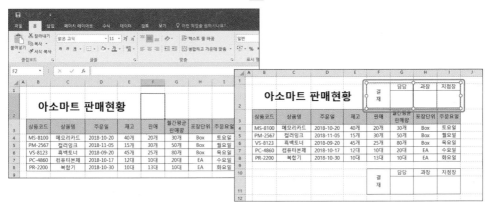

▶ **2번 작업 과정**

① 10행부터 11행 머리글까지 드래그하여 범위를 지정합니다.

② 마우스 오른쪽 버튼을 눌러 [바로 가기] 메뉴 중 [삭제]를 클릭합니다.

	A	B	C	D	E	F	G	H	I	J
1							담당	과장	지점장	
2		**아소마트 판매현황**				결재				
3		상품코드	상품명	주문일	재고	판매	월간평균 판매량	포장단위	주문요일	
4		MS-8100	메모리카드	2018-10-20	40개	20개	30개	Box	토요일	
5		PM-2567	컬러잉크	2018-11-05	15개	30개	50개	Box	월요일	
6		VS-8123	흑백토너	2018-09-20	45개	25개	80개	Box	목요일	
7		PC-4860	컴퓨터본체	2018-10-17	12대	10대	20대	EA	수요일	
8		PP-2300	복합기	2018-10-20	10대	13대	10대	EA	화요일	
9										
10						결재	담당	과장	지점장	
11										

맑은 고드 ▾ 11 ▾ 가˄ 가˅ 🖳 ▾ % , 🖩
가 가 ≡ ◇ ▾ 가 ▾ ⊞ ▾ .00 .00 ✦

- ✂ 잘라내기(T)
- 🗐 복사(C)
- 🗐 붙여넣기 옵션:
  - 📋
- 선택하여 붙여넣기(S)...
- 삽입(I)
- **삭제(D)**
- 내용 지우기(N)
- ⊞ 셀 서식(F)...
- 행 높이(R)...
- 숨기기(H)
- 숨기기 취소(U)

연결하여 붙여넣기

출제유형 분석

특정 영역을 복사한 후, 지정된 위치에 연결하여 붙여넣는 방법을 충분히 숙지해 둘 필요가 있습니다.

연결하여 붙여넣기

- 특정 영역을 복사한 후, 지정된 위치에 연결하여 붙여넣는 기능으로 원본 영역의 데이터를 수정하면 연결하여 붙여넣기한 영역의 데이터도 자동으로 수정되는 기능을 말합니다.

- **연결하여 붙여넣기** : [홈] 탭-[클립보드] 그룹-[붙여넣기]-〈기타 붙여넣기 옵션〉-[연결하여 붙여넣기] 이용

■ 다음과 같이 연결하여 붙여넣기를 실행해 보자.

'연결하여붙여넣기' 시트의 [H13:L21] 영역을 복사하여 [B2] 셀에 연결하여 붙여 넣으시오.
▶ 단, 원본 데이터는 삭제하지 마시오.

▶ **셀의 내용을 복사한 후, 연결하여 붙여넣기**

❶ [파일]-[열기]-[찾아보기]를 클릭한 후, '소스파일\따라하기' 폴더에서 '연결.xlsx' 파일을 불러옵니다.

❷ [H13:L21] 영역을 드래그한 후, **Ctrl**+**C** 키를 눌러 [복사]를 실행합니다.

❸ 이어서, [B2] 셀을 클릭합니다.

구분	과목	강사	수강인원	수강료
공통교양	영어회화	정길현	59	₩ 8,850,000
공통교양	컴퓨터론	홍미영	47	₩ 7,050,000
선택교양	기업경영	노택연	46	₩ 6,900,000
전공필수	경영정보	김기범	53	₩ 7,950,000
선택교양	대중문화	강은영	104	₩ 15,600,000
선택교양	윤리문화	정미란	65	₩ 9,750,000
전공선택	마케팅	민재국	103	₩ 15,450,000
전공필수	상거래론	송하은	47	₩ 7,050,000

❹ [홈] 탭-[클립보드] 그룹에서 [붙여넣기]-〈기타 붙여넣기 옵션〉 항목 중 [연결하여 붙여넣기]를 클릭합니다.

❺ [H13:L21] 영역의 데이터가 [B2] 셀을 기준으로 복사된 것을 확인합니다.

	A	B	C	D	E	F	G	H	I	J	K	L	M
2		구분	과목	강사	수강인원	수강료							
3		공통교양	영어회화	정길현	59	8850000							
4		공통교양	컴퓨터론	홍미영	47	7050000							
5		선택교양	기업경영	노택연	46	6900000							
6		전공필수	경영정보	김기범	53	7950000							
7		선택교양	대중문화	강은영	104	15600000							
8		선택교양	윤리문화	정미란	65	9750000							
9		전공선택	마케팅	민재국	103	15450000							
10		전공필수	상거래론	송하온	47	7050000							
11													
12													
13								구분	과목	강사	수강인원	수강료	
14								공통교양	영어회화	정길현	59	₩ 8,850,000	
15								공통교양	컴퓨터론	홍미영	47	₩ 7,050,000	
16								선택교양	기업경영	노택연	46	₩ 6,900,000	
17								전공필수	경영정보	김기범	53	₩ 7,950,000	
18								선택교양	대중문화	강은영	104	₩ 15,600,000	
19								선택교양	윤리문화	정미란	65	₩ 9,750,000	
20								전공선택	마케팅	민재국	103	₩ 15,450,000	
21								전공필수	상거래론	송하온	47	₩ 7,050,000	
22													

▲ [H13:L21] 영역의 데이터 수정시 [B2:F10] 영역의 데이터도 같이 수정됨

출제유형 완/전/정/복/ _ 연결하여 붙여넣기

완전정복

소스파일 : 따라하기₩연결붙여넣기.xlsx   **정답파일** : 따라하기₩연결붙여넣기(완성).xlsx

1. '기본작업-3' 시트의 [E15:J23] 영역을 복사하여 [B2] 셀에 연결하여 붙여 넣으시오.

▶ 단, 원본 데이터는 삭제하지 마시오.

▶ **작업 과정**

① [E15:J23] 영역을 드래그한 후, Ctrl+C 키를 눌러 [복사]를 실행합니다.
② 이어서, [B2] 셀을 클릭합니다.

주문자명	용도	상품명	주문수량	단가	지역
김철원	주방	머그컵	560	2,500	서울
김경호	사무	다이어리	1,200	3,380	경기
안지영	주방	주방타올	1,050	2,040	경기
박희주	컴퓨터	USB실버	890	9,740	서울
최은영	컴퓨터	스피커	450	4,830	인천
이선경	사무	메모함	1,040	1,570	서울
윤재희	주방	보온병	350	8,300	경기
송연아	사무	레이저펜	520	4,600	서울

③ [홈] 탭-[클립보드] 그룹에서 [붙여넣기]-〈기타 붙여넣기 옵션〉 항목 중 [연결하여 붙여넣기]를 클릭합니다.
④ [E15:J23] 영역의 데이터가 [B2] 셀을 기준으로 복사된 것을 확인합니다.

주문자명	용도	상품명	주문수량	단가	지역
김철원	주방	머그컵	560	2500	서울
김경호	사무	다이어리	1200	3380	경기
안지영	주방	주방타올	1050	2040	경기
박희주	컴퓨터	USB실버	890	9740	서울
최은영	컴퓨터	스피커	450	4830	인천
이선경	사무	메모함	1040	1570	서울
윤재희	주방	보온병	350	8300	경기
송연아	사무	레이저펜	520	4600	서울

주문자명	용도	상품명	주문수량	단가	지역
김철원	주방	머그컵	560	2,500	서울
김경호	사무	다이어리	1,200	3,380	경기
안지영	주방	주방타올	1,050	2,040	경기
박희주	컴퓨터	USB실버	890	9,740	서울
최은영	컴퓨터	스피커	450	4,830	인천
이선경	사무	메모함	1,040	1,570	서울
윤재희	주방	보온병	350	8,300	경기
송연아	사무	레이저펜	520	4,600	서울

▲ [E15:J23] 원본 영역은 삭제하지 않음

MEMO

컴퓨터활용능력 2급 실기

엑셀 2016

CHAPTER

03 수식 및 함수식의 작성

수식의 사용

출제유형 분석

1 수식을 입력하는 방법과 각종 연산자의 기능을 충분히 숙지해둘 필요가 있습니다.
2 상대, 절대, 혼합형 참조에 대해 정확히 이해하고 알아둘 필요가 있습니다.

| 유형체크 |
01 → **수식의 입력**

수식이란 숫자, 텍스트, 날짜, 시간 등의 상수값과 셀에 입력된 값과의 연산을 수행하기 위한 식을 의미합니다.

◼ 직접 입력

❶ [파일]–[열기]–[찾아보기]를 클릭한 후, '소스파일₩따라하기' 폴더에서 '급여현황.xlsx' 파일을 불러옵니다.

❷ [G4] 셀에 수식 '=SUM(D4:F4)'를 입력한 후 **Enter** 키를 누릅니다.

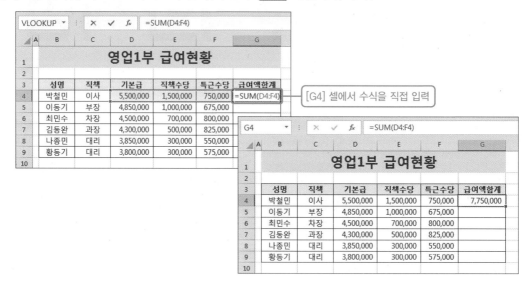

② 함수 마법사의 이용

❶ [G4] 셀에서 다음의 순서대로 작업합니다.

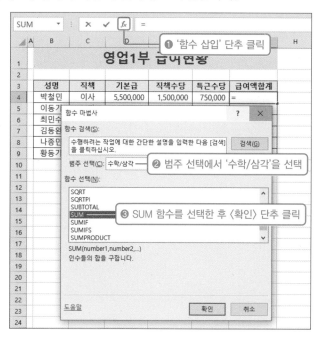

❷ [함수 인수] 대화상자가 표시되면 합계를 구할 범위를 지정합니다.

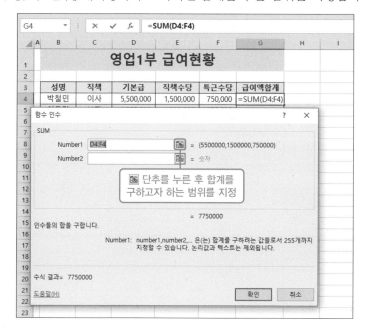

❸ 범위 지정이 완료되었으면 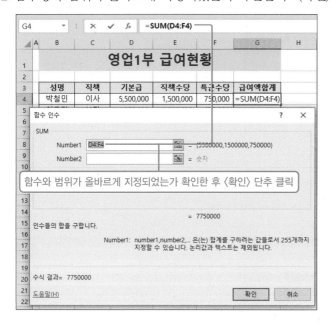 단추를 누릅니다.

❹ 함수명과 범위가 올바르게 지정되었는가 확인한 후 〈확인〉 단추를 클릭합니다.

❺ [G4] 셀에 급여액 합계가 계산된 것을 확인합니다.

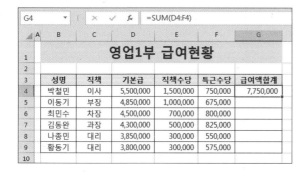

각종 연산자

산술 연산자	더하기(+), 빼기(-), 곱하기(*), 나누기(/), 백분율(%), 지수(^)
관계 연산자	같다(=) / 크다, 초과(>) / 작다, 미만(<) / 크거가 같다, 이상(>=) / 작거나 같다, 이하(<=) / 같지 않다, 다르다(<>)
텍스트 연산자(&)	문자와 문자를 결합 [예] ="아카데미"&"소프트" → 아카데미소프트

셀 참조

상대 참조, 절대 참조, 혼합형 참조 등이 있습니다.

1 상대 참조

셀의 주소가 기본 형태([예] A1, C7...)로 입력되며 절대 참조와는 다르게 '$'가 붙지 않습니다. 또한, 상대 참조의 경우 셀의 위치가 이동되면 수식의 주소가 자동으로 변경되게 됩니다.

❶ [파일]−[열기]−[찾아보기]를 클릭한 후, '소스파일₩따라하기' 폴더에서 '급여현황−1.xlsx' 파일을 불러옵니다.

❷ '상대참조' 시트 탭을 선택한 후, [H4] 셀에 '=SUM(E4:G4)'를 입력하고 **Enter** 키를 누릅니다.

❸ [H4] 셀의 채우기 핸들(⬛)을 [H9] 셀까지 드래그하여 나머지 급여액합계도 계산해 줍니다.

H4	▼	:	×	✓	fx	=SUM(E4:G4)	

영업부서별 급여현황

성명	부서	직책	기본급	판매수당	특근수당	급여액합계
박철민	영업1부	과장	2,850,000	1,380,000	250,000	4,480,000
이동기	영업2부	과장	2,800,000	1,450,000	275,000	
최민수	영업3부	차장	3,750,000	1,770,000	330,000	
김동완	영업2부	차장	3,700,000	1,680,000	315,000	드래그
나종민	영업1부	대리	2,350,000	1,450,000	185,000	
황동기	영업3부	대리	2,350,000	1,650,000	198,500	

④ **Ctrl**+**~** 키를 눌러 급여액합계 결과 값이 아닌 함수식 자체를 표시해 봅니다.

⑤ [H4:H9] 영역의 함수식은 상대 참조 원리의 주소 방식에 따라 해당 셀에 맞게 셀의 주소가 자동으로 변경됨을 알 수 있습니다.

	성명	부서	직책	기본급	판매수당	특근수당	급여액합계
				영업부서별 급여현황			
4	박철민	영업1부	과장	2850000	1380000	250000	=SUM(E4:G4)
5	이동기	영업2부	과장	2800000	1450000	275000	=SUM(E5:G5)
6	최민수	영업3부	차장	3750000	1770000	330000	=SUM(E6:G6)
7	김동완	영업2부	차장	3700000	1680000	315000	=SUM(E7:G7)
8	나종민	영업1부	대리	2350000	1450000	185000	=SUM(E8:G8)
9	황동기	영업3부	대리	2350000	1650000	198500	=SUM(E9:G9)

▲ 상대 참조 적용 함수식의 복사

2 절대 참조

- 셀 주소의 열과 행 앞에 '$'가 표시([예] $A$1, $C$7...)되며, 상대 참조와는 다르게 셀의 위치가 변경되어도 수식의 주소는 절대로 변경되지 않습니다. 즉, 지정된 해당 셀 주소만 참조하게 됩니다.

- 셀 주소 지정시 절대 참조를 지정하기 위해서는 **F4** 키를 눌러 '$' 표시를 입력해야 합니다.

① '급여현황−1.xlsx' 파일에서 '절대참조' 시트 탭을 클릭하여 선택합니다.

② [H4] 셀에 '=SUM(E4:G4)+$H$11'을 입력한 후 **Enter** 키를 누르고, [H4] 셀의 채우기 핸들(⬛)을 [H9] 셀까지 드래그 합니다.

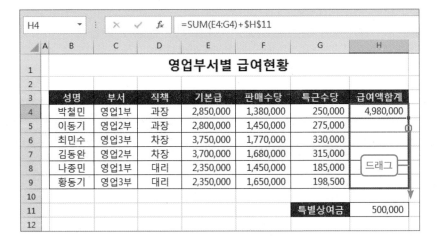

❸ **Ctrl**+**~** 키를 눌러 급여액합계 값을 보면 상대 참조 방식의 경우 해당 셀의 주소는 복사시 자동으로 변경되며, 절대 참조 방식의 경우 해당 셀의 주소는 복사시에도 변동이 없는 것을 알 수 있습니다.

	A	B	C	D	E	F	G	H	I
1					영업부서별 급여현황				
2									
3		성명	부서	직책	기본급	판매수당	특근수당	급여액합계	
4		박철민	영업1부	과장	2850000	1380000	250000	=SUM(E4:G4)+$H$11	
5		이동기	영업2부	과장	2800000	1450000	275000	=SUM(E5:G5)+$H$11	
6		최민수	영업3부	차장	3750000	1770000		=SUM(E6:G6)+$H$11	
7		김동완	영업2부	차장	3700000	1680000		=SUM(E7:G7)+$H$11	
8		나종민	영업1부	대리	2350000	1450000	185000	=SUM(E8:G8)+$H$11	
9		황동기	영업3부	대리	2350000	1650000	198500	=SUM(E9:G9)+$H$11	
10									
11							특별상여금	500000	
12									

상대참조 / 절대참조

▲ 절대 참조 적용 함수식의 복사

- 상대 참조 주소 '=SUM(E4:G4)' : 수식의 위치가 이동됨에 따라 주소가 변경
- 절대 참조 주소 '=$H$11' : 수식의 위치가 이동되어도 주소가 변경되지 않음

❸ 혼합형 참조

행이나 열 중 하나는 상대 참조를 하나는 절대 참조를 사용([예] $A1, C$7...)하여 표시합니다.

❶ '급여현황-1.xlsx' 파일에서 '혼합참조' 시트 탭을 클릭하여 선택합니다.

❷ [C4] 셀에 '=$B4*C$3'을 입력한 후 **Enter** 키를 누릅니다.

❸ [C4] 셀의 채우기 핸들(⬛)을 [C6] 셀까지 드래그한 후, 이어서 [C6] 셀의 채우기 핸들 (⬛)을 [E6] 셀까지 드래그하여 나머지 값을 구해줍니다.

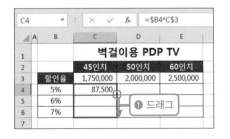
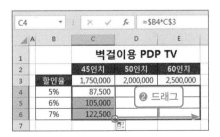

❹ **Ctrl**+**~** 키를 눌러 열 절대 참조($B4)와 행 절대 참조(C$3) 방식을 이용한 혼합 참조 방식을 확인합니다.

	A	B	C	D	E
1			벽걸이용 PDP TV		
2			45인치	50인치	60인치
3		할인율	1,750,000	2,000,000	2,500,000
4		5%	87,500	100,000	125,000
5		6%	105,000	120,000	150,000
6		7%	122,500	140,000	175,000
7					

	A	B	C	D	E
1			벽걸이용 PDP TV		
2			45인치	50인치	60인치
3		할인율	1750000	2000000	2500000
4		0.05	=$B4*C$3	=$B4*D$3	=$B4*E$3
5		0.06	=$B5*C$3	=$B5*D$3	=$B5*E$3
6		0.07	=$B6*C$3	=$B6*D$3	=$B6*E$3
7					

▲ 혼합 참조 적용 수식의 복사

출제유형 완/전/정/복/ _ 수식의 사용

완전정복 01

소스파일 : 따라하기₩계산식.xlsx   **정답파일** : 따라하기₩계산식(완성).xlsx

1. '계산작업' 시트에서 다음의 지시사항을 처리하시오

1 [표1]에서 급여액[D3:D9]을 계산하시오.
  ▶ 급여액 = 기본급 × (1 + 상여율[B10]) + 초과근무수당
2 [표2]에서 판매합계[I3:I8]를 계산하시오.
  ▶ 판매합계 = (라바판매량 × 라바단가[G12] + 키마판매량 × 키마단가[H12]) × (1-할인율[I12])
3 [표3]에서 [G16:G22] 영역에 기말수당을 계산하시오.
  ▶ 기말수당 = (개설강좌 × 개설강좌[B25]) + (초과강의 × 초과강의[C25]) + (학생지도 × 학생지도[D25])

▶ 작업 과정

	A	B	C	D	E	F	G	H	I	J
1	[표1]					[표2]				
2	이름	기본급	초과근무수당	급여액		월	라바판매량	키마판매량	판매합계	
3	장진영	850,000	100,000	1,205,000		1월	56	75	795,600	
4	박상하	850,000	120,000	1,225,000		2월	76	65	829,600	
5	권상진	900,000	80,000	1,250,000		3월	56	56	666,400	
6	김미진	900,000	250,000	1,420,000		4월	56	76	802,400	
7	이한나	950,000	350,000	1,585,000		5월	67	56	722,500	
8	박주하	950,000	250,000	1,485,000		6월	78	85	975,800	
9	최원영	1,200,000	250,000	1,810,000						
10	상여율	30%						단가		
11							라바	키마	할인율	
12							6,000	8,000	15%	
13										
14	[표3]									
15	학과	직급	성명	개설강좌	초과강의	학생지도	기말수당			
16	비서학과	부교수	장기웅	3	-	300	1,530,000			
17	경영학과	부교수	인정제	3	5	270	1,455,000			
18	경영학과	부교수	이원섭	4	2	300	1,570,000			
19	비서학과	부교수	한성현	2	3	270	1,415,000			
20	경제학과	부교수	황선철	2	4	160	880,000			
21	무역학과	부교수	방극준	3	5	270	1,455,000			
22	비서학과	조교수	이상봉	3	6	320	1,720,000			
23										
24	구분	개설강좌	초과강의	학생지도						
25	수당	10,000	15,000	5,000						
26										

급여액[D3:D9]	[D3] 셀에 '=B3*(1+$B$10)+C3'을 입력한 후, 채우기 핸들을 [D9] 셀까지 드래그 합니다.
판매합계[I3:I8]	[I3] 셀에 '=(G3*$G$12+H3*$H$12)*(1-$I$12)'를 입력한 후, 채우기 핸들을 [I8] 셀까지 드래그 합니다.
기말수당[G16:G22]	[G16] 셀에 '=(D16*$B$25)+(E16*$C$25)+(F16*$D$25)'를 입력한 후, 채우기 핸들을 [G22] 셀까지 드래그 합니다.

날짜와 시간함수

출제유형 02

출제유형 분석

날짜와 시간을 표시하는 각종 함수의 기능과 사용법 등을 반드시 숙지해 두어야 합니다.

 유형체크 01

날짜와 시간함수

소스파일 : 따라하기₩함수₩날짜와시간함수.xlsx　　**정답파일** : 따라하기₩함수₩날짜와시간함수(완성).xlsx

DATE

- 기능 : 특정한 날짜를 표시하기 위한 함수
- 형식 : =DATE(년, 월, 일)

D3	▼	× ✓ *fx*	=DATE(2020,12,31)	
	A	B	C	D	E
1		함수식		결과	
2		=DATE(2020,12,31)	▶	2020-12-31	
3		=DATE(2020,12,31)		44196	
4					

◁ [D3] 셀은 **Ctrl**+**1** 키 → [표시 형식] 탭의 '일반' 서식 적용

TODAY

- 기능 : 현재의 날짜를 표시하기 위한 함수
- 형식 : =TODAY( )

D2	▼	× ✓ *fx*	=TODAY()	
	A	B	C	D	E
1		함수식		결과	
2		=TODAY()	▶	2020-10-05	
3					

YEAR

- 기능 : 특정 날짜나 날짜 일련번호(숫자)에서 연도만 추출해내는 함수
- 형식 : =YEAR(날짜 or "날짜 서식")

D4	▼	× ✓ *fx*	=YEAR(B4)	
	A	B	C	D
1		함수식		결과
2		=YEAR("2020-12-31")		2020
3		=YEAR("2020년 12월 31일")	▶	2020
4		2020-12-31		2020

MONTH

- 기능 : '날짜'에서 '월'을 구하는 함수
- 형식 : =MONTH(날짜 or "날짜 서식")

D4	▼	× ✓ *fx*	=MONTH(B4)	
	A	B	C	D
1		함수식		결과
2		=MONTH("2020-12-31")		12
3		=MONTH("2020년 12월 31일")	▶	12
4		2020-12-31		12

DAY	• 기능 : 특정 날짜나 날짜 일련번호(숫자)에서 일 단위(1~31)의 숫자만 추출하는 함수 • 형식 : =DAY(날짜 or "날짜 서식") 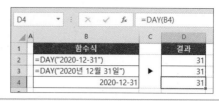
DAYS	• 기능 : 두 날짜 사이의 일 수를 반환합니다. • 형식 : =DAYS(끝 날짜, 시작 날짜) 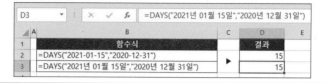
WEEKDAY	• 기능 : 날짜에 해당하는 요일 번호를 구하는 함수 • 형식 : =WEEKDAY(일련번호, 유형) 표 및 예시

유형	월	화	수	목	금	토	일
1(생략)	2	3	4	5	6	7	1
2	1	2	3	4	5	6	7
3	0	1	2	3	4	5	6

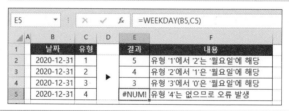

NOW	• 기능 : 현재 날짜와 시간을 표시해 주는 함수 • 형식 : =NOW( ) 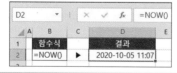
TIME	• 기능 : 특정한 시간을 표시하기 위한 함수 • 형식 : =TIME(시, 분, 초) 

HOUR	• 기능 : '시간(시/분/초)'에서 '시'에 해당하는 값을 구하는 함수 • 형식 : =HOUR(시간 or "시간 서식") D4 · : × ✓ *fx* =HOUR(B4) |	B	C	D
---	---	---	---
1	함수식		결과
2	=HOUR("17:25:37")	▶	17
3	=HOUR("5시 15분 25초")	▶	5
4	22:30:15		22	
MINUTE	• 기능 : '시간(시/분/초)'에서 '분'에 해당하는 값을 구하는 함수 • 형식 : =MINUTE(시간 or "시간 서식") D4 · : × ✓ *fx* =MINUTE(B4) |	B	C	D
---	---	---	---
1	함수식		결과
2	=MINUTE("17:25:37")	▶	25
3	=MINUTE("5시 15분 25초")	▶	15
4	22:30:15		30	
SECOND	• 기능 : '시간(시/분/초)'에서 '초'에 해당하는 값을 구하는 함수 • 형식 : =SECOND(시간 or "시간 서식") D4 · : × ✓ *fx* =SECOND(B4) |	B	C	D
---	---	---	---
1	함수식		결과
2	=SECOND("17:25:37")	▶	37
3	=SECOND("5시 15분 25초")	▶	25
4	22:30:15		15	
EDATE	• 기능 : 지정한 날짜를 기준으로 이전의 날짜나 이후의 날짜를 표시하는 함수 • 형식 : EDATE(시작 날짜, 개월) - 시작 날짜는 DATE 함수를 사용하거나 다른 수식 또는 함수의 결과로 입력 - 개월 : 시작 날짜 '이전'이나 '이후'의 개월 수를 입력 (앞으로의 날짜는 '양수'로 지나간 날짜는 '음수'로 표시) D9 · : × ✓ *fx* =EDATE(B2,-12) 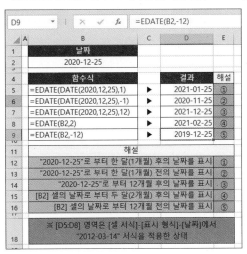

EDATE 표 내용:

	B	C	D	E
1	날짜			
2	2020-12-25			
4	함수식		결과	해설
5	=EDATE(DATE(2020,12,25),1)	▶	2021-01-25	①
6	=EDATE(DATE(2020,12,25),-1)	▶	2020-11-25	②
7	=EDATE(DATE(2020,12,25),12)	▶	2021-12-25	③
8	=EDATE(B2,2)	▶	2021-02-25	④
9	=EDATE(B2,-12)	▶	2019-12-25	⑤
11	해설			
12	"2020-12-25"로 부터 한 달(1개월) 후의 날짜를 표시			①
13	"2020-12-25"로 부터 한 달(1개월) 전의 날짜를 표시			②
14	"2020-12-25"로 부터 12개월 후의 날짜를 표시			③
15	[B2] 셀의 날짜로 부터 두 달(2개월) 후의 날짜를 표시			④
16	[B2] 셀의 날짜로 부터 12개월 전의 날짜를 표시			⑤
18	※ [D5:D8] 영역은 [셀 서식]-[표시 형식]-[날짜]에서 "2012-03-14" 서식을 적용한 상태			

EOMONTH	• 기능 : 지정된 개월 수 이전 또는 이후 달에서 마지막 날의 날짜를 표시하는 함수

• 기능 : 지정된 개월 수 이전 또는 이후 달에서 마지막 날의 날짜를 표시하는 함수

• 형식 : =EOMONTH(시작 날짜, 개월)

　- 시작 날짜는 DATE 함수를 사용하거나 다른 수식 또는 함수의 결과로 입력

　- 개월 : 시작 날짜 '이전'이나 '이후'의 개월 수를 입력

　(앞으로의 날짜는 '양수'로 지나간 날짜는 '음수'로 표시)

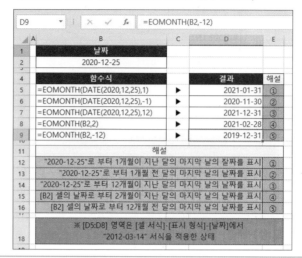

EOMONTH

• 기능 : 특정 일(시작 날짜)의 전이나 후의 날짜 수에서 주말이나 휴일을 제외한 날짜 수, 즉 평일 수를 구하는 함수

• 형식 : WORKDAY(시작 날짜, 일, 작업 일수에서 제외될 날짜 목록)

　- 시작 날짜는 DATE 함수를 사용하거나 다른 수식 또는 함수의 결과로 입력

　- 일 : 주말이나 휴일을 제외한 날짜 수('양수'이면 앞으로의 날짜, '음수'이면 지나간 날짜를 표시)

　- 작업 일수에서 제외될 날짜 목록 : 국경일, 공휴일, 임시 공휴일 등 작업 일수에서 제외되는 날짜 목록으로 생략 가능

WORKDAY

F10	▼	× ✓	fx	=WORKDAY(B2,B5,D2:D5)		
	A	B	C	D	E	F	G

	날짜		제 외 될 날짜목록		설명	
2	2020-04-01		2020-05-03	▶	공휴일 입니다.	
3			2020-05-05	▶	공휴일 입니다.	
4	일수		2020-06-06	▶	공휴일 입니다.	
5	50		2020-06-07	▶	공휴일 입니다.	
7	함수식				결과	해설
8	=WORKDAY(DATE(2020,04,01),30)			▶	2020-05-13	①
9	=WORKDAY(B2,B5)			▶	2020-06-10	②
10	=WORKDAY(B2,B5,D2:D5)			▶	2020-06-11	③
12			해설			
13			시작 날짜로 부터 30일째 날짜			①
14			시작 날짜로 부터 50일째 날짜			②
15			시작 날짜로 부터 공휴일을 제외한 50일째 날짜			③

출제유형 완/전/정/복/ _ 날짜와 시간함수

완전정복 01

소스파일 : 따라하기\함수-1.xlsx   **정답파일** : 따라하기\함수-1(완성).xlsx

1. '계산작업' 시트에서 다음의 지시사항을 처리하시오.

1 [표1]에서 연수날짜[C3:C8]를 이용하여 출국일[D3:D8]을 표시하시오.

▶ 표기 예 : 3월 11일 출국

▶ MONTH와 DAY 함수 & 연산자 사용

2 [표2]에서 입사일[H3:H8]과 퇴사일[I3:I8]을 이용하여 퇴직금[J3:J8]을 계산하시오.

▶ 퇴직금은 근속일과 기본급의 곱에 0.6%로 계산

▶ DAYS 함수 사용

3 [표3]에서 도착시간[C12:C20]과 출발시간[B12:B20]과의 차를 계산하여 요금[D12:D20]에 표시하시오.

▶ 요금은 10분당 500원임

▶ HOUR와 MINUTE 함수 사용

4 [표4]에서 공사작업 휴일[F20:F23]을 참조하여 공사시작일[H12:H17]과 작업일[I12:I17]에 따른 공사완료일 [J12:J17]을 구하시오.

▶ DATE, DAY, WORKDAY 함수 중 알맞은 함수를 선택하여 사용

▶ 작업 과정

	A	B	C	D	E	F	G	H	I	J
1	[표1]					[표2]				
2	성명	부서	연수날짜	출국일		사원명	기본급	입사일	퇴사일	퇴직금
3	박수영	홍보부	2020-03-11	3월 11일 출국		이충희	1,500,000	1999-10-05	2020-03-04	67,104,000
4	이진환	기획부	2020-03-20	3월 20일 출국		김미나	1,358,000	2000-03-02	2020-05-02	60,018,168
5	정종철	영업부	2020-04-15	4월 15일 출국		조정현	1,250,000	2002-05-10	2020-05-01	49,245,000
6	민주철	인사부	2020-05-10	5월 10일 출국		박준희	1,450,000	1999-12-01	2020-04-09	64,684,500
7	바성미	디자인부	2020-05-30	5월 30일 출국		홍수연	1,200,000	2003-03-02	2020-12-05	46,713,600
8	유연희	사업부	2020-06-15	6월 15일 출국		이나라	1,100,000	2005-05-04	2020-03-06	35,772,000
9										
10	[표3]					[표4]				
11	KTX번호	출발시간	도착시간	요금		구분	내용	공사시작일	작업일	공사완료일
12	KTX070	10:00	13:30	10,500		연암빌딩	인테리어공사	2020-05-07	35	2020-06-26
13	KTX071	9:00	14:00	15,000		한성학원	칸막이공사	2020-05-11	15	2020-06-02
14	KTX072	8:40	11:00	7,000		진성실업	바닥공사	2020-05-06	10	2020-05-20
15	KTX073	9:30	12:50	10,000		꽃잎유치원	식당공사	2020-05-11	20	2020-06-09
16	KTX074	11:00	13:00	6,000		동일여대	어학실천정	2020-05-08	13	2020-05-28
17	KTX075	12:00	17:00	15,000		조은은행	에어컨공사	2020-05-15	15	2020-06-08
18	KTX076	13:30	17:30	12,000						
19	KTX077	14:20	16:30	6,500		[공사작업 휴일]				
20	KTX078	15:30	18:30	9,000		2020-05-05	어린이날			
21						2020-05-09	출장			
22						2020-05-22	출장			
23						2020-06-06	현충일			
24										

출국일[D3:D8]	[D3] 셀에 '=MONTH(C3)&"월 "&DAY(C3)&"일 출국"'을 입력한 후, 채우기 핸들을 [D8] 셀까지 드래그 합니다.
퇴직금[J3:J8]	[J3] 셀에 '=DAYS(I3,H3)*G3*0.6%'를 입력한 후, 채우기 핸들을 [J8] 셀까지 드래그 합니다.
요금[D12:D20]	[D12] 셀에 '=(((HOUR(C12-B12))*60+MINUTE(C12-B12))/10)*500'을 입력한 후, 채우기 핸들을 [D20] 셀까지 드래그 합니다.
공사완료일 [J12:J17]	[J12] 셀에 '=WORKDAY(H12,I12,$F$20:$F$23)'을 입력한 후, 채우기 핸들을 [J17] 셀까지 드래그 합니다.

논리함수

출제유형 분석

IF와 AND, OR는 시험에 자주 출제되는 함수들로 각 함수의 기능과 사용법 등을 반드시 숙지해
두어야 합니다.

| 유형체크 |
01 → **논리함수**

소스파일 : 따라하기\함수\논리함수.xlsx   **정답파일** : 따라하기\함수\논리함수(완성).xlsx

IF	• 기능 : 특정 조건을 지정하여 해당 조건에 만족하면 '참(TRUE)'에 해당하는 값을 그렇지 않으면 '거짓(FALSE)'에 해당하는 값을 표시하는 함수 • 형식 : =IF(조건, 참일 때 수행할 내용, 거짓일 때 수행할 내용) • 사용 예 : 평균이 80 이상이면 '합격' 그렇지 않으면 '불합격'을 표시 G2 : =IF(F2>=80,"합격","불합격") 		성명	국어	영어	수학	평균	결과
---	---	---	---	---	---	---
1	성명	국어	영어	수학	평균	결과
2	윤재영	80	70	80	76.7	불합격
3	이영석	80	80	100	86.7	합격
4	박나래	90	100	90	93.3	합격
5	최문수	70	90	80	80	합격	
중첩IF	• 기능 : IF 함수의 조건이 2개 이상일 때 2개 이상의 IF 함수를 사용하여 '참(TRUE)'과 '거짓(FALSE)'의 값을 표시하는 함수 • 형식 : =IF(조건, 참일 때, IF(조건, 참일 때, 거짓일 때)...) • 사용 예 : 평균이 90 이상이면 '최우수', 80 이상이면 '우수', 나머지는 '노력'으로 표시 G2 : =IF(F2>=90,"최우수",IF(F2>=80,"우수","노력")) 		성명	국어	영어	수학	평균	결과	
---	---	---	---	---	---	---	---
1	성명	국어	영어	수학	평균	결과	
2	윤재영	80	70	80	76.7	노력	
3	이영석	80	80	100	86.7	우수	
4	박나래	90	100	90	93.3	최우수	
5	최문수	70	90	80	80	우수		
AND	• 기능 : 모든 조건을 만족하면 '참'을 그렇지 않으면 '거짓'을 표시하는 함수 • 형식 : =AND(조건1, 조건2, ... 조건30) • 사용 예 : 국어, 영어, 수학의 모든 점수가 80 이상일 경우 '우수', 그렇지 않을 경우 '노력'으로 표시 G2 : =IF(AND(C2>=80,D2>=80,E2>=80),"우수","노력") |	성명	국어	영어	수학	평균	결과		
---	---	---	---	---	---	---	---	---
1	성명	국어	영어	수학	평균	결과		
2	윤재영	80	70	80	76.7	노력		
3	이영석	80	80	100	86.7	우수		
4	박나래	90	100	90	93.3	우수		
5	최문수	70	90	80	80	노력			

OR	• 기능 : 한 개의 조건이라도 만족하면 '참'을 그렇지 않으면 '거짓'을 표시하는 함수 • 형식 : =OR(조건1, 조건2, ... 조건30) • 사용 예 : 국어, 영어, 수학의 점수 중 하나라도 90 이상일 경우 '우수', 그렇지 않을 경우 '노력'으로 표시 G2 `fx` =IF(OR(C2>=90,D2>=90,E2>=90),"우수","노력") <table><tr><td>A</td><td>B</td><td>C</td><td>D</td><td>E</td><td>F</td><td>G</td><td>H</td><td>I</td></tr><tr><td>1</td><td>성명</td><td>국어</td><td>영어</td><td>수학</td><td>평균</td><td>결과</td><td></td><td></td></tr><tr><td>2</td><td>윤재영</td><td>80</td><td>70</td><td>80</td><td>76.7</td><td>노력</td><td></td><td></td></tr><tr><td>3</td><td>이영석</td><td>80</td><td>80</td><td>100</td><td>86.7</td><td>우수</td><td></td><td></td></tr><tr><td>4</td><td>박나래</td><td>90</td><td>100</td><td>90</td><td>93.3</td><td>우수</td><td></td><td></td></tr><tr><td>5</td><td>최문수</td><td>70</td><td>90</td><td>80</td><td>80</td><td>우수</td><td></td><td></td></tr></table>
NOT	• 기능 : 조건식의 결과 값을 반대로 표시하는 함수 • 형식 : =NOT(조건) • 사용 예 : 평균이 80 이상이면 '합격', 그렇지 않으면 '불합격'으로 표시 G2 `fx` =IF(NOT(F2>=80),"불합격","합격") <table><tr><td>A</td><td>B</td><td>C</td><td>D</td><td>E</td><td>F</td><td>G</td></tr><tr><td>1</td><td>성명</td><td>국어</td><td>영어</td><td>수학</td><td>평균</td><td>결과</td></tr><tr><td>2</td><td>윤재영</td><td>80</td><td>70</td><td>80</td><td>76.7</td><td>불합격</td></tr><tr><td>3</td><td>이영석</td><td>80</td><td>80</td><td>100</td><td>86.7</td><td>합격</td></tr><tr><td>4</td><td>박나래</td><td>90</td><td>100</td><td>90</td><td>93.3</td><td>합격</td></tr><tr><td>5</td><td>최문수</td><td>70</td><td>90</td><td>80</td><td>80</td><td>합격</td></tr></table>
TRUE	• 기능 : 논리값을 TRUE로 표시하는 함수 • 형식 : =TRUE( )
FALSE	• 기능 : 논리값을 FALSE로 표시하는 함수 • 형식 : =FALSE( )
IFERROR	• 기능 : 수식에서 오류가 발생할 경우 사용자가 지정한 값을 출력하고, 그렇지 않으면 수식 결과를 출력하는 함수 • 형식 : =IFERROR(수식, 오류시 출력할 값) 　- 오류시 출력할 값 : 수식에서 오류가 발생할 경우에 출력할 값 　- #N/A, #VALUE!, #REF!, #DIV/0!, #NUM!, #NAME? 또는 #NULL! 오류 유형이 적용 D2 `fx` =IFERROR(B2/C2,"계산오류") <table><tr><td>A</td><td>B</td><td>C</td><td>D</td><td>E</td><td>F</td></tr><tr><td>1</td><td>총수량</td><td>박스</td><td>박스당 수량</td><td></td><td>함수식</td></tr><tr><td>2</td><td>550</td><td>10</td><td>55</td><td>▶</td><td>=IFERROR(B2/C2,"계산오류")</td></tr><tr><td>3</td><td>55</td><td>0</td><td>계산오류</td><td>▶</td><td>=IFERROR(B3/C3,"계산오류")</td></tr><tr><td>4</td><td></td><td>25</td><td>0</td><td>▶</td><td>=IFERROR(B4/C4,"계산오류")</td></tr></table>

출제유형 완/전/정/복/ _ 논리함수

완전정복 01

소스파일 : 따라하기\함수-2.xlsx   정답파일 : 따라하기\함수-2(완성).xlsx

1. '계산작업' 시트에서 다음의 지시사항을 처리하시오.

1 [표1]에서 연체일[C3:C8]과 연체금액[D3:D8]을 이용하여 비고[E3:E8]를 표시하시오.
  - ▶ 연체일이 10 이상이고 연체금액이 100,000 이상일 경우 '신용불량', 연체일이 10이상이고 연체금액이 100,000 미만일 경우 '경고', 나머지는 '전화요망'으로 표시
  - ▶ IF, AND 함수 사용

2 [표2]에서 주행거리[I3:I12]과 정비[J3:J12]를 이용하여 등급[K3:K12]을 표시하시오.
  - ▶ 주행거리가 60,000 미만이고, 정비가 '보증'이면 'AA급', 주행거리가 100,000 미만이고, 정비가 보증이면 'A급', 그 이외는 빈 칸으로 표시
  - ▶ IF, AND 함수 사용

▶ 작업 과정

	A	B	C	D	E	F	G	H	I	J	K
1	[표1]						[표2]				
2	성명	카드종류	연체일	연체금액	비고		모델	연식	주행거리	정비	등급
3	주미란	NG카드	20	200,000	신용불량		오3245	2005년 9월	135,000		
4	홍진경	삼신카드	9	150,000	전화요망		투5643	2015년 3월	66,000	보증	A급
5	남일우	나라카드	30	95,000	경고		기6754	2008년 11월	113,000		
6	최성국	삼신카드	45	50,000	경고		그3425	2001년 10월	54,000		
7	윤진덕	NG카드	10	1,000,000	신용불량		에8907	2016년 12월	87,000	보증	A급
8	황정필	나라카드	7	100,000	전화요망		그5813	2001년 10월	64,000		
9							카4532	2014년 3월	86,000	보증	A급
10							엑6754	2017년 5월	32,000	보증	AA급
11							산7653	2006년 9월	145,000		
12							무8923	2004년 8월	132,000	보증	
13											

비고[E3:E8]	[E3] 셀에 '=IF(AND(C3>=10,D3>=100000),"신용불량",IF(AND(C3>=10,D3<100000),"경고","전화요망"))'을 입력한 후, 채우기 핸들을 [E8] 셀까지 드래그 합니다.
등급[K3:K12]	[K3] 셀에 '=IF(AND(I3<60000,J3="보증"),"AA급",IF(AND(I3<100000,J3="보증"),"A급",""))'을 입력한 후, 채우기 핸들을 [K12] 셀까지 드래그 합니다.

74 CHAPTER 03 수식 및 함수식의 작성

문자열 함수

출제유형 분석
LEFT, RIGHT, MID와 같이 자주 출제되는 함수의 기능과 사용법 등을 반드시 숙지해 두어야 합니다.

문자열 함수

소스파일 : 따라하기\함수\문자열함수.xlsx   **정답파일** : 따라하기\함수\문자열함수(완성).xlsx

LEFT	• 기능 : 문자열의 왼쪽에서 원하는 수 만큼의 문자를 표시해 주는 함수
	• 형식 : =LEFT(문자열, 추출할 문자수)
	• 사용 예 : 왼쪽부터 7개의 문자열을 추출하여 표시

D2	▼ : × ✓ *fx*	=LEFT(B2,7)
	B	**C**	**D**
1	데이터		결과
2	컴퓨터활용능력 엑셀 2016	▶	컴퓨터활용능력

RIGHT	• 기능 : 문자열의 오른쪽에서 원하는 수 만큼의 문자를 표시해 주는 함수
	• 형식 : =RIGHT(문자열, 추출할 문자수)
	• 사용 예 : 오른쪽부터 7개의 문자열을 추출하여 표시

D2	▼ : × ✓ *fx*	=RIGHT(B2,7)
	B	**C**	**D**
1	데이터		결과
2	컴퓨터활용능력 엑셀 2016	▶	엑셀 2016

MID	• 기능 : 문자열의 시작 위치와 추출할 문자의 수를 지정하여 문자를 표시해 주는 함수
	• 형식 : =MID(문자열, 시작 위치, 추출할 문자의 수)
	• 사용 예 : 왼쪽 9번째부터 2개의 문자를 추출하여 표시

D2	▼ : × ✓ *fx*	=MID(B2,9,2)
	B	**C**	**D**
1	데이터		결과
2	컴퓨터활용능력 엑셀 2016	▶	엑셀

LOWER	• 기능 : 영문자열 중 대문자를 모두 소문자로 변환시키는 함수
	• 형식 : =LOWER(문자열)
	• 사용 예 : =LOWER("COMPUTER LICENCE") → computer licence

UPPER	• 기능 : 영문자열 중 소문자를 모두 대문자로 변환시키는 함수 • 형식 : =UPPER(문자열) • 사용 예 : =UPPER("computer licence") → COMPUTER LICENCE
PROPER	• 기능 : 영문자열 중 첫 문자만 대문자로 변환시키는 함수 • 형식 : =PROPER(문자열) • 사용 예 : =PROPER("computer licence") → Computer Licence
TRIM	• 기능 : 단어 사이의 공백을 한 칸만 남기고 모두 삭제하는 함수 • 형식 : =TRIM(문자열) • 사용 예 : TRIM("Computer Licence") → Computer Licence

FIND/FINDB	• 기능 : 찾고자 하는 텍스트의 시작 위치 번호를 구하는 함수
	• 형식1 : =FIND(찾을 텍스트, 문자열, 검색 시작 위치)
	  - 영문, 숫자, 한글에 상관없이 각 문자를 '1'(1Byte)로 계산
	• 형식2 : =FINDB(찾을 텍스트, 문자열, 검색 시작 위치)
	  - 영문, 숫자는 각 문자를 '1'(1Byte)로 계산하고 한글은 '2'(2Byte)로 계산
	• 대/소문자를 구분하며, 와일드카드 문자를 사용할 수 없음
	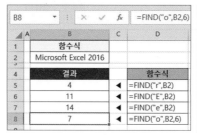
	▲ [B8] 셀 : [B2] 셀의 6번째 문자에서 시작하여 처음으로 나오는 'o'의 위치는 '7'을 표시 ▲ [B8] 셀 : [B2] 셀의 11번째 문자에서 시작하여 처음으로 나오는 '천'의 위치는 '18'을 표시

SEARCH/
SEARCHB
	• 기능 : 찾고자 하는 텍스트의 시작 위치 번호를 구하는 함수
	• 형식1 : =SEARCH(찾을 텍스트, 문자열, 검색 시작 위치)
	  - 영문, 숫자, 한글에 상관없이 각 문자를 '1'(1Byte)로 계산
	• 형식2 : =SEARCHB(찾을 텍스트, 문자열, 검색 시작 위치)
	  - 영문, 숫자는 각 문자를 '1'(1Byte)로 계산하고 한글은 '2'(2Byte)로 계산
	• 대/소문자를 구분하지 않으며, 대/소문자를 구분하여 검색하려면 FIND와 FINDB를 사용
	• '찾을 텍스트'에 와일드카드 문자(?, *) 사용 가능

B8		× ✓ fx	=SEARCHB("천",B2,11)

▲	A	B	C	D
1		함수식		
2		Microsoft 엑셀 이천십육		
4		결과		함수식
5		12	◄	=SEARCH("셀",B2)
6		13	◄	=SEARCHB("셀",B2)
7		15	◄	=SEARCH("천",B2,11)
8		18	◄	=SEARCHB("천",B2,11)

LEN

- 기능 : 공백을 포함하여 문자의 개수를 표시해 주는 함수
- 형식 : =LEN(문자열)
- 사용 예 : [B2:B6] 영역에 입력된 문자열의 개수를 표시

D6			× ✓ fx	=LEN(B6)	
	B	C	D	E	F
1	차종	년식	길이		함수식
2	에쿠스 V450	2015	8	◀	=LEN(B2)
3	K9	2014	2	◀	=LEN(B3)
4	스타렉스	2011	4	◀	=LEN(B4)
5	그랜드카니발	2015	6	◀	=LEN(B5)
6	스파크	2012	3	◀	=LEN(B6)

출제유형 완/전/정/복/ _ 문자열 함수

완전정복 01

소스파일 : 따라하기\함수-3.xlsx　　정답파일 : 따라하기\함수-3(완성).xlsx

1. '계산작업' 시트에서 다음의 지시사항을 처리하시오.

1 [표1]에서 주민등록번호[C3:C8]를 이용하여 생년월일을 [E3:E8] 영역에 표시하시오.
- ▶ 주민등록번호의 앞자리 02는 2000년을 의미　　▶ 표시 예 : 2002-06-04
- ▶ DATE, LEFT, MID 함수와 & 연산자 사용

2 [표2]에서 관리코드[I3:I9]를 이용하여 포지션[K3:K9]을 구하시오.
- ▶ 관리코드의 4번째 문자가 1이면 '센터', 2이면 '포드', 3이면 '가드'로 표시
- ▶ IF, MID 함수 사용

3 [표3]에서 팀명[B13:B18]과 국가[C13:C18]를 이용하여 팀명(국가)[D13:D18]를 표시하시오.
- ▶ 팀명에 대해 전체 문자를 대문자로 변환하고, 국가에 대해 첫 문자를 대문자로 변환하여 표시
- ▶ 표시 예 : 팀명이 'star', 국가가 'korea'인 경우 'STAR(Korea)'로 표시
- ▶ UPPER와 & 연산자, PROPER 함수 사용

▶ 작업 과정

	A	B	C	D	E	F	G	H	I	J	K	L
1	[표1]						[표2]					
2	유아명	연락처	주민등록번호		생년월일		팀명	선수명	관리코드	경력	포지션	
3	고소은	258-9632	020604-456789		2002-06-04		KCC	안전해	K99111	3년	센터	
4	박철수	145-6987	030303-345678		2003-03-03		TG	이기자	T02322	1년	가드	
5	김재영	458-9687	021105-323232		2002-11-05		SBS	왕눈이	S97101	5년	센터	
6	나빛나	897-8526	010101-432345		2001-01-01		LG	오골인	L94303	8년	가드	
7	최순애	147-8529	021212-467459		2002-12-12		LG	최고인	L01202	2년	포드	
8	강철준	987-1235	000331-394857		2000-03-31		TG	최수비	T89322	13년	가드	
9							KCC	나도해	K95213	7년	포드	
10												
11	[표3]											
12	순위	팀명	국가	팀명(국가)								
13	1	susung	korea	SUSUNG(Korea)								
14	2	baroserona	spain	BAROSERONA(Spain)								
15	3	chelsy	england	CHELSY(England)								
16	4	roma	italy	ROMA(Italy)								
17	5	hoven	netherlands	HOVEN(Netherlands)								
18	6	isac	france	ISAC(France)								
19												

생년월일[E3:E8]	[E3] 셀에 '=DATE(20&LEFT(C3,2),MID(C3,3,2),MID(C5,5,2))'를 입력한 후, 채우기 핸들을 [E8] 셀까지 드래그 합니다.
포지션[K3:K9]	[K3] 셀에 '=IF(MID(I3,4,1)="1","센터",IF(MID(I3,4,1)="2","포드","가드"))'를 입력한 후, 채우기 핸들을 [K9] 셀까지 드래그 합니다.
팀명(국가) [D13:D18]	[D13] 셀에 '=UPPER(B13)&"("&PROPER(C13)&")"'를 입력한 후, 채우기 핸들을 [D18] 셀까지 드래그 합니다.

78 CHAPTER 03 수식 및 함수식의 작성

통계함수

출제유형 분석

통계 함수의 경우 출제 빈도가 높은 함수들로 구성되어 있으며 각 함수의 기능과 사용법을 반드시 숙지해 두어야 합니다.

| 유형체크 |
01 → 통계함수

소스파일 : 따라하기\W함수\W통계함수.xlsx   **정답파일** : 따라하기\W함수\W통계함수(완성).xlsx

AVERAGE	• 기능 : 특정 범위(인수)의 평균을 구하는 함수
	• 형식 : =AVERAGE(셀 범위)
	• 사용 예 : 국어, 영어, 수학 점수의 평균을 표시

	F2		× ✓ fx	=AVERAGE(C2:E2)		
	A	B	C	D	E	F	G	H
1		성명	국어	영어	수학	평균		함수식
2		윤재영	85	75	80	80	◀	=AVERAGE(C2:E2)
3		이영석	80	90	100	90	◀	=AVERAGE(C3:E3)
4		박나래	95	95	95	95	◀	=AVERAGE(C4:E4)
5		최문수	70	90	80	80	◀	=AVERAGE(C5:E5)

COUNT	• 기능 : 지정된 셀 범위에서 숫자(날짜 포함)가 입력된 셀의 개수를 구하는 함수
	• 형식 : =COUNT(셀 범위)
	• 사용 예 : [B2:F5] 영역에 입력된 숫자의 개수를 표시

	F7		× ✓ fx	=COUNT(B2:F5)	
	A	B	C	D	E	F
1		성명	국어	영어	수학	과제물
2		윤재영	85	75	80	제출
3		이영석	80	90	100	미제출
4		박나래	95	95	95	제출
5		최문수	70	90	80	보류
7		숫자가 입력된 셀의 개수				12

COUNTA	• 기능 : 지정된 셀 범위에서 공백을 제외한 모든(문자, 숫자, 논리값 등) 셀의 개수를 구하는 함수
	• 형식 : =COUNTA(셀 범위)
	• 사용 예 : [B2:F5] 영역에서 공백을 제외한 모든 셀의 개수를 표시

	F7		× ✓ fx	=COUNTA(B2:F5)	
	A	B	C	D	E	F
1		성명	국어	영어	수학	기타
2		윤재영	85	75	80	
3		이영석	80	90	100	
4		박나래				결석
5		최문수	70	90	80	
7		공백을 제외한 모든 셀의 개수				14

LARGE

- 기능 : 지정된 셀 범위에서 입력한 숫자 번째로 큰 값을 구하는 함수
- 형식 : =LARGE(셀 범위, 숫자)

| E2 | ▾ | : | × | ✓ | f_x | =LARGE(C2:C11,2) |

	A	B	C	D	E
1		성명	불우이웃 성금		**2번째로 많이 낸 성금**
2		윤재영	80,000		95,000
3		이영석	75,000		
4		박나래	50,000		**4번째로 많이 낸 성금**
5		김보경	65,000		80,000
6		이하울	40,000		▲
7		임제이	150,000		**함수식**
8		이지영	80,000		=LARGE(C2:C11,4)
9		이순신	35,000		
10		박문수	20,000		
11		윤준희	95,000		

SMALL

- 기능 : 지정된 셀 범위에서 입력한 숫자 번째로 작은 값을 구하는 함수
- 형식 : =SMALL(셀 범위, 숫자)

| E2 | ▾ | : | × | ✓ | f_x | =SMALL(C2:C11,2) |

	A	B	C	D	E
1		성명	불우이웃 성금		**2번째로 적게 낸 성금**
2		윤재영	80,000		35,000
3		이영석	75,000		
4		박나래	50,000		**5번째로 적게 낸 성금**
5		김보경	65,000		65,000
6		이하울	40,000		▲
7		임제이	150,000		**함수식**
8		이지영	80,000		=SMALL(C2:C11,5)
9		이순신	35,000		
10		박문수	20,000		
11		윤준희	95,000		

MEDIAN

- 기능 : 지정된 셀 범위에서 중앙값을 구하는 함수
- 형식 : =MEDIAN(셀 범위)
- 사용 예 : 중간 금액의 성금을 표시

| E2 | ▾ | : | × | ✓ | f_x | =MEDIAN(C2:C11) |

	A	B	C	D	E
1		성명	불우이웃 성금		**중간 금액의 성금**
2		윤재영	80,000		70,000
3		이영석	75,000		
4		박나래	50,000		
5		김보경	65,000		
6		이하울	40,000		
7		임제이	150,000		
8		이지영	80,000		
9		이순신	35,000		
10		박문수	20,000		
11		윤준희	95,000		

MAX	• 기능 : 최대값을 구하는 함수 • 형식 : =MAX(셀 범위) • 사용 예 : 최대 성금을 표시 E2 fx =MAX(C2:C11) 		A	B	C	D	E	F
---	---	---	---	---	---	---
1		성명	불우이웃 성금		최대 성금	
2		윤재영	80,000		150,000	
3		이영석	75,000			
4		박나래	50,000			
5		김보경	65,000			
6		이하울	40,000			
7		임제이	150,000			
8		이지영	80,000			
9		이순신	35,000			
10		박문수	20,000			
11		윤준희	95,000				
MIN	• 기능 : 최소값을 구하는 함수 • 형식 : =MIN(셀 범위) • 사용 예 : 최소 성금을 표시 E2 fx =MIN(C2:C11) 		A	B	C	D	E	F
---	---	---	---	---	---	---
1		성명	불우이웃 성금		최소 성금	
2		윤재영	80,000		20,000	
3		이영석	75,000			
4		박나래	50,000			
5		김보경	65,000			
6		이하울	40,000			
7		임제이	150,000			
8		이지영	80,000			
9		이순신	35,000			
10		박문수	20,000			
11		윤준희	95,000				

**RANK.EQ/
RANK.AVG**
	• 기능 : 수의 목록에 있는 어떤 수의 순위를 구하는 함수
	• 형식1 : =RANK.EQ(순위를 구하려는 수, 데이터 범위, 순위를 결정할 방법)
	  - 데이터 범위 중에서 순위를 구함(순위가 같으면 값 집합에서 가장 높은 순위가 반환 됨)
	• 형식2 : =RANK.AVG(순위를 구하려는 수, 데이터 범위, 순위를 결정할 방법)
	  - 데이터 범위 중에서 순위를 구함(순위가 같으면 평균 순위가 반환 됨)
	  - 순위를 결정할 방법 : 0또는 생략시 내림차순, 0이 아닌 숫자를 입력할 경우 오름차순으로 순위를 지정
	• 사용 예 : 평균을 기준으로 순위(내림차순)를 표시
	
	G2 fx =RANK.EQ(F2,$F$2:$F$5)
	
	|
		A	B	C	D	E	F	G	H	I

---	---	---	---	---	---	---	---	---	---
1		성명	국어	영어	수학	평균	순위		함수식
2		황정민	85	75	80	80	3	◄	=RANK.EQ(F2,$F$2:$F$5)
3		이영석	80	90	100	90	2	◄	=RANK.EQ(F3,$F$2:$F$5)
4		윤준희	95	95	95	95	1	◄	=RANK.EQ(F4,$F$2:$F$5)
5		최문수	70	75	80	75	4	◄	=RANK.EQ(F5,$F$2:$F$5)	

COUNTBLANK	• 기능 : 공백 셀의 개수를 구하는 함수
	• 형식 : =COUNTBLANK(셀 범위)
	• 사용 예 : =COUNTBLANK(A1:A10) → [A1:A10] 범위에서 공백 셀의 개수를 구함
MODE	• 기능 : 가장 많이 나오는(빈도수가 높은) 값을 구하는 함수
	• 형식 : =MODE(셀 범위)
	• 사용 예 : =MODE(A1:A10) → [A1:A10] 범위에 수록된 값들 중 가장 많이 나오는 값을 구함
VAR	• 기능 : 표본 분산을 구해주는 함수
	• 형식 : =VAR(수1, 수2, ...)
	• 사용 예 : =VAR(A1:A10) → [A1:A10] 범위에 수록된 값의 분산 값을 구함
STDEV	• 기능 : 표본 표준 편차를 구해주는 함수
	• 형식 : =STDEV(수1, 수2, ...)
	• 사용 예 : =STDEV(A1:A10) → [A1:A10] 범위에 수록된 값의 표준 편차를 구함
AVERAGEA	• 기능 : 수치, 논리값의 평균까지 구하는 함수
	• 형식 : =AVERAGEA(셀 범위)
	• 사용 예 : =AVERAGEA(A1:A10) → [A1:A10] 범위에 수록된 값(수치, 문자, 논리값 등)의 평균을 구함

AVERAGEIF

• 기능 : 주어진 조건에 만족하는 데이터들의 평균을 구하는 함수

• 형식 : =AVERAGEIF(조건이 들어 있는 범위, 조건, 평균을 구할 범위)

• 사용 예 : 부서별 영업수당의 평균을 표시

H2		fx	=AVERAGEIF($C$2:$C$9,G2,$E$2:$E$9)					
	B	C	D	E	F	G	H	J
1	성명	부서	직책	영업수당		부서	수당평균	함수식
2	윤재영	영업1팀	팀장	1,500,000		영업1팀	1,075,000 ◄	=AVERAGEIF($C$2:$C$9,G2,$E$2:$E$9)
3	이영석	영업2팀	팀장	1,600,000		영업2팀	1,025,000 ◄	=AVERAGEIF($C$2:$C$9,G3,$E$2:$E$9)
4	박나래	영업1팀	대리	1,300,000				
5	최문수	영업2팀	대리	1,200,000				
6	남석진	영업1팀	사원	700,000				
7	이하진	영업2팀	사원	600,000				
8	장동민	영업1팀	사원	800,000				
9	윤준희	영업2팀	사원	700,000				

AVERAGEIFS

• 기능 : 여러 개의 조건에 만족하는 데이터들의 평균을 구하는 함수

• 형식 : =AVERAGEIFS(평균을 구할 범위, 1번째 조건이 들어있는 범위, 1번째 조건, 2번째 조건이 들어 있는 범위, 2번째 조건,...)

• 사용 예 : 부서와 직급별 영업수당의 평균을 표시

H2		fx	=AVERAGEIFS(E2:E9,C2:C9,"영업1팀",D2:D9,"사원")				
	B	C	D	E	F	G	사원	팀장
1	성명	부서	직책	영업수당		부서	사원	팀장
2	윤재영	영업1팀	팀장	1,500,000		영업1팀	750,000	1,450,000
3	이영석	영업2팀	팀장	1,600,000		영업2팀	600,000	1,650,000
4	박나래	영업1팀	사원	700,000			▼	
5	최문수	영업2팀	사원	600,000		함수식		
6	남석진	영업1팀	팀장	1,400,000		▶ 영업1팀(사원) : =AVERAGEIFS(E2:E9,C2:C9,"영업1팀",D2:D9,"사원")		
7	이하진	영업2팀	사원	600,000		▶ 영업2팀(사원) : =AVERAGEIFS(E2:E9,C2:C9,"영업2팀",D2:D9,"사원")		
8	장동민	영업1팀	사원	800,000		▶ 영업1팀(팀장) : =AVERAGEIFS(E2:E9,C2:C9,"영업1팀",D2:D9,"팀장")		
9	윤준희	영업2팀	팀장	1,700,000		▶ 영업2팀(팀장) : =AVERAGEIFS(E2:E9,C2:C9,"영업2팀",D2:D9,"팀장")		

COUNTIF	• 기능 : 특정 조건을 만족하는 셀의 개수를 구하는 함수
	• 형식 : =COUNTIF(셀 범위, 조건)
	• 사용 예 : 국어, 영어, 수학 점수 중 90 이상인 셀의 개수를 표시

F7 `=COUNTIF(C2:E5,">=90")`

	B	C	D	E	F	G
1	성명	국어	영어	수학	과제물	
2	윤재영	85	75	80	제출	
3	이영석	80	90	100	미제출	
4	박나래	95	95	95	제출	
5	최문수	70	90	80	보류	
6						
7	90점 이상인 셀의 개수				6	

COUNTIFS	• 기능 : 범위 내에서 여러 조건을 만족하는 셀의 개수를 구하는 함수
	• 형식 : =COUNTIFS(셀 범위1, 조건1, 셀 범위2, 조건2,…)
	• 사용 예 : '2'년차 이면서 평가점수가 '400' 이상인 사람의 인원수를 표시

G2 `=COUNTIFS(C2:C8,2,E2:E8,">=400")&"명"`

	B	C	D	E	F	G	H	I
1	부서	년차	성명	평가점수		결과		함수식
2	영업1팀	1	윤재영	475		2명	◀	=COUNTIFS(C2:C8,2,E2:E8,">=400")&"명"
3	영업2팀	2	김상수	600				
4	영업2팀	3	임석훈	395				
5	영업1팀	2	이재훈	435				
6	영업2팀	1	이인석	355				
7	영업2팀	2	최순진	380				
8	영업1팀	3	박성호	560				

MAXA	• 기능 : 숫자, 텍스트, 논리값 등이 포함된 인수 목록에서 최대값을 구하는 함수
	• 형식 : =MAXA(셀 범위)
	- TRUE는 '1'로 텍스트나 FALSE는 '0'으로 계산
	• 사용 예 : [B2:B6] 영역에서 가장 큰 값을 표시

D2 `=MAXA(B2:B6)`

	A	B	C	D	E	F
1		데이터		결과		함수식
2		0		1	◀	=MAXA(B2:B6)
3		0.2				
4		0.5				
5		0.4				
6		TRUE				

◀ [B6] 셀의 TRUE는 '1'로 계산

MINA	• 기능 : 숫자, 텍스트, 논리값 등이 포함된 인수 목록에서 최소값을 구하는 함수
	• 형식 : =MINA(셀 범위)
	- TRUE는 '1'로 텍스트나 FALSE는 '0'으로 계산
	• 사용 예 : [B2:B6] 영역에서 가장 작은 값을 표시

D2 `=MINA(B2:B6)`

	A	B	C	D	E	F
1		데이터		결과		함수식
2		0		0	◀	=MINA(B2:B6)
3		0.2				
4		0.5				
5		4				
6		TRUE				

출제유형 완/전/정/복/ _ 통계함수

완전정복 01

소스파일 : 따라하기\함수-4.xlsx   정답파일 : 따라하기\함수-4(완성).xlsx

1. '계산작업' 시트에서 다음의 지시사항을 처리하시오.

1 [표1]에서 컴퓨터일반[B3:B11], 스프레드시트[C3:C11], 실기[D3:D11] 중 60 미만인 과목이 1개 이상이면 '불합격', 그 이외는 '합격'으로 판정[E3:E11]에 표시하시오.
   ▶ IF, COUNTIF 함수 사용

2 [표2]의 수금실적[I3:I10]에서 수금실적이 없는 셀의 개수를 산출하여 미수건수[I11]에 표시하시오.
   ▶ 표시 예 : 3건   ▶ COUNTBLANK 함수와 & 연산자 이용

3 [표3]에서 7월 1일[B16:B25]부터 7월 4일[E16:E25]까지의 기간을 이용하여 전략 세미나 기간 동안의 총 결석 횟수[E26]를 구하시오.
   ▶ COUNTA 함수 사용

4 [표4]에서 평균[L16:L21]을 이용하여 상위 2등과 하위 2등의 점수 차를 산출하여 [J22] 셀에 표시하시오.
   ▶ LARGE, SMALL 함수 사용

▶ **작업 과정**

	A	B	C	D	E	F	G	H	I	J	K	L
1	[표1]						[표2]					
2	성명	컴퓨터일반	스프레드시트	실기	판정		청구서번호	청구일	수금실적			
3	나영인	45	78	90	불합격		A5024	2020-06-07	193,908			
4	김민탁	87	20	90	불합격		A7008	2020-06-07				
5	연제식	98	89	90	합격		B8036	2020-06-07				
6	강철민	39	89	65	불합격		A4040	2020-06-07	1,965,645			
7	소인영	78	90	34	불합격		A5024	2020-06-07	6,000,000			
8	임인애	70	90	100	합격		B3025	2020-06-07	2,697,000			
9	보아라	80	70	90	합격		B7145	2020-06-07				
10	전보아	76	70	49	불합격		A3096	2020-06-11	5,000,000			
11	성수진	70	45	67	불합격		미수건수		3건			
12												
13												
14	[표3]				(결석 표시 : ◇)		[표4]					
15	성명	7월 1일	7월 2일	7월 3일	7월 4일		학번	과제	중간	기말	출석	평균
16	이도령	◇	◇				20193001	10	80	150	10	92.59
17	성산문		◇				20193003	5	40	120	10	64.81
18	강감찬	◇		◇			20202020	10	50	180	5	90.74
19	을지문덕		◇	◇			20192030	10	70	130	5	79.63
20	이순신	◇			◇		20203030	10	90	125	10	87.04
21	연개소문				◇		20193014	5	80	120	10	79.63
22	계백			◇			상위 2등과 하위 2등과의 점수차			11.11		
23	박혁거세											
24	정유비	◇		◇								
25	황관우	◇			◇							
26	전략 세미나 기간 동안의 총 결석 횟수				15							
27												

판정[E3:E11]	[E3] 셀에 '=IF(COUNTIF(B3:D3,"<60")>=1,"불합격","합격")'을 입력한 후, 채우기 핸들을 [E11] 셀까지 드래그 합니다.
미수건수[I11]	[I11] 셀에 '=COUNTBLANK(I3:I10)&"건"'을 입력합니다.
결석 횟수[E26]	[E26] 셀에 '=COUNTA(B16:E25)'를 입력합니다.
점수차[J22]	[J22] 셀에 '=LARGE(L16:L21,2)-SMALL(L16:L21,2)'를 입력합니다.

수학과 삼각함수

출제유형

출제유형 분석

수학과 삼각함수의 경우 출제 빈도가 높은 함수들로 구성되어 있으며 각 함수의 기능과 사용법을 반드시 숙지해 두어야 합니다.

| 유형체크 |
01 ▶ 수학과 삼각함수

소스파일 : 따라하기₩함수₩수학과삼각함수.xlsx   **정답파일** : 따라하기₩함수₩수학과삼각함수(완성).xlsx

---

SUM

- 기능 : 특정 범위(인수)의 합계를 구하는 함수
- 형식 : =SUM(셀 범위)
- 사용 예 : 국어, 영어, 수학 점수의 합계를 표시

| F2 | ▼ | : | × | ✓ | *fx* | =SUM(C2:E2) | |

	A	B	C	D	E	F	G	H
1		성명	국어	영어	수학	합계		함수식
2		윤재영	85	75	80	240	◀	=SUM(C2:E2)
3		이영석	80	90	100	270	◀	=SUM(C3:E3)
4		박나래	95	95	95	240	◀	=SUM(C2:E2)
5		최문수	70	90	80	240	◀	=SUM(C2:E2)

ROUND

- 기능 : 수를 지정한 자릿수로 반올림하는 함수
- 형식 : =ROUND(반올림할 수, 반올림할 자릿수)

| C2 | ▼ | : | × | ✓ | *fx* | =ROUND(B2,3) |

	A	B	C	D	E
1		데이터	결과		함수식
2		12345.6789	12345.679	◀	=ROUND(B2,3)
3		12345.6789	12345.7	◀	=ROUND(B3,1)
4		12345.6789	12346	◀	=ROUND(B4,0)
5		56789	56790	◀	=ROUND(B5,-1)

반올림할 자릿수	의미	함수식
1	소수 첫째 자리까지 표시	=ROUND(12345.123,1) = 12345.1
2	소수 둘째 자리까지 표시	=ROUND(12345.123,2) = 12345.12
3	소수 셋째 자리까지 표시	=ROUND(12345.1234,3) = 12345.123
0	정수만 표시	=ROUND(12345.123,0) = 12345
-1	정수 첫째 자리에서 반올림	=ROUND(12345,-1) = 12350
-2	정수 둘째 자리에서 반올림	=ROUND(12345,-2) = 12300
-3	정수 셋째 자리에서 반올림	=ROUND(12345,-3) = 12000

ROUNDUP	• 기능 : 0에서 먼 방향으로 수를 올림하는 함수 • 형식 : =ROUNDUP(올림할 수, 올림할 자릿수) <table><tr><td colspan="5">C2 ▼ : × ✓ fx =ROUNDUP(B2,3)</td></tr><tr><td>A</td><td>B</td><td>C</td><td>D</td><td>E</td></tr><tr><td>1</td><td>데이터</td><td>결과</td><td></td><td>함수식</td></tr><tr><td>2</td><td>12345.3456</td><td>12345.346</td><td>◀</td><td>=ROUNDUP(B2,3)</td></tr><tr><td>3</td><td>12345.3456</td><td>12345.4</td><td>◀</td><td>=ROUNDUP(B3,1)</td></tr><tr><td>4</td><td>12345.3456</td><td>12346</td><td>◀</td><td>=ROUNDUP(B4,0)</td></tr><tr><td>5</td><td>56789</td><td>56790</td><td>◀</td><td>=ROUNDUP(B5,-1)</td></tr></table>
ROUNDDOWN	• 기능 : 0에서 가까운 방향으로 수를 내림하는 함수 • 형식 : =ROUNDDOWN(내림할 수, 내림할 자릿수) <table><tr><td colspan="5">C2 ▼ : × ✓ fx =ROUNDDOWN(B2,3)</td></tr><tr><td>A</td><td>B</td><td>C</td><td>D</td><td>E</td></tr><tr><td>1</td><td>데이터</td><td>결과</td><td></td><td>함수식</td></tr><tr><td>2</td><td>12345.3456</td><td>12345.345</td><td>◀</td><td>=ROUNDDOWN(B2,3)</td></tr><tr><td>3</td><td>12345.3456</td><td>12345.3</td><td>◀</td><td>=ROUNDDOWN(B3,1)</td></tr><tr><td>4</td><td>12345.3456</td><td>12345</td><td>◀</td><td>=ROUNDDOWN(B4,0)</td></tr><tr><td>5</td><td>56789</td><td>56780</td><td>◀</td><td>=ROUNDDOWN(B5,-1)</td></tr></table>
SUMIF	• 기능 : 주어진 조건에 만족하는 데이터들의 합계를 구하는 함수 • 형식 : =SUMIF(조건이 들어 있는 범위, 조건, 합계를 구할 범위) • 사용 예 : 호봉이 4호봉인 사람들의 '기본급' 합계를 표시 <table><tr><td colspan="6">E7 ▼ : × ✓ fx =SUMIF(E2:E6,"=4호봉",D2:D6)</td></tr><tr><td>A</td><td>B</td><td>C</td><td>D</td><td>E</td><td>F</td></tr><tr><td>1</td><td>성명</td><td>직급</td><td>기본급</td><td>호봉</td><td></td></tr><tr><td>2</td><td>윤재영</td><td>부장</td><td>₩ 5,500,000</td><td>6호봉</td><td></td></tr><tr><td>3</td><td>이영석</td><td>과장</td><td>₩ 4,500,000</td><td>4호봉</td><td></td></tr><tr><td>4</td><td>박나래</td><td>대리</td><td>₩ 3,750,000</td><td>2호봉</td><td></td></tr><tr><td>5</td><td>최문수</td><td>과장</td><td>₩ 4,350,000</td><td>4호봉</td><td></td></tr><tr><td>6</td><td>정길동</td><td>과장</td><td>₩ 4,400,000</td><td>4호봉</td><td></td></tr><tr><td>7</td><td colspan="3">4호봉이니 사람들의 '기본급' 합계</td><td colspan="2">₩ 13,250,000</td></tr></table>
MOD	• 기능 : 나머지 값을 구하는 함수 • 형식 : =MOD(피제수, 제수) • 사용 예 : 합계를 3으로 나누어 나머지를 표시 <table><tr><td colspan="9">G2 ▼ : × ✓ fx =MOD(F2,3)</td></tr><tr><td>A</td><td>B</td><td>C</td><td>D</td><td>E</td><td>F</td><td>G</td><td>H</td><td>I</td></tr><tr><td>1</td><td>성명</td><td>국어</td><td>영어</td><td>수학</td><td>합계</td><td>나머지</td><td></td><td>함수식</td></tr><tr><td>2</td><td>윤재영</td><td>80</td><td>70</td><td>80</td><td>230</td><td>2</td><td>◀</td><td>=MOD(F2,3)</td></tr><tr><td>3</td><td>이영석</td><td>80</td><td>80</td><td>100</td><td>260</td><td>2</td><td>◀</td><td>=MOD(F3,3)</td></tr><tr><td>4</td><td>박나래</td><td>90</td><td>100</td><td>90</td><td>280</td><td>1</td><td>◀</td><td>=MOD(F4,3)</td></tr><tr><td>5</td><td>최문수</td><td>70</td><td>90</td><td>80</td><td>240</td><td>0</td><td>◀</td><td>=MOD(F5,3)</td></tr></table>
ABS	• 기능 : 주어진 인수의 절대값을 구하는 함수 • 형식 : =ABS(인수) <table><tr><td colspan="6">C2 ▼ : × ✓ fx =ABS(B2)</td></tr><tr><td>A</td><td>B</td><td>C</td><td>D</td><td>E</td><td>F</td></tr><tr><td>1</td><td>데이터</td><td>결과</td><td></td><td>함수식</td><td></td></tr><tr><td>2</td><td>-555</td><td>555</td><td>◀</td><td>=ABS(B2)</td><td></td></tr><tr><td>3</td><td>-777</td><td>777</td><td>◀</td><td>=ABS(B3)</td><td></td></tr><tr><td>4</td><td>999</td><td>999</td><td>◀</td><td>=ABS(B4)</td><td></td></tr></table>

INT	• 기능 : 소수점 아래를 버리고 가장 가까운 정수로 내림하는 함수 • 형식 : =INT(수치) 	D3		× ✓ *fx*	=INT(55.55)			
---	---	---	---	---	---	---
▲	A	B	C	D	E F	G	H
1		▶ 소수이하 잘림			▶ 십단위에서 잘림		
2		**함수식**		**결과**	**함수식**		**결과**
3		=INT(55.55)	▶	55	=INT(5555/10)*10	▶	5550
4		=INT(76.58)		76	=INT(7658/10)*10		7650
5							
6		▶ 소수이하 1자리에서 잘림			▶ 백단위에서 잘림		
7		**함수식**		**결과**	**함수식**		**결과**
8		=INT(55.55*10)/10	▶	55.5	=INT(5555/100)*100	▶	5500
9		=INT(76.58*10)/10		76.5	=INT(7658/100)*100		7600	
POWER	• 기능 : 숫자의 거듭제곱을 구해주는 함수 • 형식 : =POWER(밑수, 거듭제곱할 수) • 사용 예 : =POWER(2,5) → 2×2×2×2×2 = 32
TRUNC	• 기능 : 숫자를 지정한 소수점 이하로 버리고 결과를 표시해 주는 함수 • 형식 : =TRUNC(수치, 소수점 이하 자릿수 지정) - 소수점 이하 자릿수를 지정하지 않으면 0으로 처리 - TRUNC 함수와 INT 함수의 차이점은 처리할 숫자가 양수일 때는 결과가 동일하지만 음수일 때는 다르게 결과가 나타남 • 사용 예 : =TRUNC(12.1194,2) → 12.11
RAND	• 기능 : 0이상 1미만의 난수값을 구해주는 함수 • 형식 : =RAND()
SUMIFS	• 기능 : 범위 내에서 여러 조건을 만족하는 셀의 합계를 구하는 함수 • 형식 : =SUMIFS(합계를 구할 범위, 조건 범위1, 조건1, 조건 범위2, 조건2,...) • 사용 예 : 상품명이 '양'으로 시작하고 '1번' 판매직원에 의해 판매된 상품의 판매량 합을 표시 	F2		× ✓ *fx*	=SUMIFS(B2:B9,C2:C9,"=양*",D2:D9,"1번")				
---	---	---	---	---	---	---	---
▲	A	B	C	D	E F	G	H	I
1		**판매량**	**상품**	**판매직원**	**결과**			
2		5	양파	1번	20			
3		4	양파	2번	▲			
4		15	양배추	1번	**함수식**			
5		3	양배추	2번	=SUMIFS(B2:B9,C2:C9,"=양*",D2:D9,"1번")			
6		22	고추	1번				
7		12	고추	2번				
8		10	당근	1번				
9		33	당근	2번					
RANDBETWEEN	• 기능 : 지정한 두 수 사이의 난수를 반환 • 형식 : =RANDBETWEEN(최소 정수값,최대 정수값) • 사용 예 : =RANDBETWEEN(2,8) → 5(이 값은 실행할 때마다 다른 결과를 반환)

출제유형 완/전/정/복/ _ 수학과 삼각함수

완전정복 01

소스파일 : 따라하기\\함수-5.xlsx   **정답파일** : 따라하기\\함수-5(완성).xlsx

1. '계산작업' 시트에서 다음의 지시사항을 처리하시오.

1 [표1]에서 각 학생들의 중간[B3:B9], 수행[C3:C9], 기말[D3:D9] 점수에 대한 평균을 구하여 평균[E3:E9]에 표시하시오.

- ▶ 반올림 없이 소수 이하 첫째 자리까지 표시(표시 예 : 94.37 → 94.3)
- ▶ AVERAGE, TRUNC 함수 사용

2 [표2]에서 건구온도[H3:H9]와 습구온도[I3:I9]를 이용하여 불쾌지수[J3:J9]를 구하시오.

- ▶ 불쾌지수 = (건구온도 + 습구온도) × 0.72 + 40.6
- ▶ 불쾌지수는 정수로 표시(표시 예 : 66.736 → 66)   ▶ INT 함수 사용

3 [표3]에서 집행금액[C14:C20]이 200,000 이상 300,000 미만인 집행금액의 총합을 구하여 [A22] 셀에 표시하시오.

- ▶ SUMIF 함수 사용

4 [표4]의 과세표준[G14:G22]의 값이 400,000 이상이면 1.75%, 400,000 미만 300,000 이상이면 1.35%, 나머지는 1.05%의 세율을 적용하여 공제액[H14:H22]에 표시하시오.

- ▶ 공제액 = 과세표준 × 세율로 계산하고, 공제액은 십의 자리에서 내림하여 표시
- ▶ 표시 예 : 1,250 → 1,200   ▶ ROUNDDOWN, IF 함수 사용

▶ **작업 과정**

	A	B	C	D	E	F	G	H	I	J	K
1	[표1]						[표2]				
2	성명	중간	수행	기말	평균		일자	건구온도	습구온도	불쾌지수	
3	김정훈	78.45	45.78	87.23	70.4		08월 15일	30.4	30	84	
4	오석현	88.79	87.34	90.45	88.8		08월 16일	29.6	45	94	
5	이영선	92.45	80.23	78.23	83.6		08월 17일	28.7	32	84	
6	임현재	88.45	77.54	98.56	88.1		08월 18일	26.3	10	66	
7	남정왕	88.66	89.12	89.54	89.1		08월 19일	26.7	15	70	
8	고문섭	90	90.23	77.45	85.8		08월 20일	25	20	73	
9	라동훈	48.54	94.35	67.79	70.2		08월 21일	23.1	30	78	
10											
11											
12	[표3]						[표4]				
13	이름	날짜	집행금액				과세표준	공제액			
14	김미라	04월 02일	250,000				100,000	1,000			
15	강은철	04월 05일	345,000				150,000	1,500			
16	고아라	04월 08일	705,000				200,000	2,100			
17	김성일	04월 15일	120,000				250,000	2,600			
18	강우성	04월 17일	234,000				300,000	4,000			
19	오빈나	04월 21일	123,500				350,000	4,700			
20	김시은	04월 28일	258,000				400,000	7,000			
21	200000~300000원 집행금액의 합계						450,000	7,800			
22	742,000						500,000	8,700			
23											

평균[E3:E9]	[E3] 셀에 '=TRUNC(AVERAGE(B3:D3),1)'을 입력한 후, 채우기 핸들을 [E9] 셀까지 드래그 합니다.
불쾌지수[J3:J9]	[J3] 셀에 '=INT((H3+I3)*0.72+40.6)'을 입력한 후, 채우기 핸들을 [J9] 셀까지 드래그 합니다.
집행금액 합계 [A22]	[A22] 셀에 '=SUMIF(C14:C20,">=200000",C14:C20)-SUMIF(C14:C20,">=300000", C14:C20)' 을 입력합니다.
공제액[H14:H22]	[H14] 셀에 '=ROUNDDOWN(IF(G14>=400000,G14*1.75%,IF(G14>=300000,G14*1.35%, G14*1.05%)),-2)'를 입력한 후, 채우기 핸들을 [H22] 셀까지 드래그 합니다.

07

찾기와 참조함수

출제유형

출제유형 분석

VLOOKUP, HLOOKUP, CHOOSE 함수는 출제 빈도가 높은 함수들로 사용법을 반드시 숙지해 두어야 합니다.

| 유형체크 |
01 ▶ **찾기와 참조함수**

소스파일 : 따라하기\함수\찾기와참조함수.xlsx   **정답파일** : 따라하기\함수\찾기와참조함수(완성).xlsx

---

VLOOKUP	• 기능 : 표의 가장 왼쪽 열에서 특정 값을 찾아 지정한 열에서 같은 행에 있는 값을 표시하며 비교하려는 값이 데이터의 왼쪽 열에 있으면 HLOOKUP 대신 VLOOKUP을 사용 • 형식 : =VLOOKUP(찾을 값, 셀 범위, 열 번호, 찾을 방법) - 찾을 값 : 셀 범위의 첫째 열에서 찾을 값(숫자, 참조 영역, 문자열 등) - 셀 범위 : 데이터를 찾을 정보 표(셀 범위) - 열 번호 : 비교 값과 같은 행에 있는 값을 표시할 '셀 범위'의 열 번호 - 찾을 방법 : 일치하는 값 찾을 때(FALSE 또는 0), 근사값 찾을 때(TRUE 또는 1 또는 생략) • 사용 예 : 직원ID가 '38'인 사람의 성명을 표시 F2 = =VLOOKUP(38,B2:D10,3,FALSE) 표: 직원ID / 부서 / 성명 / 결과 35 영업부 윤재영 / 결과: 윤준희 36 생산부 임제이 37 영업부 이하진 / 함수식: =VLOOKUP(38,B2:D10,3,FALSE) 38 사업부 윤준희 39 영업부 김상수 40 생산부 박나리 41 영업부 김한결 42 사업부 남규리 43 생산부 한상진
HLOOKUP	• 기능 : 표나 배열의 첫째 행에서 특정 값을 찾아 지정한 행에서 같은 열에 있는 값을 표시하며 비교값이 데이터 표의 첫째 행에 있고 지정한 행 수만큼 아래로 검색할 때 사용 • 형식 : =HLOOKUP(찾을 값, 셀 범위, 행 번호, 찾을 방법) - 찾을 값 : 표의 첫째 행에 있는 값(참조 영역, 문자열 등을 지정) - 셀 범위 : 데이터를 찾을 정보 표(셀 범위, 범위 이름 등을 사용) - 행 번호 : 구하려는 값이 있는 '셀 범위'의 행 번호 - 찾을 방법 : 일치하는 값 찾을 때(FALSE 또는 0), 근사값 찾을 때(TRUE 또는 1 또는 생략) E2 = =HLOOKUP("나무",B1:D4,2,TRUE) 표: 나무 / 숲 / 풀 / 결과 / 함수식 4 4 9 4 ◀ =HLOOKUP("나무",B1:D4,2,TRUE) 5 7 10 7 ◀ =HLOOKUP("숲",B1:D4,3,FALSE) 6 8 11 11 ◀ =HLOOKUP("풀",B1:D4,4)

INDEX	• 기능 : 셀 범위에서 행 번호와 열 번호가 교차하는 값을 구해주는 함수
	• 형식 : =INDEX(셀 범위, 행 번호, 열 번호)
	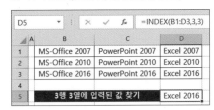

CHOOSE	• 기능 : 인수 목록에서 번호에 해당하는 값을 찾아주는 함수
	• 형식 : =CHOOSE(번호, 값1, 값2, ... 값29)
	• 사용 예 : 주민등록번호의 왼쪽으로부터 8번째 값이 1 또는 3이면 "남", 2 또는 4이면 "여"를 표시

COLUMN	• 기능 : 현재 셀의 열 번호를 표시하는 함수
	• 형식 : =COLUMN(셀 or 셀 범위)
	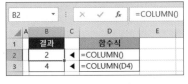
	▲ [B2] 셀의 경우 인수를 지정하지 않았으므로 함수식이 입혁된 B열의 값 '2'를 표시

COLUMNS	• 기능 : 셀 범위에 포함된 열의 개수를 표시하는 함수
	• 형식 : =COLUMNS(셀 범위)
	▲ [B3] 셀의 경우 [A1~Z10] 영역의 열의 개수인 '26'을 표시

ROW	• 기능 : 현재 셀의 행 번호를 표시하는 함수 • 형식 : =ROW(셀 or 셀 범위) ![ROW 함수 예시] ▲ [B2] 셀의 경우 인수를 지정하지 않았으므로 함수식이 입력된 2행의 값 '2'를 표시

ROW 예시 표:

	A	B	C	D	E
1		결과		함수식	
2		2	◀	=ROW()	
3		4	◀	=ROW(D4)	

B2 · =ROW()

ROWS	• 기능 : 셀 범위에 포함된 행의 개수를 표시하는 함수 • 형식 : =ROWS(셀 범위) ▲ [B3] 셀의 경우 [A1~Z10] 영역의 행의 개수인 '10'을 표시

B2 · =ROWS(C1:E4)

	A	B	C	D	E
1		결과		함수식	
2		4	◀	=ROWS(C1:E4)	
3		10	◀	=ROWS(A1:Z10)	

MATCH	• 기능 : 배열에서 지정된 값과 일치하는 항목의 상대 위치를 표시하는 함수 • 형식 : =MATCH(찾을 값, 찾을 범위, 찾을 방법) • 찾을 방법 　- 0 : 일치하는 값을 찾고, 찾지 못하면 #N/A라는 오류 값을 표시합니다. 　- 1 : 오름차순으로 정렬되어 있어야 되고, 작거나 같은 값 중 큰 값을 찾습니다. 　　　(찾을 방법의 기본 값은 '1' 입니다.) 　- -1 : 내림차순으로 정렬되어 있어야 되고, 크거나 같은 값 중 작은 값을 찾습니다. • 사용 예 : 다운횟수를 기준으로 상대 위치를 표시

H2 · =MATCH(G2,$D$2:$D$11,0)

	A	B	C	D	E	F	G	H
1		번호	곡명	다운횟수		순위	다운횟수	결과
2		1	노을	70		1위	100	3
3		2	허수아비	40		2위	90	8
4		3	목장길따라	100		3위	80	6
5		4	섬마을아기	20				▲
6		5	파란나라	30			함수식	
7		6	과수원길	80		[H2] 셀 : =MATCH(G2,$D$2:$D$11,0)		
8		7	그대로멈춰라	60		[H3] 셀 : =MATCH(G3,$D$2:$D$11,0)		
9		8	아빠힘내세요	90		[H4] 셀 : =MATCH(G4,$D$2:$D$11,0)		
10		9	꿀벌여행	50				
11		10	네잎클로버	10				

출제유형 완/전/정/복/ _ 찾기와 참조함수

완전정복 01

소스파일 : 따라하기₩함수-6.xlsx   정답파일 : 따라하기₩함수-6(완성).xlsx

1. '계산작업' 시트에서 다음의 지시사항을 처리하시오.

1 [표1]에서 평가점수[C3:C11]에 대한 순위와 반배치표[B14:D15]를 이용하여 배정반[D3:D11]을 구하시오.
- ▶ 평가점수순위는 점수가 큰 사람이 1위
- ▶ 평가점수순위가 1~3이면 'A반', 4~6이면 'B반', 7~9이면 'C반'으로 계산
- ▶ HLOOKUP, RANK.EQ 함수 사용

2 [표2]에서 품목명[G3:G7]을 이용하여 금액[I3:I7]을 구하시오.
- ▶ 금액 = 수량 × 품목별 단가
- ▶ 품목별 단가는 품목명을 이용하여 품목별 단가표[F10:J11]를 참조
- ▶ HLOOKUP 함수 사용

3 [표3]에서 실지급액[D20:D26]을 기준으로 순위를 구하여 1~3위까지는 '고임금', 4~5위는 '보통임금', 6~7위는 '저임금'으로 비고[E20:E26]에 표시하시오.
- ▶ 실지급액이 가장 큰 값이 1위
- ▶ CHOOSE, RANK.EQ 함수 사용

▶ 작업 과정

▲	A	B	C	D	E	F	G	H	I	J
1	[표1]					[표2]				
2	학번	성명	평가점수	배정반		품목코드	품목명	수량	금액	
3	30602	오정선	166	B반		T-001	토너	5	1,170,500	
4	30606	정현정	162	C반		P-324	용지	35	343,000	
5	30610	김민정	158	C반		O-456	CD	120	80,400	
6	30614	장혜련	175	A반		S-345	스피커	12	780,000	
7	30618	한시연	163	C반		I-556	잉크	18	810,000	
8	30622	도연탁	168	B반						
9	30626	연기정	172	A반		[품목별 단가표]				
10	30630	임덕영	170	A반		토너	용지	CD	스피커	잉크
11	30634	안남정	169	B반		234,100	9,800	670	65,000	45,000
12										
13	[반배치표]									
14	평가점수순위	1	4	7						
15	반배정	A반	B반	C반						
16										
17										
18	[표3]									
19	사원번호	기본급	상여금	실지급액	비고					
20	S03011	685,200	342,600	976,410	고임금					
21	S03012	589,450	294,725	839,966	보통임금					
22	S03013	624,850	312,425	890,411	고임금					
23	S03014	498,600	249,300	710,505	저임금					
24	S03015	457,850	228,925	652,436	저임금					
25	S03016	724,550	362,275	1,032,484	고임금					
26	S03017	554,500	277,250	790,163	보통임금					
27										

배정반[D3:D11]	[D3] 셀에 '=HLOOKUP(RANK.EQ(C3,$C$3:$C$11),$B$14:$D$15,2)'를 입력한 후, 채우기 핸들을 [D11] 셀까지 드래그 합니다.
금액[I3:I7]	[I3] 셀에 '=H3*HLOOKUP(G3,$F$10:$J$11,2,FALSE)'를 입력한 후, 채우기 핸들을 [I7] 셀까지 드래그 합니다.
비고[E20:E26]	[E20] 셀에 '=CHOOSE(RANK.EQ(D20,$D$20:$D$26),"고임금","고임금","고임금","보통임금","보통임금","저임금","저임금")'을 입력한 후, 채우기 핸들을 [E26] 셀까지 드래그 합니다.

92 CHAPTER 03 수식 및 함수식의 작성

데이터베이스 함수

출제유형

출제유형 분석

데이터베이스 함수 또한 출제 빈도가 높은 함수 중 하나로 각 함수의 기능과 사용법 등을 반드시 숙지해 두어야 합니다.

| 유형체크 |
01 데이터베이스 함수

소스파일 : 따라하기₩함수₩데이터베이스함수.xlsx   **정답파일** : 따라하기₩함수₩데이터베이스함수(완성).xlsx

DSUM	• 기능 : 데이터베이스 필드(열)에서 조건에 만족하는 값들의 합계를 구하는 함수 • 형식 : =DSUM(데이터베이스, 필드(열) 제목, 조건범위) • 사용 예 : 부서가 '인사과'인 사람들의 급여 합계를 계산

E9	▼	× ✓ *fx*	=DSUM(B1:E6,E1,B8:B9)				
	A	B	C	D	E	F	G	H	I
1		성명	부서	직책	급여				
2		이서진	인사과	부장	5,000,000				
3		진아영	홍보과	과장	4,750,000				
4		이영석	인사과	사원	2,450,000				
5		진사위	홍보과	과장	4,735,000				
6		윤준희	인사과	사원	2,300,000				
8		부서			급여 합계		함수식	
9		인사과			9,750,000	◀	=DSUM(B1:E6,E1,B8:B9)	

DAVERAGE	• 기능 : 데이터베이스 필드(열)에서 조건에 만족하는 값들의 평균을 구하는 함수 • 형식 : =DAVERAGE(데이터베이스, 필드(열) 제목, 조건범위) • 사용 예 : 부서가 '인사과'인 사람들의 급여 평균을 계산

E9	▼	× ✓ *fx*	=DAVERAGE(B1:E6,E1,B8:B9)				
	A	B	C	D	E	F	G	H	I
1		성명	부서	직책	급여				
2		이서진	인사과	부장	5,000,000				
3		진아영	홍보과	과장	4,750,000				
4		이영석	인사과	사원	2,450,000				
5		진사위	홍보과	과장	4,735,000				
6		윤준희	인사과	사원	2,300,000				
8		부서			급여 평균		함수식	
9		인사과			3,250,000	◀	=DAVERAGE(B1:E6,E1,B8:B9)	

DCOUNT	• 기능 : 데이터베이스 필드(열)에서 조건에 만족하는 숫자가 들어있는 셀의 개수를 구하는 함수 • 형식 : =DCOUNT(데이터베이스, 필드(열) 제목, 조건범위) • 사용 예 : 기본급이 '3,000,000' 이상인 사람의 인원을 계산

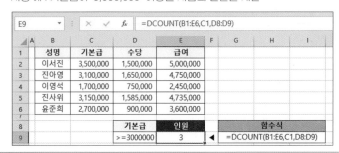

E9	▼	× ✓	fx	=DCOUNT(B1:E6,C1,D8:D9)				
	A	B	C	D	E	F	G	H	I
1		성명	기본급	수당	급여			
2		이서진	3,500,000	1,500,000	5,000,000			
3		진아영	3,100,000	1,650,000	4,750,000			
4		이영석	1,700,000	750,000	2,450,000			
5		진사위	3,150,000	1,585,000	4,735,000			
6		윤준희	2,700,000	900,000	3,600,000			
8				기본급	인원		함수식	
9				>=3000000	3	◄	=DCOUNT(B1:E6,C1,D8:D9)	

DCOUNTA	• 기능 : 데이터베이스 필드(열)에서 조건에 만족하는 셀 중 공백을 제외한 셀의 개수를 구하는 함수 • 형식 : =DCOUNTA(데이터베이스, 필드(열) 제목, 조건범위) • 사용 예 : 부서가 '영업부'인 사람 중 평가결과가 있는 사람의 인원 수를 계산

E10	▼	× ✓	fx	=DCOUNTA(B1:E7,E1,D9:D10)				
	A	B	C	D	E	F	G	H	I
1		성명	부서	직책	평가결과			
2		이서진	영업부	대리	우수			
3		진아영	총무부	대리	우수			
4		이영석	영업부	대리				
5		진사위	경리부	대리	우수			
6		송현아	영업부	대리	보통			
7		윤준희	영업부	대리				
9				부서	인원		함수식	
10				영업부	2	◄	=DCOUNTA(B1:E7,E1,D9:D10)	

DMAX	• 기능 : 데이터베이스 필드(열)에서 조건에 만족하는 값 중 최고값을 구하는 함수 • 형식 : =DMAX(데이터베이스, 필드(열) 제목, 조건범위) • 사용 예 : 직책이 '사원'인 사람 중 최고 급여액을 표시

E10	▼	× ✓	fx	=DMAX(B1:E7,E1,B9:B10)				
	A	B	C	D	E	F	G	H	I
1		성명	부서	직책	급여			
2		이서진	홍보부	사원	1,975,000			
3		진아영	경리부	사원	2,550,000			
4		이영석	홍보부	사원	1,750,000			
5		진사위	홍보부	사원	2,350,000			
6		송현아	총무부	사원	1,895,000			
7		윤준희	자재부	사원	1,950,000			
9		직책			최고 급여액		함수식	
10		사원			2,550,000	◄	=DMAX(B1:E7,E1,B9:B10)	

DMIN	• 기능 : 데이터베이스 필드(열)에서 조건에 만족하는 값 중 최소값을 구하는 함수

• 기능 : 데이터베이스 필드(열)에서 조건에 만족하는 값 중 최소값을 구하는 함수

• 형식 : =DMIN(데이터베이스, 필드(열) 제목, 조건범위)

• 사용 예 : 직책이 '사원'인 사람 중 최저 급여액을 표시

| E10 | ▼ | : | ✕ | ✓ | fx | =DMIN(B1:E7,E1,B9:B10) |

	A	B	C	D	E	F	G	H	I
1		성명	부서	직책	급여				
2		이서진	홍보부	사원	1,975,000				
3		진아영	경리부	사원	2,550,000				
4		이영석	홍보부	사원	1,750,000				
5		진사위	홍보부	사원	2,350,000				
6		송현아	총무부	사원	1,895,000				
7		윤준희	자재부	사원	1,950,000				
8									
9		직책			최저 급여액		함수식		
10		사원			1,750,000 ◀		=DMIN(B1:E7,E1,B9:B10)		

출제유형 완/전/정/복/ _ 데이터베이스 함수

완전정복 01

소스파일 : 따라하기\함수-7.xlsx　　**정답파일** : 따라하기\함수-7(완성).xlsx

1. '계산작업' 시트에서 다음의 지시사항을 처리하시오.

1 [표1]에서 구분[A3:A9]이 '사탐'인 과목 중에서 표준편차[D3:D9]의 최고점수와 최저점수의 차이값을 구하여 [C12] 셀에 표시하시오.
- ▶ [B11:B12] 영역에 조건을 입력하여 함수 적용
- ▶ DMAX, DMIN 함수 사용

2 [표2]의 기말[K3:K10] 점수에 대해 전기과 학생들의 기말점수 평균을 구하여 전기과 기말 평균[G13]에 표시하시오.
- ▶ 반올림없이 정수 값만 표시　　　▶ 표시 예 : 89.74 → 89
- ▶ TRUNC, DAVERAGE 함수 사용

3 [표3]에서 계열[A17:A24]이 '자연' 계열인 영어[D17:D24] 점수의 총점을 구하여 [B27] 셀에 표시하시오.
- ▶ [A26:A27] 영역에 조건을 입력하여 함수 적용
- ▶ DSUM 함수 사용

▶ 작업 과정

	A	B	C	D	E	F	G	H	I	J	K	L
1	[표1]						[표2]					
2	구분	과목명	평균	표준편차			성명	학과	중간	수행	기말	
3	직탐	프로그래밍	21.19	10.56			기성훈	전기	90	90.23	77.45	
4	사탐	한국지리	14.05	7.32			피영철	전자	88.66	89	89.54	
5	사탐	국사	23.34	12.33			소나무	통신	48.54	94.35	67.79	
6	사탐	윤리	23.22	8.31			참나무	전기	92.45	80.23	78.23	
7	과탐	생물	15.03	9.86			백오동	전기	88.45	77.54	98.56	
8	사탐	세계지리	15.31	8.97			고구마	전자	78.45	45.78	87.23	
9	직탐	공업입문	27.05	14.02			면라면	통신	88.79	87.34	90.45	
10							돈파그	전자	77.9	99.2	88.9	
11		구분	차이값									
12		사탐	5.01				전기과 기말 평균					
13							84					
14												
15	[표3]											
16	계열	학번	국어	영어	수학							
17	인문	M0301	89	92	94							
18	자연	M0302	67	73	77							
19	예체능	M0303	79	82	85							
20	자연	M0304	92	96	94							
21	인문	M0305	100	95	96							
22	자연	M0306	84	85	88							
23	예체능	M0307	59	64	54							
24	인문	M0308	78	83	82							
25												
26	계열	영어 총점										
27	자연	254										
28												

차이값[C12]	• [B11] 셀에 '구분', [B12] 셀에 '사탐'을 입력합니다. • [C12] 셀에 '=DMAX(A2:D9,D2,B11:B12)-DMIN(A2:D9,D2,B11:B12)'를 입력합니다.
전기과 기말평균[G13]	[G13] 셀에 '=TRUNC(DAVERAGE(G2:K10,5,H2:H3),0)'를 입력합니다. ※ 데이터베이스 함수에서 필드(열) 제목은 필드의 열 번호로 입력하여도 됩니다.
영어 총점[B27]	• [A26] 셀에 '계열', [A27] 셀에 '자연'을 입력합니다. • [B27] 셀에 '=DSUM(A16:E24,D16,A26:A27)'를 입력합니다.

컴퓨터활용능력 2급 실기
엑셀 2016

실기

CHAPTER

04 분석작업

01 정렬과 부분합

출제유형

출제유형 분석

부분합은 자주 출제되는 기능 중 하나로 데이터 정렬 후, 부분합을 적용하는 방법을 충분히 숙지할 필요가 있습니다.

|유형체크|
01 → ## 정렬(Sort)

- 입력된 목록을 특정 필드를 기준으로 오름차순 또는 내림차순 정렬하여 재배열시키는 기능을 말합니다.
- **정렬 기준 필드가 하나인 경우** : [데이터] 탭-[정렬 및 필터] 그룹에서 ▥(텍스트 오름차순 정렬) 또는, ▥(텍스트 내림차순 정렬) 아이콘 이용
- **정렬 기준 필드가 하나 이상인 경우** : [데이터] 탭-[정렬 및 필터] 그룹-▥(정렬) 이용

┌─ **TIP : 오름차순 정렬 순서(내림차순은 반대)** ─────────────

- 오름차순 정렬 : 숫자(1,2,3...순) → 특수문자 → 영문(A→Z순) → 한글(ㄱ→ㅎ순) → 논리값 → 오류값 → 공백 셀 (빈 셀)
- 공백 셀(빈 셀)은 오름/내림차순에 상관없이 항상 마지막에 정렬

───

■ 다음과 같이 데이터를 정렬해 보자.

[정렬] 기능을 이용하여 '회원구분'을 기준으로 오름차순 정렬하고, 회원구분이 동일한 경우 '연간이용요금'을 기준으로 내림차순 정렬하시오.

▶ **'회원구분'을 기준으로 1차 오름차순 정렬, '연간이용요금'을 기준으로 2차 내림차순 정렬**

❶ [파일]-[열기]-[찾아보기]를 클릭한 후, '소스파일₩따라하기' 폴더에서 '드림파크.xlsx'파일을 불러옵니다.

❷ [A3:F11] 영역을 드래그한 후, [데이터] 탭-[정렬 및 필터] 그룹에서 [정렬]을 클릭합니다.

❸ 〈열〉 정렬 기준(1차)에 '회원구분', 〈정렬〉에 '오름차순'을 지정한 후  단추를 클릭합니다.

❹ 이어서, 〈열〉 다음 기준(2차)에 '연간이용요금', 〈정렬〉에 '내림차순'을 지정하고 〈확인〉 단추를 클릭합니다.

❺ 다음과 같이 회원구분(오름차순)과 연간이용요금(내림차순)을 기준으로 데이터가 정렬된 것을 확인합니다.

	A	B	C	D	E	F	G
1			드림파크 회원 가입 현황				
2							
3	회원코드	회원이름	회원구분	회원분류	연간이용요금	연락처	
4	A-5422	박은수	가족회원	어른2, 자녀2	₩ 250,000	043-2177-****	
5	A-5421	김미라	가족회원	어른2, 자녀1	₩ 200,000	010-2539-****	
6	P-2236	이다온	개인회원	중고생, 어른	₩ 90,000	010-7621-****	
7	P-2235	윤은혜	개인회원	어린이	₩ 75,000	010-9700-****	
8	C-3340	김소은	커플회원	2인	₩ 220,000	010-8856-****	
9	C-3211	한은정	커플회원	2인	₩ 160,000	010-4367-****	
10	F-2102	유동석	패밀리	어른3, 어린이3	₩ 187,000	010-6435-****	
11	F-2101	임은하	패밀리	어른2, 어린이3	₩ 145,000	032-4563-****	
12							

| 유형체크 |
02 → 부분합의 사용

• 특정한 필드를 기준으로 분류하고 각 분류별로 필요한 계산을 할 수 있는 기능으로 윤곽 기호(1 , 2 , 3)를 사용하여 각 항목별 데이터를 쉽게 구분 및 확인할 수 있습니다.

• **부분합** : [데이터] 탭-[윤곽선] 그룹-[부분합] 이용

■ 다음과 같은 부분합을 작성해 보자.

[부분합] 기능을 이용하여 부서별로 '연령'과 '급여액'의 평균을 계산하시오.
▶ 정렬은 '부서'를 기준으로 오름차순으로 처리하시오.

▶ '부서'에 따른 오름차순 정렬 후 '연령', '급여액'의 평균을 출력하는 부분합

❶ [파일]-[열기]-[찾아보기]를 클릭한 후, '소스파일₩따라하기' 폴더에서 '부서별직원현황.xlsx' 파일을 불러옵니다.

❷ 셀 포인터를 [E3] 셀에 위치시키고 [데이터] 탭-[정렬 및 필터] 그룹에서 (텍스트 오름차순 정렬) 아이콘을 클릭합니다.

◁ '부서'를 기준으로 오름차순 정렬된 상태

❸ 이어서, [데이터] 탭-[윤곽선] 그룹에서 [부분합]을 클릭한 후, 다음과 같이 지정하고 〈확인〉 단추를 클릭합니다.

❶ 데이터를 그룹화 할 항목을 선택(해당 필드는 반드시 정렬)

❷ 해당 항목에 대한 계산 방법을 선택

❸ 계산 항목을 표시할 필드를 선택

❹ 이전에 부분합을 지우고 새롭게 계산된 부분합으로 바꾸어 표시(중첩 부분합시 사용)

❺ 부분합이 계산된 그룹을 각 페이지별로 분리

❻ 그룹별로 부분합이 구해져 그 결과 값이 해당 그룹 아래에 표시

❼ 부분합 결과를 모두 제거

❹ 다음과 같은 부분합 결과가 표시됩니다.

	A	B	C	D	E	F	G	H
1					부서별 직원 현황			
2								
3		성명	성별	직책	부서	연령	급여액	
4		윤채영	여	과장	기획	42	₩ 4,570,000	
5		이지영	여	대리	기획	35	₩ 3,850,000	
6					기획 평균	38.5	₩ 4,210,000	
7		박미소	남	대리	영업	29	₩ 3,580,000	
8		이하진	남	대리	영업	28	₩ 3,880,000	
9					영업 평균	28.5	₩ 3,730,000	
10		정은성	여	실장	제품	35	₩ 4,850,000	
11		성시경	남	대리	제품	28	₩ 3,500,000	
12					제품 평균	31.5	₩ 4,175,000	
13		민경진	남	대리	총무	29	₩ 3,900,000	
14		윤준희	남	과장	총무	33	₩ 4,450,000	
15					총무 평균	31	₩ 4,175,000	
16		이영석	남	부장	회계	47	₩ 5,500,000	
17		남진하	여	대리	회계	31	₩ 3,800,000	
18					회계 평균	39	₩ 4,650,000	
19					전체 평균	33.7	₩ 4,188,000	
20								

| 유형체크 |

03 윤곽 기호

부분합 작성시 부분합을 계산한 하위 그룹 단위로 워크시트 왼쪽에 윤곽 기호가 표시되며, 윤곽 기호를 마우스로 선택하여 부분합이 실행된 목록의 보기 수준을 지정할 수 있습니다.

1	전체 계산 항목만을 표시하고 나머지 데이터들은 모두 숨김
2	그룹별 계산 항목과 전체 계산 항목만을 표시하고 나머지 데이터들은 모두 숨김
3	모든 데이터를 표시

1 윤곽 기호 1 을 선택할 경우

	A	B	C	D	E	F	G	H
1					부서별 직원 현황			
2								
3		성명	성별	직책	부서	연령	급여액	
19					전체 평균	33.7	₩ 4,188,000	
20								

2 윤곽 기호 2 를 선택할 경우

	A	B	C	D	E	F	G	H
1					부서별 직원 현황			
2								
3		성명	성별	직책	부서	연령	급여액	
6					기획 평균	38.5	₩ 4,210,000	
9					영업 평균	28.5	₩ 3,730,000	
12					제품 평균	31.5	₩ 4,175,000	
15					총무 평균	31	₩ 4,175,000	
18					회계 평균	39	₩ 4,650,000	
19					전체 평균	33.7	₩ 4,188,000	
20								

04 중첩 부분합의 사용

기존 부분합 그룹이 만들어진 상태에서 다시 작은 그룹에 대한 부분합을 중첩하여 만들 수 있으며 부분합을 중첩하여 만들려면 중첩할 필드도 정렬이 되어 있어야 합니다.

TIP : 중첩 부분합

1차 부분합을 생성한 후 중첩 부분합을 작성하기 위해서는 '새로운 값으로 대치' 항목을 반드시 해제시켜야 합니다. 만약, 해제시키지 않으면 1차 부분합 결과는 사라지고 2차 부분합 결과만 표시됩니다.

■ 다음과 같은 부분합을 작성해 보자.

[부분합] 기능을 이용하여 부서별로 '연령'과 '급여액'의 평균을 계산한 후 최대값을 계산하시오.
▶ 정렬은 '부서'를 기준으로 오름차순으로 처리하시오.
▶ 평균과 최대값은 위에 명시된 순서대로 처리하시오.

■ 중첩 부분합의 작성

❶ '부서'를 오름차순으로 정렬한 후, '연령'과 '급여액'의 평균과 최대값이 나타나도록 '부분합'을 작성해 봅니다.

❷ [파일]-[열기]-[찾아보기]를 클릭한 후, '소스파일₩따라하기' 폴더에서 '부서별직원현황-1.xlsx' 파일을 불러옵니다.

❸ 셀 포인터를 [E3] 셀에 위치시키고 [데이터] 탭-[정렬 및 필터] 그룹에서 ![아이콘](텍스트 오름차순 정렬) 아이콘을 클릭합니다.

❹ 이어서, [데이터] 탭-[윤곽선] 그룹에서 [부분합]을 클릭한 후, 다음과 같이 지정하고 〈확인〉 단추를 클릭합니다.

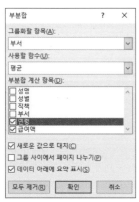
◀ 부서별 연령과 급여액의 '평균'을 계산

❺ 중첩 부분합을 작성하기 위하여 [데이터] 탭-[윤곽선] 그룹에서 [부분합]을 다시 클릭합니다.

❻ 다음과 같이 지정한 후, 반드시 '새로운 값으로 대치' 항목의 체크 표시를 해제한 다음 〈확인〉 단추를 클릭합니다.

◀ 부서별 연령과 급여액의 '최대값'을 계산

❼ 중첩 부분합 결과가 표시된 것을 확인합니다.

	성명	성별	직책	부서	연령	급여액
				부서별 직원 현황		
	이영석	남	부장	영업1부	47	₩ 5,500,000
	윤채영	여	과장	영업1부	42	₩ 4,950,000
	이지영	여	대리	영업1부	35	₩ 3,850,000
				영업1부 최대값	47	₩ 5,500,000
				영업1부 평균	41.33333	₩ 4,766,667
	정은성	여	부장	영업2부	35	₩ 5,400,000
	민경진	남	대리	영업2부	29	₩ 3,900,000
	성시경	남	과장	영업2부	28	₩ 4,350,000
				영업2부 최대값	35	₩ 5,400,000
				영업2부 평균	30.66667	₩ 4,550,000
	박미소	남	과장	영업3부	29	₩ 4,750,000
	이하진	남	대리	영업3부	28	₩ 3,880,000
	남진하	여	대리	영업3부	31	₩ 3,800,000
	윤준희	남	부장	영업3부	33	₩ 5,350,000
				영업3부 최대값	33	₩ 5,350,000
				영업3부 평균	30.25	₩ 4,445,000
				전체 최대값	47	₩ 5,500,000
				전체 평균	33.7	₩ 4,573,000

☑ 부분합의 제거

부분합 결과에 셀 포인터를 위치시키고 [데이터] 탭-[윤곽선] 그룹에서 [부분합]을 선택한 후 〈모두 제거〉 단추를 클릭합니다.

출제유형 완/전/정/복/ _ 정렬과 부분합

완전정복 01

소스파일 : 따라하기\부분합.xlsx   **정답파일** : 따라하기\부분합(완성).xlsx

1. '분석작업' 시트에서 다음의 지시사항을 처리하시오.

[부분합] 기능을 이용하여 〈그림〉과 같이 학과별로 '국어', '영어', '수학'의 최대값과 평균을 계산하시오.

▶ 정렬은 '학과'를 기준으로 오름차순으로 처리하시오.

▶ 최대값과 평균은 위에 명시된 순서대로 처리하시오.

	A	B	C	D	E	F	G
1	2018년 대학 신입생 기초 테스트						
2							
3	학과	이름	내신	국어	영어	수학	평균
4	간호과	신일철	5	70	80	95	81.7
5	간호과	고영길	5	90	90	75	85.0
6	간호과 평균			80	85	85	
7	간호과 최대			90	90	95	
8	경영과	고경신	4	50	85	90	75.0
9	경영과	이철중	6	85	80	80	81.7
10	경영과	장성수	3	90	90	85	88.3
11	경영과 평균			75	85	85	
12	경영과 최대			90	90	90	
13	컴퓨터과	김신영	3	60	75	75	70.0
14	컴퓨터과	최성건	7	80	85	65	76.7
15	컴퓨터과	성시준	5	70	80	85	78.3
16	컴퓨터과 평균			70	80	75	
17	컴퓨터과 최대			80	85	85	
18	회계과	신아라	2	55	70	75	66.7
19	회계과	김진수	8	75	75	75	75.0
20	회계과 평균			65	72.5	75	
21	회계과 최대			75	75	75	
22	전체 평균			72.5	81	80	
23	전체 최대값			90	90	95	
24							

▶ **'1차 부분합' 작성**

① 셀 포인터를 [A3] 셀에 위치시키고 [데이터] 탭-[정렬 및 필터] 그룹에서 ⬇️(텍스트 오름차순 정렬) 아이콘을 클릭합니다.

② 이어서, [데이터] 탭-[윤곽선] 그룹에서 [부분합]을 클릭한 후, 다음과 같이 지정하고 〈확인〉 단추를 클릭합니다.

◀ 1차 부분합 생성

▶ '2차 부분합' 작성

① 2차 부분합을 생성하기 위하여 다시 [데이터] 탭-[윤곽선] 그룹에서 [부분합]을 클릭합니다.

② 〈그룹화할 항목〉에 '학과', 〈사용할 함수〉에 '평균'을 선택하고, 1차 부분합 때 선택한 계산 항목을 그대로 유지합니다.

③ 이어서, '새로운 값으로 대치' 항목을 해제한 후 〈확인〉 단추를 클릭합니다.

(만약, 해제시키지 않으면 1차 부분합 결과는 사라지고 2차 부분합 결과만 표시)

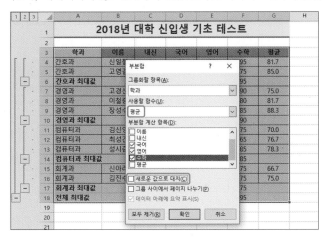

▲ 2차 부분합 생성

④ 중첩 부분합 결과가 표시된 것을 확인합니다.

목표값 찾기

출제유형

출제유형 분석

목표값 찾기는 자주 출제되는 기능 중 하나로 수식 셀, 찾는 값, 값을 바꿀 셀의 의미를 확실히
이해하고 목표값 찾기의 사용법을 충분히 숙지할 필요가 있습니다.

 목표값 찾기

- 수식에서 얻으려고 하는 값은 알고 있지만 그 결과 값을 얻기 위해 필요한 입력값을 모를 때 이용하는
기능입니다.
- **목표값 찾기** : [데이터] 탭−[예측] 그룹−[가상 분석]−[목표값 찾기] 이용

■ 다음과 같이 목표값 찾기를 작성해 보자.

'주택 융자금 계산' 표에서 월납부액[C8]이 1,000,000이 되려면 상환기간(개월)[C7]이 얼마가 되어야 하는지 목표값 찾
기 기능을 이용하여 계산하시오.

▶ **월납부액이 1,000,000이 되려면 상환기간(개월)은 얼마가 되어야 하는가?**

❶ [파일]−[열기]−[찾아보기]를 클릭한 후, '소스파일₩따라하기' 폴더에서 '주택.xlsx' 파일을 불러옵니다.

❷ 수식이 입력된 [C8] 셀을 클릭한 후, [데이터] 탭−[예측] 그룹에서 [가상 분석]−[목표값 찾기]를 클릭
합니다.

❸ [목표값 찾기] 대화상자가 표시되면 〈수식 셀〉에 'C8'(또는 $C$8), 〈찾는 값〉에 '1000000', 〈값을 바
꿀 셀〉에 'C7'(또는 $C$7) 셀을 지정한 후 〈확인〉 단추를 클릭합니다.

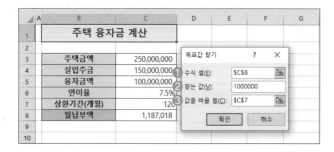

❶ 수식이 입력된 셀을 선택('월납부액'이 입력된 셀 선택)
❷ 찾는 숫자 데이터를 직접 입력(월납부액 '1000000'을 입력)
❸ 값을 바꿀 셀을 선택('상환기간(개월)'이 입력된 셀 선택)

④ [목표값 찾기 상태] 대화상자가 표시되면 〈확인〉 단추를 클릭합니다.

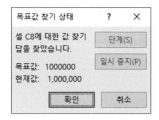

⑤ 월납부액이 '1,000,000'일 경우에 따른 상환기간(개월)이 계산된 것을 확인합니다.

	A	B	C	D
1		주택 융자금 계산		
2				
3		주택금액	250,000,000	
4		실입주금	150,000,000	
5		융자금액	100,000,000	
6		연이율	7.5%	
7		상환기간(개월)	157.4225858	
8		월납부액	1,000,000	
9				

출제유형 완/전/정/복/ _ 목표값 찾기

완전정복 01

소스파일 : 따라하기\목표값찾기.xlsx   정답파일 : 따라하기\목표값찾기(완성).xlsx

1. '분석작업' 시트에서 다음의 지시사항을 처리하시오.

'3사분기 음료 판매량' 표에서 매출이익 합계[J13]가 5,000,000이 되려면 마진율[D15]이 몇 %가 되어야 하는지 목표값 찾기 기능을 이용하여 계산하시오.

▶ 작업 과정

① 수식이 입력된 [J13] 셀을 클릭한 후, [데이터] 탭-[예측] 그룹에서 [가상 분석]-[목표값 찾기]를 클릭합니다.
② [목표값 찾기] 대화상자가 표시되면 다음과 같이 지정한 후 〈확인〉 단추를 클릭합니다.

③ [목표값 찾기 상태] 대화상자가 표시되면 목표값을 확인한 후 〈확인〉 단추를 클릭합니다.

④ 매출이익 합계에 따른 마진율의 값을 확인합니다.

3사분기 음료 판매량

2018년 9월

월별	품명	전월이월	매입수량	매입금액	매출수량	매출금액	차월이월	매출이익
7월	오렌지	60	1,150	1,207,500	1,190	1,885,023	20	635,523
	알로에	115	950	1,045,000	960	1,593,105	105	537,105
	네스티	195	780	811,200	800	1,255,174	175	423,174
8월	오렌지	50	1,200	1,260,000	1,100	1,742,459	150	587,459
	알로에	71	750	825,000	730	1,211,424	91	408,424
	네스티	105	660	686,400	760	1,192,415	5	402,015
9월	오렌지	140	1,080	1,134,000	1,210	1,916,704	10	646,204
	알로에	83	1,200	1,320,000	1,200	1,991,381	83	671,381
	네스티	100	1,300	1,352,000	1,302	2,042,795	98	688,715
합계		919	9,070	9,641,100	9,252	14,830,480	737	5,000,000

	마진율	51%

품목별 단가표

품명	매입단가	매출단가
오렌지	1,050	1,584
알로에	1,100	1,659
네스티	1,040	1,569

데이터 통합

출제유형 분석

데이터 통합은 자주 출제되는 기능 중 하나로 반복적인 연습을 통하여 통합하는 방법을 충분히 숙지할 필요가 있습니다.

데이터 통합

| 유형체크 |
01

- 한 개 이상의 셀 범위 데이터에 특정 함수를 사용하여 하나의 데이터로 통합하는 기능을 말합니다.
- **데이터 통합** : [데이터] 탭-[데이터 도구] 그룹-[통합] 이용

■ 다음과 같이 데이터를 통합해 보자.

> 데이터 도구 [통합] 기능을 이용하여 1구역, 2구역에 대한 품목별 '판매수량', '판매금액'의 합계를 [G11:H15] 영역에 계산하시오.

▶ **'1구역'과 '2구역'을 이용하여 '1,2구역 합계'를 계산**

❶ [파일]-[열기]-[찾아보기]를 클릭한 후, '소스파일₩따라하기' 폴더에서 '통합.xlsx' 파일을 불러옵니다.

❷ [F10:H15] 영역을 드래그한 후, [데이터] 탭-[데이터 도구] 그룹에서 [통합]을 클릭합니다.

❸ [통합] 대화상자가 표시되면 〈함수〉에 '합계'를 지정하고 〈참조〉에서 1차 범위에 '$B$2:$D$7', 2차 범위에 '$F$2:$H$7' 영역을 각각 드래그한 후 〈추가〉 단추를 클릭합니다.

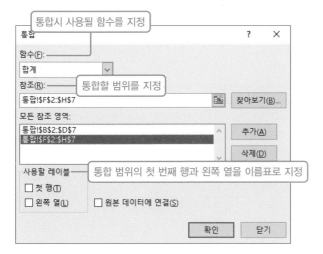

❹ 이어서, 〈사용할 레이블〉의 '첫 행'과 '왼쪽 열'을 클릭하여 체크 표시(✓)를 지정하고 〈확인〉 단추를 클릭합니다.

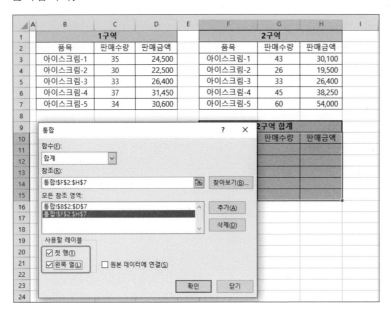

❺ 1구역과 2구역의 판매수량, 판매금액의 합계가 통합되어 계산된 것을 확인합니다.

출제유형 완/전/정/복/ _ 데이터 통합

완전정복 01

소스파일 : 따라하기\데이터통합.xlsx   **정답파일** : 따라하기\데이터통합(완성).xlsx

1. '분석작업' 시트에서 다음의 지시사항을 처리하시오.

데이터 도구 [통합] 기능을 이용하여 [표1], [표2], [표3], [표4]에 대한 품목별 '판매총액', '이익금' 합계를 [표5]에 표기되어 있는 품목에 대해서만 [I23:J27] 영역에 계산하시오.

▶ 작업 과정

① [H22:J27] 영역을 드래그한 후, [데이터] 탭-[데이터 도구] 그룹에서 [통합]을 클릭합니다.

② [통합] 대화상자가 표시되면 〈함수〉에 '합계'를 선택하고, 〈참조〉에서 통합할 범위인 [B2:E9] 영역을 드래그한 후 〈추가〉 단추를 클릭합니다.

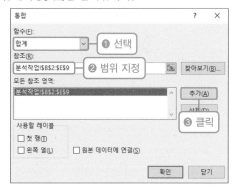

③ 이어서, 통합할 2차 범위인 [G2:J9] 영역과 3차 범위인 [B12:E19] 영역, 4차 범위인 [G12:J19] 영역을 1차 범위와 같은 방법으로 각각 추가합니다.

④ 4차 범위까지 지정이 완료되었으면 〈사용할 레이블〉에서 '첫 행'과 '왼쪽 열'을 선택하고 〈확인〉 단추를 클릭합니다.

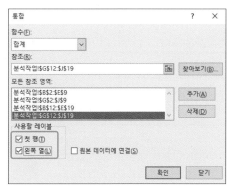

⑤ [표1], [표2], [표3], [표4]의 품목별 판매총액과 이익금 합계가 통합되어 계산된 것을 확인합니다.

	[표5] 2018년도 매출현황	
품목	판매총액	이익금
노트북	442,500,000	66,375,000
카메라	726,695,000	109,004,250
PMP	172,400,100	25,860,015
타이틀	24,826,000	3,723,900
네비	186,550,000	27,982,500

04 시나리오

출제유형

출제유형 분석

시나리오는 자주 출제되는 기능 중 하나로 셀 이름 정의와 더불어 반복적인 연습과 사용법을 충분히 숙지할 필요가 있습니다.

| 유형체크 |
01 → **시나리오 작성**

- 변화 요소가 많아 계산의 결과 값을 예측하기 어려울 때 변화 요소마다 가상 값을 지정하여 수식 결과를 비교 분석할 때 사용하는 기능입니다.
- **시나리오** : [데이터] 탭-[예측] 그룹-[가상 분석]-[시나리오 관리자] 이용

■ 다음과 같은 시나리오를 작성해 보자.

> 상여율[C15]이 다음과 같이 변동하는 경우 실수령액[G14]의 변동 시나리오를 작성
> ▶ [C15] 셀의 이름은 '상여율', [G14] 셀의 이름은 '실수령액'으로 정의
> ▶ 시나리오1 : 시나리오 이름은 '상여율증가', 상여율을 90%로 설정
> ▶ 시나리오2 : 시나리오 이름은 '상여율감소', 상여율을 30%로 설정

▶ **셀 이름 정의 : [C15] 셀은 '상여율', [G14] 셀은 '실수령액'**

❶ [파일]-[열기]-[찾아보기]를 클릭한 후, '소스파일₩따라하기' 폴더에서 '급여현황-2.xlsx' 파일을 불러옵니다.

❷ [C15] 셀을 클릭한 후 [이름 상자]에서 '상여율'을 입력하고 **Enter** 키를 눌러줍니다.

❸ [G14] 셀을 클릭한 후 [이름 상자]에서 '실수령액'을 입력하고 **Enter** 키를 눌러줍니다.

상여율	▼	× ✓ fx	65%
	A	B	C
11	원세진	사원	1,250,000
12	박동진	사원	1,280,000
13	김기표	사원	1,100,000
14	합계		16,230,000
15	상여율		65%

▲ [C15] 셀에 '상여율' 지정

실수령액	▼	× ✓ fx	=SUM(G4:G13)
	E	F	G	H
10	75,000	845,000	2,200,000	
11	65,500	812,500	2,132,000	
12	60,000	832,000	2,177,000	
13	55,000	715,000	1,880,000	
14	1,246,500	10,549,500	27,503,000	

▲ [G14] 셀에 '실수령액' 지정

▶ '상여율증가' 시나리오 작성

❶ [데이터] 탭-[예측] 그룹에서 [가상 분석]-[시나리오 관리자]를 선택한 후, [시나리오 관리자] 대화상자가 표시되면 〈추가〉 단추를 클릭합니다.

❷ [시나리오 추가] 대화상자가 표시되면 〈시나리오 이름〉과 〈변경 셀〉을 지정한 후 〈확인〉 단추를 클릭합니다.

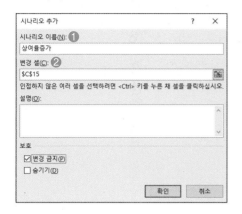

❶ 시나리오 이름을 입력
❷ 시나리오 기능을 통하여 값을 변경시킬 셀을 지정
   (여러 셀 지정 가능)

❸ [시나리오 값] 대화상자에서 표시된 입력값(상여율)을 다음과 같이 변경하고자 하는 값으로 수정한 후, '상여율감소' 시나리오를 작성하기 위해 〈추가〉 단추를 클릭합니다.

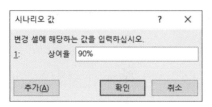

▲ 상여율을 '0.9'로 입력해도 동일

▶ '상여율감소' 시나리오 작성

❶ [시나리오 추가] 대화상자가 표시되면 〈시나리오 이름〉과 〈변경 셀〉을 지정한 후 〈확인〉 단추를 클릭합니다.

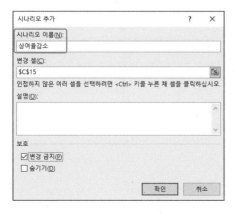

② [시나리오 값] 대화상자에서 상여율 감소 값 '30%'를 입력하고 〈확인〉 단추를 클릭합니다.

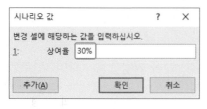

▲ 상여율을 '0.3'로 입력해도 동일

▶ **시나리오 요약**

① [시나리오 관리자] 대화상자에서 〈요약〉 단추를 클릭합니다.

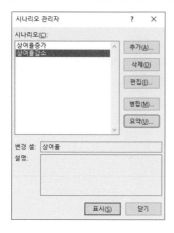

② [시나리오 요약] 대화상자가 표시되면 〈보고서 종류〉에 '시나리오 요약', 〈결과 셀〉에 '$G$14'(또는, G14)를 지정한 후 〈확인〉 단추를 클릭합니다.

③ 상여율 변경에 따른 시나리오 결과를 확인합니다.

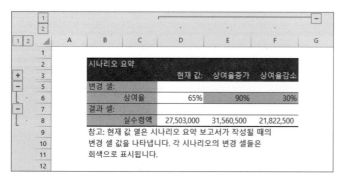

출제유형 완/전/정/복/ _ 시나리오

완전정복 01

소스파일 : 따라하기₩시나리오.xlsx   **정답파일** : 따라하기₩시나리오(완성).xlsx

1. '분석작업' 시트에서 다음의 지시사항을 처리하시오.

이익률[B14]과 불량률[B15]이 다음과 같이 변동하는 경우 매출이익 합계[G13]의 변동 시나리오를 작성하시오.

▶ [B14] 셀의 이름은 '이익률', [B15] 셀의 이름은 '불량률', [G13] 셀의 이름은 '이익합계'로 정의하시오.
▶ 시나리오1 : 시나리오 이름은 '이익인상', 이익률 30%, 불량률 2%로 설정하시오.
▶ 시나리오2 : 시나리오 이름은 '이익인하', 이익률 20%, 불량률 6%로 설정하시오.

▶ 작업 과정

- 셀 이름 정의 : [B14] 셀 '이익률', [B15] 셀 '불량률', [G13] 셀 '이익합계'

① [B14] 셀을 클릭한 후 [이름 상자]에서 '이익률'을 입력하고 **Enter** 키를 눌러줍니다.
② [B15] 셀을 클릭한 후 [이름 상자]에서 '불량률'을 입력하고 **Enter** 키를 눌러줍니다.
③ [G13] 셀을 클릭한 후 [이름 상자]에서 '이익합계'를 입력하고 **Enter** 키를 눌러줍니다.

- '이익인상' 시나리오 작성

① [데이터] 탭-[예측] 그룹에서 [가상 분석]-[시나리오 관리자]를 선택한 후, [시나리오 관리자] 대화상자가 표시되면 〈추가〉 단추를 클릭합니다.
② [시나리오 추가] 대화상자가 표시되면 〈시나리오 이름〉과 〈변경 셀〉을 지정한 후 〈확인〉 단추를 클릭합니다.

③ [시나리오 값] 대화상자에서 표시된 입력값(이익률, 불량률)을 변경하고자 하는 값으로 수정한 후, '이익인하' 시나리오를 작성하기 위해 〈추가〉 단추를 클릭합니다.

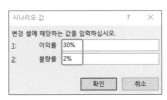

◀ 이익률 '0.3', 불량률 '0.02'로 입력해도 동일

• '이익인하' 시나리오 작성

① [시나리오 추가] 대화상자가 표시되면 〈시나리오 이름〉과 〈변경 셀〉을 지정한 후 〈확인〉 단추를 클릭합니다.

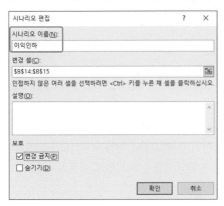

② [시나리오 값] 대화상자에서 이익률과 불량률의 인하 값을 입력하고 〈확인〉 단추를 클릭합니다.

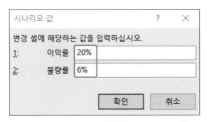

◀ 이익률 '0.2', 불량률 '0.06'로 입력해도 동일

• 시나리오 요약

① [시나리오 관리자] 대화상자에서 〈요약〉 단추를 클릭합니다.
② [시나리오 요약] 대화상자에서 〈결과 셀〉의 위치를 '=$G$13'으로 지정한 후 〈확인〉 단추를 클릭합니다.

③ 다음과 같이 이익율과 불량률 변동에 따른 시나리오 결과를 확인합니다.

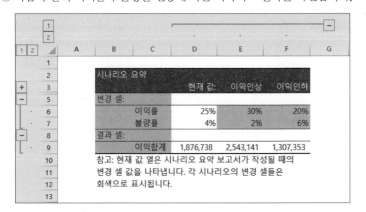

데이터 표

출제유형

출제유형 분석

데이터 표는 자주 출제되는 기능 중 하나로 단일 변수 데이터 표와 이중 변수 데이터 표를 작성하는 방법을 충분히 숙지할 필요가 있습니다.

데이터 표

- 수식의 특정 값을 변경했을 때 수식 결과가 어떻게 변하는지를 표로 나타내는 기능으로 수식의 결과는 배열 수식의 형태로 표시됩니다.
- **데이터 표** : [데이터] 탭-[예측] 그룹-[가상 분석]-[데이터 표] 이용

■ 다음과 같이 데이터 표를 작성해 보자.

'대출금에 대한 월납부액 계산' 표는 대출원금[C3], 연이율[C4], 상환기간[C5]을 이용하여 월납부액[C6]을 계산한 것이다. [데이터 표] 기능을 이용하여 상환기간과 연이율 변동에 따른 월납부액을 [D11:I16] 영역에 계산하시오.

▶ **상환기간 및 연이율 변동에 따른 월납부액 계산**

① [파일]-[열기]-[찾아보기]를 클릭한 후, '소스파일₩따라하기' 폴더에서 '대출금.xlsx' 파일을 불러옵니다.

② [C6] 셀의 수식 '=PMT($C$4/12,$C$5,-$C$3)'을 복사한 후 [C10] 셀에 붙여넣기 합니다.

③ [C10:I16] 영역을 드래그한 후, [데이터] 탭-[예측] 그룹에서 [가상 분석]-[데이터 표]를 실행합니다.

④ [데이터 표] 대화상자가 표시되면 〈행 입력 셀〉에 '상환기간'인 [C5] 셀을, 〈열 입력 셀〉에는 '연이율'인 [C4] 셀을 지정한 후 〈확인〉 단추를 클릭합니다.

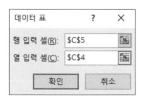

❺ 연이율과 상환기간 변동에 따른 월납부액 표 결과를 확인합니다.

					상환기간			
				대출금에 대한 월납부액 계산				
	대출원금	50,000,000						
	연이율	15.0%						
	상환기간	50개월						
	월납부액	₩ 1,350,881						
					상환기간			
		₩ 1,350,881	12개월	24개월	36개월	48개월	72개월	84개월
	연이율	5%	4,280,374	2,193,569	1,498,545	1,151,465	805,247	706,695
		10%	4,395,794	2,307,246	1,613,359	1,268,129	926,292	830,059
		15%	4,512,916	2,424,332	1,733,266	1,391,537	1,057,251	964,838
		20%	4,631,725	2,544,790	1,858,179	1,521,518	1,197,641	1,110,310
		25%	4,752,210	2,668,576	1,987,991	1,657,856	1,346,859	1,265,582
		30%	4,874,356	2,795,641	2,122,579	1,800,300	1,504,208	1,429,649

출제유형 완/전/정/복/ _ 데이터 표

완전정복 01

소스파일 : 따라하기₩데이터표.xlsx   정답파일 : 따라하기₩데이터표(완성).xlsx

1. '분석작업' 시트에서 다음의 지시사항을 처리하시오.

목표금액[B8]을 달성하기 위하여 정기적금을 가입하려 한다. 데이터 표 기능을 이용하여 (연)이자율 변동에 따른 월 불입금액 [E9:E19]을 계산하시오.

▶ 작업 과정

① [B9] 셀의 수식 '=PMT($B$11/12,$B$12*12,0,−$B$8)'을 [복사]한 후 [E8] 셀에 [붙여넣기] 합니다.

② [D8:E19] 영역을 드래그한 후, [데이터] 탭-[예측] 그룹에서 [가상 분석]-[데이터 표]를 실행합니다.

③ 단일 데이터 표이므로 [데이터 표] 대화상자에서 〈열 입력 셀〉에 '(연)이자율'이 입력된 [B11] 셀을 지정한 후 〈확인〉 단추를 클릭합니다.

④ (연)이자율에 따른 월 불입금액 결과를 확인합니다.

피벗 테이블

출제유형 분석

피벗 테이블은 자주 출제되는 기능 중 하나로 다양한 요소의 기능과 사용법을 충분히 연습하여 시험을 대비할 필요가 있습니다.

피벗 테이블

- 많은 양의 데이터를 손쉽게 요약, 분석할 수 있는 대화형 테이블로 테이블의 행과 열을 피벗하여 원본 데이터를 다르게 요약하여 보거나 다른 페이지를 표시하여 데이터를 필터링할 수 있습니다.
- **피벗 테이블** : [삽입] 탭-[표] 그룹-[피벗 테이블] 이용

■ 다음과 같은 피벗 테이블을 작성해 보자.

'수준별 교육생 점수 현황'을 이용하여 성별은 '열', 수준은 '행'로 처리하고 'Σ 값'에 필기의 합계와 실기의 평균을 계산하는 피벗 테이블을 작성하시오.
- ▶ 피벗 테이블 보고서는 동일 시트의 [B18] 셀에서 시작하시오.
- ▶ 피벗 테이블 옵션에서 빈 셀은 '***' 기호로 표시, '레이블이 있는 셀 병합 및 가운데 맞춤'을 설정, 열의 총합계만 표시하시오.
- ▶ 숫자에는 소수 자릿수를 '1'로 지정하시오.
- ▶ 피벗 테이블 스타일은 '피벗 스타일 보통 10'으로 설정하시오.

▶ 피벗 테이블 필드 목록 작성

❶ [파일]-[열기]-[찾아보기]를 클릭한 후, '소스파일₩따라하기' 폴더에서 '점수현황.xlsx' 파일을 불러옵니다.

❷ [B3] 셀을 클릭한 후, [삽입] 탭-[표] 그룹에서 [피벗 테이블]을 클릭합니다.

❸ [피벗 테이블 만들기] 대화상자가 표시되면 표/범위('피벗테이블'!\$B\$3:\$J\$15)를 확인한 후, 피벗 테이블 보고서를 넣을 위치에서 '기존 워크시트'를 선택하고 [B18] 셀을 클릭합니다.

❹ 다음과 같이 지정이 완료되었으면 〈확인〉 단추를 클릭합니다.

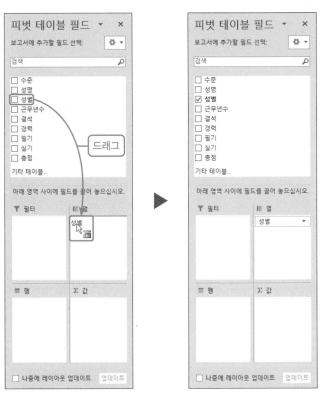

수준	성명	성별	근무년수	결석	경력	필기	실기	총점
중급반	임미령							78
고급반	김호남							93
중급반	박수정							76
고급반	왕두형							83
기초반	강의수							94
고급반	유민한							92
기초반	강수인							44
고급반	박한이							70
기초반	우연이							77
중급반	한동수							96
기초반	이지연							83
중급반	하나영							52

피벗 테이블 만들기

분석할 데이터를 선택하십시오.
- ◉ 표 또는 범위 선택(S)
    표/범위(T): 피벗테이블!$B$3:$J$15
- ○ 외부 데이터 원본 사용(U)
    연결 선택(C)...
    연결 이름:
- ○ 이 통합 문서의 데이터 모델 사용(D)

피벗 테이블 보고서를 넣을 위치를 선택하십시오.
- ○ 새 워크시트(N)
- ◉ 기존 워크시트(E)
    위치(L): 피벗테이블!$B$18

여러 테이블을 분석할 것인지 선택
- ☐ 데이터 모델에 이 데이터 추가(M)

[확인] [취소]

❺ 워크시트 오른쪽의 [피벗 테이블 필드]에서 〈보고서에 추가할 필드 선택:〉의 '성별'에 마우스 포인터를 위치시킨 후 〈열〉 영역으로 드래그하여 이동시켜 줍니다.

⑥ 이어서, 〈보고서에 추가할 필드 선택:〉의 '수준'에 마우스 포인터를 위치시킨 후 〈행〉 영역으로 드래그하여 이동시켜 줍니다.

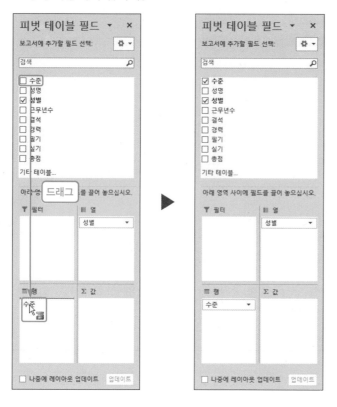

⑦ 〈보고서에 추가할 필드 선택:〉의 '필기'와 '실기'에 마우스 포인터를 위치시킨 후, 〈∑ 값〉 영역으로 각각 드래그하여 그림과 같은 순서로 이동시켜 줍니다.

❽ 〈Σ 값〉 항목에서 합계 : 실기 ▼ 단추를 클릭한 후 [값 필드 설정]을 클릭합니다.

❾ [값 필드 설정] 대화상자가 표시되면 [값 요약 기준] 탭에서 '평균'을 선택한 후 〈확인〉 단추를 클릭합니다.

▶ **피벗 테이블 옵션 지정**

❶ 작성된 피벗 테이블 안에 셀 포인터를 위치시켜 줍니다.

❷ 레이블이 있는 셀 병합 및 가운데 맞춤, 열의 총합계, 빈 셀에 '***'를 표시하기 위하여 마우스 오른쪽 버튼을 누르고 [바로 가기] 메뉴 중 [피벗 테이블 옵션]을 선택합니다.

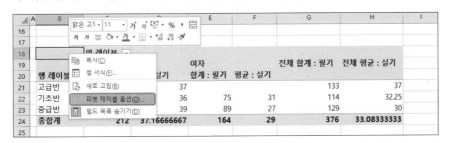

❸ [피벗 테이블 옵션] 대화상자가 표시되면 [레이아웃 및 서식] 탭과 [요약 및 필터] 탭에서 그림과 같이 지정한 후 〈확인〉 단추를 클릭합니다.

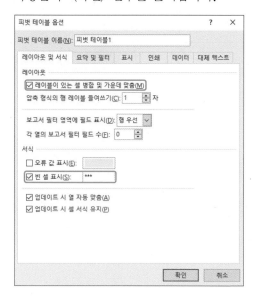

▶ 숫자 서식 지정

❶ [C21:F24] 영역을 드래그한 후, **Ctrl**+**1** 키를 눌러 [셀 서식] 메뉴를 실행합니다.

❷ [표시 형식] 탭을 선택한 후 '숫자'와 소수 자릿수 '1'을 지정하고 〈확인〉 단추를 클릭합니다.

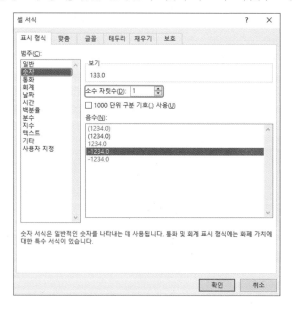

❸ 피벗 테이블 결과를 확인합니다.

행 레이블	남자 합계 : 필기	남자 평균 : 실기	여자 합계 : 필기	여자 평균 : 실기
고급반	133.0	37.0	***	***
기초반	39.0	36.0	75.0	31.0
중급반	40.0	39.0	89.0	27.0
총합계	212.0	37.2	164.0	29.0

▶ 피벗 테이블 스타일 지정

❶ [피벗 테이블 도구]-[디자인] 탭-[피벗 테이블 스타일] 그룹에서 ▽(자세히) 단추를 클릭합니다.

❷ 〈보통〉 항목 중 '피벗 스타일 보통 10'을 선택합니다.

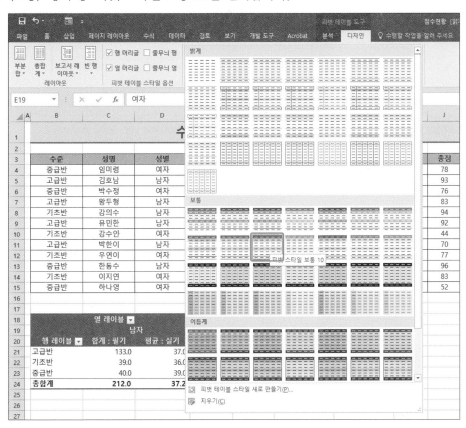

❸ 다음과 같이 피벗 스타일이 적용된 것을 확인합니다.

행 레이블	남자 합계 : 필기	남자 평균 : 실기	여자 합계 : 필기	여자 평균 : 실기
고급반	133.0	37.0	***	***
기초반	39.0	36.0	75.0	31.0
중급반	40.0	39.0	89.0	27.0
총합계	212.0	37.2	164.0	29.0

〈열〉 영역의 [Σ 값 ▾] 항목을 〈행〉 영역으로 이동하고자 할 경우 해당 항목에 마우스 포인터를 위치시킨 후 드래그하여 이동합니다.

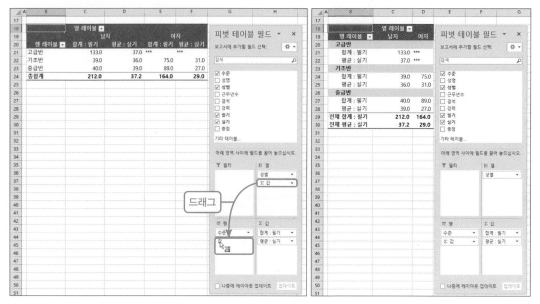

▲ 〈Σ 값〉 항목을 드래그하여 이동   ▲ 이동된 항목에 맞게 피벗 테이블 결과 변동

• 〈보고서에 추가할 필드 선택:〉에서 '성명' 필드를 〈필터〉 영역으로 드래그 합니다.

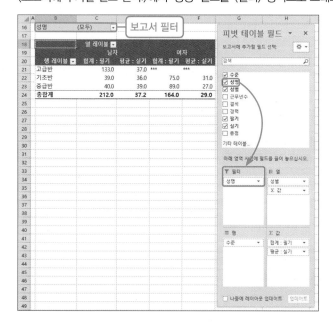

- [C16] 셀의 ▼(필터 목록) 단추를 클릭한 후, '박수정'을 선택할 경우 '박수정'의 데이터만 표시되게 할 수 있습니다.

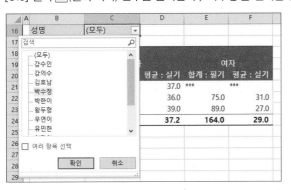

출제유형 완/전/정/복/ _ 피벗 테이블

완전정복 01

소스파일 : 따라하기\피벗테이블.xlsx   정답파일 : 따라하기\피벗테이블(완성).xlsx

1. '분석작업' 시트에서 다음의 지시사항을 처리하시오.

'전국 지점별 & 차종별 매출 현황'을 이용하여 사원명은 '필터', 지점명은 '행', 차종은 '열'로 처리하고 'Σ 값'에 목표량과 판매량의 합계를 계산하는 피벗 테이블을 작성하시오.

▶ 피벗 테이블 보고서는 동일 시트의 [B22] 셀에서 시작하시오.
▶ 피벗 테이블 옵션에서 빈 셀은 '**' 기호로 표시, '레이블이 있는 셀 병합 및 가운데 맞춤'을 설정, 행과 열의 총합계가 나타나지 않도록 지정하시오.
▶ 보고서 레이아웃을 '테이블 형식으로 표시'하시오.

▶ **작업 과정**

① [B3] 셀을 클릭한 후, [삽입] 탭-[표] 그룹에서 [피벗 테이블]을 클릭합니다.
② [피벗 테이블 만들기] 대화상자가 표시되면 표/범위('피벗테이블'!$B$3:$H$18)를 확인한 후, 피벗 테이블 보고서를 넣을 위치에서 '기존 워크시트'를 선택하고 [B22] 셀을 클릭합니다.
③ 이어서, 〈확인〉 단추를 클릭합니다.

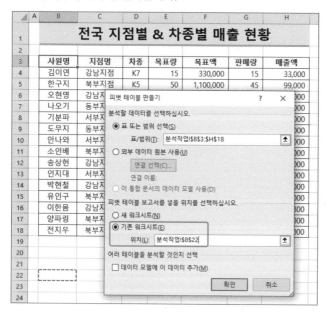

④ 워크시트 오른쪽의 [피벗 테이블 필드]에서 〈보고서에 추가할 필드 선택:〉의 '사원명'에 마우스 포인터를 위치 시킨 후 〈필터〉 영역으로 드래그하여 이동시켜 줍니다.

⑤ 이어서, '지점명'을 드래그하여 〈행〉 영역으로 이동시켜 줍니다.

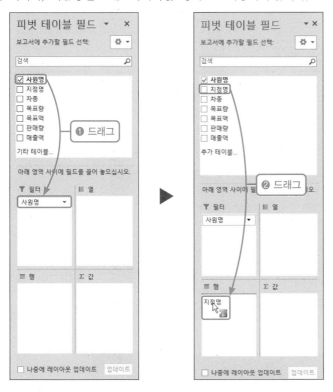

⑥ 위와 같은 방법으로 '차종'은 〈열〉 영역에 '목표량'과 '판매량'은 〈Σ 값〉 영역에 각각 드래그하여 이동시켜 줍니다.

⑦ 피벗 테이블 안에서 임의의 셀을 클릭한 후, 마우스 오른쪽 버튼을 눌러 [바로 가기] 메뉴 중 [피벗 테이블 옵션]을 선택합니다.

⑧ [피벗 테이블 옵션] 대화상자가 표시되면 [레이아웃 및 서식] 탭과 [요약 및 필터] 탭에서 그림과 같이 지정한 후 〈확인〉 단추를 클릭합니다.

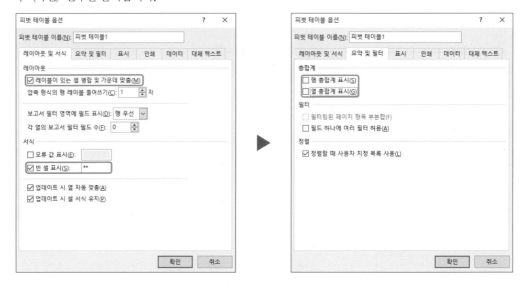

⑨ [피벗 테이블 도구]–[디자인] 탭의 [레이아웃] 그룹에서 [보고서 레이아웃]–[테이블 형식으로 표시]를 클릭합니다.

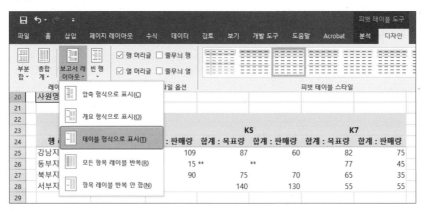

⑩ 다음과 같이 완성된 피벗 테이블 결과를 확인합니다.

지점명	K3 합계 : 목표량	K3 합계 : 판매량	K5 합계 : 목표량	K5 합계 : 판매량	K7 합계 : 목표량	K7 합계 : 판매량
강남지점	121	109	87	60	82	75
동부지점	20	15 **	**		77	45
북부지점	109	90	75	70	65	35
서부지점	**	**	140	130	55	55

CHAPTER

05 매크로 작업

• **출제유형 01** 매크로 작업

01 매크로 작업

출제유형

| 유형체크 | 01 → 매크로 작성 및 실행

• 매크로란 엑셀에서 사용되는 다양한 명령들을 일련의 순서로 조합하여 저장한 후 필요할 때 기록된 명령들이 일괄적으로 실행되도록 하는 기능을 말합니다.

• 개체를 먼저 작성하고 매크로를 적용할 때에는 개체를 선택한 후 [바로 가기] 메뉴-[매크로 지정]을 이용합니다.

▌1 리본 메뉴에 [개발 도구] 탭 표시하기

❶ 매크로를 작성하기 위해서는 가장 먼저 리본 메뉴에 [개발 도구] 탭을 추가하도록 합니다.

❷ 기본적으로 엑셀 2016에서는 [개발 도구] 탭이 보이지 않도록 설정되어 있으므로 [파일]-[옵션]을 클릭합니다.

❸ [Excel 옵션] 대화상자의 [리본 사용자 지정] 항목에서 다음과 같이 〈기본 탭〉에 '개발 도구' 항목을 선택하여 체크 표시(✓)를 지정하고 〈확인〉 단추를 클릭합니다.

❹ 다음과 같이 [개발 도구] 탭이 추가된 것을 확인합니다.

❺ [개발 도구] 탭은 한 번만 설정해 두면 강제로 제거하기 전까지는 계속 표시되어 나타납니다.

2️⃣ 다음과 같은 매크로를 작성해 보자.

❶ [F4:F11] 영역에 합계를 계산하는 매크로를 생성하여 실행하시오.
  ▶ 매크로 이름: 합계　　　　　　　　　▶ 합계 = 탄수화물 + 지방 + 단백질
  ▶ [개발 도구]-[삽입]-[양식 컨트롤]의 '단추'를 동일 시트의 [B13:C14] 영역에 생성하고, 텍스트를 '합계'로 입력한 후
    단추를 클릭할 때 '합계' 매크로가 실행되도록 설정하시오.
❷ [A3:F3] 영역에 채우기 색 '표준색-노랑'을 적용하는 매크로를 생성하여 실행하시오
  ▶ 매크로 이름: 서식
  ▶ [도형]-[기본 도형]의 '빗면(▱)'을 동일 시트의 [D13:E14] 영역에 생성하고, 텍스트를 '서식'으로 입력한 후 도형을
    클릭할 때 '서식' 매크로가 실행되도록 설정하시오.

▶ '합계' 단추 생성과 매크로 작업

❶ [파일]-[열기]-[찾아보기]를 클릭한 후, '소스파일₩따라하기' 폴더에서 '열량표.xlsm' 파일을 불러옵
니다.

❷ [개발 도구] 탭-[컨트롤] 그룹에서 [삽입] 아이콘을 클릭한 후, ▱(단추(양식 컨트롤))을 선택합니다.

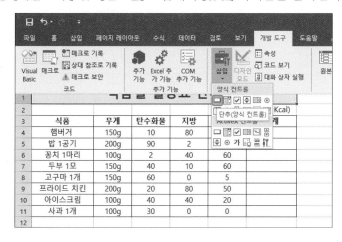

❸ **Alt** 키를 누른 상태에서 [B13:C14] 영역에 맞게 드래그한 후, [매크로 지정] 대화상자가 표시되면 매크로 위치에 '현재 통합 문서', 매크로 이름에 '합계'를 입력하고 〈기록〉 단추를 클릭합니다.

❹ [매크로 기록] 대화상자가 표시되면 〈확인〉 단추를 클릭합니다.

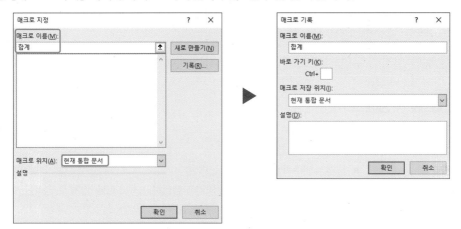

❺ [F4] 셀을 클릭한 후, '=C4＋D4＋E4'를 입력하고 **Enter** 키를 눌러줍니다.

❻ [F4] 셀을 클릭한 후, [F4] 셀에서 [F11] 셀까지 채우기 핸들(⬛)을 드래그 합니다.

❼ 임의의 셀을 클릭하여 영역 지정을 해제한 후, 워크시트 하단의 상태 표시줄에서 ■(기록 중지) 아이콘을 클릭하여 매크로 지정을 완료합니다.(또는, [개발 도구] 탭-[코드] 그룹에서 ■(기록 중지) 아이콘을 클릭)

❽ 단추 위에서 마우스 오른쪽 버튼을 눌러 [바로 가기] 메뉴 중 [텍스트 편집]을 클릭합니다.

❾ '단추 1'을 삭제하고 '합계'를 입력한 후 임의의 셀을 클릭합니다.

▶ '빗면' 도형 삽입 및 텍스트 입력

❶ [삽입] 탭-[일러스트레이션] 그룹에서 [도형]을 클릭한 후, 〈기본 도형〉에서 ▫(빗면)을 선택합니다.

❷ **Alt** 키를 누른 상태에서 [D13:E14] 영역에 맞게 드래그하여 도형을 그려줍니다.

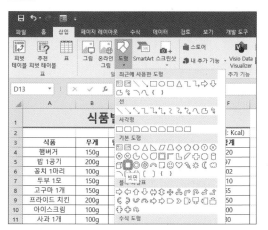 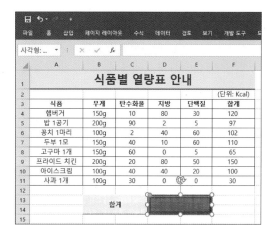

❸ 도형에 '서식'을 입력한 후, [홈] 탭-[맞춤] 그룹에서 세로 방향 ≡(가운데 맞춤), 가로 방향 ≡(가운데 맞춤) 아이콘을 클릭한 다음 임의의 셀을 클릭합니다.

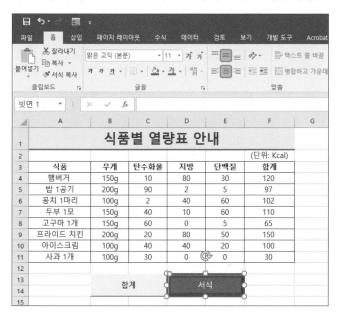

▶ '서식' 매크로 작성

❶ [D13:E14] 영역의 '빗면' 도형 위에 마우스 포인터를 위치시킵니다.

❷ 마우스 포인터의 모양이 🖾로 변경되면 마우스 오른쪽 버튼을 눌러 [바로 가기] 메뉴 중 [매크로 지정]을 선택합니다.

❸ [매크로 지정] 대화상자에서 매크로 위치에 '현재 통합 문서', 매크로 이름에 '서식'을 입력한 후 〈기록〉 단추를 클릭하고, [매크로 기록] 대화상자에서 〈확인〉 단추를 클릭합니다.

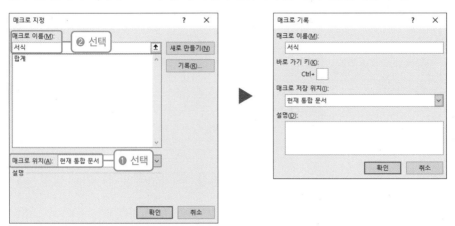

❹ [A3:F3] 영역을 드래그한 후, [홈] 탭-[글꼴] 그룹에서 🖌·(채우기 색) 아이콘의 ·(목록 단추)를 눌러 〈표준 색〉 항목 중 '노랑'을 선택합니다.

❺ 임의의 셀을 클릭하여 영역 지정을 해제한 후, 워크시트 하단의 상태 표시줄에서 ■(기록 중지) 아이콘을 클릭하여 매크로 지정을 완료합니다.
(또는, [개발 도구] 탭-[코드] 그룹에서 ■(기록 중지) 아이콘을 클릭)

❻ 다음과 같이 작성된 매크로를 확인합니다.

▲	A	B	C	D	E	F	G
1	식품별 열량표 안내						
2						(단위: Kcal)	
3	식품	무게	탄수화물	지방	단백질	합계	
4	햄버거	150g	10	80	30	120	
5	밥 1공기	200g	90	2	5	97	
6	꽁치 1마리	100g	2	40	60	102	
7	두부 1모	150g	40	10	60	110	
8	고구마 1개	150g	60	0	5	65	
9	프라이드 치킨	200g	20	80	50	150	
10	아이스크림	100g	40	40	20	100	
11	사과 1개	100g	30	0	0	30	
12							
13		합계		서식			
14							
15							

출제유형 완/전/정/복/ _ 매크로 작업

소스파일 : 따라하기₩매크로.xlsm   **정답파일** : 따라하기₩매크로(완성).xlsm

1. '매크로작업' 시트에서 다음 작업을 수행하시오.

1 [E12] 셀에 매매가의 최대값을 계산하는 매크로를 생성하여 실행하시오.
- ▶ 매크로 이름: 최대매매가
- ▶ [개발 도구]-[삽입]-[양식 컨트롤]의 '단추'를 동일 시트의 [G4:H5] 영역에 생성하고, 텍스트를 '최대매매가'로 입력한 후 단추를 클릭할 때 '최대매매가' 매크로가 실행되도록 설정하시오.

2 [E5:E12] 영역에 표시 형식을 '회계 표시 형식(₩)'으로 표시하는 매크로를 생성하여 실행하시오.
- ▶ 매크로 이름: 서식
- ▶ [도형]-[기본 도형]의 '배지(▢)'를 동일 시트의 [G7:H8] 영역에 생성하고, 텍스트를 '서식'으로 입력한 후 도형을 클릭할 때 '서식' 매크로가 실행되도록 설정하시오.

▶ **'최대매매가' 단추 생성과 매크로 작업**

① [개발 도구] 탭-[컨트롤] 그룹에서 [삽입] 아이콘을 클릭한 후, ▭(단추(양식 컨트롤))을 선택합니다.

② **Alt** 키를 누른 상태에서 [G4:H5] 영역에 맞게 드래그한 후, [매크로 지정] 대화상자가 표시되면 매크로 위치에 '현재 통합 문서', 매크로 이름에 '최대매매가'를 입력하고 〈기록〉 단추를 클릭합니다.

③ [매크로 기록] 대화상자가 표시되면 〈확인〉 단추를 클릭합니다.

④ [E12] 셀을 클릭한 후, '=MAX('를 입력하고 [E5:E11] 영역을 드래그 합니다.

⑤ '=MAX(E5:E11'이 지정되었으면 ')'를 입력한 후, **Enter** 키를 눌러줍니다.

⑥ 워크시트 하단의 상태 표시줄에서 ■(기록 중지) 아이콘을 클릭하여 매크로 지정을 완료합니다.
(또는, [개발 도구] 탭-[코드] 그룹에서 ■(기록 중지) 아이콘을 클릭)

⑦ 단추 위에서 마우스 오른쪽 버튼을 눌러 [바로 가기] 메뉴 중 [텍스트 편집]을 클릭합니다.

⑧ '단추 1'을 삭제하고 '최대매매가'를 입력한 후 임의의 셀을 클릭합니다.

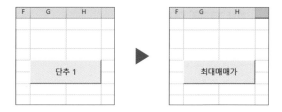

▶ [도형]-[기본 도형]의 '배지(▢)' 생성 및 '서식' 매크로 작성

① [삽입] 탭-[일러스트레이션] 그룹에서 [도형]을 클릭한 후, 〈기본 도형〉에서 ▢(배지)를 선택합니다.

② **Alt** 키를 누른 상태에서 [G7:H8] 영역에 맞게 드래그하여 도형을 그려줍니다.

③ 도형에 '서식'을 입력한 후, [홈] 탭-[맞춤] 그룹에서 세로 방향 ≡(가운데 맞춤), 가로 방향 ≡(가운데 맞춤) 아이콘을 클릭한 다음 임의의 셀을 클릭합니다.

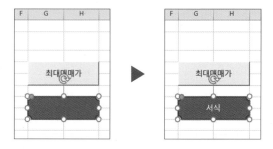

④ [G7:H8] 영역의 '배지' 도형 위에 마우스 포인터를 위치시킵니다.

⑤ 마우스 포인터의 모양이 🔁로 변경되면 마우스 오른쪽 버튼을 눌러 [바로 가기] 메뉴 중 [매크로 지정]을 선택합니다.

⑥ [매크로 지정] 대화상자에서 매크로 위치에 '현재 통합 문서', 매크로 이름에 '서식'을 입력한 후 〈기록〉 단추를 클릭하고, [매크로 기록] 대화상자에서 〈확인〉 단추를 클릭합니다.

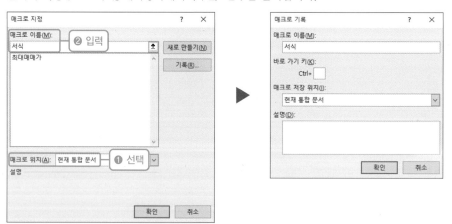

⑦ [E5:E12] 영역을 드래그한 후, [홈] 탭-[표시 형식] 그룹에서 🔢(회계 표시 형식) 아이콘을 클릭합니다.

⑧ 임의의 셀을 클릭하여 영역 지정을 해제한 후, 워크시트 하단의 상태 표시줄에서 ■(기록 중지) 아이콘을 클릭하여 매크로 지정을 완료합니다.(또는, [개발 도구] 탭-[코드] 그룹에서 ■(기록 중지) 아이콘을 클릭)

⑨ 작성된 매크로의 실행 결과를 확인합니다.

단지명	평수	층수	매매가		최대매매가
편한세상	45	7	₩ 470,000,000		
하늘아래	45	12	₩ 480,000,000		
편한세상	45	3	₩ 430,000,000		서식
편한세상	45	5	₩ 450,000,000		
하늘아래	45	4	₩ 435,000,000		
개발공사	45	1	₩ 420,000,000		
개발공사	45	6	₩ 460,000,000		
최대 매매 금액			₩ 480,000,000		

△△ 택지지구 아파트 매매현황

MEMO

CHAPTER

06 차트 작성 및 편집

• 출제유형 01 차트 작성 및 편집

차트 작성 및 편집

출제유형 분석

1 작성된 차트를 불러와 범위를 수정하고 차트의 종류를 변경하는 문제가 출제됩니다.

2 차트의 구성 요소를 지정하거나 수정하는 방법을 반드시 숙지해 둘 필요가 있습니다.

출제유형

|유형체크|
01 → **차트의 구성 요소**

• 워크시트의 데이터 내용을 막대나 선, 도형, 그림 등을 사용하여 시각적으로 표현한 것을 의미하며 데이터의 상태나 추세 등을 쉽고 빠르게 이해할 수 있습니다.

• **차트** : [삽입] 탭-[차트] 그룹 이용

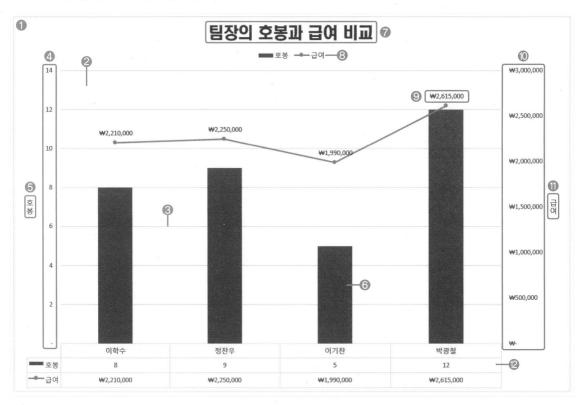

❶ 차트 영역, ❷ 그림 영역, ❸ 세로 (값) 축 주 눈금선, ❹ 세로 (값) 축, ❺ 세로 (값) 축 제목, ❻ 데이터 계열, ❼ 차트 제목,
❽ 범례, ❾ 데이터 레이블, ❿ 보조 세로 (값) 축, ⓫ 보조 세로 (값) 축 제목, ⓬ 데이터 표

차트 작성

- 차트로 표현할 데이터 범위를 지정한 후 [삽입] 탭-[차트] 그룹에서 원하는 유형의 차트를 선택합니다.
- 차트로 표현할 데이터 범위를 지정할 때는 표의 이름표 부분까지 포함하여 선택합니다.

❶ '묶은 세로 막대형' 차트 작성

① [파일]-[열기]-[찾아보기]를 클릭한 후, '소스파일₩따라하기' 폴더에서 '학교별매출.xlsx' 파일을 불러옵니다.

② [B3:B5] 영역을 드래그한 후, **Ctrl** 키를 누른 상태에서 [B8], [B10], [B12] 셀을 클릭합니다.

③ 이어서, **Ctrl** 키를 누른 상태에서 [D3:E5], [D8:E8], [D10:E10], [D12:E12] 영역도 드래그하여 범위를 지정합니다.

	A	B	C	D	E	F
1		학교별 매출 목표				
2						
3	고객번호	학교명	등급	수량	매출액	
4	A_Sep1	K학교	A+	35	35,000	
5	A_Sep2	B학교	A++	28	42,000	
6	A_Sep3	C학교	A0	10	8,000	
7	K_Cha3	P학교	A-	84	109,200	
8	K_Cha4	E학교	A+	13	31,250	
9	K_Cha5	D학교	A0	5	10,000	
10	K_Cha6	G학교	A+	3	18,000	
11	A_Sep4	F학교	A-	8	2,400	
12	A_Sep5	T학교	A++	30	15,000	
13	K_Cha7	Z학교	A0	50	75,000	
14	K_Cha8	X학교	A-	25	68,250	
15						

④ [삽입] 탭-[차트] 그룹에서 [세로 또는 가로 막대형 차트 삽입]-[묶은 세로 막대형]을 클릭합니다.

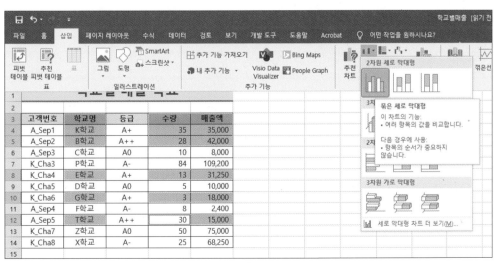

⑤ '묶은 세로 막대형' 차트가 만들어지면 [차트 도구]-[디자인] 탭의 [위치] 그룹에서 [차트 이동]을 클릭합니다.

⑥ [차트 이동] 대화상자가 표시되면 〈새 시트〉를 선택하고, 시트 이름에 '차트시트'를 입력한 후 〈확인〉 단추를 클릭합니다.

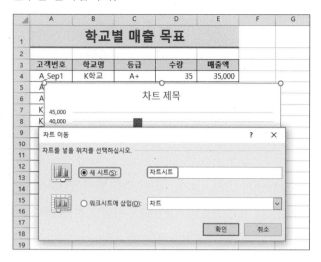

⑦ 다음과 같이 '차트시트'가 생성되면서 차트가 이동된 것을 확인합니다.

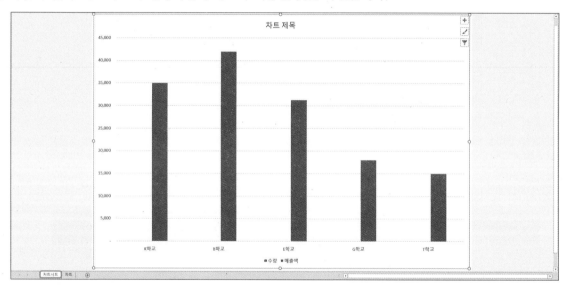

② '매출액' 계열의 차트 종류를 '표식이 있는 꺾은선형'으로 변경하고 '보조 축'으로 지정

① [파일]-[열기]-[찾아보기]를 클릭한 후, '소스파일₩따라하기' 폴더에서 '학교별매출-1.xlsx' 파일을 불러옵니다.

❷ '매출액' 계열에서 마우스 오른쪽 버튼을 누른 후, [바로 가기] 메뉴 중 [계열 차트 종류 변경]을 클릭합니다.

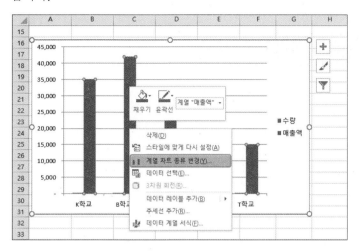

❸ '매출액' 계열을 선택한 후 '표식이 있는 꺾은선형'을 선택하고 '보조 축'을 체크한 후 〈확인〉을 클릭합니다.

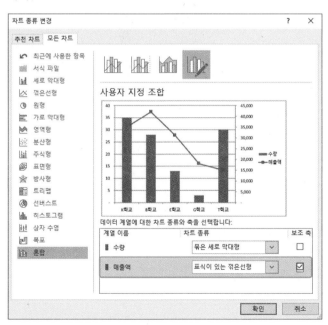

④ 다음과 같이 '매출액' 계열의 차트 종류가 '표식이 있는 꺾은선형'으로 변경되면서 '보조 축'이 생성된 것을 확인합니다.

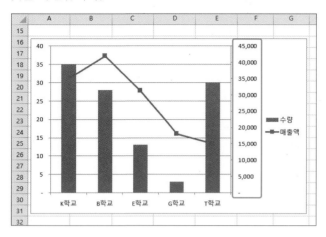

③ 차트 제목 입력 및 서식 지정

① 차트 영역을 클릭한 후, [차트 도구]-[디자인] 탭의 [차트 레이아웃] 그룹에서 [차트 요소 추가]-[차트 제목]-[차트 위]를 클릭한 후, '차트 제목'으로 표시된 내용을 삭제한 후, '우수 학교 매출 목표'를 입력하고 차트 제목 테두리를 클릭합니다.

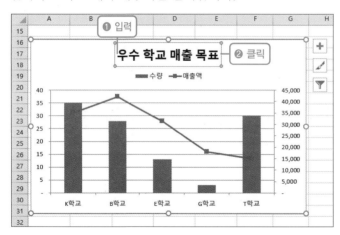

❷ [홈] 탭-[글꼴] 그룹에서 글꼴에 'HY헤드라인M', 글꼴 스타일 '굵게', 글꼴 크기 '20'을 지정합니다.

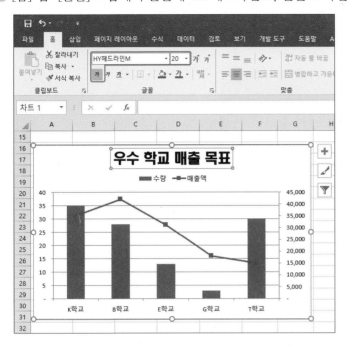

TIP : 특정 셀과 차트 제목 연동

[A1] 셀의 내용을 차트 제목으로 연동시키려면 다음과 같이 작업합니다.

❶ 차트 영역을 클릭한 후, [차트 도구]-[디자인] 탭의 [차트 레이아웃] 그룹에서 [차트 요소 추가]-[차트 제목]-[차트 위]를 클릭합니다.

❷ '차트 제목'이 표시되면 수식 입력줄을 클릭한 후, '='을 입력하고 [A1] 셀을 클릭한 다음 **Enter** 키를 누릅니다.

❸ 차트 제목이 [A1] 셀과 연동되어 표시된 것을 확인합니다.

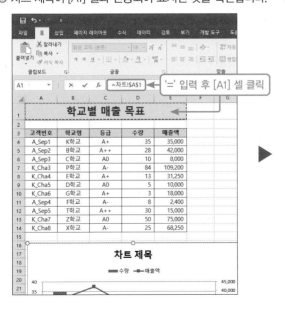

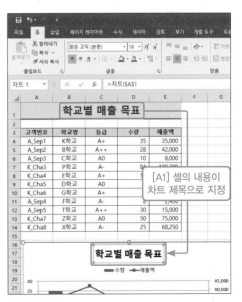

❹ 만약, [A1] 셀의 제목을 변경할 경우 차트 제목이 연동되어 있어 같이 변동되게 됩니다.

④ 세로 (값) 축 제목 및 보조 세로 (값) 축 제목 입력

❶ 차트 영역을 클릭한 후, [차트 도구]-[디자인] 탭의 [차트 레이아웃] 그룹에서 [차트 요소 추가]-[축 제목]-[기본 세로]을 클릭합니다.

❷ '세로 (값) 축 제목'에서 마우스 오른쪽 버튼을 눌러 [바로 가기] 메뉴 중 [축 제목 서식]을 클릭한 후 [크기 및 속성]의 〈맞춤〉 항목에서 '텍스트 방향'을 '세로'를 선택합니다.

❸ '축 제목'으로 표시된 내용을 삭제한 후, '수량'을 입력하고 임의의 위치를 클릭합니다.

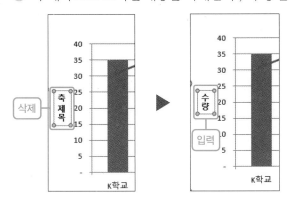

❹ 차트 영역을 클릭한 후, [차트 도구]-[디자인] 탭의 [차트 레이아웃] 그룹에서 [차트 요소 추가]-[축 제목]-[보조 세로]을 클릭합니다.

❺ '보조 세로 (값) 축 제목'에서 마우스 오른쪽 버튼을 눌러 [바로 가기] 메뉴 중 [축 제목 서식]을 클릭한 후 [크기 및 속성]의 〈맞춤〉 항목에서 '텍스트 방향'을 '세로'를 선택합니다.

❻ '축 제목'으로 표시된 내용을 삭제한 후, '매출액'을 입력하고 임의의 위치를 클릭합니다.

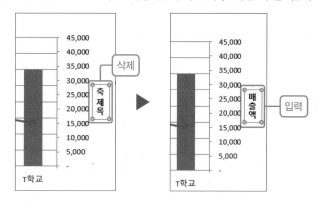

5 범례 위치 이동

❶ 범례를 선택한 후, [차트 도구]-[디자인] 탭의 [차트 레이아웃] 그룹에서 [차트 요소 추가]-
[범례]-[위쪽]를 클릭합니다.

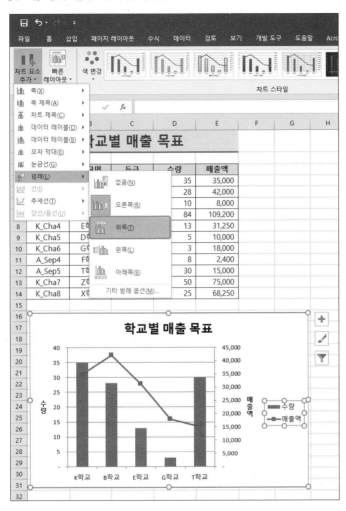

❷ 다음과 같이 차트 위쪽에 범례가 표시된 것을 확인합니다.

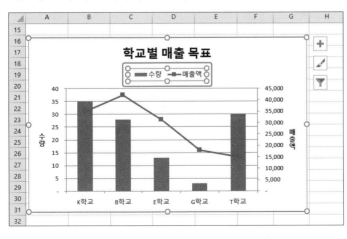

⑥ 데이터 레이블 추가

❶ '매출액' 계열을 클릭한 후, [차트 도구]-[디자인] 탭의 [차트 레이아웃] 그룹에서 [차트 요소 추가]-[데이터 레이블]-[위쪽]을 클릭합니다.

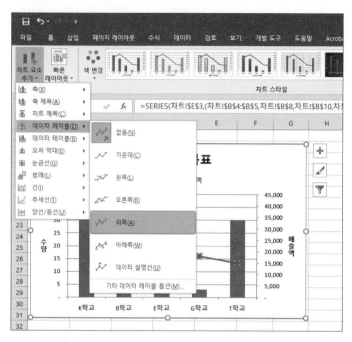

❷ 다음과 같이 '매출액' 계열 위쪽에 데이터 값이 표시된 것을 확인합니다.

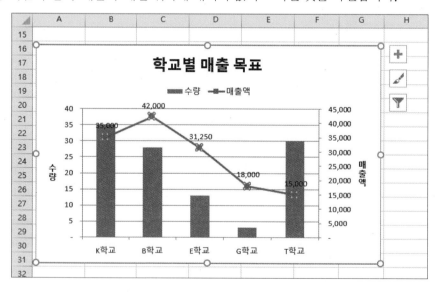

차트의 구성 요소에 서식을 설정하려면 해당 구성 요소를 더블 클릭한 후 서식을 설정합니다.

1 차트 영역 서식

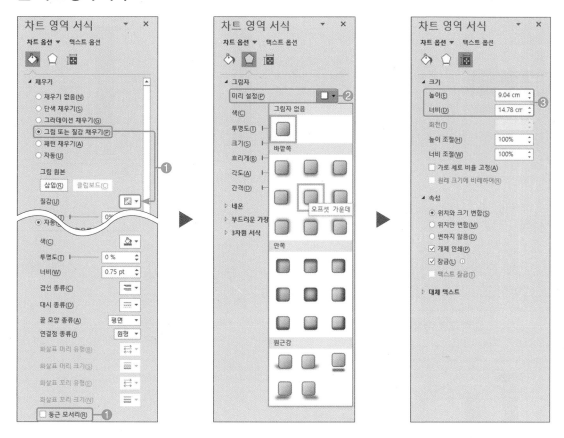

❶ 차트 영역에 그림 또는 각종 질감 채우기 지정, 테두리 스타일로 '둥근 모서리'를 지정
❷ 차트 영역에 그림자 스타일을 지정
❸ 차트 영역의 크기를 지정

2 그림 영역 서식

차트의 그림 영역에 각종 옵션(채우기, 테두리 색, 테두리 스타일, 그림자, 3차원 서식 등) 항목을 설정할 수 있습니다.

3 범례 서식

[범례 옵션] 항목에서는 범례의 위치를 위쪽, 아래쪽, 왼쪽, 오른쪽, 오른쪽 위 중에서 하나를 선택할 수 있습니다.

④ 축 제목 서식

[크기 및 속성]–〈맞춤〉 항목의 '텍스트 방향'에서는 '세로 (값) 축 제목'이나 '보조 세로 (값) 축 제목'의 텍스트 방향을 지정할 수 있습니다.

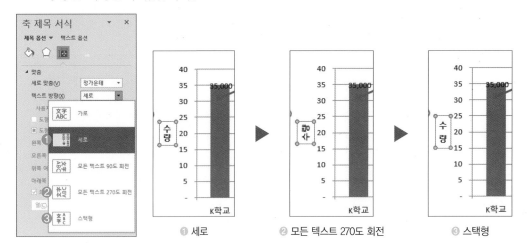

❶ 세로 　　　❷ 모든 텍스트 270도 회전 　　　❸ 스택형

⑤ 축 서식

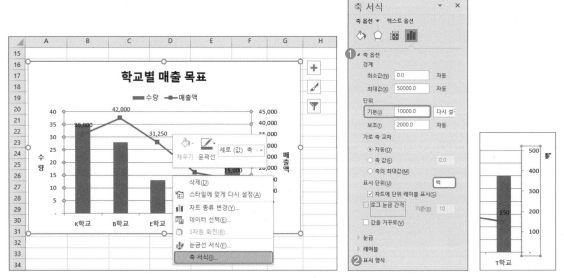

▲ 보조 세로 (값) 축의 '주 단위'를 '5000.0' → '10000.0'으로 변경하고, '표시 단위'를 '백'으로 입력

❶ [축 옵션]
- 최소값, 최대값, 기본, 표시 단위 등으로 세로 (값) 축 눈금을 설정할 수 있음
- 기본은 세로 (값)축 눈금 값의 차를 의미
  [예] 기본을 30으로 설정하면 세로 (값) 축 눈금이 0 → 30 → 60 등으로 표시
- 표시 단위는 백, 천, 10000, 100000, 백만, … 등에서 입력할수 있음
  [예] 세로 (값) 축 눈금이 10,000일 때 표시 단위를 '천'으로 입력하면, 세로 (값) 축 표시 단위 레이블은 '천'으로 표시되고 세로 (값) 축 눈금은 10으로 표시

❷ [표시 형식]
- 축 서식에 사용자 지정 서식을 적용할 수 있음

출제유형 완/전/정/복/ _ 차트 작성 및 편집

완전정복 01

소스파일 : 따라하기₩차트.xlsx   **정답파일** : 따라하기₩차트(완성).xlsx

1. '차트작업' 시트에서 다음 작업을 수행하시오.

1 '매매가' 계열이 그림과 같이 차트에 표시되도록 설정하고, '매매가' 계열의 차트 종류를 '표식이 있는 꺾은선형'으로 변경한 후, '보조 축'으로 지정하시오.

2 '매매가' 계열의 선 스타일을 '완만한 선'으로 지정하시오.

3 차트 제목을 그림과 같이 표시되도록 하고, 글꼴은 'HY울릉도M', 글꼴 스타일은 '굵게', 글꼴 크기는 '20'으로 지정하시오.

4 '매매가' 계열의 최대값에 데이터 레이블을 '값'으로 표시되도록 설정하시오.

5 가로 (항목) 축 제목을 그림과 같이 표시되도록 하고, 세로 (값) 축의 주 단위를 '2'로 설정하시오.

6 범례를 오른쪽에 표시하고, 글꼴 크기를 '9'로 지정하시오.

7 차트 영역의 채우기는 질감 채우기 항목 중 '파피루스'로 지정하시오.

8 차트 영역의 테두리 스타일은 '둥근 모서리', 그림자는 바깥쪽 '오프셋 아래쪽'을 설정하시오.

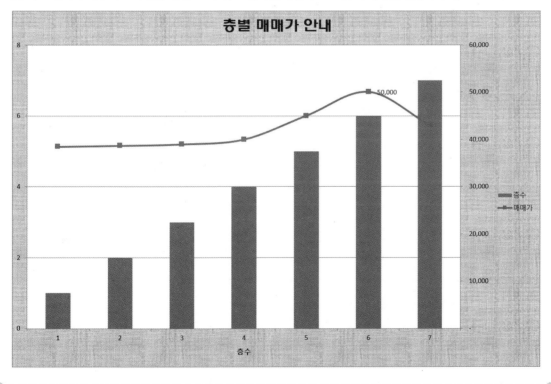

▶ 데이터 범위 추가 및 차트 종류 변경과 보조 축 지정

① 차트 영역에서 마우스 오른쪽 버튼을 누른 후, [바로 가기] 메뉴 중 [데이터 선택]을 클릭합니다.(또는, [차트 도구]-[디자인] 탭의 [데이터 그룹에서 [데이터 선택]을 클릭합니다.]

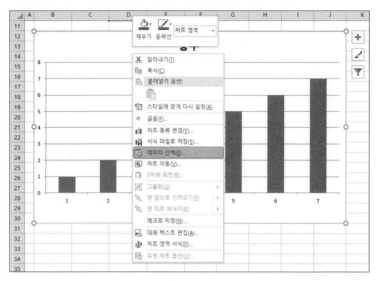

② [데이터 원본 선택] 대화상자가 표시되면 추가(A) 단추를 클릭합니다.

③ [계열 편집] 대화상자의 〈계열 이름〉 입력 상자에서 [E3] 셀을 클릭한 후, 〈계열 값〉 입력 상자 오른쪽의 단추를 클릭합니다.

④ 다음과 같이 [E4:E10] 영역을 드래그한 후 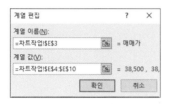 단추를 클릭합니다.

⑤ 추가된 계열 이름과 계열 값을 확인한 후 〈확인〉 단추를 클릭합니다.

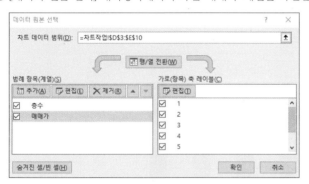

⑥ [데이터 원본 선택] 대화상자에서 추가된 '매매가' 계열을 확인한 후 〈확인〉 단추를 클릭합니다.

⑦ '매매가' 계열에서 마우스 오른쪽 버튼을 눌러 [바로 가기] 메뉴 중 [계열 차트 종류 변경]을 클릭합니다.

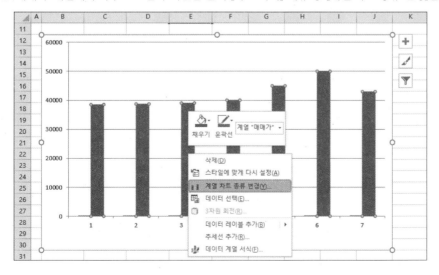

⑧ '매매가' 계열을 선택한 후 '표식이 있는 꺾은선형'을 선택하고 '보조 축'을 체크한 후 〈확인〉 단추를 클릭합니다.

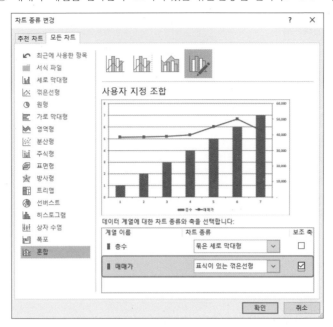

⑨ 다음과 같이 '매매가' 계열의 차트 종류가 '표식이 있는 꺾은선형'으로 변경되면서 '보조 축'이 생성된 것을 확인합니다.

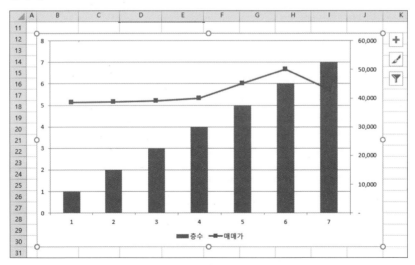

▶ 선 스타일 변경

① '매매가' 계열에서 마우스 오른쪽 버튼을 눌러 [바로 가기] 메뉴 중 [데이터 계열 서식]을 클릭합니다.

② [데이터 계열 서식]-[채우기 및 선]-[선]의 '완만한 선'에 체크 표시(√)를 지정합니다.

▶ **차트 제목 및 서식 변경**

① 차트 영역을 클릭한 후, [차트 도구]-[디자인] 탭의 [차트 레이아웃] 그룹에서 [차트 요소 추가]-[차트 제목]-[차트 위]를 클릭합니다.

② '차트 제목'으로 표시된 내용을 삭제한 후, '층별 매매가 안내'를 입력하고 임의의 셀을 클릭합니다.

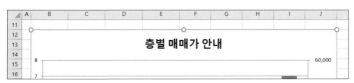

③ 차트 제목 '층별 매매가 안내'를 클릭하여 선택한 후, [홈] 탭-[글꼴] 그룹에서 'HY울릉도M', 글꼴 스타일 '굵게', 글꼴 크기 '20'을 지정합니다.

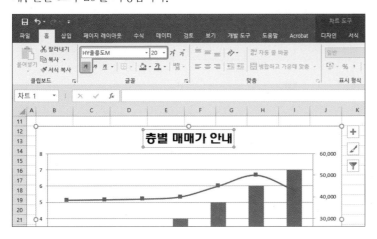

▶ 데이터 레이블 지정

① 요소 6의 '매매가' 계열을 클릭한 후, 다시 한 번 클릭합니다.

② [차트 도구]-[디자인] 탭의 [차트 레이아웃] 그룹에서 [차트 요소 추가]-[데이터 레이블]-[오른쪽]을 클릭합니다.

▶ 가로 (항목) 축 제목 표시 및 세로 (값) 축 주 단위 변경

① 차트 영역을 클릭한 후, [차트 도구]-[디자인] 탭의 [차트 레이아웃] 그룹에서 [차트 요소 추가]-[축 제목]-[기본 가로]을 클릭합니다.

② '축 제목'으로 표시된 내용을 삭제한 후, '층수'를 입력하고 임의의 셀을 클릭합니다.

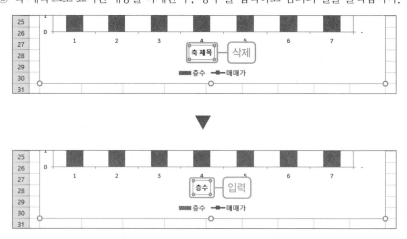

③ '세로 (값) 축'을 클릭한 후, 마우스 오른쪽 버튼을 눌러 [바로 가기] 메뉴 중 [축 서식]을 선택합니다.

④ [축 서식] 대화상자의 [축 옵션]에서 기본을 '2'로 변경합니다.

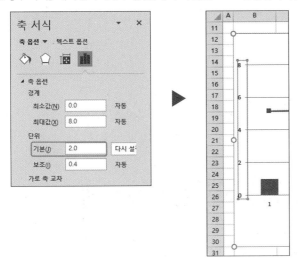

▶ 범례 서식 지정

① 범례를 선택한 후, [차트 도구]-[디자인] 탭의 [차트 레이아웃] 그룹에서 [차트 요소 추가]-[범례]-[오른쪽]을 클릭합니다.

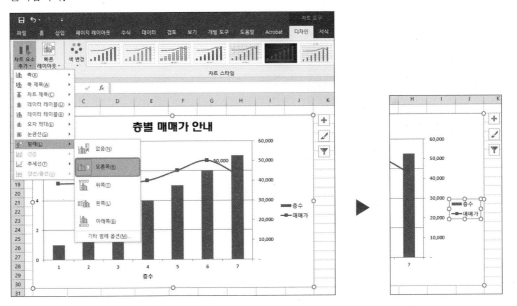

② 또는, 범례를 선택한 후 마우스 오른쪽 버튼을 눌러 [바로 가기] 메뉴 중 [범례 서식]을 클릭한 후 [범례 서식]-[범례 옵션]-[범례 옵션]의 '오른쪽'을 클릭합니다.

③ 범례가 선택된 상태에서 [홈] 탭-[글꼴] 그룹 항목 중 글꼴 크기를 '9'로 지정합니다.

▶ **차트 영역 서식 지정(질감 – 파피루스)**

　① 차트 영역에서 마우스 오른쪽 버튼을 눌러 [바로 가기] 메뉴 중 [차트 영역 서식]을 클릭합니다.

　② [차트 영역 서식]–[채우기 및 선]–[채우기]–[그림 또는 질감 채우기] 항목을 선택한 후, 질감에서 ▦▾ 단추를 클릭합니다.

　③ 〈질감〉 항목 중 '파피루스'를 선택합니다.

▶ **차트 영역 서식 지정(테두리 스타일 – 둥근 모서리) 및 그림자 지정**

　① 차트 영역에서 마우스 오른쪽 버튼을 눌러 [바로 가기] 메뉴 중 [차트 영역 서식]을 클릭합니다.

② [차트 영역 서식]-[채우기 및 선]-[테두리] 항목 중 '둥근 모서리'를 클릭합니다.

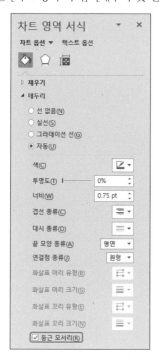

③ 이어서, [효과]-[그림자]-〈미리 설정〉 항목의 [□▾] 단추를 클릭합니다.
④ 〈바깥쪽〉 항목 중 '오프셋 아래쪽'을 선택합니다.

MEMO

컴퓨터활용능력 2급 실기
엑셀 2016

CHAPTER

07 출제예상 모의고사

제 01 회 출제예상 모의고사

프로그램명	제한시간
EXCEL 2016	40분

수험번호 :

성 명 :

◆ 2급 A형 ◆

유 의 사 항

- 인적 사항 누락 및 잘못 작성으로 인한 불이익은 수험자 책임으로 합니다.

- 화면에 암호 입력창이 나타나면 아래의 암호를 입력하여야 합니다.
  ○ 암호 : 6987*8

- 작성된 답안은 주어진 경로 및 파일명을 변경하지 마시고 그대로 저장해야 합니다. 이를 준수하지 않으면 실격처리 됩니다.

- 외부데이터 위치 : C:\OA\파일명

- 별도 지시사항이 없는 경우, 다음과 같이 처리 시 실격 처리됩니다.
  ○ 제시된 시트 및 개체의 순서나 이름을 임의로 변경한 경우
  ○ 제시된 시트 및 개체를 임의로 추가 또는 삭제한 경우

- 답안은 반드시 문제에서 지시 또는 요구한 셀에 입력하여야 하며 다음과 같이 처리 시 채점 대상에서 제외됩니다.
  ○ 수험자가 임의로 지시하지 않은 셀의 이동, 수정, 삭제, 변경 등으로 인해 셀의 위치 및 내용이 변경된 경우 해당 작업에 영향을 미치는 관련문제 모두 채점 대상에서 제외
  ○ 도형 및 차트의 개체가 중첩되어 있거나 동일한 계산결과 시트가 복수로 존재할 경우 해당 개체나 시트는 채점 대상에서 제외

- 수식 작성 시 제시된 문제 파일의 데이터는 변경 가능한(가변적) 데이터임을 감안하여 문제 풀이를 하시오.

- 별도의 지시사항이 없는 경우, 주어진 각 시트 및 개체의 설정값 또는 기본 설정값(Default)으로 처리하시오.

- 저장 시간은 별도로 주어지지 않으므로 제한된 시간 내에 저장을 완료해야 하며, 제한 시간 내에 저장이 되지 않은 경우에는 실격 처리됩니다.

- 출제된 문제의 용어는 Microsoft office 2016 기준으로 작성되어 있습니다.

대 한 상 공 회 의 소

문제 01 주어진 시트에서 다음 과정을 수행하고 저장하시오.

기본작업(20점)

1. '기본작업-1' 시트에 다음의 자료를 주어진 대로 입력하시오. (5점)

▲	A	B	C	D	E	F	G	H
1	지방세 환급금 지급 내역							
2								
3	분류번호	사업자번호	상호명	대표이사	주소	전화번호	환급금액	
4	MK-221	152-03-33669	대한상사	김대한	서구 가정동	032-558-7788	553,000	
5	MM-369	554-08-16994	나누리전자	이전자	남구 용현동	032-458-7758	486,750	
6	MB-331	435-09-12356	Muri House	박수로	중구 신포동	032-332-2256	550,450	
7	KR-241	668-91-55778	Korea Market	이영석	서구 가좌동	032-563-9966	2,850,950	
8	WA-457	115-06-99666	미래통신	윤준희	남구 도화동	032-668-3322	4,223,600	
9	JP-098	123-05-78789	대한전선	남상일	남구 숭의동	032-969-8585	785,000	
10	KR-445	225-06-45488	퍼시스샵	유형석	중구 신흥동	032-787-2323	1,369,555	
11								

2. '기본작업-2' 시트에 대하여 다음의 지시사항을 처리하시오. (각 2점)

① [A1:G1] 영역은 '병합하고 가운데 맞춤', 글꼴 '맑은 고딕', 글꼴 크기 '18', 글꼴 스타일 '굵게', 밑줄 '이중 실선'으로 지정하시오.
② [A3:G3], [A4:A12] 영역은 글꼴 스타일 '굵게', 채우기 색 '표준 색-노랑'으로 지정하시오.
③ [C4:E12], [G4:G12] 영역은 '회계 표시 형식(₩)'으로 지정하고, [F4:F12] 영역은 '백분율 스타일(%)'로 지정하시오.
④ [A4:A12] 영역의 이름을 '고객명'으로 정의하시오.
⑤ [A3:G12] 영역에 '모든 테두리(⊞)'를 적용한 후 '굵은 바깥쪽 테두리(⊡)'를 적용하여 표시하시오.

3. '기본작업-3' 시트에서 다음의 지시사항을 처리하시오. (5점)

– '핸드폰 사용 요금 내역' 표에서 기본요금이 '40,000' 이상이고, 사용금액이 '60,000' 이상인 데이터의 '고객명', '기본요금', '추가통화', '사용금액' 열만 고급 필터를 이용하여 표시하시오.
  ▶ 고급 필터 조건은 [A16:G18] 영역 내에 알맞게 입력하시오.
  ▶ 고급 필터 결과는 [A20] 셀부터 표시하시오.

문제 02 '계산작업' 시트에서 다음 과정을 수행하고 저장하시오.

계산작업(40점)

1. [표1]에서 사용시간[B3:B12]이 500 미만이고, 점검회수가 3 이하이면 '최우수', 사용시간이 1200 미만이고, 점검 회수가 10 이하이면 '우수', 그 외는 빈 칸으로 등급[D3:D12]에 표시하시오. (8점)

  ▶ IF, AND 함수 사용

2. [표2]에서 지점명[H3:H12]이 '중부'인 판매금액의 합계를 구하여 중부판매금액[K3] 셀에 표시하시오. (8점)

  ▶ 중부판매금액은 십의 자리에서 반올림하여 표시 [표시 예 : 53,375 → 54,400]
  ▶ ROUNDUP, ROUND, DSUM, TRUNC 함수 중 알맞은 함수를 선택하여 사용

3. [표3]에서 회원코드[A17:A23]의 맨 앞 첫 번째 문자와 [A26:C30] 영역의 표를 이용하여 각 회원의 회원분류[D17:D23]를 계산하시오. (8점)

  ▶ HLOOKUP, VLOOKUP, RIGHT, LEFT 함수 중 알맞은 함수를 선택하여 사용

4. [표4]에서 총점[J17:J30]에 대한 영문학과와 국문학과의 평균을 구하여 두 학과 간의 차를 구하여 평균차[K17] 셀에 표시하시오. (8점)

▶ 평균차[K17]는 항상 양수로 표시
▶ 조건은 [L19:L20] 영역에 입력하시오.
▶ ABS, DAVERAGE 함수 사용

5. [표5]에서 공사작업 휴일[G35:G38]을 참조하여 공사시작일[C35:C40]과 작업일[D35:D40]에 따른 공사완료일[E35:E40]을 구하시오. (8점)

▶ DATE, DAY, WORKDAY 함수 중 알맞은 함수를 선택하여 사용

문제 03 주어진 시트에서 다음 작업을 수행하고 저장하시오.   분석작업(20점)

1. '분석작업-1' 시트에 대하여 다음의 지시사항을 처리하시오. (10점)

– [부분합] 기능을 이용하여 'A구역 음료 판매 현황' 표에 〈그림〉과 같이 품목별로 '판매금액'의 최대값을 계산한 후, '수량'의 평균을 계산하시오.

▶ 정렬은 '품목'을 기준으로 오름차순으로 처리하시오.
▶ 최대값과 평균은 위에 명시된 순서대로 처리하시오.

	A	B	C	D	E	F	G
1	A구역 음료 판매 현황						
2							
3	날짜	품목	판매가	수량	판매금액	판매점	
4	2018-02-08	귤	8,700	123	1,070,100	강서	
5	2018-01-06	귤	8,700	564	4,906,800	강남	
6	2018-03-09	귤	8,700	732	6,368,400	강남	
7		귤 평균		473			
8		귤 최대값			6,368,400		
9	2018-01-08	두리안	34,000	765	26,010,000	강동	
10	2018-02-10	두리안	34,000	901	30,634,000	강동	
11	2018-03-11	두리안	34,000	1,024	34,816,000	강서	
12		두리안 평균		897			
13		두리안 최대값			34,816,000		
14	2018-01-03	망고	54,000	254	13,716,000	강남	
15	2018-02-05	망고	54,000	345	18,630,000	강서	
16	2018-03-06	망고	54,000	432	23,328,000	강북	
17		망고 평균		344			
18		망고 최대값			23,328,000		
19	2018-01-04	매실	36,000	278	10,008,000	강서	
20	2018-03-07	매실	36,000	543	19,548,000	강동	
21	2018-02-06	매실	36,000	789	28,404,000	강동	
22		매실 평균		537			
23		매실 최대값			28,404,000		
24	2018-02-07	오렌지	5,700	543	3,095,100	강남	
25	2018-01-05	오렌지	5,700	643	3,665,100	강북	
26	2018-03-08	오렌지	5,700	654	3,727,800	강서	
27		오렌지 평균		613			
28		오렌지 최대값			3,727,800		
29	2018-01-07	포도	54,000	345	18,630,000	강북	
30	2018-02-09	포도	54,000	789	42,606,000	강남	
31	2018-03-10	포도	54,000	815	44,010,000	강북	
32		포도 평균		650			
33		포도 최대값			44,010,000		
34		전체 평균		586			
35		전체 최대값			44,010,000		
36							

2. '분석작업-2' 시트에 대하여 다음의 지시사항을 처리하시오. (10점)

– '1학기 중간고사 성적 일람표'를 이용하여 반과 학과명은 '행', 'Σ 값'에 국사의 평균, 전산의 최소값, 국어의 최대값, 평균의 평균을 계산하는 피벗 테이블을 작성하시오.
  ▶ 피벗 테이블 보고서는 동일 시트의 [A27] 셀에서 시작하시오.
  ▶ '국사', '전산', '국어', '평균' 필드의 표시 형식으로 '숫자' 범주의 소수 자릿수를 '1'로 지정하시오.
  ▶ 피벗 테이블 스타일은 '피벗 스타일 보통 10'으로 설정하시오.

문제 04 주어진 시트에서 다음 작업을 수행하고 저장하시오. `기타작업(20점)`

1. '매크로 작업' 시트의 [표]에서 다음과 같은 기능을 수행하는 매크로를 현재 통합 문서에 작성하고 실행하시오. (각 5점)

① [C11] 셀에 임대금액의 영역에 합계를 계산하는 매크로를 생성하여 실행하시오.
  ▶ 매크로 이름 : 합계
  ▶ [개발 도구]-[삽입]-[양식 컨트롤]의 '단추'를 동일 시트의 [G3:H4] 영역에 생성하고, 텍스트를 '합계'로 입력한 후 단추를 클릭할 때 '합계' 매크로가 실행되도록 설정하시오.
② [C4:C11] 영역에 '쉼표 스타일(,)'을 적용하는 매크로를 생성하여 실행하시오.
  ▶ 매크로 이름 : 서식
  ▶ [도형]-[기본 도형]의 '빗면(▢)'을 동일 시트의 [G6:H7] 영역에 생성하고, 텍스트를 '서식'으로 입력한 후 도형을 클릭할 때 '서식' 매크로가 실행되도록 설정하시오.
  ※ 셀 포인터의 위치에 상관없이 현재 통합 문서에서 매크로가 실행되어야 정답으로 인정됨

2. '차트작업' 시트의 차트를 지시사항에 따라 아래 그림과 같이 수정하시오. (각 2점)

※ 차트는 반드시 문제에서 제공한 차트를 사용하여야 하며, 신규로 작성 시 0점 처리됨
① 차트 종류를 '묶은 가로 막대형'으로 변경하시오.
② 차트 제목은 '차트 위'로 지정한 후 〈그림〉과 같이 입력하시오.
③ 범례는 서식을 이용하여 위치를 '아래쪽'에 표시하고, 글꼴 '돋움', 글꼴 크기를 '9'로 지정하시오.
④ '비율' 계열의 '홈매트' 요소에만 데이터 레이블 '값'을 표시하고, 레이블의 위치를 '가운데'로 설정하시오.
⑤ 차트 영역의 테두리에는 '둥근 모서리'로 설정하시오.

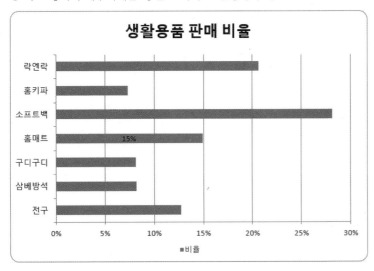

제 01 회 출제예상 모의고사 ∴정답∴

1. 기본작업-1

	A	B	C	D	E	F	G	H
1	지방세 환급금 지급 내역							
2								
3	분류번호	사업자번호	상호명	대표이사	주소	전화번호	환급금액	
4	MK-221	152-03-33669	대한상사	김대한	서구 가정동	032-558-7788	553,000	
5	MM-369	554-08-16994	나누리전자	이전자	남구 용현동	032-458-7758	486,750	
6	MB-331	435-09-12356	Muri House	박수로	중구 신포동	032-332-2256	550,450	
7	KR-241	668-91-55778	Korea Market	이영석	서구 가좌동	032-563-9966	2,850,950	
8	WA-457	115-06-99666	미래통신	윤준희	남구 도화동	032-668-3322	4,223,600	
9	JP-098	123-05-78789	대한전선	남상일	남구 숭의동	032-969-8585	785,000	
10	KR-445	225-06-45488	퍼시스샵	유형석	중구 신흥동	032-787-2323	1,369,555	
11								

2. 기본작업-2

	A	B	C	D	E	F	G	H
1			우정통신 요금 청구 내역					
2								
3	고객명	요금청구일	정보이용료	컨텐츠이용료	서비스료	할인율	사용요금	
4	김동수	2018-03-21	₩ 39,500	₩ 12,500	₩ 7,390	3%	₩ 63,845	
5	성진우	2018-04-23	₩ 5,600	₩ 4,300	₩ 7,680	5%	₩ 22,940	
6	정민철	2018-04-24	₩ 6,754	₩ 56,700	₩ 5,640	2%	₩ 74,599	
7	김동진	2018-05-02	₩ 21,300	₩ 67,500	₩ 34,520	7%	₩ 127,469	
8	이천수	2018-05-12	₩ 156,700	₩ 65,400	₩ 21,380	12%	₩ 230,316	
9	형민철	2018-05-17	₩ 32,000	₩ 7,580	₩ 77,680	8%	₩ 120,340	
10	전치국	2018-05-20	₩ 45,320	₩ 14,520	₩ 9,070	5%	₩ 72,284	
11	박태국	2018-05-21	₩ 235,000	₩ 45,300	₩ 5,674	15%	₩ 256,364	
12	천기우	2018-05-21	₩ 78,650	₩ 22,100	₩ 7,890	11%	₩ 105,629	
13								

3. 기본작업-3

	A	B	C	D	E	F	G	H
1			핸드폰 사용 요금 내역					
2								
3	고객명	주소	핸드폰번호	요금체제	기본요금	추가통화	사용금액	
4	연혜은	마포구	010-9711-0098	35요금	₩ 35,000	321	₩ 46,235	
5	태현우	영등포구	010-6783-9908	45요금	₩ 45,000	345	₩ 60,525	
6	황동철	성동구	010-4567-3245	65요금	₩ 65,000	524	₩ 99,060	
7	구대구	강동구	010-2345-0110	43요금	₩ 43,000	423	₩ 61,189	
8	명재민	영등포구	010-3452-7765	55요금	₩ 55,000	210	₩ 66,550	
9	연주남	은평구	010-2234-5678	35요금	₩ 35,000	157	₩ 40,495	
10	유대성	서대문구	010-2231-6657	45요금	₩ 45,000	132	₩ 50,940	
11	최미경	노원구	010-1234-5678	35요금	₩ 35,000	100	₩ 38,500	
12	김상욱	강동구	010-4567-8901	45요금	₩ 45,000	213	₩ 54,585	
13	임선호	마포구	010-9876-5432	43요금	₩ 43,000	195	₩ 51,385	
14								
15								
16	기본요금	사용금액						
17	>=40000	>=60000						
18								
19								
20	고객명	기본요금	추가통화	사용금액				
21	태현우	₩ 45,000	345	₩ 60,525				
22	황동철	₩ 65,000	524	₩ 99,060				
23	구대구	₩ 43,000	423	₩ 61,189				
24	명재민	₩ 55,000	210	₩ 66,550				
25								

4. 계산작업

	A	B	C	D	E	F	G	H	I	J	K	L	M
1	[표1]						[표2]						
2	모델명	사용시간	점검회수	등급			사원명	지점명	판매수량	판매금액	중부판매금액		
3	TDP-S90	1,020	6	우수			나유미	중부	35	15,960		62,500	
4	DLP-234	5,450	3				김호정	남부	24	10,944			
5	TDPT901	12,350	17				강호동	북부	35	15,960			
6	EP-R81	9,786	10				김기탁	남부	26	11,856			
7	SIN-P90	4,532	18				남영주	중부	54	24,624			
8	DFD-G61	16,543	45				성우철	중부	34	15,504			
9	TDP-S95	1,234	2				도지원	남부	44	20,064			
10	DP-W23	59	0	최우수			임수인	북부	43	19,608			
11	BAP-E45	1,090	5	우수			태현실	남부	23	10,488			
12	GT-U987	23,480	25				정도야	중부	14	6,384			
13													
14													
15	[표3]						[표4]						
16	회원코드	성명	계약금액	회원분류			학번	성명	학과	총점	평균차		
17	U-001	연지우	25,000,000	특별회원			99-32456	이영인	국문	198	8.428571429		
18	Q-002	원상현	3,650,000	비회원			99-32457	수정민	영문	324			
19	S-003	김우철	12,350,000	우수회원			99-32458	안동수	불문	234		학과	
20	T-004	성시연	18,600,000	골드회원			00-10235	강의수	영문	345		영문	
21	Q-005	장대우	3,650,000	비회원			00-20236	지원철	영문	178			
22	U-006	방상태	25,000,000	특별회원			00-30237	성남순	불문	443			
23	R-007	조자룡	8,750,000	정회원			00-10238	김미혜	국문	234			
24							02-32459	아동수	영문	339			
25	코드	이용회수	회원분류				02-45678	구재환	국문	398			
26	Q	10미만	비회원				03-67543	도병철	영문	345			
27	R	11~20	정회원				03-56784	박진수	불문	448			
28	S	21~30	우수회원				04-45678	한도영	영문	259			
29	T	31~40	골드회원				04-45679	진태수	국문	442			
30	U	41~50	특별회원				97-45219	마종찬	영문	377			
31													
32													
33	[표5]												
34	구분	내용	공사시작일	작업일	공사완료일		[공사작업 휴일]						
35	연암빌딩	인테리어공사	2021-05-07	35	2021-06-28		2021-05-05	어린이날					
36	한성학원	칸막이공사	2021-05-10	15	2021-06-01		2021-05-09	출장					
37	진성실업	바닥공사	2021-05-03	10	2021-05-18		2021-05-19	석가탄신일					
38	꽃잎유치원	식당공사	2021-05-04	20	2021-06-03		2021-06-06	현충일					
39	동일여대	어학실천정	2021-05-06	13	2021-05-26								
40	조은은행	에어컨공사	2021-05-17	15	2021-06-08								
41													

5. 분석작업-1

	A	B	C	D	E	F	G
1	A구역 음료 판매 현황						
2							
3	날짜	품목	판매가	수량	판매금액	판매점	
4	2018-02-08	귤	8,700	123	1,070,100	강서	
5	2018-01-06	귤	8,700	564	4,906,800	강남	
6	2018-03-09	귤	8,700	732	6,368,400	강남	
7		귤 평균		473			
8		귤 최대값			6,368,400		
9	2018-01-08	두리안	34,000	765	26,010,000	강동	
10	2018-02-10	두리안	34,000	901	30,634,000	강동	
11	2018-03-11	두리안	34,000	1,024	34,816,000	강서	
12		두리안 평균		897			
13		두리안 최대값			34,816,000		
14	2018-01-03	망고	54,000	254	13,716,000	강남	
15	2018-02-05	망고	54,000	345	18,630,000	강서	
16	2018-03-06	망고	54,000	432	23,328,000	강북	
17		망고 평균		344			
18		망고 최대값			23,328,000		
19	2018-01-04	매실	36,000	278	10,008,000	강서	
20	2018-03-07	매실	36,000	543	19,548,000	강동	
21	2018-02-06	매실	36,000	789	28,404,000	강동	
22		매실 평균		537			
23		매실 최대값			28,404,000		
24	2018-02-07	오렌지	5,700	543	3,095,100	강남	
25	2018-01-05	오렌지	5,700	643	3,665,100	강북	
26	2018-03-08	오렌지	5,700	654	3,727,800	강서	
27		오렌지 평균		613			
28		오렌지 최대값			3,727,800		
29	2018-01-07	포도	54,000	345	18,630,000	강북	
30	2018-02-09	포도	54,000	789	42,606,000	강남	
31	2018-03-10	포도	54,000	815	44,010,000	강북	
32		포도 평균		650			
33		포도 최대값			44,010,000		
34		전체 평균		586			
35		전체 최대값			44,010,000		
36							

6. 분석작업-2

	A	B	C	D	E	F	G	H	I	J	K
1				1학기 중간고사 성적 일람표							
2											
3	번호	학과명	반	성명	성별	국사	전산	국어	총점	평균	
4	1001	산업디자인	1	원태철	남	36	90	86	212	70.7	
5	1002	그래픽	1	이민순	여	64	90	90	244	81.3	
6	1003	정보처리	2	반정환	남	32	90	100	222	74.0	
7	1004	산업디자인	2	임진태	남	52	90	100	242	80.7	
8	1005	산업디자인	2	이나영	여	64	90	80	234	78.0	
9	1006	그래픽	2	권민서	남	52	80	80	212	70.7	
10	1007	정보처리	1	이진영	여	48	80	89	217	72.3	
11	1008	그래픽	2	성우철	남	72	100	77	249	83.0	
12	1009	산업디자인	1	탁수국	남	52	70	90	212	70.7	
13	1010	정보처리	2	강두태	남	52	66	100	218	72.7	
14	1011	산업디자인	1	정민정	여	60	90	100	250	83.3	
15	1012	산업디자인	2	유대현	여	100	67	80	247	82.3	
16	1013	그래픽	2	안정환	남	44	90	90	224	74.7	
17	1014	정보처리	1	하나영	여	68	100	100	268	89.3	
18	1015	그래픽	1	기성철	남	64	90	98	252	84.0	
19	1016	정보처리	1	염대협	남	56	80	90	226	75.3	
20	1017	정보처리	2	송나미	여	68	100	100	268	89.3	
21	1018	산업디자인	2	변정환	남	48	100	100	248	82.7	
22	1019	그래픽	2	가의순	여	45	90	80	215	71.7	
23	1020	산업디자인	1	최명순	여	52	80	80	212	70.7	
24	1021	산업디자인	2	오태희	여	68	100	100	268	89.3	
25											
26											
27	행 레이블 ▼	평균 : 국사	최소값 : 전산	최대값 : 국어	평균 : 평균						
28	⊟1	55.6	70.0	100.0	77.5						
29	그래픽	64.0	90.0	98.0	82.7						
30	산업디자인	50.0	70.0	100.0	73.8						
31	정보처리	57.3	80.0	100.0	79.0						
32	⊟2	58.1	66.0	100.0	79.1						
33	그래픽	53.3	80.0	90.0	75.0						
34	산업디자인	66.4	67.0	100.0	82.6						
35	정보처리	50.7	66.0	100.0	78.7						
36	총합계	57.0	66.0	100.0	78.4						
37											

7. 매크로 작업

	A	B	C	D	E	F	G	H	I
1	[표] 대한 빌딩 임대 내역								
2									
3	호수	평수	임대금액	시작일	종료일				
4	201호	13	3,250,000	2016-06-03	2018-06-02		합계		
5	120호	34	8,500,000	2017-11-09	2019-11-08				
6	405호	17	4,250,000	2016-08-29	2018-08-28				
7	307호	15	3,750,000	2017-09-14	2019-09-13		서식		
8	406호	17	4,250,000	2016-10-16	2018-10-15				
9	302호	15	3,750,000	2016-08-27	2018-08-26				
10	507호	20	5,000,000	2016-06-15	2018-06-14				
11	합계		32,750,000						
12									

8. 차트 작업

	A	B	C	D	E	F	G	H
1			생활용품 판매현황					
2								
3	품명코드	제품명	수량	단가	판매금액	이익금액	비율	
4	RW-101	전구	450	7,400	3,330,000	499,500	13%	
5	KY-23	삼베방석	342	4,500	1,539,000	323,190	8%	
6	NA-11	구디구디	234	5,700	1,333,800	320,112	8%	
7	ML-222	홈매트	345	6,300	2,173,500	586,845	15%	
8	INC-111	소프트백	234	17,500	4,095,000	1,105,650	28%	
9	CR-101	홈키파	348	5,900	2,053,200	287,448	7%	
10	INB-201	락엔락	453	7,800	3,533,400	812,682	21%	
11	합계				18,057,900	3,935,427		

생활용품 판매 비율

제 01 회 출제예상 모의고사 ∴ 해설 ∴

기본작업(20점)

1. 기본작업-2

	A	B	C	D	E	F	G	H
1			우정통신 요금 청구 내역					
2								
3	고객명	요금청구일	정보이용료	컨텐츠이용료	서비스료	할인율	사용요금	
4	김동수	2018-03-21	₩ 39,500	₩ 12,500	₩ 7,390	3%	₩ 63,845	
5	성진우	2018-04-23	₩ 5,600	₩ 4,300	₩ 7,680	5%	₩ 22,940	
6	정민철	2018-04-24	₩ 6,754	₩ 56,700	₩ 5,640	2%	₩ 74,599	
7	김동진	2018-05-02	₩ 21,300	₩ 67,500	₩ 34,520	7%	₩ 127,469	
8	이천수	2018-05-12	₩ 156,700	₩ 65,400	₩ 21,380	12%	₩ 230,316	
9	형민철	2018-05-17	₩ 32,000	₩ 7,580	₩ 77,680	8%	₩ 120,340	
10	전치국	2018-05-20	₩ 45,320	₩ 14,520	₩ 9,070	5%	₩ 72,284	
11	박태국	2018-05-21	₩ 235,000	₩ 45,300	₩ 5,674	15%	₩ 256,364	
12	천기우	2018-05-21	₩ 78,650	₩ 22,100	₩ 7,890	11%	₩ 105,629	
13								

작업 과정

구분	작업 내용
①	• [A1:G1] 영역을 드래그한 후, [홈] 탭-[맞춤] 그룹에서 [병합하고 가운데 맞춤 ▾] 아이콘을 클릭합니다. • 이어서, [홈] 탭-[글꼴] 그룹에서 글꼴에 '맑은 고딕', 글꼴 크기 '18', [가](굵게)를 지정한 후, [가 ▾](밑줄) 아이콘의 [▾](목록 단추)를 눌러 '이중 밑줄'을 선택합니다.
②	• [A3:G3] 영역을 드래그한 후, Ctrl 키를 누른 상태에서 [A4:A12] 영역도 드래그 합니다. • [홈] 탭-[글꼴] 그룹에서 [가](굵게) 아이콘을 클릭합니다. • 이어서, [🎨 ▾](채우기 색) 아이콘의 [▾](목록 단추)를 눌러 <표준 색> 항목 중 '노랑'을 선택합니다.
③	• [C4:E12] 영역을 드래그한 후, Ctrl 키를 누른 상태에서 [G4:G12] 영역도 드래그 합니다. • [홈] 탭-[표시 형식] 그룹에서 [💲](회계 표시 형식) 아이콘을 클릭합니다. • [F4:F12] 영역을 드래그한 후, [홈] 탭-[표시 형식] 그룹에서 [%](백분율 스타일) 아이콘을 클릭합니다.
④	• [A4:A12] 영역을 드래그하여 범위를 지정합니다. • 이름 상자에 '고객명'을 입력하고 Enter 키를 누릅니다.
⑤	• [A3:G12] 영역을 드래그 합니다. • [홈] 탭-[글꼴] 그룹에서 [⊞ ▾](아래쪽 테두리) 아이콘의 [▾](목록 단추)를 눌러 ⊞(모든 테두리) 아이콘을 클릭합니다. • 이어서, [▾](목록 단추)를 한 번 더 클릭한 후, ▣(굵은 바깥쪽 테두리) 아이콘을 클릭합니다.

2. 기본작업-3

	A	B	C	D	E
15					
16	기본요금	사용금액			
17	>=40000	>=60000			
18					
19					
20	고객명	기본요금	추가통화	사용금액	
21	태현우	₩ 45,000	345	₩ 60,525	
22	황동철	₩ 65,000	524	₩ 99,060	
23	구대구	₩ 43,000	423	₩ 61,189	
24	명재민	₩ 55,000	210	₩ 66,550	
25					

작업 과정

① 고급 필터의 조건식에 사용할 필드 이름을 복사하기 위하여 [E3] 셀을 클릭한 후, **Ctrl** 키를 누른 상태에서 [G3] 셀도 클릭합니다.

② **Ctrl**+**C** 키를 눌러 [복사]한 후, [A16] 셀에서 **Ctrl**+**V** 키를 눌러 [붙여넣기] 합니다.

③ [A17] 셀과 [B17] 셀에 다음과 같이 조건을 입력합니다.

	A	B
14		
15		
16	기본요금	사용금액
17	>=40000	>=60000
18		

④ [A3] 셀을 클릭한 후, **Ctrl** 키를 누른 상태에서 [E3:G3] 영역을 드래그 합니다.

⑤ **Ctrl**+**C** 키를 눌러 [복사]한 후, [A20] 셀에서 **Ctrl**+**V** 키를 눌러 [붙여넣기] 합니다.

	A	B	C	D	E	F	G	H
1			핸드폰 사용 요금 내역					
2								
3	고객명	주소	핸드폰번호	요금체제	기본요금	추가통화	사용금액	
4	연혜은	마포구	010-9711-0098	35요금	₩ 35,000	321	₩ 46,235	
5	태현우	영등포구	010-6783-9908	45요금	₩ 45,000	345	₩ 60,525	
6	황동철	성동구	010-4567-3245	65요금	₩ 65,000	524	₩ 99,060	
7	구대구	강동구	010-2345-0110	43요금	₩ 43,000	423	₩ 61,189	
8	명재민	영등포구	010-3452-7765	55요금	₩ 55,000	210	₩ 66,550	
9	연주남	은평구	010-2234-5678	35요금	₩ 35,000	157	₩ 40,495	
10	유대성	서대문구	010-2231-6657	45요금	₩ 45,000	132	₩ 50,940	
11	최미경	노원구	010-1234-5678	35요금	₩ 35,000	100	₩ 38,500	
12	김상욱	강동구	010-4567-8901	45요금	₩ 45,000	213	₩ 54,585	
13	임선호	마포구	010-9876-5432	43요금	₩ 43,000	195	₩ 51,385	
14								
15								
16	기본요금	사용금액						
17	>=40000	>=60000						
18								
19								
20	고객명	기본요금	추가통화	사용금액				
21								
22					(Ctrl) ▾			

⑥ **Esc** 키를 눌러 선택된 범위를 모두 취소한 후, [A3] 셀을 클릭하고 [데이터] 탭-[정렬 및 필터] 그룹에서 ▼고급 아이콘을 클릭합니다.

⑦ [고급 필터] 대화상자가 표시되면 다음과 같이 범위를 지정하고 〈확인〉 단추를 클릭합니다.

핸드폰 사용 요금 내역

	고객명	주소	핸드폰번호	요금체제	기본요금	추가통화	사용금액
4	연혜은	마포구	010-9711-0098	35요			₩ 46,235
5	태현우	영등포구	010-6783-9908	45요			₩ 60,525
6	황동철	성동구	010-4567-3245	65요			₩ 99,060
7	구대구	강동구	010-2345-0110	43요			₩ 61,189
8	명재민	영등포구	010-3452-7765	55요			₩ 66,550
9	연주남	은평구	010-2234-5678	35요			₩ 40,495
10	유대성	서대문구	010-2231-6657	45요			₩ 50,940
11	최미경	노원구	010-1234-5678	35요			₩ 38,500
12	김상욱	강동구	010-4567-8901	45요			₩ 54,585
13	임선호	마포구	010-9876-5432	43요			₩ 51,385

고급 필터 대화상자:
결과
○ 현재 위치에 필터(F)
● 다른 장소에 복사(O)
목록 범위(L): $A$3:$G$13
조건 범위(C): $A$16:$B$17
복사 위치(T): $A$20:$D$20
☐ 동일한 레코드는 하나만(R)
확인 / 취소

	기본요금	사용금액
17	>=40000	>=60000

	고객명	기본요금	추가통화	사용금액
20				

문제 02 계산작업(40점)

[표1]

모델명	사용시간	점검회수	등급
TDP-S90	1,020	6	우수
DLP-234	5,450	3	
TDPT901	12,350	17	
EP-R81	9,786	10	
SIN-P90	4,532	18	
DFD-G61	16,543	45	
TDP-S95	1,234	2	
DP-W23	59	0	최우수
BAP-E45	1,090	5	우수
GT-U987	23,480	25	

[표2]

사원명	지점명	판매수량	판매금액	중부판매금액
나유미	중부	35	15,960	62,500
김호정	남부	24	10,944	
강호동	북부	35	15,960	
김기탁	남부	26	11,856	
남영주	중부	54	24,624	
성우철	중부	34	15,504	
도지원	남부	44	20,064	
임수인	북부	43	19,608	
태현실	남부	23	10,488	
정도야	중부	14	6,384	

[표3]

회원코드	성명	계약금액	회원분류
U-001	연지우	25,000,000	특별회원
Q-002	원상현	3,650,000	비회원
S-003	김우철	12,350,000	우수회원
T-004	성시연	18,600,000	골드회원
Q-005	장대우	3,650,000	비회원
U-006	방상태	25,000,000	특별회원
R-007	조자룡	8,750,000	정회원

코드	이용회수	회원분류
Q	10미만	비회원
R	11~20	정회원
S	21~30	우수회원
T	31~40	골드회원
U	41~50	특별회원

[표4]

학번	성명	학과	총점	평균차
99-32456	이영인	국문	198	8.428571429
99-32457	수정민	영문	324	
99-32458	안동수	불문	234	
00-10235	강의수	영문	345	학과
00-20236	지원철	영문	178	영문
00-30237	성남순	불문	443	
00-10238	김미혜	국문	234	
02-32459	아동수	영문	339	
02-45678	구재환	국문	398	
03-67543	도병철	영문	345	
03-56784	박진수	불문	448	
04-45678	한도영	영문	259	
04-45679	진태수	국문	442	
97-45219	마종찬	영문	377	

[표5]

구분	내용	공사시작일	작업일	공사완료일
연암빌딩	인테리어공사	2021-05-07	35	2021-06-28
한성학원	칸막이공사	2021-05-10	15	2021-06-01
진성실업	바닥공사	2021-05-03	10	2021-05-18
꽃잎유치원	식당공사	2021-05-04	20	2021-06-03
동일여대	어학실천정	2021-05-06	13	2021-05-26
조은은행	에어컨공사	2021-05-17	15	2021-06-08

[공사작업 휴일]

2021-05-05	어린이날
2021-05-09	출장
2021-05-19	석가탄신일
2021-06-06	현충일

▶ 함수식

[표1] 등급[D3:D12]	[D3] 셀에 '=IF(AND(B3<500,C3<=3),"최우수",IF(AND(B3<1200,C3<=10),"우수",""))'을 입력한 후, 채우기 핸들을 [D12] 셀까지 드래그 합니다.
[표2] 중부판매금액[K3]	[K3] 셀에 '=ROUND(DSUM(G2:J12,4,H2:H3),-2)'를 입력합니다.
[표3] 회원분류[D17:D23]	[D17] 셀에 '=VLOOKUP(LEFT(A17,1),$A$26:$C$30,3,0)'을 입력한 후, 채우기 핸들을 [D23] 셀까지 드래그 합니다.
[표4] 평균차[K17]	[K17] 셀에 '=ABS(DAVERAGE(G16:J30,4,I16:I17)-DAVERAGE(G16:J30,4,L19:L20))'을 입력합니다.
[표5] 공사완료일[E35:E40]	[E35] 셀에 '=WORKDAY(C35,D35,$G$35:$G$38)'을 입력한 후, 채우기 핸들을 [E40] 셀까지 드래그 합니다.

문제 03 분석작업(20점)

1. 분석작업-1

	A	B	C	D	E	F	G
1		A구역 음료 판매 현황					
2							
3	날짜	품목	판매가	수량	판매금액	판매점	
4	2018-02-08	귤	8,700	123	1,070,100	강서	
5	2018-01-06	귤	8,700	564	4,906,800	강남	
6	2018-03-09	귤	8,700	732	6,368,400	강남	
7	귤 평균			473			
8	귤 최대값				6,368,400		
9	2018-01-08	두리안	34,000	765	26,010,000	강동	
10	2018-02-10	두리안	34,000	901	30,634,000	강동	
11	2018-03-11	두리안	34,000	1,024	34,816,000	강서	
12	두리안 평균			897			
13	두리안 최대값				34,816,000		
14	2018-01-03	망고	54,000	254	13,716,000	강남	
15	2018-02-05	망고	54,000	345	18,630,000	강서	
16	2018-03-06	망고	54,000	432	23,328,000	강북	
17	망고 평균			344			
18	망고 최대값				23,328,000		
19	2018-01-04	매실	36,000	278	10,008,000	강서	
20	2018-03-07	매실	36,000	543	19,548,000	강동	
21	2018-02-06	매실	36,000	789	28,404,000	강동	
22	매실 평균			537			
23	매실 최대값				28,404,000		
24	2018-02-07	오렌지	5,700	543	3,095,100	강남	
25	2018-01-05	오렌지	5,700	643	3,665,100	강북	
26	2018-03-08	오렌지	5,700	654	3,727,800	강서	
27	오렌지 평균			613			
28	오렌지 최대값				3,727,800		
29	2018-01-07	포도	54,000	345	18,630,000	강북	
30	2018-02-09	포도	54,000	789	42,606,000	강남	
31	2018-03-10	포도	54,000	815	44,010,000	강북	
32	포도 평균			650			
33	포도 최대값				44,010,000		
34	전체 평균			586			
35	전체 최대값				44,010,000		
36							

작업 과정

① [B3] 셀을 클릭한 후 [데이터] 탭–[정렬 및 필터] 그룹에서 ▨(텍스트 오름차순 정렬) 아이콘을 클릭합니다.
② [데이터] 탭–[윤곽선] 그룹에서 [부분합]을 클릭합니다.
③ [부분합] 대화상자가 표시되면 그룹화할 항목에 '품목', 사용할 함수에 '최대값', 부분합 계산 항목에 '판매금액'을 선택한 후 〈확인〉 단추를 클릭합니다.

④ 2차 부분합을 생성하기 위하여 다시 [데이터] 탭–[윤곽선] 그룹에서 [부분합]을 클릭합니다.
⑤ [부분합] 대화상자에서 그룹화할 항목에 '품목', 사용할 함수에 '평균', 부분합 계산 항목에 '수량'을 선택합니다.
  (이때, 부분합 계산 항목에서 '판매금액'의 체크표시(✓)는 해제합니다.)
⑥ 이어서, '새로운 값으로 대치' 항목을 클릭하여 체크 표시(✓)를 해제한 다음 〈확인〉 단추를 클릭합니다.

2. 분석작업–2

⊿	A	B	C	D	E	F
26						
27	행 레이블 ▼	평균 : 국사	최소값 : 전산	최대값 : 국어	평균 : 평균	
28	⊟1	55.6	70.0	100.0	77.5	
29	그래픽	64.0	90.0	98.0	82.7	
30	산업디자인	50.0	70.0	100.0	73.8	
31	정보처리	57.3	80.0	100.0	79.0	
32	⊟2	58.1	66.0	100.0	79.1	
33	그래픽	53.3	80.0	90.0	75.0	
34	산업디자인	66.4	67.0	100.0	82.6	
35	정보처리	50.7	66.0	100.0	78.7	
36	총합계	57.0	66.0	100.0	78.4	
37						

① [A3] 셀을 클릭한 후, [삽입] 탭-[표] 그룹에서 [피벗 테이블]을 클릭합니다.
② [피벗 테이블 만들기] 대화상자가 표시되면 표/범위('분석작업-2'!$A$3:$J$24)를 확인한 후, 피벗 테이블 보고서를 넣을 위치에서 '기존 워크시트'를 선택합니다.
③ 이어서, '위치 : ' 항목 오른쪽 상자를 클릭한 후, [A27] 셀을 클릭하고 〈확인〉 단추를 클릭합니다.

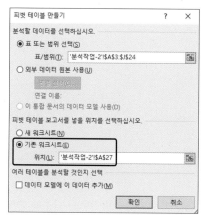

④ 워크시트 오른쪽의 [피벗 테이블 필드 목록]에서 〈보고서에 추가할 필드 선택:〉의 '반'에 마우스 포인터를 위치시킨 후, '행' 영역으로 드래그하여 이동시켜 줍니다.
⑤ 이어서, 〈보고서에 추가할 필드 선택:〉의 '학과명'에 마우스 포인터를 위치시킨 후, '행' 영역의 [반   ▼] 아래쪽으로 드래그하여 이동시켜 줍니다.

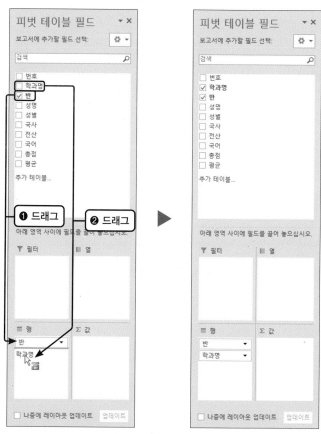

⑥ 나머지 '국사', '전산', '국어', '평균' 항목도 'Σ 값' 영역으로 각각 드래그하여 이동시켜 줍니다.

⑦ 'Σ 값'에서 국사의 '평균', 전산의 '최소값', 국어의 '최대값', 평균의 '평균'을 구하기 위하여 다음과 같이 작업해 줍니다.

- 합계 : 국사 ▼ 단추 클릭 ▶ [값 필드 설정] ▶ [값 요약 기준] 탭에서 '평균' 선택 ▶ 평균 : 국사 ▼
- 합계 : 전산 ▼ 단추 클릭 ▶ [값 필드 설정] ▶ [값 요약 기준] 탭에서 '최소값' 선택 ▶ 최소값 : 전산 ▼
- 합계 : 국어 ▼ 단추 클릭 ▶ [값 필드 설정] ▶ [값 요약 기준] 탭에서 '최대값' 선택 ▶ 최대값 : 국어 ▼
- 합계 : 평균 ▼ 단추 클릭 ▶ [값 필드 설정] ▶ [값 요약 기준] 탭에서 '평균' 선택 ▶ 평균 : 평균 ▼

⑧ [B28:E36] 영역을 드래그한 후, **Ctrl** + **1** 키를 누릅니다.

	A	B	C	D	E	F
26						
27	행 레이블 ▼	평균 : 국사	최소값 : 전산	최대값 : 국어	평균 : 평균	
28	⊟ 1	55.55555556	70	100	77.51851852	
29	그래픽	64	90	98	82.66666667	
30	산업디자인	50	70	100	73.83333333	
31	정보처리	57.33333333	80	100	79	
32	⊟ 2	58.08333333	66	100	79.08333333	
33	그래픽	53.25	80	90	75	
34	산업디자인	66.4	67	100	82.6	
35	정보처리	50.66666667	66	100	78.66666667	
36	총합계	57	66	100	78.41269841	
37						

⑨ [셀 서식] 대화상자의 [표시 형식] 탭에서 〈범주〉 항목에 '숫자', 소수 자릿수는 '1'을 지정하고 〈확인〉 단추를 클릭합니다.

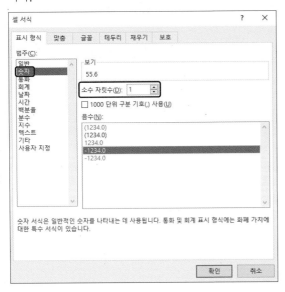

⑩ [피벗 테이블 도구]–[디자인] 탭의 [피벗 테이블 스타일] 그룹에서 ▽(자세히) 단추를 클릭합니다.

⑪ 이어서, 〈보통〉 항목 중 '피벗 스타일 보통 10'을 클릭하여 선택합니다.

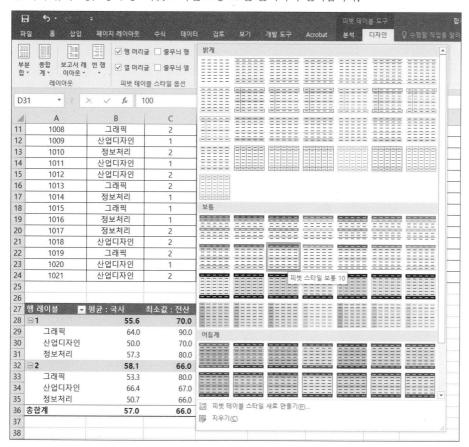

	A	B	C
11	1008	그래픽	2
12	1009	산업디자인	1
13	1010	정보처리	2
14	1011	산업디자인	1
15	1012	산업디자인	2
16	1013	그래픽	2
17	1014	정보처리	1
18	1015	그래픽	1
19	1016	정보처리	1
20	1017	정보처리	2
21	1018	산업디자인	2
22	1019	그래픽	2
23	1020	산업디자인	1
24	1021	산업디자인	2
25			
26			
27	행 레이블 ▼	평균 : 국사	최소값 : 전산
28	⊟1	55.6	70.0
29	그래픽	64.0	90.0
30	산업디자인	50.0	70.0
31	정보처리	57.3	80.0
32	⊟2	58.1	66.0
33	그래픽	53.3	80.0
34	산업디자인	66.4	67.0
35	정보처리	50.7	66.0
36	총합계	57.0	66.0
37			
38			

문제 **04** 기타작업(20점)

1. 매크로 작업

	A	B	C	D	E	F	G	H
1	**[표] 대한 빌딩 임대 내역**							
2								
3	호수	평수	임대금액	시작일	종료일		합계	
4	201호	13	3,250,000	2016-06-03	2018-06-02			
5	120호	34	8,500,000	2017-11-09	2019-11-08			
6	405호	17	4,250,000	2016-08-29	2018-08-28		서식	
7	307호	15	3,750,000	2017-09-14	2019-09-13			
8	406호	17	4,250,000	2016-10-16	2018-10-15			
9	302호	15	3,750,000	2016-08-27	2018-08-26			
10	507호	20	5,000,000	2016-06-15	2018-06-14			
11	합계		32,750,000					
12								

작업 과정

▶ '합계' 단추 생성과 매크로 작업

① [개발 도구] 탭-[컨트롤] 그룹에서 [삽입] 아이콘을 클릭한 후, ▢(단추(양식 컨트롤))을 선택합니다.

② **Alt** 키를 누른 상태에서 [G3:H4] 영역에 맞게 드래그한 후, [매크로 지정] 대화상자가 표시되면 매크로 위치에 '현재 통합 문서', 매크로 이름에 '합계'를 입력하고 〈기록〉 단추를 클릭합니다.

③ [매크로 기록] 대화상자가 표시되면 〈확인〉 단추를 클릭합니다.

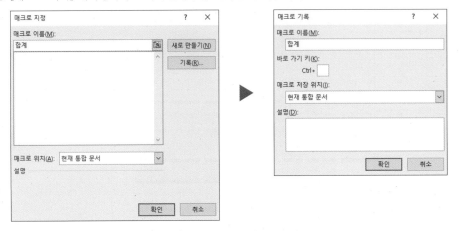

④ [C11] 셀을 클릭한 후, '=SUM('를 입력하고 [C4:C10] 영역을 드래그 합니다.

⑤ '=SUM(C4:C10'이 지정되었으면 ')'를 입력한 후, **Enter** 키를 눌러줍니다.

⑥ 워크시트 하단의 상태 표시줄에서 ■(기록 중지) 아이콘을 클릭하여 매크로 지정을 완료합니다.
　(또는, [개발 도구] 탭-[코드] 그룹에서 ■(기록 중지) 아이콘을 클릭)

⑦ 단추 위에서 마우스 오른쪽 버튼을 눌러 [바로 가기] 메뉴 중 [텍스트 편집]을 클릭합니다.

▲	A	B	C	D	E	F	G	H	I	J
1	**[표] 대한 빌딩 임대 내역**									
2										
3	호수	평수	임대금액	시작일	종료일		단추 1			
4	201호	13	3250000	2016-06-03	2018-06-02					
5	120호	34	8500000	2017-11-09	2019-11-08				잘라내기(T)	
6	405호	17	4250000	2016-08-29	2018-08-28				복사(C)	
7	307호	15	3750000	2017-09-14	2019-09-13				붙여넣기(P)	
8	406호	17	4250000	2016-10-16	2018-10-15				텍스트 편집(X)	
9	302호	15	3750000	2016-08-27	2018-08-26				그룹화(G) ▶	
10	507호	20	5000000	2016-06-15	2018-06-14				순서(R) ▶	
11	합계		32750000						매크로 지정(N)...	
12									컨트롤 서식(F)...	
13										
14										

⑧ '단추 1'을 삭제하고 '합계'를 입력한 후 임의의 셀을 클릭합니다.

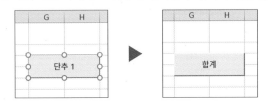

▶ '빗면' 도형 삽입 및 텍스트 입력

① [삽입] 탭-[일러스트레이션] 그룹에서 [도형]을 클릭한 후, 〈기본 도형〉에서 ▱(빗면)을 선택합니다.
② Alt 키를 누른 상태에서 [G6:H7] 영역에 맞게 드래그하여 도형을 그려줍니다.

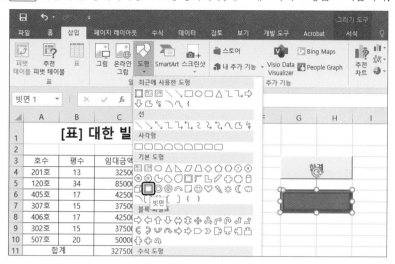

③ 도형에 '서식'을 입력한 후, [홈] 탭-[맞춤] 그룹에서 세로 방향 ≡(가운데 맞춤), 가로 방향 ≡(가운데 맞춤) 아이콘을 클릭한 다음 임의의 셀을 클릭합니다.

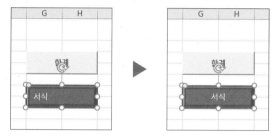

▶ '서식' 매크로 작성

① [G6:H7] 영역의 '빗면' 도형 위에 마우스 포인터를 위치시킵니다.
② 마우스 포인터의 모양이 ⊕로 변경되면 마우스 오른쪽 버튼을 눌러 [바로 가기] 메뉴 중 [매크로 지정]을 선택합니다.
③ [매크로 지정] 대화상자에서 매크로 위치에 '현재 통합 문서', 매크로 이름에 '서식'을 입력한 후 〈기록〉 단추를 클릭하고, [매크로 기록] 대화상자에서 〈확인〉 단추를 클릭합니다.

④ [C4:C11] 영역을 드래그한 후, [홈] 탭-[표시 형식] 그룹에서 , (쉼표 스타일) 아이콘을 클릭합니다.

⑤ 임의의 셀을 클릭하여 영역 지정을 해제한 후, 워크시트 하단의 상태 표시줄에서 ■(기록 중지) 아이콘을 클릭하여 매크로로 지정을 완료합니다.

(또는, [개발 도구] 탭-[코드] 그룹에서 ■(기록 중지) 아이콘을 클릭)

2. 차트 작업

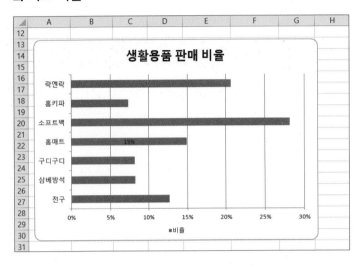

작업 과정

▶ 차트 종류 변경

① 차트 영역에서 마우스 오른쪽 버튼을 누른 후, [바로 가기] 메뉴 중 [차트 종류 변경]을 클릭합니다.

② [차트 종류 변경] 대화상자가 표시되면 [가로 막대형]-[묶은 가로 막대형]을 클릭한 후 〈확인〉 단추를 클릭합니다.

▶ 차트 제목 입력

① 차트 영역을 클릭한 후, [차트 도구]–[디자인] 탭의 [차트 레이아웃] 그룹에서 [차트 요소 추가]–[차트 제목]–[차트 위]을 클릭합니다.
② 차트 제목으로 표시된 내용을 삭제한 후, '생활용품 판매 비율'을 입력하고 차트 제목 테두리를 클릭합니다.

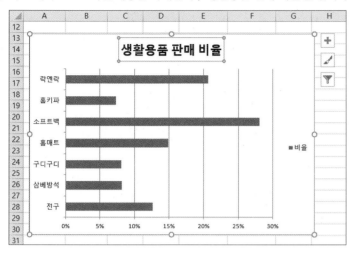

▶ 범례 위치 및 서식 지정

① 범례를 선택한 후, [차트 도구]–[디자인] 탭의 [차트 레이아웃] 그룹에서 [차트 요소 추가]–[범례]–[아래쪽]을 클릭합니다.
② 이어서, [홈] 탭–[글꼴] 그룹에서 글꼴에 '돋움', 글꼴 크기를 '9'로 지정합니다.

▶ 데이터 레이블 추가

① 홈매트의 '비율' 계열을 클릭한 후, 다시 한 번 클릭합니다.
② 마우스 오른쪽 버튼을 누른 후, [바로 가기] 메뉴 중 [데이터 레이블 추가]–[데이터 레이블 추가]를 클릭합니다.

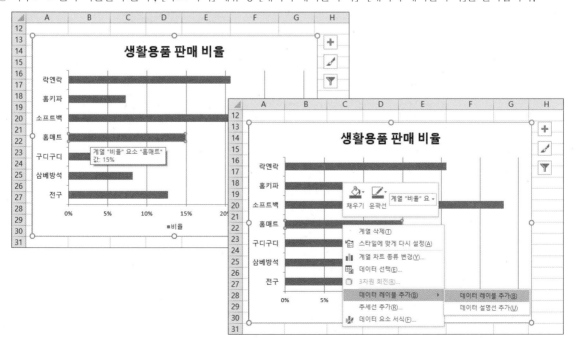

③ [차트 도구]–[디자인] 탭의 [차트 레이아웃] 그룹에서 [차트 요소 추가]–[데이터 레이블]–[기타 데이터 레이블 옵션]을 클릭합니다.

④ [데이터 레이블 서식]의 [레이블 옵션]에서 〈레이블 위치〉 항목 중 '가운데'를 선택합니다.

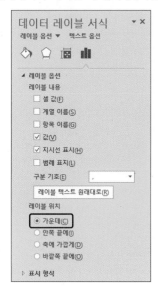

▶ 테두리 스타일 '둥근 모서리' 지정

① 차트 영역에서 마우스 오른쪽 버튼을 누른 후, [바로 가기] 메뉴 중 [차트 영역 서식]을 클릭합니다.

② [차트 영역 서식]의 [채우기 및 선]–[테두리]에서 '둥근 모서리'를 선택합니다.

MEMO

제 02 회 출제예상 모의고사

프로그램명	제한시간
EXCEL 2016	40분

수험번호 :

성　　명 :

◆ 2급 B형 ◆

유 의 사 항

● 인적 사항 누락 및 잘못 작성으로 인한 불이익은 수험자 책임으로 합니다.

● 화면에 암호 입력창이 나타나면 아래의 암호를 입력하여야 합니다.
  ○ 암호 : 9871*6

● 작성된 답안은 주어진 경로 및 파일명을 변경하지 마시고 그대로 저장해야 합니다. 이를 준수하지 않으면 실격처리 됩니다.

● 외부데이터 위치 : C:₩OA₩파일명

● 별도 지시사항이 없는 경우, 다음과 같이 처리 시 실격 처리됩니다.
  ○ 제시된 시트 및 개체의 순서나 이름을 임의로 변경한 경우
  ○ 제시된 시트 및 개체를 임의로 추가 또는 삭제한 경우

● 답안은 반드시 문제에서 지시 또는 요구한 셀에 입력하여야 하며 다음과 같이 처리 시 채점 대상에서 제외됩니다.
  ○ 수험자가 임의로 지시하지 않은 셀의 이동, 수정, 삭제, 변경 등으로 인해 셀의 위치 및 내용이 변경된 경우 해당 작업에 영향을 미치는 관련문제 모두 채점 대상에서 제외
  ○ 도형 및 차트의 개체가 중첩되어 있거나 동일한 계산결과 시트가 복수로 존재할 경우 해당 개체나 시트는 채점 대상에서 제외

● 수식 작성 시 제시된 문제 파일의 데이터는 변경 가능한(가변적) 데이터임을 감안하여 문제 풀이를 하시오.

● 별도의 지시사항이 없는 경우, 주어진 각 시트 및 개체의 설정값 또는 기본 설정값(Default)으로 처리하시오.

● 저장 시간은 별도로 주어지지 않으므로 제한된 시간 내에 저장을 완료해야 하며, 제한 시간 내에 저장이 되지 않은 경우에는 실격 처리됩니다.

● 출제된 문제의 용어는 Microsoft office 2016 기준으로 작성되어 있습니다.

대 한 상 공 회 의 소

문제 01 · 주어진 시트에서 다음 과정을 수행하고 저장하시오.

기본작업(20점)

1. '기본작업-1' 시트에 다음의 자료를 주어진 대로 입력하시오. (5점)

	A	B	C	D	E	F	G	H
1	가정농축산물센터 물품입고 현황							
2								
3	상품코드	상품명	구입처	연락처	입고일(예정)	수량/무게	금액	
4	DDI-2002	고구마	한빛농원	031-556-8989	2021-10-10	1500	4500000	
5	BUT-1003	버섯	영동농원	043-225-7575	2021-10-15	550	875000	
6	TOT-3002	토마토	기쁨농원	031-332-5699	2021-10-15	2530	5507050	
7	DOI-1234	돼지고기	갈현목장	063-447-8585	2021-11-02	6700	8550000	
8	APP-5050	사과	아삭농원	054-776-9966	2021-11-05	3500	2350000	
9	CHI-8099	닭고기	본고장목장	032-574-6666	2021-11-15	3350	4750000	
10	SLT-0533	호박	우리농원	043-887-3333	2021-11-16	850	7750000	
11								

2. '기본작업-2' 시트에 대하여 다음의 지시사항을 처리하시오. (각 2점)

① 제목 '마케팅부 하반기 업무 평가현황' 앞뒤에 특수문자 '◈'를 삽입하고, [A1:G1] 영역은 '병합하고 가운데 맞춤', 글 꼴 크기 '20', 글꼴 스타일 '굵은 기울임꼴', 행높이 '40'으로 지정하시오.

② [A4:A5], [A6:A8], [A9:A11] 영역은 '병합하고 가운데 맞춤'을 적용하고, [A3:G3] 영역은 셀 스타일 '강조색5'로 적용하시오.

③ [C4:C11] 영역은 사용자 지정 표시 형식을 이용하여 1000의 배수로 표시하고, 1000 단위 구분 기호와 숫자 뒤에 '천원'을 표시 예와 같이 표시하시오. [표시 예 : 1200000 → 1,200천원]

④ [A3] 셀의 '직책'을 한자 '職責'으로 바꾸고, [B4:B11] 영역의 이름을 '성명'으로 정의하시오.

⑤ [D4:G11] 영역은 표시 형식을 '숫자'로 지정하고, [A3:G11] 영역에 '모든 테두리(⊞)'를 적용하여 표시하시오.

3. '기본작업-3' 시트에서 다음의 지시사항을 처리하시오. (5점)

– 다음의 텍스트 파일을 열고, 생성된 데이터를 '기본작업-3' 시트의 [A3:D10] 영역에 가져오시오.
   ▶ 외부 데이터 파일명은 '과학경시대회.txt' 임.
   ▶ 외부 데이터 '쉼표(,)'로 구분되어 있음.
   ▶ '지역' 열은 제외하고 가져오시오.

문제 02 · '계산작업' 시트에서 다음 과정을 수행하고 저장하시오.

계산작업(40점)

1. [표1]에서 소속[B3:B12]이 '북부'인 판매금액[D3:D12]의 합계를 [C15] 셀에 계산하시오. (8점)

   ▶ 조건은 [B14:B15] 영역에 입력하시오.
   ▶ 산출된 북부판매금액은 십의 자리에서 올림하여 표시 [표시 예 : 64,296 → 64,300]
   ▶ ROUNDUP, ROUND, ROUNDDOWN, DSUM 함수 중 알맞은 함수를 선택하여 사용

2. [표2]에서 사원별 1차연수[G3:G10], 2차연수[H3:H10], 3차연수[I3:I10]에 대한 평균과 점수 평가표 [F14:G17]를 이용하여 평가[J3:J10]를 계산하시오. (8점)

   ▶ 평가는 평균점수가 0 이상 70 미만이면 'D', 70 이상 80 미만이면 'C', 80 이상 90 미만이면 'B', 90 이상이면 'A'로 표시
   ▶ HLOOKUP과 VLOOKUP 중 알맞은 함수를 선택하여 AVERAGE 함수와 함께 사용

3. [표3]의 1위기록[C30]은 기록[D22:D28]에서 가장 빠른 선수명을 찾아 표시하시오. (8점)

  ▶ INDEX, MATCH, SMALL 함수 사용

4. [표4]에서 연령[H22:H30]이 '30대'인 참가자의 가장 낮은 점수와 연령[H22:H30]이 '40대'인 참가자의 가장 낮은 점수를 찾아 두 점수에 대한 평균을 [H33] 셀에 계산하시오. (8점)

  ▶ 조건은 [F32:G33] 영역에 입력하시오.
  ▶ DMIN, AVERAGE 함수 사용

5. [표5]에서 평가결과[F38:F46]는 사원별 영어, 상식, 면접, 전공 점수 중 80 미만인 과목이 2개 이상이면 공백으로 표시하고, 그 외에는 "합격"으로 표시하시오. (8점)

  ▶ IF, COUNTIF 함수 사용

문제 **03** 주어진 시트에서 다음 작업을 수행하고 저장하시오. 분석작업(20점)

1. '분석작업-1' 시트에 대하여 다음의 지시사항을 처리하시오. (10점)

– 데이터 도구 [통합] 기능을 이용하여 [표1], [표2], [표3]에 대한 품명 중에서 '크림'과 '향수'에 대한 '명품백화점', '으뜸백화점', '서울백화점'의 평균을 [표4]의 [G17:J19] 영역에 계산하시오.

  ▶ 품명이 '크림'으로 끝나는 품명과 '향수' 데이터에 대한 통합을 계산하시오.
  ▶ 품명에 대한 조건은 [G18:G19] 영역에 입력하시오.

2. '분석작업-2' 시트에 대하여 다음의 지시사항을 처리하시오. (10점)

– '2021년 예측판매량 계산' 표에서 신장률[C11]이 다음과 같이 변동하는 경우 총예상판매량[F9]의 변동 시나리오를 작성하시오.

  ▶ 셀 이름 정의 : [C11] 셀은 '신장률', [F9] 셀은 '총예상판매량'으로 정의하시오.
  ▶ 시나리오1 : 시나리오의 이름은 '경기호조예상', 신장률을 15%로 설정하시오.
  ▶ 시나리오2 : 시나리오의 이름은 '경기불안예상', 신장률을 5%로 설정하시오.
  ▶ 시나리오 요약 시트는 '분석작업-2' 시트의 바로 앞에 위치시키시오.
    ※ 시나리오 요약 보고서 작성 시 정답과 일치하여야 하며, 오자로 인한 부분점수는 인정하지 않음

문제 **04** 주어진 시트에서 다음 작업을 수행하고 저장하시오. 기타작업(20점)

1. '매크로 작업' 시트의 [표]에서 다음과 같은 기능을 수행하는 매크로를 현재 통합 문서에 작성하고 실행하시오. (각 5점)

① [F4:F10] 영역에 평균을 계산하는 매크로를 생성하여 실행하시오.

  ▶ 매크로 이름 : 평균
  ▶ [개발 도구]-[삽입]-[양식 컨트롤]의 '단추'를 동일 시트의 [H4:I5] 영역에 생성하고, 텍스트를 '평균'으로 입력한 후 단추를 클릭할 때 '평균' 매크로가 실행되도록 설정하시오.

② [A3:F3] 영역에 채우기 색 '표준 색-노랑'을 적용하는 매크로를 생성하여 실행하시오.

  ▶ 매크로 이름 : 서식

▶ [도형]–[기본 도형]의 '배지(⬭)'를 동일 시트의 [H7:I8] 영역에 생성하고, 텍스트를 '서식'으로 입력한 후 도형을 클릭할 때 '서식' 매크로가 실행되도록 설정하시오.
   ※ 셀 포인터의 위치에 상관없이 현재 통합 문서에서 매크로가 실행되어야 정답으로 인정됨

2. '차트작업' 시트의 차트를 지시사항에 따라 아래 그림과 같이 수정하시오. (각 2점)

※ 차트는 반드시 문제에서 제공한 차트를 사용하여야 하며, 신규로 작성 시 0점 처리됨
① '홈쇼핑'별로 '2017년', '2020년' 데이터만 차트에 표시되도록 데이터 범위를 수정하고, 차트 종류를 '3차원 묶은 세로 막대형'으로 변경하시오.
② 차트 제목과 기본 세로 축 제목은 〈그림〉과 같이 입력하시오.
③ 범례는 서식을 이용하여 위치를 '위쪽'으로 배치하시오.
④ '2020년' 계열의 'QS쇼핑' 요소에만 데이터 레이블 '값'이 표시되도록 설정하시오.
⑤ 차트 영역에 도형 스타일 '색 윤곽선 – 자주, 강조 4'를 적용하시오.

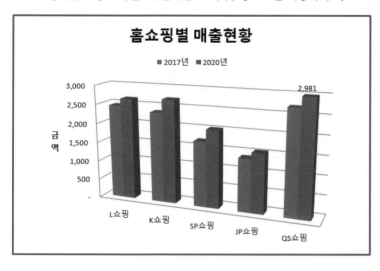

제 02 회 출제예상 모의고사 ∴정답∴

1. 기본작업-1

	A	B	C	D	E	F	G	H
1	가정농축산물센터 물품입고 현황							
2								
3	상품코드	상품명	구입처	연락처	입고일(예정)	수량/무게	금액	
4	DDI-2002	고구마	한빛농원	031-556-8989	2021-10-10	1500	4500000	
5	BUT-1003	버섯	영동농원	043-225-7575	2021-10-15	550	875000	
6	TOT-3002	토마토	기쁨농원	031-332-5699	2021-10-15	2530	5507050	
7	DOI-1234	돼지고기	갈현목장	063-447-8585	2021-11-02	6700	8550000	
8	APP-5050	사과	아삭농원	054-776-9966	2021-11-05	3500	2350000	
9	CHI-8099	닭고기	본고장목장	032-574-6666	2021-11-15	3350	4750000	
10	SLT-0533	호박	우리농원	043-887-3333	2021-11-16	850	7750000	
11								

2. 기본작업-2

	A	B	C	D	E	F	G	H
1	◈ 마케팅부 하반기 업무 평가현황 ◈							
2								
3	職責	성명	기본성과급	7월	8월	9월	10월	
4	부장	이진관	1,500천원	90	88	73	88	
5		박승룡	1,600천원	92	83	88	83	
6	과장	최순희	1,450천원	87	80	95	73	
7		이진형	1,500천원	82	78	93	95	
8		황치열	1,400천원	85	89	83	72	
9	대리	남상미	1,300천원	82	81	91	82	
10		곽현수	1,250천원	77	78	80	90	
11		이명임	1,280천원	80	80	78	88	
12								

3. 기본작업-3

	A	B	C	D	E
1	과학 경시 대회 점수				
2					
3	이름	학교명	이메일	점수	
4	윤채영	인천고	ygct	95	
5	이영석	소림고	vwxy	88	
6	이하진	신현고	skysky	96	
7	최지영	남경여고	white	97	
8	김보경	가림고	love	88	
9	남성진	우수고	angel	89	
10	한경숙	기쁨여고	blue88	93	
11					

4. 계산작업

[표1]

사원명	소속	판매수량	판매금액	
이지원	남부	35	15,960	
강원동	북부	24	10,944	
윤채영	남부	35	15,960	
유만기	북부	26	11,856	
강인영	남부	54	24,624	
성지연	북부	34	15,504	
김기자	남부	44	20,064	
이하율	북부	43	19,608	
남웅수	남부	23	10,488	
아가시	북부	14	6,384	
	소속	북부판매금액		
	북부	64,300		

[표2]

사원명	1차연수	2차연수	3차연수	평가
고미근	67	47	61	D
나미희	80	90	56	C
김만재	78	90	78	B
은준희	34	56	65	D
나영일	87	90	100	A
지순환	65	54	45	D
이순신	80	70	60	C
성달우	90	87	95	A

[점수 평가표]

평균점수	평가
0	D
70	C
80	B
90	A

[표3]

참가번호	선수명	소속시도	기록
201	강우성	부산	1:48:30
202	천나무	충북	1:52:10
203	이지영	대전	1:42:11
204	명선수	광주	2:02:33
205	선우인	인천	2:09:05
206	소진한	제주	1:59:23
207	장하다	대구	1:46:14
	1위기록	이지영	

[표4]

참가번호	성명	연령	점수
1001	남주나	40대	98
1002	임석훈	20대	70
1003	마종태	30대	67
1004	이영석	30대	90
1005	태연해	20대	78
1006	이하진	30대	97
1007	정이지	20대	90
1008	김상수	30대	56
1009	이재훈	40대	88

연령	연령	최저점수평균
30대	40대	72

[표5]

사원명	영어	상식	면접	전공	평가결과
도연명	77	92	80	89	합격
윤채영	19	65	90	100	
임석훈	98	89	90	100	합격
이지영	40	89	65	78	
이재훈	78	90	67	80	
윤기철	70	90	100	96	합격
이하율	80	70	90	71	
이강희	76	70	49	80	
최남두	70	85	87	91	합격

5. 분석작업-1

[표1] 1월중 화장품 판매현황

품명	명품백화점	으뜸백화점	서울백화점
스킨	325	298	315
로션	360	364	347
영양크림	157	132	148
화운데이션	324	287	295
향수	89	115	95
수분크림	124	87	117
메니큐어	269	295	285
립스틱	314	279	309

[표2] 2월중 화장품 판매현황

품명	명품백화점	으뜸백화점	서울백화점
향수	345	350	332
영양크림	354	347	357
화운데이션	167	154	165
스킨	319	327	329
수분크림	105	119	108
립스틱	115	123	99
마스카라	287	297	305
로션	309	298	288

[표3] 3월중 화장품 판매현황

품명	명품백화점	으뜸백화점	서울백화점
영양크림	335	324	333
향수	349	358	365
스킨	278	245	224
화운데이션	219	225	236
립스틱	125	115	95
수분크림	98	124	104
로션	295	285	306
마스카라	305	304	289

[표4] 1/4분기 화장품 판매현황(평균)

품명	명품백화점	으뜸백화점	서울백화점
*크림	196	189	195
향수	261	274	264

6. 분석작업-2

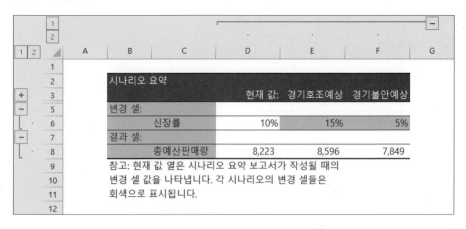

		현재 값:	경기호조예상	경기불안예상
시나리오 요약				
변경 셀:				
신장률		10%	15%	5%
결과 셀:				
총예산판매량		8,223	8,596	7,849

참고: 현재 값 열은 시나리오 요약 보고서가 작성될 때의
변경 셀 값을 나타냅니다. 각 시나리오의 변경 셀들은
회색으로 표시됩니다.

7. 매크로 작업

	A	B	C	D	E	F	G	H	I	J
1		**[표] 3학년 성적 현황표**								
2										
3	이름	중간	기말	과제	출석	평균				
4	이남희	89	88	90	90	89				
5	윤채영	79	82	95	90	87		평균		
6	이지영	65	72	80	95	78				
7	한석봉	98	90	85	100	93		서식		
8	박나리	72	75	90	100	84				
9	금보라	79	83	100	95	89				
10	성진우	85	91	85	100	90				
11										

8. 차트 작업

	A	B	C	D	E	F	G	H	I
1		**홈쇼핑별 매출현황**							
2									
3	홈쇼핑	2017년	2018년	2019년	2020년				
4	L쇼핑	2,460	2,353	2,729	2,650				
5	K쇼핑	2,350	2,450	2,650	2,700				
6	SP쇼핑	1,705	1,550	1,553	2,023				
7	JP쇼핑	1,383	1,359	1,389	1,548				
8	QS쇼핑	2,709	2,598	2,798	2,981				

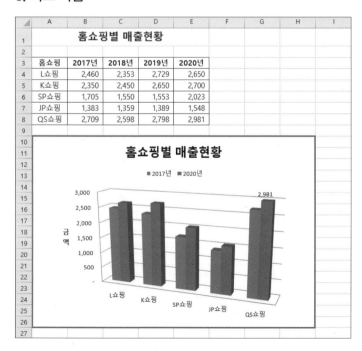

제 02 회 출제예상 모의고사 ∶해설∶

문제 01 기본작업(20점)

1. 기본작업-2

	A	B	C	D	E	F	G	H
1		◆ 마케팅부 하반기 업무 평가현황 ◆						
2								
3	職責	성명	기본성과급	7월	8월	9월	10월	
4	부장	이진관	1,500천원	90	88	73	88	
5		박승룡	1,600천원	92	83	88	83	
6	과장	최순희	1,450천원	87	80	95	73	
7		이진형	1,500천원	82	78	93	95	
8		황치열	1,400천원	85	89	83	72	
9	대리	남상미	1,300천원	82	81	91	82	
10		곽현수	1,250천원	77	78	80	90	
11		이명임	1,280천원	80	80	78	88	
12								

작업 과정

구분	작업 내용
①	• [A1] 셀에서 **F2** 키를 누른 후 '마'자 앞에 커서를 위치시킵니다. 'ㅁ'을 입력하고 **한자** 키를 눌러 특수문자 목록을 활성화 시킵니다. (보기변경)을 클릭하여 '◆'를 찾아 클릭합니다. • [A1:G1] 영역을 드래그한 후, [홈] 탭-[맞춤] 그룹에서 병합하고 가운데 맞춤 아이콘을 클릭합니다. • 이어서, [홈] 탭-[글꼴] 그룹에서 글꼴 크기 '20', 가(굵게), 가(기울임꼴)을 지정합니다. • 1행 머리글 위에서 마우스 오른쪽 버튼을 눌러 [바로 가기] 메뉴 중 [행 높이]를 선택한 후, 행 높이 값에 '40'을 입력하고 <확인> 단추를 클릭합니다.
②	• [A4:A5] 영역을 드래그한 후, **Ctrl** 키를 누른 상태에서 [A6:A8], [A9:A11] 영역도 드래그 합니다. • [홈] 탭-[맞춤] 그룹에서 병합하고 가운데 맞춤 아이콘을 클릭합니다. • 이어서, [A3:G3] 영역을 드래그한 후, [홈] 탭-[스타일] 그룹에서 [셀 스타일]을 클릭하고 <테마 셀 스타일> 항목 중 '강조색5'를 클릭합니다.
③	• [A3] 셀에서 **F2** 키를 누른 후 '직책' 앞에 커서를 위치시킵니다. **한자** 키를 눌러 [한글/한자 변환] 대화상자가 열리면 <한자 선택>에서 '職責'를 선택하고 <변환> 단추를 클릭합니다. • [C4:C11] 영역을 드래그한 후, [셀 서식]의 바로 가기 키인 **Ctrl** + **1** 키를 누릅니다. • [셀 서식] 대화상자가 표시되면 [표시 형식] 탭의 <범주> 항목 중 '사용자 지정' 선택하고 <형식>에 #,##0,"천원"을 입력한 후 <확인> 단추를 클릭합니다.

④	• [B4:B11] 영역을 드래그하여 범위를 지정합니다. • 이름 상자에 '성명'을 입력하고 **Enter** 키를 누릅니다.
⑤	• [D4:G11] 영역을 드래그한 후, [셀 서식]의 바로 가기 키인 **Ctrl**+**1** 키를 누릅니다. • [셀 서식] 대화상자가 표시되면 [표시 형식] 탭의 <범주> 항목 중 '숫자'를 선택하고 <확인> 단추를 클릭합니다. • [A3:G11] 영역을 드래그 합니다. • [홈] 탭-[글꼴] 그룹에서 ⊞·(아래쪽 테두리) 아이콘의 ·(목록 단추)를 눌러 ⊞(모든 테두리) 아이콘을 클릭합니다.

2. 기본작업-3

	A	B	C	D	E
1	과학 경시 대회 점수				
2					
3	이름	학교명	이메일	점수	
4	윤채영	인천고	ygct	95	
5	이영석	소림고	vwxy	88	
6	이하진	신현고	skysky	96	
7	최지영	남경여고	white	97	
8	김보경	가림고	love	88	
9	남성진	우수고	angel	89	
10	한경숙	기쁨여고	blue88	93	
11					

작업 과정

① '기본작업-3' 시트의 [A3] 셀을 클릭합니다.

② [데이터] 탭-[외부 데이터 가져오기] 그룹에서 [텍스트]를 클릭합니다.

③ [텍스트 파일 가져오기] 대화상자가 표시되면 '과학경시대회.txt'가 수록된 위치를 찾아 이동합니다. (소스파일₩합격모의고사₩과학경시대회.txt)

④ '과학경시대회.txt' 파일을 선택한 후 <가져오기> 단추를 클릭합니다.

⑤ [텍스트 마법사 – 3단계 중 1단계] 대화상자의 〈원본 데이터 형식〉에서 '구분 기호로 분리됨'을 선택한 후 〈다음〉 단추를 클릭합니다.

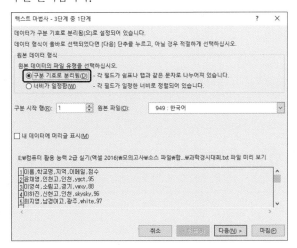

⑥ [텍스트 마법사 – 3단계 중 2단계] 대화상자에서 〈구분 기호〉에 '쉼표'를 선택한 후 〈다음〉 단추를 클릭합니다.

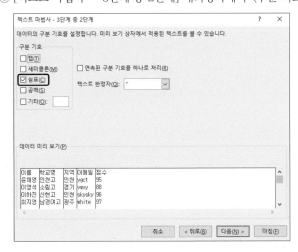

⑦ [텍스트 마법사 – 3단계 중 3단계] 대화상자의 〈데이터 미리 보기〉에서 3번째 항목인 '지역'을 클릭한 후, 〈열 데이터 서식〉에서 '열 가져오지 않음(건너뜀)'을 선택하고 〈마침〉 단추를 클릭합니다.

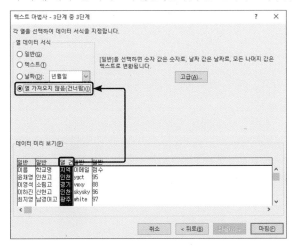

⑧ [데이터 가져오기] 대화상자가 표시되면 데이터가 들어갈 위치에 '기존 워크시트'와 '=$A$3' 셀을 선택한 후 〈확인〉 단추를 클릭합니다.

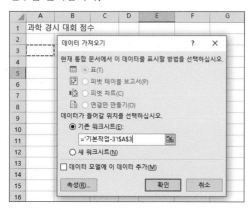

⑨ 다음과 같이 [A3] 셀을 기준으로 '과학경시대회.txt' 파일의 내용이 표시된 것을 확인합니다.

문제 02 계산작업(40점)

[표1]

사원명	소속	판매수량	판매금액
이지원	남부	35	15,960
강원동	북부	24	10,944
윤채영	남부	35	15,960
유만기	북부	26	11,856
강인영	남부	54	24,624
성지연	북부	34	15,504
김기자	남부	44	20,064
이하율	북부	43	19,608
남용수	남부	23	10,488
아가시	북부	14	6,384

	소속	북부판매금액
	북부	64,300

[표2]

사원명	1차연수	2차연수	3차연수	평가
고미근	67	47	61	D
나미희	80	90	56	C
김만재	78	90	78	B
윤준희	34	56	65	D
나영일	87	90	100	A
지순화	65	54	45	D
이순신	80	70	60	C
성달우	90	87	95	A

[점수 평가표]

평균점수	평가
0	D
70	C
80	B
90	A

[표3]

참가번호	선수명	소속시도	기록
201	강우성	부산	1:48:30
202	천나무	충북	1:52:10
203	이지영	대전	1:42:11
204	명선수	광주	2:02:33
205	선우인	인천	2:09:05
206	소진한	제주	1:59:23
207	장하다	대구	1:46:14

	1위기록	이지영

[표4]

참가번호	성명	연령	점수
1001	남주나	40대	98
1002	임석훈	20대	70
1003	마쫑태	30대	67
1004	이영석	30대	90
1005	태연해	20대	78
1006	이하진	30대	97
1007	정이지	20대	90
1008	김상수	30대	56
1009	이재훈	40대	88

연령	연령	최저점수평균
30대	40대	72

[표5]

사원명	영어	상식	면접	전공	평가결과
도연명	77	92	80	89	합격
윤채영	19	65	90	100	
임석훈	98	89	90	100	합격
이지영	40	89	65	78	
이재훈	78	90	67	80	
윤기철	70	90	100	96	합격
이하율	80	70	90	71	
이강희	76	70	49	80	
최남두	70	85	87	91	합격

▶ 함수식

[표1] 북부판매금액[C15]	[C15] 셀에 '=ROUNDUP(DSUM(A2:D12,D2,B14:B15),-2)'를 입력합니다.
[표2] 평가[J3:J10]	[J3] 셀에 '=VLOOKUP(AVERAG(G3:I3),$F$13:$G$17,2)'를 입력한 후, 채우기 핸들을 [J10] 셀까지 드래그 합니다.
[표3] 1위기록[C30]	[C30] 셀에 '=INDEX(B22:B28,MATCH(SMALL(D22:D28,1),D22:D28,0))'를 입력합니다.
[표4] 최저점수평균[H33]	[H33] 셀에 '=AVERAGE(DMIN(F21:I30,I21,G32:G33),DMIN(F21:I30,I21,F32:F33))'을 입력합니다.
[표5] 평가결과[F38:F46]	[F38] 셀에 '=IF(COUNTIF(B38:E38,"<80")>=2,"","합격")'을 입력한 후, 채우기 핸들을 [F46] 셀까지 드래그 합니다.

1. 분석작업-1

	품명	명품백화점	으뜸백화점	서울백화점		품명	명품백화점	으뜸백화점	서울백화점		품명	명품백화점	으뜸백화점	서울백화점
[표1] 1월중 화장품 판매현황					[표2] 2월중 화장품 판매현황					[표3] 3월중 화장품 판매현황				
	스킨	325	298	315		향수	345	350	332		영양크림	335	324	333
	로션	360	364	347		영양크림	354	347	357		향수	349	358	365
	영양크림	157	132	148		화운데이션	167	154	165		스킨	278	245	224
	화운데이션	324	287	295		스킨	319	327	329		화운데이션	219	225	236
	향수	89	115	95		수분크림	105	119	108		립스틱	125	115	95
	수분크림	124	87	117		립스틱	115	123	99		수분크림	98	124	104
	메니큐어	269	295	285		마스카라	287	297	305		로션	295	285	306
	립스틱	314	279	309		로션	309	298	288		마스카라	305	304	289

[표4] 1/4분기 화장품 판매현황(평균)

품명	명품백화점	으뜸백화점	서울백화점
*크림	196	189	195
향수	261	274	264

작업 과정

① [G18] 셀에 '*크림'을 입력한 후, [G19] 셀에 '향수'를 입력해 줍니다.

② [G17:J19] 영역을 드래그한 후, [데이터] 탭-[데이터 도구] 그룹에서 [통합]을 클릭합니다.

③ [통합] 대화상자가 표시되면 〈함수〉에 '평균'을 선택하고, 〈참조〉에서 통합할 1차 범위를 지정하기 위해 ▦ 단추를 클릭합니다.

④ 통합할 1차 범위인 [B3:E11] 영역을 드래그한 후, ▦ 단추를 누르고 〈추가〉 단추를 클릭합니다.

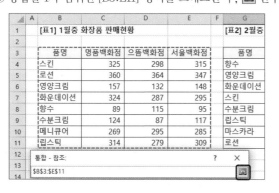
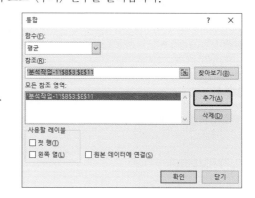

⑤ 통합할 2차 범위인 [G3:J11] 영역도 동일한 방법으로 범위를 지정한 후 〈추가〉 단추를 클릭합니다.

⑥ 통합할 3차 범위인 [L3:O11] 영역도 동일한 방법으로 범위를 지정한 후 〈추가〉 단추를 클릭합니다.

⑦ 이어서, 〈사용할 레이블〉에서 '첫 행'과 '왼쪽 열'을 각각 선택하여 체크 표시(✓)를 지정하고 〈확인〉 단추를 클릭합니다.

2. 분석작업-2

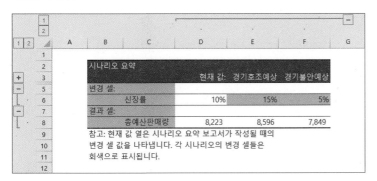

작업 과정

▶ 셀 이름 정의 : [C11] 셀은 '신장률', [F9] 셀은 '총예산판매량'

① [C11] 셀을 클릭한 후, '이름 상자'에 '신장률'을 입력하고 **Enter** 키를 눌러줍니다.
② [F9] 셀을 클릭한 후, '이름 상자'에 '총예산판매량'을 입력하고 **Enter** 키를 눌러줍니다.

▶ '경기호조예상' 시나리오 작성

① [F9] 셀을 클릭한 후, [데이터] 탭-[예측] 그룹에서 [가상 분석]-[시나리오 관리자]를 클릭합니다.
② [시나리오 관리자] 대화상자가 표시되면 〈추가〉 단추를 클릭합니다.
③ [시나리오 추가] 대화상자가 표시되면 시나리오 이름에 '경기호조예상', 변경 셀에 '$C$11'을 지정한 후 〈확인〉 단추를 클릭합니다.
④ [시나리오 값] 대화상자에서 변경하고자 하는 신장률 값을 '15%'(또는 '0.15')로 수정한 후, '경기불안예상' 시나리오를 작성하기 위해 〈추가〉 단추를 클릭합니다.

 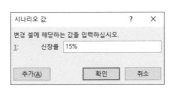

▶ '경기불안예상' 시나리오 작성

① [시나리오 추가] 대화상자가 표시되면 시나리오 이름에 '경기불안예상', 변경 셀에 '$C$11'을 지정한 후 〈확인〉 단추를 클릭합니다.
② [시나리오 값] 대화상자에서 변경하고자 하는 신장률 값을 '5%'(또는 '0.05')로 수정한 후 〈확인〉 단추를 클릭합니다.

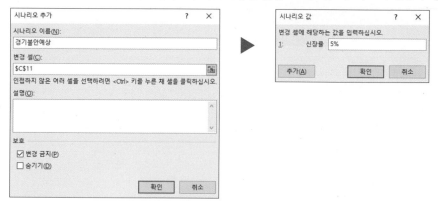

▶ 시나리오 요약

① [시나리오 관리자] 대화상자가 표시되면 〈요약〉 단추를 클릭합니다.
② [시나리오 요약] 대화상자에서 〈보고서 종류〉에 '시나리오 요약', 〈결과 셀〉에 '$F$9'를 지정하고 〈확인〉 단추를 클릭합니다.

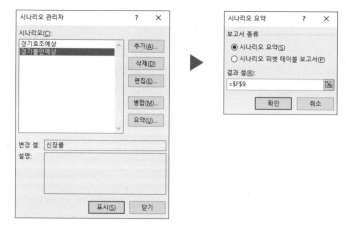

문제 04 기타작업(20점)

1. 매크로 작업

	A	B	C	D	E	F	G	H	I	J
1	[표] 3학년 성적 현황표									
2										
3	이름	중간	기말	과제	출석	평균				
4	이남희	89	88	90	90	89				
5	윤채영	79	82	95	90	87		평균		
6	이지영	65	72	80	95	78				
7	한석봉	98	90	85	100	93		서식		
8	박나리	72	75	90	100	84				
9	금보라	79	83	100	95	89				
10	성진우	85	91	85	100	90				
11										

작업 과정

▶ '평균' 단추 생성과 매크로 작업

① [개발 도구] 탭–[컨트롤] 그룹에서 [삽입] 아이콘을 클릭한 후, ▢(단추(양식 컨트롤))을 선택합니다.
② **Alt** 키를 누른 상태에서 [H4:I5] 영역에 맞게 드래그한 후, [매크로 지정] 대화상자가 표시되면 매크로 위치에 '현재 통합 문서', 매크로 이름에 '평균'을 입력하고 〈기록〉 단추를 클릭합니다.
③ [매크로 기록] 대화상자가 표시되면 〈확인〉 단추를 클릭합니다.

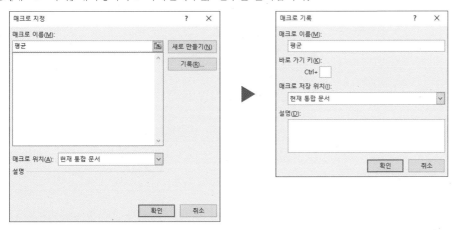

④ [F4] 셀을 클릭한 후, '=AVERAGE('를 입력하고 [B4:E4] 영역을 드래그 합니다.
⑤ '=AVERAGE(B4:E4'가 지정되었으면 ')'를 입력한 후, **Enter** 키를 눌러줍니다.
⑥ [F4] 셀을 클릭한 후, [F4] 셀에서 [F10] 셀까지 채우기 핸들을 드래그 합니다.
⑦ 임의의 셀을 클릭하여 영역 지정을 해제한 후, 워크시트 하단의 상태 표시줄에서 ■(기록 중지) 아이콘을 클릭하여 매크로 지정을 완료합니다. (또는, [개발 도구] 탭–[코드] 그룹에서 ■(기록 중지) 아이콘을 클릭)
⑧ 단추 위에서 마우스 오른쪽 버튼을 눌러 [바로 가기] 메뉴 중 [텍스트 편집]을 클릭합니다.
⑨ '단추 1'을 삭제하고 '평균'을 입력한 후 임의의 셀을 클릭합니다.

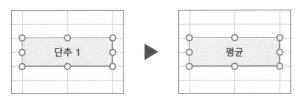

▶ '배지' 도형 삽입 및 텍스트 입력

① [삽입] 탭-[일러스트레이션] 그룹에서 [도형]을 클릭한 후, 〈기본 도형〉에서 ◻(배지)를 선택합니다.
② **Alt** 키를 누른 상태에서 [H7:I8] 영역에 맞게 드래그하여 도형을 그려줍니다.
③ 도형에 '서식'을 입력한 후, [홈] 탭-[맞춤] 그룹에서 세로 방향 ▤(가운데 맞춤), 가로 방향 ▤(가운데 맞춤) 아이콘을 클릭한 다음 임의의 셀을 클릭합니다.

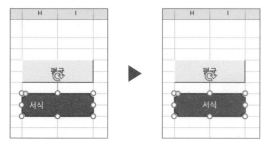

▶ '서식' 매크로 작성

① [H7:I8] 영역의 '배지' 도형 위에 마우스 포인터를 위치시킵니다.
② 마우스 포인터의 모양이 🕂로 변경되면 마우스 오른쪽 버튼을 눌러 [바로 가기] 메뉴 중 [매크로 지정]을 선택합니다.
③ [매크로 지정] 대화상자에서 매크로 위치에 '현재 통합 문서', 매크로 이름에 '서식'을 입력한 후 〈기록〉 단추를 클릭하고, [매크로 기록] 대화상자에서 〈확인〉 단추를 클릭합니다.

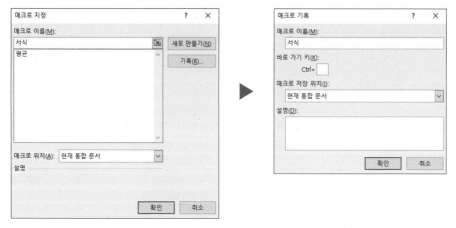

④ [A3:F3] 영역을 드래그한 후, [홈] 탭-[글꼴] 그룹에서 ◌·(채우기 색) 아이콘의 ·(목록 단추)를 눌러 〈표준 색〉 항목 중 '노랑'을 선택합니다.
⑤ 임의의 셀을 클릭하여 영역 지정을 해제한 후, 워크시트 하단의 상태 표시줄에서 ■(기록 중지) 아이콘을 클릭하여 매크로 지정을 완료합니다. (또는, [개발 도구] 탭-[코드] 그룹에서 ■(기록 중지) 아이콘을 클릭)

2. 차트 작업

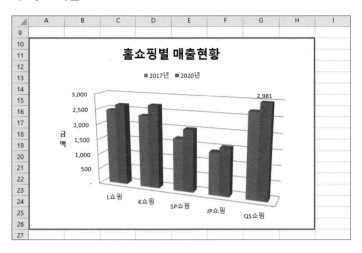

작업 과정

▶ **차트 범위 수정 및 종류 변경**

① 마우스 포인터를 차트 위에 위치시킨 후, 마우스 오른쪽 버튼 클릭-[바로 가기] 메뉴 중 [데이터 선택]을 클릭합니다.
② [데이터 원본 선택] 대화상자가 표시되면 〈범례 항목(계열)〉에서 '2018년'을 선택한 후 ✕ 제거(R) 단추를 클릭합니다.
③ 동일한 방법으로 '2019년'도 제거하고 〈확인〉 단추를 클릭합니다.

④ 차트 영역에서 마우스 오른쪽 버튼을 누른 후, [바로 가기] 메뉴 중 [차트 종류 변경]을 클릭합니다.
⑤ [차트 종류 변경] 대화상자가 표시되면 [세로 막대형]-[3차원 묶은 세로 막대형]을 클릭한 후 〈확인〉 단추를 클릭합니다.

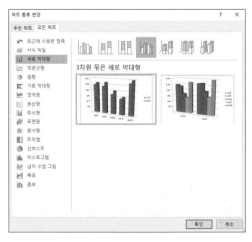

▶ 차트 제목과 기본 세로 축 제목 입력

① 차트 영역을 클릭한 후, [차트 도구]-[디자인] 탭의 [차트 레이아웃] 그룹에서 [차트 요소 추가]-[차트 제목]-[차트 위]를 클릭합니다.

② '차트 제목'으로 표시된 내용을 삭제한 후, '홈쇼핑별 매출현황'을 입력하고 차트 제목 테두리를 클릭합니다.

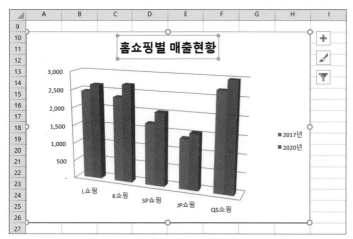

③ [차트 도구]-[디자인] 탭의 [차트 레이아웃] 그룹에서 [차트 요소 추가]-[축 제목]-[기본 세로]을 클릭합니다.

④ '축 제목'으로 표시된 내용을 삭제한 후, '금액'을 입력하고 마우스 오른쪽 버튼을 누른 후, [바로 가기] 메뉴 중 [축 제목 서식]을 클릭합니다.

⑤ [축 제목 서식]의 텍스트 옵션에서 '텍스트 상자'를 선택하고 '텍스트 방향'에서 '스택형'을 클릭합니다.

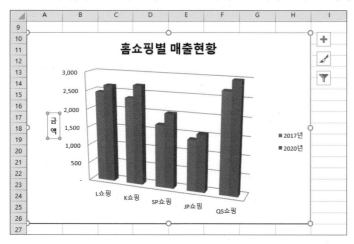

▶ 범례 위치 지정

① 차트 영역을 클릭한 후, [차트 도구]-[디자인] 탭의 [차트 레이아웃] 그룹에서 [차트 요소 추가]-[범례]-[위쪽]을 클릭합니다.

▶ 데이터 레이블 추가

① '2020년' 계열의 'QS쇼핑' 요소를 클릭한 후, 다시 한 번 클릭합니다.

② 마우스 오른쪽 버튼을 누른 후, [바로 가기] 메뉴 중 [데이터 레이블 추가]-[데이터 레이블 추가]를 클릭합니다.

▶ 차트 영역에 도형 스타일 적용

① 차트 영역을 클릭한 후, [차트 도구]-[서식] 탭의 [도형 스타일] 그룹에서 ⬇(자세히) 단추를 클릭합니다.

② 다음과 같이 '색 윤곽선 – 자주, 강조 4'를 클릭하여 선택합니다.

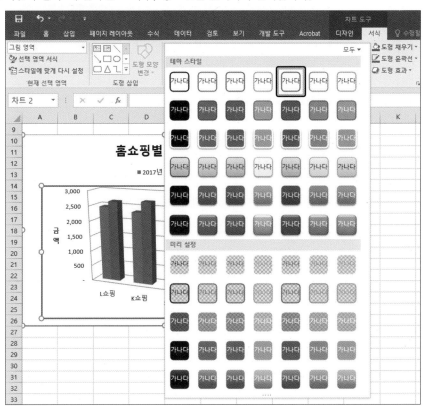

제 03 회 출제예상 모의고사

프로그램명	제한시간
EXCEL 2016	40분

수험번호 :

성   명 :

◆ 2급 C형 ◆

유 의 사 항

● 인적 사항 누락 및 잘못 작성으로 인한 불이익은 수험자 책임으로 합니다.

● 화면에 암호 입력창이 나타나면 아래의 암호를 입력하여야 합니다.

　○ 암호 : 5693$7

● 작성된 답안은 주어진 경로 및 파일명을 변경하지 마시고 그대로 저장해야 합니다. 이를 준수하지 않으면 실격처리 됩니다.

● 외부데이터 위치 : C:₩OA₩파일명

● 별도 지시사항이 없는 경우, 다음과 같이 처리 시 실격 처리됩니다.

　○ 제시된 시트 및 개체의 순서나 이름을 임의로 변경한 경우

　○ 제시된 시트 및 개체를 임의로 추가 또는 삭제한 경우

● 답안은 반드시 문제에서 지시 또는 요구한 셀에 입력하여야 하며 다음과 같이 처리 시 채점 대상에서 제외됩니다.

　○ 수험자가 임의로 지시하지 않은 셀의 이동, 수정, 삭제, 변경 등으로 인해 셀의 위치 및 내용이 변경된 경우 해당 작업에 영향을 미치는 관련문제 모두 채점 대상에서 제외

　○ 도형 및 차트의 개체가 중첩되어 있거나 동일한 계산결과 시트가 복수로 존재할 경우 해당 개체나 시트는 채점 대상에서 제외

● 수식 작성 시 제시된 문제 파일의 데이터는 변경 가능한(가변적) 데이터임을 감안하여 문제 풀이를 하시오.

● 별도의 지시사항이 없는 경우, 주어진 각 시트 및 개체의 설정값 또는 기본 설정값(Default)으로 처리하시오.

● 저장 시간은 별도로 주어지지 않으므로 제한된 시간 내에 저장을 완료해야 하며, 제한 시간 내에 저장이 되지 않은 경우에는 실격 처리됩니다.

● 출제된 문제의 용어는 Microsoft office 2016 기준으로 작성되어 있습니다.

대 한 상 공 회 의 소

문제 01 주어진 시트에서 다음 과정을 수행하고 저장하시오.

1. '기본작업-1' 시트에 다음의 자료를 주어진 대로 입력하시오. (5점)

	A	B	C	D	E	F	G
1	화장품 판매처 관리						
2							
3	거래처코드	거래처명	대표이사	구분	전화번호	매출액	
4	JK-002	청담매장	윤채영	오프라인	02-574-8899	38,500,000	
5	JP-006	영등포매장	이지영	오프라인	02-887-9999	11,500,000	
6	FJ-0012	월드화장품	김보경	온라인	031-787-2525	7,500,000	
7	WP-004	공항매장	이순범	오프라인	032-669-1144	23,000,000	
8	EQ-001	종로매장	임재이	오프라인	02-366-9696	17,500,000	
9	PK-006	목동향수나라	이하율	온라인	02-559-8887	8,857,000	
10	LY-003	청라매장	최지선	오프라인	032-258-9966	9,075,000	
11	KP-008	향수월드	윤준희	온라인	031-526-6666	5,369,000	
12							

2. '기본작업-2' 시트에 대하여 다음의 지시사항을 처리하시오. (각 2점)

① [A1:G1] 영역은 '병합하고 가운데 맞춤', 글꼴 '맑은 고딕', 글꼴 크기 '24', 글꼴 스타일 '굵게'로 지정하시오.

② [G4:G11] 영역은 사용자 지정 표시 형식을 이용하여 숫자 뒤에 '점'을 표시 예와 같이 표시하시오.

    [표시 예 : 100 → 100점]

③ [C3:F3] 영역의 이름을 '과목'으로 정의하시오.

④ [G3] 셀에 '교육학과 교양과목 점수'라는 메모를 삽입한 후 항상 표시되도록 지정하고, 메모 서식에서 '자동 크기'를 설정하시오.

⑤ [A3:G12] 영역에 '모든 테두리(⊞)'를 적용한 후 '굵은 바깥쪽 테두리(⬚)'를 적용하여 표시하시오.

3. '기본작업-3' 시트에서 다음의 지시사항을 처리하시오. (5점)

– '지점별 판매실적' 표에서 매출액이 '100,000,000' 이상이고, 매출수량이 '180' 이상인 데이터 값을 고급 필터를 사용하여 검색하시오.

    ▶ 고급 필터 조건은 [A14:F16] 영역 내에 알맞게 입력하시오.

    ▶ 고급 필터 결과는 [A17] 셀에서 시작하시오.

문제 02 '계산작업' 시트에서 다음 과정을 수행하고 저장하시오.

1. [표1]에서 대리점[A3:A9]이 '서울상사'이고, 출고수량[C3:C9]이 '50' 이상인 판매금액의 평균을 산출하여 [E6] 셀에 표시하시오. (8점)

    ▶ 조건은 [E2:F3] 영역에 입력하시고, 평균은 십단위에서 버림하여 백단위까지 표시

      [표시 예 : 123,785 → 123,700]

    ▶ DSUM, DAVERAGE, DMAX, ROUND, TRUNC 함수 중 알맞은 함수를 선택하여 사용

2. [표2]에서 수영기록[I3:I9]을 이용하여 시상[J3:J9] 영역에 표시하시오. (8점)

    ▶ 수영기록이 가장 빠른 사람은 '금메달', 두 번째인 사람은 '은메달', 세 번째인 사람은 '동메달', 그 외는 공백으로 표시

    ▶ IF, RANK.EQ 함수 사용

3. [표3]에서 수량[C14:C18]과 품목별 단가표[A21:E22]를 이용하여 금액[D14:D18]을 계산하시오. (8점)

   ▶ 금액 = 수량 × 품목별 단가
   ▶ 품목별 단가는 품목별 단가표[A21:E22] 이용
   ▶ VLOOKUP, HLOOKUP 함수 중 알맞은 함수를 선택하여 사용

4. [표4]에서 기준일[I21]과 생년월일[I14:I19]을 이용하여 구분[K14:K19]을 표시하시오. (8점)

   ▶ 구해진 결과가 0~19는 '청소년', 20~29는 '20대', 그 외에는 '성인'으로 표시
   ▶ IF, YEAR 함수 사용

5. [표5]에서 마라톤기록[B27:B33]이 가장 짧은 사람의 시간을 우승기록[C27]에 표시하시오. (8점)

   ▶ [표시 예 : 1시간5분10초]
   ▶ HOUR, MINUTE, SECOND, SMALL 함수와 & 연산자 이용

문제 03 주어진 시트에서 다음 작업을 수행하고 저장하시오. 분석작업(20점)

1. '분석작업-1' 시트에 대하여 다음의 지시사항을 처리하시오. (10점)

– [부분합] 기능을 이용하여 '제품별 신발 매출현황' 표에 〈그림〉과 같이 '5월', '6월', '7월', '8월'의 최대값과 최소값을 계산하시오.

   ▶ 정렬은 첫 번째 기준을 '제조회사'를 기준으로 오름차순, 두 번째 기준은 '평균매출액'을 기준으로 내림차순으로 처리하시오.
   ▶ 최대값과 최소값은 위에 명시된 순서대로 처리하시오.

	A	B	C	D	E	F	G	H	I
1			제품별 신발 매출현황						
2									
3	제품명	구분	제조회사	5월	6월	7월	8월	평균매출액	
4	레드써니	망사형	국제상사	1,550,000	1,620,000	1,750,000	1,350,000	1,567,500	
5	수선	오픈형	국제상사	1,200,000	1,330,000	1,585,000	1,432,000	1,386,750	
6	로즈메리	통굽형	국제상사	1,450,000	1,750,000	1,200,000	1,140,000	1,385,000	
7	수산	스포츠형	국제상사	1,200,000	1,100,000	1,450,000	1,250,000	1,250,000	
8			국제상사 최소값	1,200,000	1,100,000	1,200,000	1,140,000		
9			국제상사 최대값	1,550,000	1,750,000	1,750,000	1,432,000		
10	멜리	오픈형	뷰티물산	1,390,000	1,520,000	1,770,000	1,310,000	1,497,500	
11	비바2	오픈형	뷰티물산	890,000	980,000	980,000	1,012,000	965,500	
12			뷰티물산 최소값	890,000	980,000	980,000	1,012,000		
13			뷰티물산 최대값	1,390,000	1,520,000	1,770,000	1,310,000		
14	비바	오픈형	서울슈즈	1,550,000	1,650,000	1,280,000	1,160,000	1,410,000	
15	블루씨	남성용	서울슈즈	1,560,000	950,000	1,280,000	1,025,000	1,203,750	
16	레드덴	망사형	서울슈즈	1,010,000	1,030,000	1,280,000	1,200,000	1,130,000	
17	야시	스포츠형	서울슈즈	980,000	1,040,000	1,360,000	1,100,000	1,120,000	
18			서울슈즈 최소값	980,000	950,000	1,280,000	1,025,000		
19			서울슈즈 최대값	1,560,000	1,650,000	1,360,000	1,200,000		
20			전체 최소값	890,000	950,000	980,000	1,012,000		
21			전체 최대값	1,560,000	1,750,000	1,770,000	1,432,000		
22									

2. '분석작업-2' 시트에 대하여 다음의 지시사항을 처리하시오. (10점)

– 데이터 도구 [통합] 기능을 이용하여 [표1], [표2]에 대한 항목별 '사용량'과 '요금'의 합계를 [표3]의 [G12:H13] 영역에 계산하시오.

   ▶ [표1], [표2]의 항목 중 '~전기'와 '~수도'로 끝나는 항목만 통합하여 계산
   ▶ [표3]의 [F12:F13] 영역에 항목 이름 입력

1. '매크로 작업' 시트의 [표]에서 다음과 같은 기능을 수행하는 매크로를 현재 통합 문서에 작성하고 실행하시오. (각 5점)

① [E4:E10] 영역에 점수를 계산하는 매크로를 생성하여 실행하시오.
- ▶ 매크로 이름 : 점수　　　　　　▶ 점수 = 정답수 × 10
- ▶ [개발 도구]-[삽입]-[양식 컨트롤]의 '단추'를 동일 시트의 [B12:B13] 영역에 생성하고, 텍스트를 '점수'로 입력한 후 단추를 클릭할 때 '점수' 매크로가 실행되도록 설정하시오.

② [A3:E3] 영역에 채우기 색 '표준 색-노랑'을 적용하는 매크로를 생성하여 실행하시오.
- ▶ 매크로 이름 : 채우기
- ▶ [도형]-[기본 도형]의 '빗면(□)'을 동일 시트의 [D12:D13] 영역에 생성하고, 텍스트를 '채우기'로 입력한 후 도형을 클릭할 때 '채우기' 매크로가 실행되도록 설정하시오.
  ※ 셀 포인터의 위치에 상관없이 현재 통합 문서에서 매크로가 실행되어야 정답으로 인정됨

2. '차트작업' 시트의 차트를 지시사항에 따라 아래 그림과 같이 수정하시오. (각 2점)

※ 차트는 반드시 문제에서 제공한 차트를 사용하여야 하며, 신규로 작성 시 0점 처리됨
① '격차' 계열을 제거하고 '여성' 계열과 '남성' 계열의 '한국', '미국', '영국', '일본' 요소가 표시되도록 데이터 범위를 수정하시오.
② 차트 제목은 '차트 위'로 지정한 후 [A1] 셀과 연동되도록 설정하시오.
③ '남성' 계열의 차트 종류를 '표식이 있는 꺾은선형'으로 변경하고, 그림과 같이 '보조 축'으로 지정하시오.
④ '남성' 계열의 '한국' 요소에만 데이터 레이블 '값'을 표시하고, 레이블의 위치를 '왼쪽'으로 설정하시오.
⑤ 차트 영역의 테두리 스타일은 '둥근 모서리'를 설정하시오.

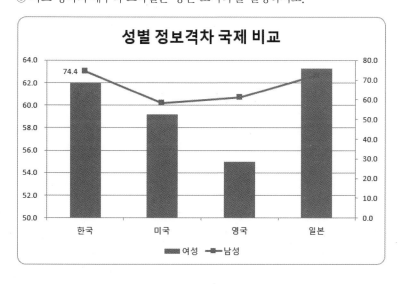

제 03 회 출제예상 모의고사 ː정답ː

1. 기본작업-1

	A	B	C	D	E	F	G
1	화장품 판매처 관리						
2							
3	거래처코드	거래처명	대표이사	구분	전화번호	매출액	
4	JK-002	청담매장	윤채영	오프라인	02-574-8899	38,500,000	
5	JP-006	영등포매장	이지영	오프라인	02-887-9999	11,500,000	
6	FJ-0012	월드화장품	김보경	온라인	031-787-2525	7,500,000	
7	WP-004	공항매장	이순범	오프라인	032-669-1144	23,000,000	
8	EQ-001	종로매장	임재이	오프라인	02-366-9696	17,500,000	
9	PK-006	목동향수나라	이하율	온라인	02-559-8887	8,857,000	
10	LY-003	청라매장	최지선	오프라인	032-258-9966	9,075,000	
11	KP-008	향수월드	윤준희	온라인	031-526-6666	5,369,000	
12							

2. 기본작업-2

	A	B	C	D	E	F	G	H	I	J
1	전산교육과 2학기 성적일람표									
2								교육학과 교양과목 점수		
3	학번	성명	윤리	국사	국어	수학	총점			
4	31001	이영택	78	58	87	90	235점			
5	31002	라수인	89	69	89	89	247점			
6	31003	김민재	56	100	97	78	275점			
7	31004	남주나	45	78	60	95	233점			
8	31005	노혜경	67	86	100	67	253점			
9	31006	이미경	89	80	45	78	203점			
10	31007	진달래	92	90	67	79	236점			
11	31008	고사리	89	93	89	89	271점			
12	평균		75.625	81.75	79.25	83.125	244.125			
13										

3. 기본작업-3

	A	B	C	D	E	F	G
1	지점별 판매실적						
2							
3	지점명	모니터	메인보드	스피커	매출수량	매출액	
4	서울	53	78	87	218	130,800,000	
5	청주	57	67	56	180	108,000,000	
6	부산	56	65	45	166	99,600,000	
7	대전	44	56	67	167	100,200,000	
8	광주	35	45	34	114	68,400,000	
9	제주	45	66	56	167	100,200,000	
10	인천	52	45	67	164	98,400,000	
11	울산	54	56	75	185	111,000,000	
12	합계	396	478	487	1,361	816,600,000	
13							
14	매출수량	매출액					
15	>=180	>=100000000					
16							
17	지점명	모니터	메인보드	스피커	매출수량	매출액	
18	서울	53	78	87	218	130,800,000	
19	청주	57	67	56	180	108,000,000	
20	울산	54	56	75	185	111,000,000	
21	합계	396	478	487	1,361	816,600,000	
22							

4. 계산작업

	A	B	C	D	E	F	G	H	I	J	K	L
1	[표1]							[표2]				
2	대리점	단가	출고수량	판매금액	대리점	출고수량		성명	수영기록	시상		
3	서울상사	1,675	45	75,375	서울상사	>=50		김민아	45:28	은메달		
4	우주상사	1,700	55	93,500				남은희	44:05	금메달		
5	서울상사	1,455	55	80,025		판매금액		정숙영	47:58			
6	미래상사	1,650	65	107,250		128,100		김은주	45:33	동메달		
7	서울상사	2,350	75	176,250				박선아	46:00			
8	미래상사	1,800	80	144,000				정은순	49:33			
9	우주상사	1,750	60	105,000				황선희	48:27			
10												
11												
12	[표3]							[표4]				
13	품목코드	품목	수량	금액				성명	생년월일	나이	구분	
14	T-010	토너	10	2,350,000				윤채영	1995-12-29	26	20대	
15	Y-006	용지	40	380,000				이영석	1982-05-06	39	성인	
16	C-777	USB	125	687,500				나한일	1999-03-28	22	20대	
17	S-018	스피커	17	603,500				조경훈	2002-11-10	19	청소년	
18	I-099	잉크	23	1,000,500				민정아	2003-02-15	18	청소년	
19								이영란	1995-01-19	26	20대	
20	[품목별 단가표]											
21	토너	용지	USB	스피커	잉크			기준일	2021-12-31			
22	235,000	9,500	5,500	35,500	43,500							
23												
24												
25	[표5]											
26	성명	마라톤기록	우승기록									
27	정우성	1:15:23	1시간8분35초									
28	김우영	1:18:33										
29	장석우	1:25:08										
30	김철호	1:08:35										
31	박성진	1:33:35										
32	황민호	1:29:36										
33	민선기	1:37:15										
34												

5. 분석작업-1

	A	B	C	D	E	F	G	H	I
1			제품별 신발 매출현황						
2									
3	제품명	구분	제조회사	5월	6월	7월	8월	평균매출액	
4	레드써니	망사형	국제상사	1,550,000	1,620,000	1,750,000	1,350,000	1,567,500	
5	수선	오픈형	국제상사	1,200,000	1,330,000	1,585,000	1,432,000	1,386,750	
6	로즈메리	통굽형	국제상사	1,450,000	1,750,000	1,200,000	1,140,000	1,385,000	
7	수산	스포츠형	국제상사	1,200,000	1,100,000	1,450,000	1,250,000	1,250,000	
8			국제상사 최소값	1,200,000	1,100,000	1,200,000	1,140,000		
9			국제상사 최대값	1,550,000	1,750,000	1,750,000	1,432,000		
10	멜리	오픈형	뷰티물산	1,390,000	1,520,000	1,770,000	1,310,000	1,497,500	
11	비바2	오픈형	뷰티물산	890,000	980,000	980,000	1,012,000	965,500	
12			뷰티물산 최소값	890,000	980,000	980,000	1,012,000		
13			뷰티물산 최대값	1,390,000	1,520,000	1,770,000	1,310,000		
14	비바	오픈형	서울슈즈	1,550,000	1,650,000	1,280,000	1,160,000	1,410,000	
15	블루씨	남성용	서울슈즈	1,560,000	950,000	1,280,000	1,025,000	1,203,750	
16	레드덴	망사형	서울슈즈	1,010,000	1,030,000	1,280,000	1,200,000	1,130,000	
17	야시	스포츠형	서울슈즈	980,000	1,040,000	1,360,000	1,100,000	1,120,000	
18			서울슈즈 최소값	980,000	950,000	1,280,000	1,025,000		
19			서울슈즈 최대값	1,560,000	1,650,000	1,360,000	1,200,000		
20			전체 최소값	890,000	950,000	980,000	1,012,000		
21			전체 최대값	1,560,000	1,750,000	1,770,000	1,432,000		
22									

6. 분석작업-2

	[표1] 항목별 요금				[표2] 항목별 요금		
항목	사용량	요금		항목	사용량	요금	
성우전기	350	47,250		가스료	25	2,250
한일수도	25	16,925		한일수도	37	25,049
유선시청료		12,000		미래전기	275	37,125
TV시청료		2,500		인터넷요금		25,000
전기세	75	10,125		신세계수도		35,750
난방비	557	30,635		재산세		50,000

[표3] 항목별 요금 합계		
항목	사용량	요금
*전기	625	84,375
*수도	62	77,724

7. 매크로 작업

[표] 부서별 여사원 평가결과

성명	부서	직책	정답수	점수
이지영	기획부	사원	75	750
박미란	인사부	사원	68	680
윤소라	기획부	사원	65	650
민영희	총무부	사원	88	880
최소연	인사부	사원	82	820
김상은	총무부	사원	76	760
정영하	경리부	사원	92	920

점수   채우기

8. 차트 작업

성별	한국	미국	영국	일본
				단위:%
여성	62.0	59.2	55.0	63.3
남성	74.4	58.2	61.0	72.4
격차	12.4	1.0	6.0	9.1

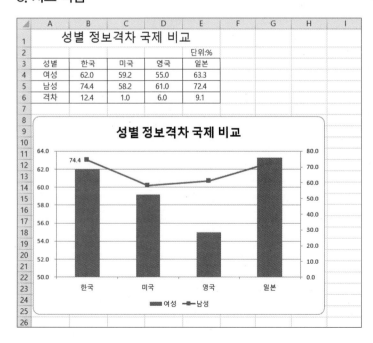

제 03 회 출제예상 모의고사 : 해설 :

문제 01 기본작업(20점)

1. 기본작업-2

	A	B	C	D	E	F	G	H	I	J
1	전산교육과 2학기 성적일람표									
2										
3	학번	성명	윤리	국사	국어	수학	총점	교육학과 교양과목 점수		
4	31001	이영택	78	58	87	90	235점			
5	31002	라수인	89	69	89	89	247점			
6	31003	김민재	56	100	97	78	275점			
7	31004	남주나	45	78	60	95	233점			
8	31005	노혜경	67	86	100	67	253점			
9	31006	이미경	89	80	45	78	203점			
10	31007	진달래	92	90	67	79	236점			
11	31008	고사리	89	93	89	89	271점			
12	평균		75.625	81.75	79.25	83.125	244.125			
13										

작업 과정

구분	작업 내용
①	• [A1:G1] 영역을 드래그한 후, [홈] 탭-[맞춤] 그룹에서 📧 병합하고 가운데 맞춤 ▼ 아이콘을 클릭합니다. • 이어서, [홈] 탭-[글꼴] 그룹에서 글꼴에 '맑은 고딕', 글꼴 크기 '24', 가(굵게)를 지정합니다.
②	• [G4:G11] 영역을 드래그한 후, [셀 서식]의 바로 가기 키인 Ctrl + 1 키를 누릅니다. • [셀 서식] 대화상자가 표시되면 [표시 형식] 탭의 <범주> 항목 중 '사용자 지정' 선택하고 <형식>에 'G/표준"점"'을 입력한 후 <확인> 단추를 클릭합니다.
③	• [C3:F3] 영역을 드래그하여 범위를 지정합니다. • 이름 상자에 '과목'을 입력하고 Enter 키를 누릅니다.
④	• [G3] 셀을 클릭한 후, [검토] 탭-[메모] 그룹에서 [새 메모]를 클릭합니다. (또는, '새 메모'의 바로 가기 키인 Shift + F2 키를 누릅니다.) • 기존 메모의 내용을 Back space 키를 이용하여 모두 삭제하고 '교육학과 교양과목 점수'를 입력합니다. • 마우스 포인터를 메모 상자의 테두리에 위치시켜 포인터의 모양이 ✥로 변경되면 마우스 오른쪽 버튼을 눌러 [바로 가기] 메뉴 중 [메모 서식]을 클릭합니다. • [메모 서식] 대화상자의 [맞춤] 탭에서 '자동 크기'를 선택하여 체크 표시(✔)를 지정하고 <확인> 단추를 클릭합니다. • 이어서, [검토] 탭의 [메모] 그룹에서 ☑메모 표시/숨기기 아이콘을 클릭하여 메모가 항상 표시되도록 지정합니다.
⑤	• [A3:G12] 영역을 드래그 합니다. • [홈] 탭-[글꼴] 그룹에서 📧(아래쪽 테두리) 아이콘의 ▼(목록 단추)를 눌러 田(모든 테두리) 아이콘을 클릭합니다. • 이어서, ▼(목록 단추)를 한 번 더 클릭한 후, 回(굵은 바깥쪽 테두리) 아이콘을 클릭합니다.

2. 기본작업-3

	A	B	C	D	E	F	G
13							
14	매출수량	매출액					
15	>=180	>=100000000					
16							
17	지점명	모니터	메인보드	스피커	매출수량	매출액	
18	서울	53	78	87	218	130,800,000	
19	청주	57	67	56	180	108,000,000	
20	울산	54	56	75	185	111,000,000	
21	합계	396	478	487	1,361	816,600,000	
22							

작업 과정

① 고급 필터의 조건식에 사용할 필드 이름을 복사하기 위하여 [E3:F3] 영역을 드래그 합니다.
② **Ctrl** + **C** 키를 눌러 [복사]한 후, [A14] 셀에서 **Ctrl** + **V** 키를 눌러 [붙여넣기] 합니다.
③ [A15] 셀과 [B15] 셀에 다음과 같이 조건을 입력합니다.

	A	B	C
13			
14	매출수량	매출액	
15	>=180	>=100000000	
16			

④ [A3] 셀을 클릭한 후, [데이터] 탭-[정렬 및 필터] 그룹에서 고급 아이콘을 클릭합니다.
⑤ [고급 필터] 대화상자가 표시되면 다음과 같이 범위를 지정하고 〈확인〉 단추를 클릭합니다.

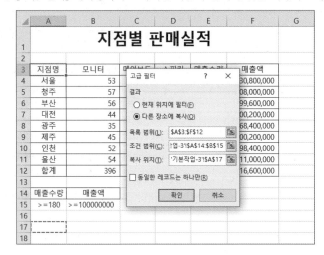

▲	A	B	C	D	E	F	G	H	I	J	K	L
1	[표1]							[표2]				
2	대리점	단가	출고수량	판매금액	대리점	출고수량		성명	수영기록	시상		
3	서울상사	1,675	45	75,375	서울상사	>=50		김민아	45:28	은메달		
4	우주상사	1,700	55	93,500				남은희	44:05	금메달		
5	서울상사	1,455	55	80,025		판매금액		정숙영	47:58			
6	미래상사	1,650	65	107,250		128,100		김은주	45:33	동메달		
7	서울상사	2,350	75	176,250				박선아	46:00			
8	미래상사	1,800	80	144,000				정은순	49:33			
9	우주상사	1,750	60	105,000				황선희	48:27			
10												
11												
12	[표3]							[표4]				
13	품목코드	품목	수량	금액				성명	생년월일	나이	구분	
14	T-010	토너	10	2,350,000				윤채영	1995-12-29	26	20대	
15	Y-006	용지	40	380,000				이영석	1982-05-06	39	성인	
16	C-777	USB	125	687,500				나한일	1999-03-28	22	20대	
17	S-018	스피커	17	603,500				조경훈	2002-11-10	19	청소년	
18	I-099	잉크	23	1,000,500				민정아	2003-02-15	18	청소년	
19								이영란	1995-01-19	26	20대	
20	[품목별 단가표]											
21	토너	용지	USB	스피커	잉크			기준일	2021-12-31			
22	235,000	9,500	5,500	35,500	43,500							
23												
24												
25	[표5]											
26	성명	마라톤기록	우승기록									
27	정우성	1:15:23	1시간8분35초									
28	김우영	1:18:33										
29	장석우	1:25:08										
30	김철호	1:08:35										
31	박성진	1:33:35										
32	황민호	1:29:36										
33	민선기	1:37:15										
34												

▶ 함수식

[표1] 판매금액[E6]	[E6] 셀에 '=TRUNC(DAVERAGE(A2:D9,D2,E2:F3),-2)'을 입력합니다.
[표2] 시상[J3:J9]	[J3] 셀에 '=IF(RANK.EQ(I3,$I$3:$I$9,1)=1,"금메달",IF(RANK.EQ(I3,$I$3:$I$9,1)=2,"은메달",IF(RANK.EQ(I3,$I$3:$I$9,1)=3,"동메달","")))'을 입력한 후, 채우기 핸들을 [J9] 셀까지 드래그 합니다.
[표3] 금액[D14:D18]	[D14] 셀에 'C14*HLOOKUP(B14,$A$21:$E$22,2,0)'을 입력한 후, 채우기 핸들을 [D18] 셀까지 드래그 합니다.
[표4] 구분[K14:K19]	[K14] 셀에 '=IF(YEAR($I$21)-YEAR(I14)<20,"청소년",IF(YEAR($I$21)-YEAR(I14)<=29 ,"20대","성인"))'을 입력한 후, 채우기 핸들을 [K19] 셀까지 드래그 합니다.
[표5] 우승기록[C27]	[C27] 셀에 '=HOUR(SMALL(B27:B33,1))&"시간"&MINUTE(SMALL(B27:B33,1))&"분"&SECOND(SMALL(B27:B33,1))&"초"'를 입력합니다.

1. 분석작업-1

제품명	구분	제조회사	5월	6월	7월	8월	평균매출액
		제품별 신발 매출현황					
레드써니	망사형	국제상사	1,550,000	1,620,000	1,750,000	1,350,000	1,567,500
수선	오픈형	국제상사	1,200,000	1,330,000	1,585,000	1,432,000	1,386,750
로즈메리	통굽형	국제상사	1,450,000	1,750,000	1,200,000	1,140,000	1,385,000
수산	스포츠형	국제상사	1,200,000	1,100,000	1,450,000	1,250,000	1,250,000
		국제상사 최소값	1,200,000	1,100,000	1,200,000	1,140,000	
		국제상사 최대값	1,550,000	1,750,000	1,750,000	1,432,000	
멜리	오픈형	뷰티물산	1,390,000	1,520,000	1,770,000	1,310,000	1,497,500
비바2	오픈형	뷰티물산	890,000	980,000	980,000	1,012,000	965,500
		뷰티물산 최소값	890,000	980,000	980,000	1,012,000	
		뷰티물산 최대값	1,390,000	1,520,000	1,770,000	1,310,000	
비바	오픈형	서울슈즈	1,550,000	1,650,000	1,280,000	1,160,000	1,410,000
블루씨	남성용	서울슈즈	1,560,000	950,000	1,280,000	1,025,000	1,203,750
레드덴	망사형	서울슈즈	1,010,000	1,030,000	1,280,000	1,200,000	1,130,000
야시	스포츠형	서울슈즈	980,000	1,040,000	1,360,000	1,100,000	1,120,000
		서울슈즈 최소값	980,000	950,000	1,280,000	1,025,000	
		서울슈즈 최대값	1,560,000	1,650,000	1,360,000	1,200,000	
		전체 최소값	890,000	950,000	980,000	1,012,000	
		전체 최대값	1,560,000	1,750,000	1,770,000	1,432,000	

작업 과정

① [A3] 셀을 클릭한 후 [데이터] 탭-[정렬 및 필터] 그룹에서 ▦(정렬) 아이콘을 클릭합니다.
② 〈열〉 항목의 정렬 기준에 '제조회사', 〈정렬〉 항목에서 '오름차순'을 각각 선택한 후 ⮸ 기준 추가(A) 아이콘을 클릭합니다.
③ 〈열〉 항목의 다음 기준에 '평균매출액', 〈정렬〉 항목에서 '내림차순'을 각각 선택한 후 〈확인〉 단추를 클릭합니다.

④ [데이터] 탭-[윤곽선] 그룹에서 [부분합]을 클릭합니다.
⑤ [부분합] 대화상자가 표시되면 그룹화할 항목에 '제조회사', 사용할 함수에 '최대값',
부분합 계산 항목에 '5월', '6월', '7월', '8월'을 선택한 후 〈확인〉 단추를 클릭합니다.

⑥ 2차 부분합을 생성하기 위하여 다시 [데이터] 탭-[윤곽선] 그룹에서 [부분합]을 클릭합니다.

⑦ [부분합] 대화상자에서 그룹화할 항목에 '제조회사', 사용할 함수에 '최소값', 부분합 계산 항목에 '5월', '6월', '7월', '8월'을 선택합니다.

⑧ 이어서, '새로운 값으로 대치' 항목을 클릭하여 체크 표시(✔)를 해제한 다음 〈확인〉 단추를 클릭합니다.

2. 분석작업-2

	A	B	C	D	E	F	G	H	I
1		[표1] 항목별 요금				[표2] 항목별 요금			
2		항목	사용량	요금		항목	사용량	요금	
3		성우전기	350	47,250		가스료	25	2,250	
4		한일수도	25	16,925		한일수도	37	25,049	
5		유선시청료		12,000		미래전기	275	37,125	
6		TV시청료		2,500		인터넷요금		25,000	
7		전기세	75	10,125		신세계수도		35,750	
8		난방비	557	30,635		재산세		50,000	
9									
10						[표3] 항목별 요금 합계			
11						항목	사용량	요금	
12						*전기	625	84,375	
13						*수도	62	77,724	
14									

작업 과정

① [F12] 셀에 '*전기'를 입력한 후, [F13] 셀에 '*수도'를 입력해 줍니다.

② [F11:H13] 영역을 드래그한 후, [데이터] 탭-[데이터 도구] 그룹에서 [통합]을 클릭합니다.

③ [통합] 대화상자가 표시되면 〈함수〉에 '합계'를 선택하고, 〈참조〉에서 통합할 1차 범위를 지정하기 위해 🔳 단추를 클릭합니다.

④ 통합할 1차 범위인 [B2:D8] 영역을 드래그한 후, 🔳 단추를 누르고 〈추가〉 단추를 클릭합니다.

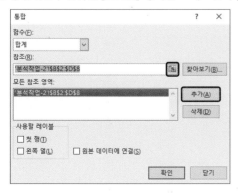

⑤ 통합할 2차 범위인 [F2:H8] 영역도 동일한 방법으로 범위를 지정한 후 〈추가〉 단추를 클릭합니다.
⑥ 이어서, 〈사용할 레이블〉에서 '첫 행'과 '왼쪽 열'을 각각 선택하여 체크 표시(✔)를 지정하고 〈확인〉 단추를 클릭합니다.

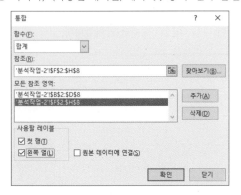

문제 04 기타작업(20점)

1. 매크로 작업

	A	B	C	D	E	F
1	[표] 부서별 여사원 평가결과					
2						
3	성명	부서	직책	정답수	점수	
4	이지영	기획부	사원	75	750	
5	박미란	인사부	사원	68	680	
6	윤소라	기획부	사원	65	650	
7	민영희	총무부	사원	88	880	
8	최소연	인사부	사원	82	820	
9	김상은	총무부	사원	76	760	
10	정영하	경리부	사원	92	920	
11						
12		점수		채우기		
13						
14						

작업 과정

▶ '점수' 단추 생성과 매크로 작업

① [개발 도구] 탭-[컨트롤] 그룹에서 [삽입] 아이콘을 클릭한 후, ▢(단추(양식 컨트롤))을 선택합니다.
② **Alt** 키를 누른 상태에서 [B12:B13] 영역에 맞게 드래그한 후, [매크로 지정] 대화상자가 표시되면 매크로 위치에 '현재 통합 문서', 매크로 이름에 '점수'를 입력하고 〈기록〉 단추를 클릭합니다.

③ [매크로 기록] 대화상자가 표시되면 〈확인〉 단추를 클릭합니다.

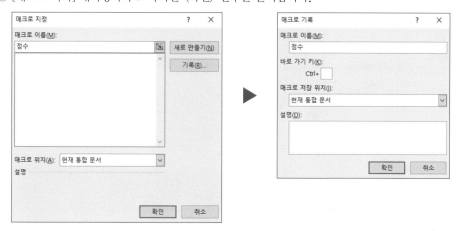

④ [E4] 셀을 클릭한 후, '=D4*10'을 입력하고 **Enter** 키를 눌러줍니다.
⑤ [E4] 셀을 클릭한 후, [E4] 셀에서 [E10] 셀까지 채우기 핸들을 드래그 합니다.
⑥ 임의의 셀을 클릭하여 영역 지정을 해제한 후, 워크시트 하단의 상태 표시줄에서 ■(기록 중지) 아이콘을 클릭하여 매크로 지정을 완료합니다. (또는, [개발 도구] 탭-[코드] 그룹에서 ■(기록 중지) 아이콘을 클릭)
⑦ 단추 위에서 마우스 오른쪽 버튼을 눌러 [바로 가기] 메뉴 중 [텍스트 편집]을 클릭합니다.
⑧ '단추 1'을 삭제하고 '점수'를 입력한 후 임의의 셀을 클릭합니다.

▶ '빗면' 도형 삽입 및 텍스트 입력

① [삽입] 탭-[일러스트레이션] 그룹에서 [도형]을 클릭한 후, 〈기본 도형〉에서 ▢(빗면)을 선택합니다.
② **Alt** 키를 누른 상태에서 [D12:D13] 영역에 맞게 드래그하여 도형을 그려줍니다.
③ 도형에 '채우기'를 입력한 후, [홈] 탭-[맞춤] 그룹에서 세로 방향 ≡(가운데 맞춤), 가로 방향 ≡(가운데 맞춤) 아이콘을 클릭한 다음 임의의 셀을 클릭합니다.

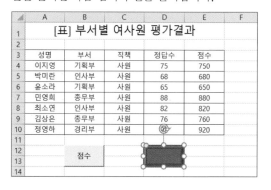 

▶ '채우기' 매크로 작성

① [D12:D13] 영역의 '빗면' 도형 위에 마우스 포인터를 위치시킵니다.
② 마우스 포인터의 모양이 ✛로 변경되면 마우스 오른쪽 버튼을 눌러 [바로 가기] 메뉴 중 [매크로 지정]을 선택합니다.

③ [매크로 지정] 대화상자에서 매크로 위치에 '현재 통합 문서', 매크로 이름에 '채우기'를 입력한 후 〈기록〉 단추를 클릭하고, [매크로 기록] 대화상자에서 〈확인〉 단추를 클릭합니다.

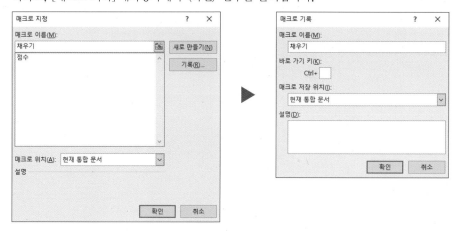

④ [A3:E3] 영역을 드래그한 후, [홈] 탭-[글꼴] 그룹에서 ◇▾(채우기 색) 아이콘의 ▾(목록 단추)를 눌러 〈표준 색〉 항목 중 '노랑'을 선택합니다.
⑤ 임의의 셀을 클릭하여 영역 지정을 해제한 후, 워크시트 하단의 상태 표시줄에서 ■(기록 중지) 아이콘을 클릭하여 매크로 지정을 완료합니다. (또는, [개발 도구] 탭-[코드] 그룹에서 ■(기록 중지) 아이콘을 클릭)

2. 차트 작업

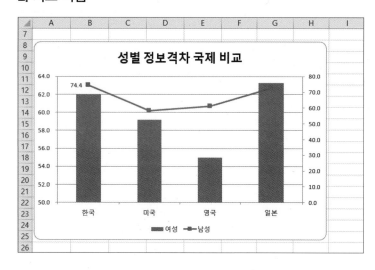

성별 정보격차 국제 비교

여성 ■ 남성

한국 미국 영국 일본

74.4

작업 과정

▶ 차트 범위 수정

① 차트 영역에서 마우스 오른쪽 버튼을 누른 후, [바로 가기] 메뉴 중 [데이터 선택]을 클릭합니다.
② [데이터 원본 선택] 대화상자가 표시되면 〈범례 항목(계열)〉에서 '격차'를 선택한 후, ☞ 편집(E) 단추를 클릭합니다.

③ [계열 편집] 대화상자의 〈계열 이름〉에서 ▦ 단추를 누른 후 [A4] 셀을 지정하고, 〈계열 값〉의 ▦ 단추를 누른 후, [B4:E4] 영역을 지정한 다음 〈확인〉 단추를 클릭합니다.

④ 이어서, [데이터 원본 선택] 대화상자가 표시되면 📊 추가(A) 단추를 클릭합니다.
⑤ [계열 편집] 대화상자가 표시되면 다음과 같이 〈계열 이름〉과 〈계열 값〉을 지정하고 〈확인〉 단추를 클릭합니다.

⑥ 〈범례 항목(계열)〉의 '남성'이 선택된 상태에서 〈가로(항목) 축 레이블〉의 📝편집(E) 단추를 클릭합니다.
⑦ [축 레이블] 대화상자가 표시되면 〈축 레이블 범위〉로 [B3:E3] 영역을 범위로 지정한 후 〈확인〉 단추를 클릭합니다.

⑧ '남성' 항목의 가로(항목) 축 레이블이 변경된 것을 확인한 후 〈확인〉 단추를 클릭합니다.

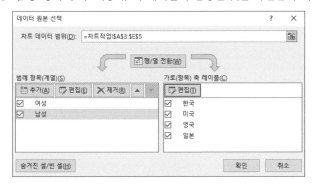

▶ 차트 제목 입력

① [차트 도구]-[디자인] 탭의 [차트 레이아웃] 그룹에서 [차트 요소 추가]-[차트 제목]-[차트 위]를 클릭합니다.
② '차트 제목'이 표시되면 수식 입력줄을 클릭한 후, '='을 입력하고 [A1] 셀을 클릭한 다음 **Enter** 키를 눌러줍니다.

③ 차트 제목이 [A1] 셀과 연동되어 표시된 것을 확인합니다.
  (즉, [A1] 셀의 제목을 변경할 경우 차트 제목이 연동되어 있어 같이 변동되게 됩니다.)

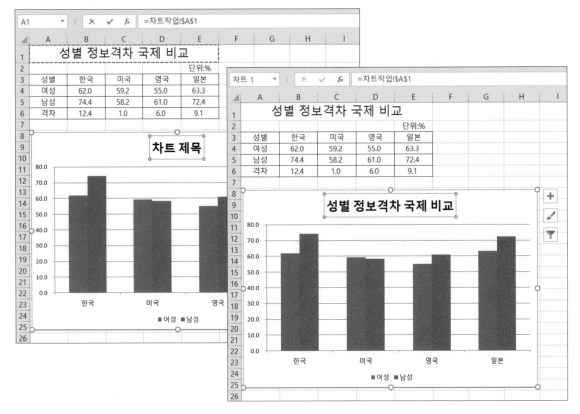

▶ 차트 종류 변경 및 보조 축 지정

① '남성' 계열에서 마우스 오른쪽 버튼을 누른 후, [바로 가기] 메뉴 중 [계열 차트 종류 변경]을 클릭합니다.
② [차트 종류 변경] 대화상자가 표시되면 [콤보]에서 '계열 이름'의 '남성'에서 [표식이 있는 꺾은선형]을 클릭한 후 보조 축을 선택한 다음 〈확인〉 단추를 클릭합니다.

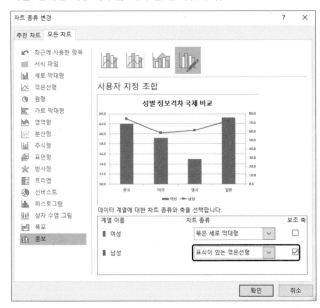

▶ 데이터 레이블 추가

① '남성' 계열의 '한국' 요소를 클릭한 후, 다시 한 번 클릭합니다.
② 마우스 오른쪽 버튼을 누른 후, [바로 가기] 메뉴 중 [데이터 레이블 추가]–[데이터 레이블 추가]를 클릭합니다.
③ [차트 도구]–[디자인] 탭의 [차트 레이아웃] 그룹에서 [차트 요소 추가]–[데이터 레이블]–[왼쪽]을 클릭합니다.

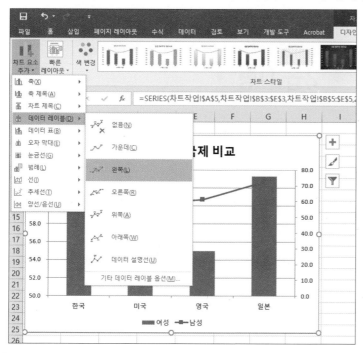

▶ 테두리 스타일 '둥근 모서리' 지정

① 차트 영역에서 마우스 오른쪽 버튼을 누른 후, [바로 가기] 메뉴 중 [차트 영역 서식]을 클릭합니다.
② [차트 영역 서식]의 [채우기 및 선]–[테두리]에서 '둥근 모서리'를 선택합니다.

제 04 회 출제예상 모의고사

프로그램명	제한시간
EXCEL 2016	40분

수험번호 :
성   명 :

◆ 2급 D형 ◆

유 의 사 항

● 인적 사항 누락 및 잘못 작성으로 인한 불이익은 수험자 책임으로 합니다.

● 화면에 암호 입력창이 나타나면 아래의 암호를 입력하여야 합니다.
  ○ 암호 : 879@23

● 작성된 답안은 주어진 경로 및 파일명을 변경하지 마시고 그대로 저장해야 합니다. 이를 준수하지 않으면 실격처리 됩니다.

● 외부데이터 위치 : C:₩OA₩파일명

● 별도 지시사항이 없는 경우, 다음과 같이 처리 시 실격 처리됩니다.
  ○ 제시된 시트 및 개체의 순서나 이름을 임의로 변경한 경우
  ○ 제시된 시트 및 개체를 임의로 추가 또는 삭제한 경우

● 답안은 반드시 문제에서 지시 또는 요구한 셀에 입력하여야 하며 다음과 같이 처리 시 채점 대상에서 제외됩니다.
  ○ 수험자가 임의로 지시하지 않은 셀의 이동, 수정, 삭제, 변경 등으로 인해 셀의 위치 및 내용이 변경된 경우 해당 작업에 영향을 미치는 관련문제 모두 채점 대상에서 제외
  ○ 도형 및 차트의 개체가 중첩되어 있거나 동일한 계산결과 시트가 복수로 존재할 경우 해당 개체나 시트는 채점 대상에서 제외

● 수식 작성 시 제시된 문제 파일의 데이터는 변경 가능한(가변적) 데이터임을 감안하여 문제 풀이를 하시오.

● 별도의 지시사항이 없는 경우, 주어진 각 시트 및 개체의 설정값 또는 기본 설정값(Default)으로 처리하시오.

● 저장 시간은 별도로 주어지지 않으므로 제한된 시간 내에 저장을 완료해야 하며, 제한 시간 내에 저장이 되지 않은 경우에는 실격 처리됩니다.

● 출제된 문제의 용어는 Microsoft office 2016 기준으로 작성되어 있습니다.

대 한 상 공 회 의 소

문제 01 주어진 시트에서 다음 과정을 수행하고 저장하시오.

1. '기본작업-1' 시트에 다음의 자료를 주어진 대로 입력하시오. (5점)

	A	B	C	D	E	F	G	H
1	대한마트 인사기록							
2								
3	사번	성명	부서	입사일자	직통번호	주소지	실적	
4	Kw11-05	윤준희	경리부	2011-05-18	02) 302-4445	강북구 미아동	12,530	
5	Gp10-22	이상봉	고객부	2010-02-18	02) 853-1520	도봉구 쌍문동	35,100	
6	Au01-02	박영모	총무부	2001-03-02	02) 4655-6566	마포구 도화동	65,000	
7	Ks04-01	문진호	식품부	2004-07-02	031) 8088-2322	의정부시 가능동	35,000	
8	Sb09-15	이재진	가전부	2009-11-15	02) 526-5555	성북구 돈암동	58,260	
9	Pm12-25	맹주표	총무부	2012-03-28	031) 333-2356	부평구 작전동	8,352	
10	Xv13-06	장금숙	식품부	2013-11-16	031) 750-1010	김포시 장기동	14,053	
11								

2. '기본작업-2' 시트에 대하여 다음의 지시사항을 처리하시오. (각 2점)

① [A5:A6], [A7:A9], [A10:A12], [A13:B13] 영역은 '병합하고 가운데 맞춤'을 지정하고, [C4:G4] 영역은 글꼴 스타일 '굵게', 채우기 색 '표준 색-노랑'으로 지정하시오.

② [C5:H13] 영역은 사용자 지정 표시 형식을 이용하여 1000 단위 구분 기호와 숫자 뒤에 '개'를 표시 예와 같이 표시하시오. [표시 예 : 3456 → 3,456개, 0 → 0개]

③ [A3:H13] 영역에 '모든 테두리(田)'를 적용한 후 '굵은 바깥쪽 테두리(回)'를 적용하여 표시하시오.

④ [B5:B12] 영역의 이름을 '제품명'으로 정의하시오.

⑤ [H7] 셀에 '최고인기품목'이라는 메모를 삽입한 후 항상 표시되도록 지정하고, 메모 서식에서 맞춤 '자동 크기'를 설정하시오.

3. '기본작업-3' 시트에서 다음의 지시사항을 처리하시오. (5점)

- [A4:G15] 영역에 대하여 직위가 '주임'이면서 총급여가 '4,000,000' 미만인 행 전체에 대하여 글꼴 스타일을 '굵게', 글꼴 색을 '표준 색-파랑'으로 지정하는 조건부 서식을 작성하시오.
  - ▶ AND 함수 사용
  - ▶ 단, 규칙 유형은 '수식을 사용하여 서식을 지정할 셀 결정'을 사용하고, 한 개의 규칙으로만 작성하시오.

문제 02 '계산작업' 시트에서 다음 과정을 수행하고 저장하시오.

1. [표1]에서 지점[A3:A10]이 '동부'인 매출액[C3:C10]의 합계를 [C13] 셀에 계산하시오. (8점)

- ▶ 동부지점 합계는 백의 자리에서 올림하여 천의 자리까지 표시 [표시 예 : 1,234,123 → 1,235,000]
- ▶ 조건은 [A12:A13] 영역에 입력하시오.
- ▶ DSUM, ROUND, ROUNDUP, ROUNDDOWN 함수 중 알맞은 함수들을 선택하여 사용

2. [표2]에서 상여금[J3:J10]이 1,200,000 보다 크면서 기본급[I3:I10]이 기본급의 평균 이상인 인원수를 [J12] 셀에 표시하시오. (8점)

- ▶ 계산된 인원 수 뒤에 '명'을 포함하여 표시 [표시 예 : 2명]
- ▶ AVERAGE, COUNTIFS 함수와 & 연산자 사용

3. [표3]에서 주민등록번호[C18:C25]의 왼쪽에서 8번째 문자가 '1' 또는 '3' 이면 '남', '2' 또는 '4' 이면 '여'를 성별[D18:D25]에 표시하시오. (8점)

    ▶ CHOOSE, MID 함수 사용

4. [표4]에서 응모횟수[H18:H25]에 따른 난수를 발생하여 7이상이면 "당첨", 그렇지 않으면 공백으로 결과[I18:I25]에 표시하시오.

    ▶ 난수는 1에서 응모횟수까지 설정
    ▶ IF, RANDBETWEEN 함수 사용

5. [표5]에서 원서번호[A30:A37]의 왼쪽에서 첫 번째 문자와 [B39:D40] 영역을 참조하여 지원학과 [D30:D37]를 표시하시오. (8점)

    ▶ 단, 오류발생시 지원학과에 '코드오류'로 표시
    ▶ IFERROR, HLOOKUP, LEFT 함수 사용

문제 03 주어진 시트에서 다음 작업을 수행하고 저장하시오. 분석작업(20점)

1. '분석작업-1' 시트에 대하여 다음의 지시사항을 처리하시오. (10점)

－ [부분합] 기능을 이용하여 '한국대학교 모바일프로그래밍 성적처리' 표에 〈그림〉과 같이 학과별로 '출석'과 '평소'의 합계를 계산한 후 '총점'의 최대값을 계산하시오.
    ▶ 정렬은 '학과'를 기준으로 오름차순으로 처리하시오.
    ▶ 합계와 최대값은 위에 명시된 순서대로 처리하시오.

	A	B	C	D	E	F	G	H	I
1		한국대학교 모바일프로그래밍 성적처리							
2									
3	학번	학과	이름	출석	평소	중간	기말	총점	
4	N132056	네트워크과	박명수	12	13	21	23	69	
5	N126354	네트워크과	박명석	19	18	27	26	90	
6	N101253	네트워크과	문진호	12	10	15	18	55	
7	N132416	네트워크과	윤기철	17	15	22	23	77	
8		네트워크과 최대값						90	
9		네트워크과 요약		60	56				
10	M110456	멀티미디어과	이기형	17	16	28	24	85	
11	M123460	멀티미디어과	김재우	19	19	26	28	92	
12	M140632	멀티미디어과	안영돈	16	17	23	21	77	
13	M133625	멀티미디어과	원세진	16	17	19	21	73	
14	M150207	멀티미디어과	김영규	18	17	24	21	80	
15		멀티미디어과 최대값						92	
16		멀티미디어과 요약		86	86				
17	S121340	소프트웨어과	남진호	15	16	25	26	82	
18	S145628	소프트웨어과	황종철	20	19	29	27	95	
19	S130215	소프트웨어과	이재관	14	13	18	20	65	
20	S123056	소프트웨어과	박영모	15	18	20	17	70	
21		소프트웨어과 최대값						95	
22		소프트웨어과 요약		64	66				
23		전체 최대값						95	
24		총합계		210	208				
25									

2. '분석작업-2' 시트에 대하여 다음의 지시사항을 처리하시오. (10점)

－ [정렬] 기능을 이용하여 '포지션'을 투수-포수-내야수-외야수 순으로 정렬하고, 동일한 포지션인 경우 '가입기간'의 셀 색이 'RGB(216,228,188)'인 값이 위에 표시되도록 정렬하시오.

1. '매크로 작업' 시트의 [표]에서 다음과 같은 기능을 수행하는 매크로를 현재 통합 문서에 작성하고 실행하시오. (각 5점)

① [N4:N14] 영역에 평균을 계산하는 매크로를 생성하여 실행하시오.

▶ 매크로 이름 : 평균   ▶ 평균은 1월부터 12월까지의 발생건수의 평균임.

▶ [개발 도구]-[삽입]-[양식 컨트롤]의 '단추'를 동일 시트의 [C16:D17] 영역에 생성하고, 텍스트를 '평균'으로 입력한 후 단추를 클릭할 때 '평균' 매크로가 실행되도록 설정하시오.

② [B3:B14], [D3:D14] 영역에 글꼴 색을 '표준 색-빨강'으로 적용하는 매크로를 생성하여 실행하시오.

▶ 매크로 이름 : 서식

▶ [도형]-[기본 도형]의 '빗면(□)'을 동일 시트의 [F16:G17] 영역에 생성하고, 텍스트를 '서식'으로 입력한 후 도형을 클릭할 때 '서식' 매크로가 실행되도록 설정하시오.

※ 셀 포인터의 위치에 상관없이 현재 통합 문서에서 매크로가 실행되어야 정답으로 인정됨

2. '차트작업' 시트의 차트를 지시사항에 따라 아래 그림과 같이 수정하시오. (각 2점)

※ 차트는 반드시 문제에서 제공한 차트를 사용하여야 하며, 신규로 작성 시 0점 처리됨

① '별정통신서비스' 계열이 제거되도록 데이터 범위를 수정하시오.

② 차트 종류를 '누적 세로 막대형'으로 변경하시오.

③ 차트 제목은 '차트 위'로 추가하여 〈그림〉과 같이 입력하시오.

④ '기간통신서비스' 계열의 '2018년' 요소에만 데이터 레이블 '값'을 표시하고, 레이블의 위치를 '가운데'로 설정하시오.

⑤ 전체 계열의 계열의 계열 겹치기와 간격 너비를 각각 0%로 설정하시오.

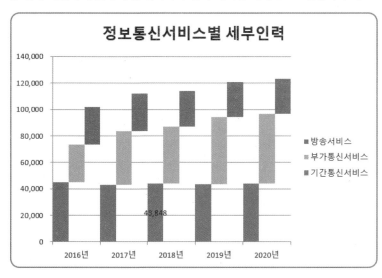

제 04 회 출제예상 모의고사 ∴정답∴

1. 기본작업-1

	A	B	C	D	E	F	G	H
1	대한마트 인사기록							
2								
3	사번	성명	부서	입사일자	직통번호	주소지	실적	
4	Kw11-05	윤준희	경리부	2011-05-18	02) 302-4445	강북구 미아동	12,530	
5	Gp10-22	이상봉	고객부	2010-02-18	02) 853-1520	도봉구 쌍문동	35,100	
6	Au01-02	박영모	총무부	2001-03-02	02) 4655-6566	마포구 도화동	65,000	
7	Ks04-01	문진호	식품부	2004-07-02	031) 8088-2322	의정부시 가능동	35,000	
8	Sb09-15	이재진	가전부	2009-11-15	02) 526-5555	성북구 돈암동	58,260	
9	Pm12-25	맹주표	총무부	2012-03-28	031) 333-2356	부평구 작전동	8,352	
10	Xv13-06	장금숙	식품부	2013-11-16	031) 750-1010	김포시 장기동	14,053	
11								

2. 기본작업-2

	A	B	C	D	E	F	G	H	I	J
1	대한유통 3월 라면류 매출현황									
2										
3	제품군	제품명	강북		강서	경기		제품별합계		
4			삼양마트	수유마트	화곡마트	김포마트	강화마트			
5	짜장	왕짜장면	25개	58개	56개	32개	24개	195개		
6		첨짜장면	52개	36개	27개	47개	36개	198개	최고인기품목	
7	짬뽕	왕짬뽕면	125개	156개	204개	157개	347개	989개		
8		첨짬뽕면	34개	62개	62개	34개	82개	274개		
9		핫짬뽕면	85개	36개	75개	64개	28개	288개		
10	비빔면	열무비빔면	68개	92개	51개	73개	54개	338개		
11		고추장면	31개	30개	42개	17개	25개	145개		
12		메밀면	106개	88개	124개	64개	72개	454개		
13	마트별합계		526개	558개	641개	488개	668개	2,881개		
14										

3. 기본작업-3

	A	B	C	D	E	F	G	H
1	대한상사 3월분 급여지급명세서							
2								
3	사번	성명	직위	기본급	제수당	상여금	총급여	
4	SJ01-023	윤준희	부장	4,273,000	882,000	1,068,250	6,223,250	
5	SJ04-012	이영돈	과장	3,697,000	724,000	924,250	5,345,250	
6	SJ11-002	김재우	주임	2,856,000	560,000	714,000	4,130,000	
7	SJ10-021	임석훈	대리	3,047,000	524,000	761,750	4,332,750	
8	SJ09-015	이인석	대리	3,140,000	480,000	785,000	4,405,000	
9	SJ13-007	김상수	사원	2,510,000	320,000	627,500	3,457,500	
10	SJ06-019	이재훈	과장	3,506,000	542,000	876,500	4,924,500	
11	SJ08-004	최민영	대리	3,200,000	360,000	800,000	4,360,000	
12	SJ12-031	문재필	주임	2,734,000	324,000	683,500	3,741,500	
13	SJ12-012	황상호	사원	2,473,000	268,000	618,250	3,359,250	
14	SJ13-003	김기찬	주임	2,810,000	302,000	702,500	3,814,500	
15	SJ09-001	남도일	대리	2,980,000	347,000	745,000	4,072,000	
16								

4. 계산작업

	A	B	C	D	E	F	G	H	I	J	K
1	[표1]					[표2]					
2	지점	이름	매출액	순위		이름	부서	직위	기본급	상여금	
3	동부	남성일	28,561,500			나대로	영업부	부장	3,560,000	2,512,000	
4	서부	이진주	38,651,200			이민호	생산부	과장	3,256,000	1,826,000	
5	남부	박건우	19,560,000			김기만	총무부	사원	2,560,000	1,282,000	
6	북부	윤채영	32,470,000			황정숙	생산부	대리	3,075,000	1,568,000	
7	서부	이도령	56,587,200	1위		남영길	생산부	주임	2,856,000	1,240,000	
8	남부	한가인	36,521,700			김병기	영업부	사원	2,473,000	1,195,000	
9	동부	최성복	52,438,600	2위		최득호	총무부	사원	2,372,000	1,153,000	
10	북부	이인석	37,542,300			남민호	영업부	주임	2,903,000	1,200,000	
11											
12	지점		동부지점 합계			상여금이 1,200,000원 보다 크면서,				3명	
13	동부		81,001,000			평균 기본급 이상인 인원수					
14											
15											
16	[표3]					[표4]					
17	학번	이름	주민등록번호	성별		이름	고객번호	응모횟수	결과		
18	M1602001	최홍진	990218-2304567	여		진위철	K202001	8			
19	M1602002	박득영	010802-3065821	남		박성봉	K201922	6			
20	M1602003	이기찬	011115-4356712	여		최기국	K202015	11			
21	M1602004	성진호	980723-1935645	남		황천길	K202027	7	당첨		
22	M1602005	남경필	991225-1328650	남		신문고	K201959	17			
23	M1602006	김득량	021222-3264328	남		최경수	K201987	22	당첨		
24	M1602007	윤준희	010123-3652942	남		방정환	K202049	16			
25	M1602008	허성근	001015-4685201	여		김숙희	K202098	10			
26											
27											
28	[표5]										
29	원서번호	이름	거주지	지원학과							
30	M-120	전영록	서울시 강북구	멀티미디어							
31	N-082	육성종	대전시 대덕구	네트워크							
32	S-035	이준호	인천시 남동구	소프트웨어							
33	M-072	윤기철	서울시 성북구	멀티미디어							
34	S-141	남조원	경기도 김포시	소프트웨어							
35	N-033	최성원	경기도 고양시	네트워크							
36	M-037	박석주	강원도 춘천시	멀티미디어							
37	A-028	민영도	서울시 마포구	코드오류							
38											
39	학과코드	S	N	M							
40	학 과 명	소프트웨어	네트워크	멀티미디어							
41											

5. 분석작업-1

1 2 3 4		A	B	C	D	E	F	G	H	I
	1		한국대학교 모바일프로그래밍 성적처리							
	2									
	3	학번	학과	이름	출석	평소	중간	기말	총점	
	4	N132056	네트워크과	박명수	12	13	21	23	69	
	5	N126354	네트워크과	박명석	19	18	27	26	90	
	6	N101253	네트워크과	문진호	12	10	15	18	55	
	7	N132416	네트워크과	윤기철	17	15	22	23	77	
	8		네트워크과 최대값						90	
	9		네트워크과 요약		60	56				
	10	M110456	멀티미디어과	이기형	17	16	28	24	85	
	11	M123460	멀티미디어과	김재우	19	19	26	28	92	
	12	M140632	멀티미디어과	안영돈	16	17	23	21	77	
	13	M133625	멀티미디어과	원세진	16	17	19	21	73	
	14	M150207	멀티미디어과	김영규	18	17	24	21	80	
	15		멀티미디어과 최대값						92	
	16		멀티미디어과 요약		86	86				
	17	S121340	소프트웨어과	남진호	15	16	25	26	82	
	18	S145628	소프트웨어과	황종철	20	19	29	27	95	
	19	S130215	소프트웨어과	이재관	14	13	18	20	65	
	20	S123056	소프트웨어과	박영모	15	18	20	17	70	
	21		소프트웨어과 최대값						95	
	22		소프트웨어과 요약		64	66				
	23		전체 최대값						95	
	24		총합계		210	208				
	25									

6. 분석작업-2

포지션	이름	부서	나이	가입기간	참여도	비고
		대한상사 야구동호회 회원명부				
투수	남상식	총무부	32	6년	A급	
투수	박규환	경리부	26	1년	C급	
투수	황규모	생산부	28	2년	B급	
포수	이인석	생산부	30	6년	B급	
포수	김석진	구매부	34	8년	A급	감독
내야수	이준호	총무부	43	8년	A급	회장
내야수	윤기철	생산부	31	4년	C급	
내야수	김상수	영업부	27	3년	B급	
내야수	박석두	영업부	26	1년	A급	
외야수	김영규	생산부	41	8년	C급	
외야수	임석훈	경리부	32	5년	A급	총무
외야수	도금봉	구매부	33	7년	B급	
외야수	이재훈	생산부	26	2년	A급	
외야수	최기찬	영업부	28	4년	B급	

7. 매크로 작업

발화요인	1월	2월	3월	4월	5월	6월	7월	8월	9월	10월	11월	12월	평균
					[표] 발화요인에 대한 월별 화재 발생건수 현황								
전기적요인	1,239	1,006	853	786	795	835	1,156	924	683	664	763	959	889
기계적요인	537	372	332	330	306	265	313	289	306	320	292	410	339
화학적요인	26	26	22	28	19	36	28	26	26	14	30	18	25
가스누출	26	22	8	19	13	16	17	17	11	23	23	22	18
교통사고	55	33	43	42	43	47	42	40	41	45	47	54	44
부주의	2,306	2,173	3,210	2,470	1,468	1,399	738	704	1,269	1,397	1,258	1,846	1,687
기타(실화)	103	79	96	84	53	52	52	54	50	66	69	103	72
자연적요인	4	2	3	102	22	36	101	81	14	14	4	3	32
방화	38	43	56	48	54	29	38	29	38	42	38	35	41
방화의심	148	149	209	198	167	132	98	102	125	144	166	124	147
미상	521	420	430	428	313	327	247	221	306	345	344	455	363

평균   서식

8. 차트 작업

서비스	2016년	2017년	2018년	2019년	2020년
		정보통신서비스별 세부인력			
기간통신서비스	45,010	43,023	43,848	43,454	43,755
별정통신서비스	6,158	6,268	6,400	6,664	6,702
부가통신서비스	28,628	40,404	43,044	50,824	52,981
방송서비스	28,395	28,484	27,048	26,714	26,383

제 04 회 출제예상 모의고사 ∵ 해설 ∵

문제 01 기본작업(20점)

1. 기본작업-2

	A	B	C	D	E	F	G	H	I	J
1	대한유통 3월 라면류 매출현황									
2										
3	제품군	제품명	강북		강서	경기		제품별합계		
4			삼양마트	수유마트	화곡마트	김포마트	강화마트			
5	짜장	왕짜장면	25개	58개	56개	32개	24개	195개		
6		첨짜장면	52개	36개	27개	47개	36개	198개	최고인기품목	
7	짬뽕	왕짬뽕면	125개	156개	204개	157개	347개	989개		
8		첨짬뽕면	34개	62개	62개	34개	82개	274개		
9		핫짬뽕면	85개	36개	75개	64개	28개	288개		
10	비빔면	열무비빔면	68개	92개	51개	73개	54개	338개		
11		고추장면	31개	30개	42개	17개	25개	145개		
12		메밀면	106개	88개	124개	64개	72개	454개		
13	마트별합계		526개	558개	641개	488개	668개	2,881개		
14										

작업 과정

구분	작업 내용
①	• [A5:A6] 영역을 드래그한 후, **Ctrl** 키를 누른 상태에서 [A7:A9], [A10:A12], [A13:B13] 영역도 드래그 합니다. • [홈] 탭-[맞춤] 그룹에서 [병합하고 가운데 맞춤▾] 아이콘을 클릭합니다. • [C4:G4] 영역을 드래그한 후, [홈] 탭-[글꼴] 그룹에서 [가](굵게)를 지정한 다음 [⧉▾](채우기 색) 아이콘의 [▾](목록 단추)를 눌러 <표준 색> 항목 중 '노랑'을 선택합니다.
②	• [C5:H13] 영역을 드래그한 후, [셀 서식]의 바로 가기 키인 **Ctrl**+**1** 키를 누릅니다. • [셀 서식] 대화상자가 표시되면 [표시 형식] 탭의 <범주> 항목 중 '사용자 지정' 선택하고 <형식>에 '#,##0"개"'를 입력한 후 <확인> 단추를 클릭합니다.
③	• [A3:H13] 영역을 드래그 합니다. • [홈] 탭-[글꼴] 그룹에서 [⊞▾](아래쪽 테두리) 아이콘의 [▾](목록 단추)를 눌러 [⊞](모든 테두리) 아이콘을 클릭합니다. • 이어서, [▾](목록 단추)를 한 번 더 클릭한 후, [▣](굵은 바깥쪽 테두리) 아이콘을 클릭합니다.
④	• [B5:B12] 영역을 드래그하여 범위를 지정합니다. • 이름 상자에 '제품명'을 입력하고 **Enter** 키를 누릅니다.
⑤	• [H7] 셀을 클릭한 후, [검토] 탭-[메모] 그룹에서 [새 메모]를 클릭합니다. 　(또는, '새 메모'의 바로 가기 키인 **Shift**+**F2** 키를 누릅니다.) • 기존 메모의 내용을 **Back space** 키를 이용하여 모두 삭제하고 '최고인기품목'을 입력합니다. • 마우스 포인터를 메모 상자의 테두리에 위치시켜 포인터의 모양이 [✥]로 변경되면 마우스 오른쪽 버튼을 눌러 [바로 가기] 메뉴 중 [메모 서식]을 클릭합니다. • [메모 서식] 대화상자의 [맞춤] 탭에서 '자동 크기'를 선택하여 체크 표시(✔)를 지정하고 <확인> 단추를 클릭합니다. • 이어서, [검토] 탭의 [메모] 그룹에서 [메모 표시/숨기기] 아이콘을 클릭하여 메모가 항상 표시되도록 지정합니다.

2. 기본작업-3

	A	B	C	D	E	F	G	H
1	대한상사 3월분 급여지급명세서							
2								
3	사번	성명	직위	기본급	제수당	상여금	총급여	
4	SJ01-023	윤준희	부장	4,273,000	882,000	1,068,250	6,223,250	
5	SJ04-012	이영돈	과장	3,697,000	724,000	924,250	5,345,250	
6	SJ11-002	김재우	주임	2,856,000	560,000	714,000	4,130,000	
7	SJ10-021	임석훈	대리	3,047,000	524,000	761,750	4,332,750	
8	SJ09-015	이인석	대리	3,140,000	480,000	785,000	4,405,000	
9	SJ13-007	김상수	사원	2,510,000	320,000	627,500	3,457,500	
10	SJ06-019	이재훈	과장	3,506,000	542,000	876,500	4,924,500	
11	SJ08-004	최민영	대리	3,200,000	360,000	800,000	4,360,000	
12	**SJ12-031**	문재필	주임	**2,734,000**	**324,000**	**683,500**	**3,741,500**	
13	SJ12-012	황상호	사원	2,473,000	268,000	618,250	3,359,250	
14	**SJ13-003**	김기찬	주임	**2,810,000**	**302,000**	**702,500**	**3,814,500**	
15	SJ09-001	남도일	대리	2,980,000	347,000	745,000	4,072,000	
16								

작업 과정

① [A4:G15] 영역을 드래그한 후, [홈] 탭-[스타일] 그룹에서 [조건부 서식]-[새 규칙]을 클릭합니다.

② [새 서식 규칙] 대화상자가 표시되면 '▶ 수식을 사용하여 서식을 지정할 셀 결정'을 클릭한 후 조건 수식과 서식을 지정하고 〈확인〉 단추를 클릭합니다.

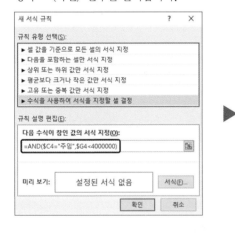

	A	B	C	D	E	F	G	H	I	J	K
1	[표1]					[표2]					
2	지점	이름	매출액	순위		이름	부서	직위	기본급	상여금	
3	동부	남성일	28,561,500			나대로	영업부	부장	3,560,000	2,512,000	
4	서부	이진주	38,651,200			이민호	생산부	과장	3,256,000	1,826,000	
5	남부	박건우	19,560,000			김기만	총무부	사원	2,560,000	1,282,000	
6	북부	윤채영	32,470,000			황정숙	생산부	대리	3,075,000	1,568,000	
7	서부	이도령	56,587,200	1위		남영길	생산부	주임	2,856,000	1,240,000	
8	남부	한가인	36,521,700			김병기	영업부	사원	2,473,000	1,195,000	
9	동부	최성복	52,438,600	2위		최숙희	총무부	사원	2,372,000	1,153,000	
10	북부	이인석	37,542,300			남민호	영업부	주임	2,903,000	1,200,000	
11											
12	지점		동부지점 합계			상여금이 1,200,000원 보다 크면서,				3명	
13	동부		81,001,000			평균 기본급 이상인 인원수					
14											
15											
16	[표3]					[표4]					
17	학번	이름	주민등록번호	성별		이름	고객번호	응모횟수	결과		
18	M1602001	최홍진	990218-2304567	여		진위철	K202001	8			
19	M1602002	박득영	010802-3065821	남		박성봉	K201922	6			
20	M1602003	이기찬	011115-4356712	여		최기국	K202015	11			
21	M1602004	성진호	980723-1935645	남		황천길	K202027	7	당첨		
22	M1602005	남경필	991225-1328650	남		신문고	K201959	17			
23	M1602006	김득량	021222-3264328	남		최경수	K201987	22	당첨		
24	M1602007	윤준희	010123-3652942	남		방정환	K202049	16			
25	M1602008	허성근	001015-4685201	여		김숙희	K202098	10			
26											
27											
28	[표5]										
29	원서번호	이름	거주지	지원학과							
30	M-120	전영록	서울시 강북구	멀티미디어							
31	N-082	육성종	대전시 대덕구	네트워크							
32	S-035	이준호	인천시 남동구	소프트웨어							
33	M-072	윤기철	서울시 성북구	멀티미디어							
34	S-141	남조원	경기도 김포시	소프트웨어							
35	N-033	최성원	경기도 고양시	네트워크							
36	M-037	박석주	강원도 춘천시	멀티미디어							
37	A-028	민영도	서울시 마포구	코드오류							
38											
39	학과코드	S	N	M							
40	학 과 명	소프트웨어	네트워크	멀티미디어							
41											

▶ 함수식

[표1] 동부지점 합계[C13]	[C13] 셀에 '=ROUNDUP(DSUM(A2:D10,3,A12:A13),-3)'을 입력합니다.
[표2] 인원수[J12]	[J12] 셀에 '=COUNTIFS(J3:J10,">1200000",I3:I10,">="&AVERAG(I3:I10))&"명"을 입력합니다.
[표3] 성별[D18:D25]	[D18] 셀에 '=CHOOSE(MID(C18,8,1),"남","여","남","여")'를 입력한 후, 채우기 핸들을 [D25] 셀까지 드래그 합니다.
[표4] 결과[I18:I25]	[I18] 셀에 '=IF(RANDBETWEEN(1,H18)>=7,"당첨","")'을 입력한 후, 채우기 핸들을 [I25] 셀까지 드래그 합니다. (RANDBETWEEN 함수의 결과는 지정한 범위의 숫자가 랜덤으로 나오는 형식이므로 해설의 답안 결과와 다르게 나올 수 있습니다.)
[표5] 지원학과[D30:D37]	[D30] 셀에 '=IFERROR(HLOOKUP(LEFT(A30,1),$B$39:$D$40,2,FALSE),"코드오류")를 입력한 후, 채우기 핸들을 [D37] 셀까지 드래그 합니다.

문제 03 분석작업(20점)

1. 분석작업-1

	A	B	C	D	E	F	G	H	I
1		한국대학교 모바일프로그래밍 성적처리							
2									
3	학번	학과	이름	출석	평소	중간	기말	총점	
4	N132056	네트워크과	박명수	12	13	21	23	69	
5	N126354	네트워크과	박명석	19	18	27	26	90	
6	N101253	네트워크과	문진호	12	10	15	18	55	
7	N132416	네트워크과	윤기철	17	15	22	23	77	
8		네트워크과 최대값						90	
9		네트워크과 요약		60	56				
10	M110456	멀티미디어과	이기형	17	16	28	24	85	
11	M123460	멀티미디어과	김재우	19	19	26	28	92	
12	M140632	멀티미디어과	안영돈	16	17	23	21	77	
13	M133625	멀티미디어과	원세진	16	17	19	21	73	
14	M150207	멀티미디어과	김영규	18	17	24	21	80	
15		멀티미디어과 최대값						92	
16		멀티미디어과 요약		86	86				
17	S121340	소프트웨어과	남진호	15	16	25	26	82	
18	S145628	소프트웨어과	황종철	20	19	29	27	95	
19	S130215	소프트웨어과	이재관	14	13	18	20	65	
20	S123056	소프트웨어과	박영모	15	18	20	17	70	
21		소프트웨어과 최대값						95	
22		소프트웨어과 요약		64	66				
23		전체 최대값						95	
24		총합계		210	208				
25									

작업 과정

① [B3] 셀을 클릭한 후 [데이터] 탭-[정렬 및 필터] 그룹에서 ⬚(텍스트 오름차순 정렬) 아이콘을 클릭합니다.

② [데이터] 탭-[윤곽선] 그룹에서 [부분합]을 클릭합니다.

③ [부분합] 대화상자가 표시되면 그룹화할 항목에 '학과', 사용할 함수에 '합계', 부분합 계산 항목에 '출석'과 '평소'를 선택한 후 〈확인〉 단추를 클릭합니다.

④ 2차 부분합을 생성하기 위하여 다시 [데이터] 탭-[윤곽선] 그룹에서 [부분합]을 클릭합니다.

⑤ [부분합] 대화상자가 표시되면 그룹화할 항목에 '학과', 사용할 함수에 '최대값', 부분합 계산 항목에 '총점'을 선택합니다. (이때, 부분합 계산 항목에서 '출석'과 '평소'의 체크 표시(✓)는 해제합니다.)

⑥ 이어서, '새로운 값으로 대치' 항목을 클릭하여 체크 표시(✔)를 해제한 다음 〈확인〉 단추를 클릭합니다.

2. 분석작업-2

	A	B	C	D	E	F	G	H
1			대한상사 야구동호회 회원명부					
2								
3	포지션	이름	부서	나이	가입기간	참여도	비고	
4	투수	남상식	총무부	32	6년	A급		
5	투수	박규환	경리부	26	1년	C급		
6	투수	황규모	생산부	28	2년	B급		
7	포수	이인석	생산부	30	6년	B급		
8	포수	김석진	구매부	34	8년	A급	감독	
9	내야수	이준호	총무부	43	8년	A급	회장	
10	내야수	윤기철	생산부	31	4년	C급		
11	내야수	김상수	영업부	27	3년	B급		
12	내야수	박석두	영업부	26	1년	A급		
13	외야수	김영규	생산부	41	8년	C급		
14	외야수	임석훈	경리부	32	5년	A급	총무	
15	외야수	도금봉	구매부	33	7년	B급		
16	외야수	이재훈	생산부	26	2년	A급		
17	외야수	최기찬	영업부	28	4년	B급		
18								

작업 과정

① [A3] 셀을 클릭한 후 [데이터] 탭-[정렬 및 필터] 그룹에서 🔲(정렬) 아이콘을 클릭합니다.
② [정렬] 대화상자가 표시되면 〈열〉 항목의 정렬 기준에 '포지션', 〈정렬 기준〉 항목에 '값'과 〈정렬〉 항목에서 '사용자 지정 목록…'을 선택합니다.
③ [사용자 지정 목록] 대화상자가 표시되면 〈목록 항목〉에 정렬될 순서대로 내용을 입력하고 〈추가〉 단추를 클릭합니다.
④ 이어서, 〈사용자 지정 목록〉 항목에 추가된 내용을 선택하고 〈확인〉 단추를 클릭합니다.

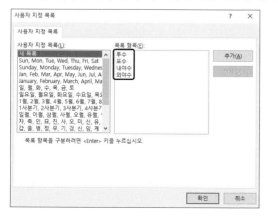 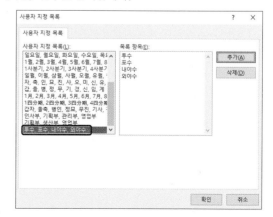

⑤ [정렬] 대화상자가 다시 표시되면 2차 정렬 기준(즉, 동일한 포지션이 있을 경우)을 지정하기 위해 [⁺↓ 기준 추가(A)] 아이콘을 클릭합니다.

⑥ 〈열〉 항목의 다음 기준에 '가입기간', 〈정렬 기준〉 항목에 '셀 색', 〈정렬〉 항목에서 [셀 색 없음 ▼]의 ⫶(목록 단추)를 눌러 'RGB(216, 228, 188)'을 선택하고 〈확인〉 단추를 클릭합니다.

문제 04 기타작업(20점)

1. 매크로 작업

	A	B	C	D	E	F	G	H	I	J	K	L	M	N	O
1						[표] 발화요인에 대한 월별 화재 발생건수 현황									
2															
3	발화요인	1월	2월	3월	4월	5월	6월	7월	8월	9월	10월	11월	12월	평균	
4	전기적요인	1,239	1,006	853	786	795	835	1,156	924	683	664	763	959	889	
5	기계적요인	537	372	332	330	306	265	313	289	306	320	292	410	339	
6	화학적요인	26	26	22	28	19	36	28	26	26	14	30	18	25	
7	가스누출	26	22	8	19	13	16	17	17	11	23	23	22	18	
8	교통사고	55	33	43	42	43	47	42	40	41	45	47	54	44	
9	부주의	2,306	2,173	3,210	2,470	1,468	1,399	738	704	1,269	1,397	1,258	1,846	1,687	
10	기타(실화)	103	79	96	84	53	52	52	54	50	66	69	103	72	
11	자연적요인	4	2	3	102	22	36	101	81	14	14	4	3	32	
12	방화	38	43	56	48	54	29	38	29	38	42	38	35	41	
13	방화의심	148	149	209	198	167	132	98	102	125	144	166	124	147	
14	미상	521	420	430	428	313	327	247	221	306	345	344	455	363	
15															
16				평균			서식								
17															
18															

작업 과정

▶ '평균' 단추 생성과 매크로 작업

① [개발 도구] 탭–[컨트롤] 그룹에서 [삽입] 아이콘을 클릭한 후, ⬜(단추(양식 컨트롤))을 선택합니다.

② [Alt] 키를 누른 상태에서 [C16:D17] 영역에 맞게 드래그한 후, [매크로 지정] 대화상자가 표시되면 매크로 위치에 '현재 통합 문서', 매크로 이름에 '평균'를 입력하고 〈기록〉 단추를 클릭합니다.

③ [매크로 기록] 대화상자가 표시되면 〈확인〉 단추를 클릭합니다.

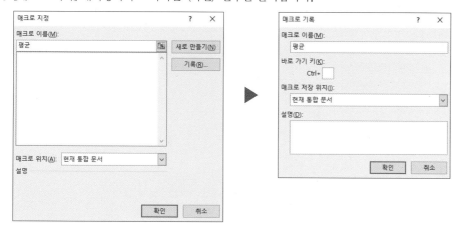

④ [N4] 셀을 클릭한 후, '=AVERAGE('를 입력하고 [B4:M4] 영역을 드래그 합니다.
⑤ '=AVERAGE(B4:M4'가 지정되었으면 ')'를 입력한 후, **Enter** 키를 눌러줍니다.
⑥ [N4] 셀을 클릭한 후, [N4] 셀에서 [N14] 셀까지 채우기 핸들을 드래그 합니다.
⑦ 임의의 셀을 클릭하여 영역 지정을 해제한 후, 워크시트 하단의 상태 표시줄에서 ■(기록 중지) 아이콘을 클릭하여 매크로 지정을 완료합니다. (또는, [개발 도구] 탭-[코드] 그룹에서 ■(기록 중지) 아이콘을 클릭)
⑧ 단추 위에서 마우스 오른쪽 버튼을 눌러 [바로 가기] 메뉴 중 [텍스트 편집]을 클릭합니다.
⑨ '단추 1'을 삭제하고 '평균'을 입력한 후 임의의 셀을 클릭합니다.

▶ '빗면' 도형 삽입 및 텍스트 입력

① [삽입] 탭-[일러스트레이션] 그룹에서 [도형]을 클릭한 후, 〈기본 도형〉에서 ▢(빗면)을 선택합니다.
② **Alt** 키를 누른 상태에서 [F16:G17] 영역에 맞게 드래그하여 도형을 그려줍니다.
③ 도형에 '서식'을 입력한 후, [홈] 탭-[맞춤] 그룹에서 세로 방향 ≡(가운데 맞춤), 가로 방향 ≡(가운데 맞춤) 아이콘을 클릭한 다음 임의의 셀을 클릭합니다.

▶ '서식' 매크로 작성

① [F16:G17] 영역의 '빗면' 도형 위에 마우스 포인터를 위치시킵니다.
② 마우스 포인터의 모양이 ✥로 변경되면 마우스 오른쪽 버튼을 눌러 [바로 가기] 메뉴 중 [매크로 지정]을 선택합니다.

③ [매크로 지정] 대화상자에서 매크로 위치에 '현재 통합 문서', 매크로 이름에 '서식'을 입력한 후 〈기록〉 단추를 클릭하고, [매크로 기록] 대화상자에서 〈확인〉 단추를 클릭합니다.

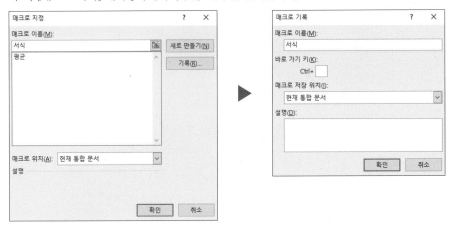

④ [B3:B14] 영역을 드래그한 후, **Ctrl** 키를 누른 상태에서 [D3:D14] 영역도 드래그 합니다.
⑤ [홈] 탭-[글꼴] 그룹에서 (채우기 색) 아이콘의 (목록 단추)를 눌러 〈표준 색〉 항목 중 '빨강'을 선택합니다.
⑥ 임의의 셀을 클릭하여 영역 지정을 해제한 후, 워크시트 하단의 상태 표시줄에서 ■(기록 중지) 아이콘을 클릭하여 매크로 지정을 완료합니다. (또는, [개발 도구] 탭-[코드] 그룹에서 ■(기록 중지) 아이콘을 클릭)

2. 차트 작업

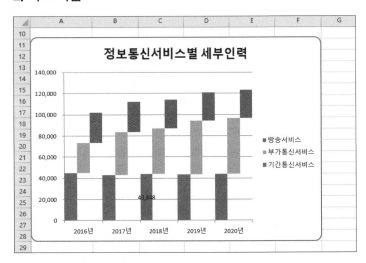

작업 과정

▶ 차트 범위 수정 (계열 제거)

① 마우스 포인터를 차트 위에 위치시킨 후, 마우스 오른쪽 버튼 클릭-[바로 가기] 메뉴 중 [데이터 선택]을 클릭합니다.

② [데이터 원본 선택] 대화상자가 표시되면 〈범례 항목(계열)〉에서 '별정통신서비스'를 선택한 후 ✕제거(R) 단추를 클릭하고 〈확인〉 단추를 클릭합니다.

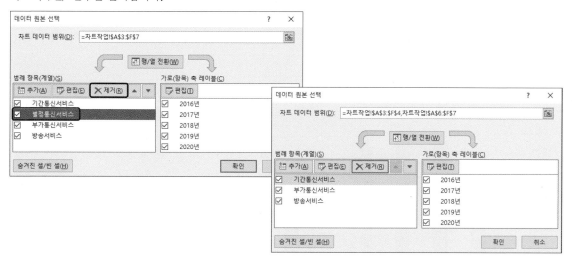

▶ 차트 종류 변경

① 차트 영역에서 마우스 오른쪽 버튼을 누른 후, [바로 가기] 메뉴 중 [차트 종류 변경]을 클릭합니다.
② [차트 종류 변경] 대화상자가 표시되면 [세로 막대형]–[누적 세로 막대형]을 클릭한 후 〈확인〉 단추를 클릭합니다.

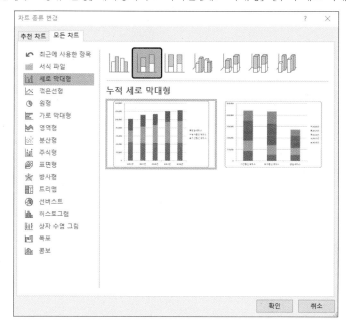

▶ 차트 제목 입력

① 차트 영역을 클릭한 후, [차트 도구]-[디자인] 탭의 [차트 레이아웃] 그룹에서 [차트 요소 추가]-[차트 제목]-[차트 위를 클릭합니다.

② '차트 제목'으로 표시된 내용을 삭제한 후, '정보통신서비스별 세부인력'을 입력하고 차트 제목 테두리를 클릭합니다.

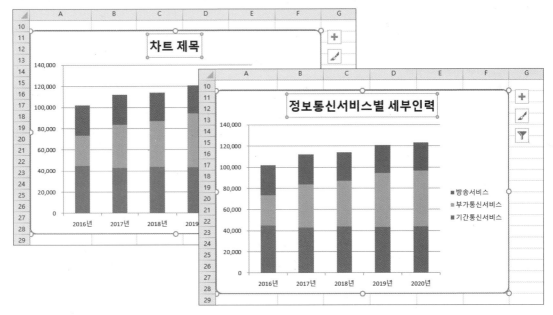

▶ 데이터 레이블 추가

① '기간통신서비스' 계열의 '2018년' 요소를 클릭한 후, 다시 한 번 클릭합니다.

② [차트 도구]-[디자인] 탭의 [차트 레이아웃] 그룹에서 [차트 요소 추가]-[데이터 레이블]-[가운데]를 클릭합니다.

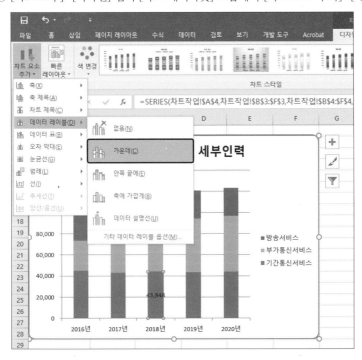

▶ 계열 겹치기와 간격 너비

① '방송서비스' 계열을 클릭합니다. (또는, '부가통신서비스'나 '기간통신서비스' 계열을 클릭해도 됩니다.)
② 마우스 오른쪽 버튼을 누른 후, [바로 가기] 메뉴 중 [데이터 계열 서식]을 클릭합니다.
③ [데이터 계열 서식]의 계열 옵션에서 '계열 겹치기'와 '간격 너비'를 0으로 변경합니다.

제 05 회 출제예상 모의고사

프로그램명	제한시간
EXCEL 2016	40분

수험번호 :

성   명 :

◆ 2급 E형 ◆

유 의 사 항

- 인적 사항 누락 및 잘못 작성으로 인한 불이익은 수험자 책임으로 합니다.

- 화면에 암호 입력창이 나타나면 아래의 암호를 입력하여야 합니다.
  - ○ 암호 : 558@26

- 작성된 답안은 주어진 경로 및 파일명을 변경하지 마시고 그대로 저장해야 합니다. 이를 준수하지 않으면 실격처리 됩니다.

- 외부데이터 위치 : C:₩OA₩파일명

- 별도 지시사항이 없는 경우, 다음과 같이 처리 시 실격 처리됩니다.
  - ○ 제시된 시트 및 개체의 순서나 이름을 임의로 변경한 경우
  - ○ 제시된 시트 및 개체를 임의로 추가 또는 삭제한 경우

- 답안은 반드시 문제에서 지시 또는 요구한 셀에 입력하여야 하며 다음과 같이 처리 시 채점 대상에서 제외됩니다.
  - ○ 수험자가 임의로 지시하지 않은 셀의 이동, 수정, 삭제, 변경 등으로 인해 셀의 위치 및 내용이 변경된 경우 해당 작업에 영향을 미치는 관련문제 모두 채점 대상에서 제외
  - ○ 도형 및 차트의 개체가 중첩되어 있거나 동일한 계산결과 시트가 복수로 존재할 경우 해당 개체나 시트는 채점 대상에서 제외

- 수식 작성 시 제시된 문제 파일의 데이터는 변경 가능한(가변적) 데이터임을 감안하여 문제 풀이를 하시오.

- 별도의 지시사항이 없는 경우, 주어진 각 시트 및 개체의 설정값 또는 기본 설정값(Default)으로 처리하시오.

- 저장 시간은 별도로 주어지지 않으므로 제한된 시간 내에 저장을 완료해야 하며, 제한 시간 내에 저장이 되지 않은 경우에는 실격 처리됩니다.

- 출제된 문제의 용어는 Microsoft office 2016 기준으로 작성되어 있습니다.

대 한 상 공 회 의 소

문제 01 주어진 시트에서 다음 과정을 수행하고 저장하시오. 【기본작업(20점)】

1. '기본작업-1' 시트에 다음의 자료를 주어진 대로 입력하시오. (5점)

	A	B	C	D	E	F	G
1	우수 소프트웨어 목록 안내						
2							
3	코드번호	소프트웨어명	개발회사	사용환경	구입가격	구입처	
4	S-JA-01	한국의자연	아카데미	Windows XP 이상	75,000	대한소프트	
5	S-SA-10	GAMMA 사진 화보집	오넥스시스템	Windows XP 이상	86,000	상공문고	
6	S-MU-90	NEW 음악 이야기	상공미디어	Linux 9 이상	39,000	케이소프트	
7	S-TR-84	시베리아 횡단열차	채널미디어	Windows XP 이상	220,000	한국상사	
8	S-JA-32	오지의세계	SoftLand	DVD롬, 플레이어	150,000	한글자랑	
9	S-SA-17	문화의향기	SG문화재단	매킨토시 7.5 이상	50,000	성공문고	
10	S-SE-39	한국의바다	상공Pride&Soft	윈도우 8 이상	66,000	대한소프트	
11	S-KP-27	남극의눈물	M-미디어	윈도우 7 이상	77,000	태양문고	
12							

2. '기본작업-2' 시트에 대하여 다음의 지시사항을 처리하시오. (각 2점)

① [A1:F1] 영역은 '병합하고 가운데 맞춤', 글꼴 '맑은 고딕', 글꼴 크기 '20', 글꼴 스타일 '굵게', '이중 실선'을 지정하시오.

② [F3] 셀은 사용자 지정 서식을 이용하여 'yyyy年 mm月 현재'로 표시되도록 지정하시오.

　[표시 예 : 2021-01-01 → 2021年 01月 현재]

③ [F4] 셀에 '상품별 매출액 표시'라는 메모를 삽입하고, 항상 표시되도록 하시오.

④ [B5:B12], [F5:F13] 영역은 '회계 표시 형식(₩)'으로 지정하고, [E5:E12] 영역은 '백분율 스타일(%)'로 지정하시오.

⑤ [A4:F13] 영역은 '모든 테두리(田)'를 적용하여 표시하고, [B13:E13] 영역의 각 셀은 '/' 모양의 괘선으로 채우시오.

3. '기본작업-3' 시트에서 다음의 지시사항을 처리하시오. (5점)

- '세공품 수출입 현황' 표에서 구분이 '수출'이고, 입금금액이 '550,000' 이상인 데이터 값을 고급 필터를 사용하여 검색하시오.
  - ▶ 고급 필터 조건은 [A18:G20] 영역 내에 알맞게 입력하시오.
  - ▶ 고급 필터 결과는 [A21] 셀부터 표시하시오.

문제 02 '계산작업' 시트에서 다음 과정을 수행하고 저장하시오. 【계산작업(40점)】

1. [표1]에서 컴퓨터일반[B3:B8]과 워드[C3:C8]를 이용하여 합격여부[D3:D8]를 표시하시오. (8점)

- ▶ 합격여부는 평균 점수가 60 이상이며, 한 과목이라도 40 미만이 없는 경우 '합격', 그렇지 않으면 '불합격'으로 표시
- ▶ AVERAGE, AND, OR, NOT, IF 함수 사용

2. [표2]에서 등록번호[H3:H8]와 학교코드표[K3:L8]를 이용하여 출신학교[I3:I8]를 표시하시오. (8점)

- ▶ 학교코드는 등록번호의 가운데 문자를 이용하여 계산
- ▶ MID와 VLOOKUP 함수 사용

3. [표3]에서 '북부' 소속지점의 판매금액 평균을 구하여 북부지점 평균[D20]에 표시하시오. (8점)

- ▶ 북부지점 평균은 백 단위에서 올림하여 천 단위까지 표시 [표시 예 : 1,345,600 → 1,346,000]
- ▶ 북부지점 평균 = 북부지점 합계 / 북부지점 수
- ▶ SUMIF, COUNTIF, ROUNDUP 함수 사용

4. [표4]에서 '서울' 지역의 '양천' 지점에서 판매한 K8 총 판매 대수를 구하여 [J21] 셀에 표시하시오. (8점)

▶ 표시 예 : 25대
▶ SUMIFS 함수와 & 연산자 사용

5. [표5]에서 총점[G26:G31]에 대한 순위를 구하여 1위는 '대상', 2위는 '금상', 3위는 '은상', 4위는 '동상', 그 외는 공란을 등급[H26:H31]에 표시하시오. (8점)

▶ 순위는 총점이 가장 큰 값이 1위
▶ CHOOSE와 RANK.EQ 함수 사용

문제 03 주어진 시트에서 다음 작업을 수행하고 저장하시오. 분석작업(20점)

1. '분석작업-1' 시트에 대하여 다음의 지시사항을 처리하시오. (10점)

– [부분합] 기능을 이용하여 '상공문고 도서 대출 현황' 표에 〈그림〉과 같이 출판사별 '대여료'의 합계를 계산한 후 '나이'의 최소값을 계산하시오.

▶ 정렬은 '출판사'를 기준으로 오름차순으로 처리하시오.
▶ 합계와 최소값은 위에 명시된 순서대로 처리하시오.

	A	B	C	D	E	F	G	H	I	J
1			상공문고 도서 대출 현황							
2										
3	도서코드	도서명	출판사	대여료	성명	성별	나이	대출일	반납일	
4	813-429	조선왕조500년	금성출판사	2,500	이한길	남	42	10-18	10-24	
5	813-430	한국단편문학32	금성출판사	450	소수연	여	30	11-21	11-30	
6	813-432	일본문화	금성출판사	500	황수현	여	22	11-23	11-25	
7	813-434	교양한문	금성출판사	300	유미연	여	34	11-25	11-27	
8			금성출판사 최소값				22			
9			금성출판사 요약	3,750						
10	813-418	요재지이	대현출판사	1,500	안국현	남	23	10-23	10-29	
11	813-419	육조괴담	대현출판사	400	이정철	남	45	10-11	10-28	
12	813-420	봉신방	대현출판사	300	모한근	남	33	10-16	10-20	
13	813-421	논어	대현출판사	700	임철훈	남	56	09-10	09-11	
14	813-423	대학	대현출판사	1,000	박준호	남	27	09-13	09-15	
15			대현출판사 최소값				23			
16			대현출판사 요약	3,900						
17	813-424	무녀도	민음사	450	도형국	남	19	09-15	09-20	
18	813-425	역마	민음사	500	정철훈	남	25	10-14	10-20	
19	813-426	등신불	민음사	300	구본영	남	15	10-15	10-21	
20	813-427	사반의 십자가	민음사	250	한미리	여	14	10-16	10-22	
21			민음사 최소값				14			
22			민음사 요약	1,500						
23	813-428	대망	중앙출판사	350	정태호	남	34	10-17	10-23	
24			중앙출판사 최소값				34			
25			중앙출판사 요약	350						
26	813-422	화학약품대사전	학원출판공사	2,500	김준형	남	26	09-12	09-12	
27	813-431	화학의 정석	학원출판공사	1,500	지연희	여	23	11-22	11-22	
28	813-433	재미있는 화학	학원출판공사	1,000	박아영	남	27	11-24	11-26	
29			학원출판공사 최소값				23			
30			학원출판공사 요약	5,000						
31	813-416	혼불	한길사	1,000	김미현	여	32	10-01	10-03	
32	813-417	태백산맥	한길사	1,500	남은영	여	17	10-03	10-09	
33			한길사 최소값				17			
34			한길사 요약	2,500						
35			전체 최소값				14			
36			총합계	17,000						
37										

2. '분석작업-2' 시트에 대하여 다음의 지시사항을 처리하시오. (10점)

– [목표값 찾기] 기능을 이용하여 순이익의 평균[I9]이 65,000이 되려면 연평균 성장률[C11]이 몇 %가 되어야 하는지 목표값 찾기 기능을 이용하여 계산하시오.

문제 04 주어진 시트에서 다음 작업을 수행하고 저장하시오.

1. '매크로 작업' 시트의 [표]에서 다음과 같은 기능을 수행하는 매크로를 현재 통합 문서에 작성하고 실행하시오. (각 5점)

① [E10:F10] 영역에 생산비용과 목표매출액의 합계를 계산하는 매크로를 생성하여 실행하시오.
  ▶ 매크로 이름 : 합계
  ▶ [개발 도구]-[삽입]-[양식 컨트롤]의 '단추'를 동일 시트의 [H3:I5] 영역에 생성하고, 텍스트를 '합계'로 입력한 후 단추를 클릭할 때 '합계' 매크로가 실행되도록 설정하시오.

② [D4:D9] 영역에 백분율 스타일(%)로 표시하는 매크로를 생성하여 실행하시오.
  ▶ 매크로 이름 : 백분율
  ▶ [도형]-[기본 도형]의 '모서리가 접힌 도형(▱)'을 동일 시트의 [H7:I9] 영역에 생성하고, 텍스트를 '백분율'로 입력한 후 도형을 클릭할 때 '백분율' 매크로가 실행되도록 설정하시오.
  ※ 셀 포인터의 위치에 상관없이 현재 통합 문서에서 매크로가 실행되어야 정답으로 인정됨

2. '차트작업' 시트의 차트를 지시사항에 따라 아래 그림과 같이 수정하시오. (각 2점)

※ 차트는 반드시 문제에서 제공한 차트를 사용하여야 하며, 신규로 작성 시 0점 처리됨
① 구분이 '2002년'부터 '2017년'까지 차트에 표시되도록 데이터 범위를 수정하시오.
② '1인당 소비량' 계열의 차트 종류를 '표식이 있는 꺾은선형'으로 변경하고, 그림과 같이 '보조 축'으로 지정하시오.
③ 차트 제목은 '차트 위'로 추가하여 〈그림〉과 같이 표시되도록 하고, 글꼴은 '맑은 고딕', 글꼴 스타일은 '굵게'로 지정하시오.
④ '쌀생산량' 계열의 '2002년' 요소에만 데이터 레이블 '값'으로 표시하고, 레이블의 위치를 '가운데'로 설정하시오.
⑤ 차트 영역의 테두리 스타일은 '둥근 모서리', 그림자는 바깥쪽 '오프셋 대각선 오른쪽 아래'를 설정하시오.

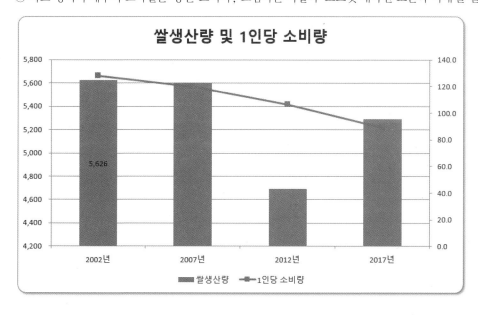

제 05 회 출제예상 모의고사 ∶정답∶

1. 기본작업-1

	A	B	C	D	E	F	G
1	우수 소프트웨어 목록 안내						
2							
3	코드번호	소프트웨어명	개발회사	사용환경	구입가격	구입처	
4	S-JA-01	한국의자연	아카데미	Windows XP 이상	75,000	대한소프트	
5	S-SA-10	GAMMA 사진 화보집	오넥스시스템	Windows XP 이상	86,000	상공문고	
6	S-MU-90	NEW 음악 이야기	상공미디어	Linux 9 이상	39,000	케이소프트	
7	S-TR-84	시베리아 횡단열차	채널미디어	Windows XP 이상	220,000	한국상사	
8	S-JA-32	오지의세계	SoftLand	DVD롬, 플레이어	150,000	한글자랑	
9	S-SA-17	문화의향기	SG문화재단	매킨토시 7.5 이상	50,000	성공문고	
10	S-SE-39	한국의바다	상공Pride&Soft	윈도우 8 이상	66,000	대한소프트	
11	S-KP-27	남극의눈물	M-미디어	윈도우 7 이상	77,000	태양문고	
12							

2. 기본작업-2

	A	B	C	D	E	F	G	H	I
1	하반기 생활용품 판매 현황								
2									
3						2021년 10월 현재	상품별 매출액 표시		
4	상품명	단가	목표수량	판매수량	할인율	실판매금액			
5	뜸질기	₩ 40,000	550	500	10%	₩ 18,000,000			
6	보풀제거기	₩ 5,500	350	325	5%	₩ 1,698,125			
7	생옥 찜질팩	₩ 8,000	300	350	15%	₩ 2,380,000			
8	황토팩	₩ 5,000	660	590	10%	₩ 2,655,000			
9	싹쓸이 청소기	₩ 28,000	540	515	15%	₩ 12,257,000			
10	전기장판	₩ 22,000	500	360	10%	₩ 7,128,000			
11	법랑냄비	₩ 10,000	700	723	7%	₩ 6,723,900			
12	슬로쿠커	₩ 28,000	450	243	4%	₩ 6,531,840			
13	합계					₩ 57,373,865			
14									

3. 기본작업-3

	A	B	C	D	E	F	G	H
1	세공품 수출입 현황							
2								
3	날짜	코드	제품명	구분	제품단가	수량	입금금액	
4	2021-07-22	S200	은타일	수입	4,000	144	576,000	
5	2021-07-23	S200	은타일	수출	4,000	135	540,000	
6	2021-07-24	S200	은타일	수출	4,000	125	500,000	
7	2021-08-09	C100	세공품	수출	4,500	117	526,500	
8	2021-09-10	C100	세공품	수입	4,500	115	517,500	
9	2021-08-06	G111	금도료	수출	5,500	124	682,000	
10	2021-09-09	G111	금도료	수입	5,500	133	731,500	
11	2021-10-09	S200	은타일	수출	4,000	145	580,000	
12	2021-10-10	G111	금도료	수입	5,500	135	742,500	
13	2021-10-11	S200	은타일	수출	4,000	166	664,000	
14	2021-11-11	C100	세공품	수출	4,500	155	697,500	
15	2021-10-29	G111	금도료	수입	5,500	67	368,500	
16	2021-11-02	S200	은타일	수출	4,000	54	216,000	
17								
18	구분	입금금액						
19	수출	>=550000						
20								
21	날짜	코드	제품명	구분	제품단가	수량	입금금액	
22	2021-08-06	G111	금도료	수출	5,500	124	682,000	
23	2021-10-09	S200	은타일	수출	4,000	145	580,000	
24	2021-10-11	S200	은타일	수출	4,000	166	664,000	
25	2021-11-11	C100	세공품	수출	4,500	155	697,500	
26								

4. 계산작업

	A	B	C	D	E	F	G	H	I	J	K	L	M
1	[표1]					[표2]						[학교코드표]	
2	사원명	컴퓨터일반	워드	합격여부		접수번호	성명	등록번호	출신학교		학교코드	학교명	
3	이지연	65	75	합격		1	김민찬	123	동호중		1	상계중	
4	한가람	77	25	불합격		2	홍길동	148	성동여중		2	동호중	
5	오두영	85	62	합격		3	안국현	157	상공중		3	명성중	
6	안치연	90	88	합격		4	도지원	116	상계중		4	성동여중	
7	명기영	45	55	불합격		5	박수영	139	명성중		5	상공중	
8	나미인	50	78	합격		6	이덕철	161	대한중		6	대한중	
9													
10													
11	[표3]					[표4]							
12	사원명	소속지점	판매량	판매금액		성명	지역	지점	K7	K8			
13	정기영	북부	45	2,592,000		임주영	대전	갈마	42	77			
14	장금이	남부	33	1,900,800		김남주	서울	양천	102	88			
15	박태훈	북부	25	1,440,000		박수홍	부산	광안	122	109			
16	태구영	남부	36	2,073,600		피형인	서울	화곡	89	56			
17	우지원	북부	23	1,324,800		우태형	부산	영도	90	78			
18	여혜경	남부	34	1,958,400		송아리	대전	계산	105	44			
19	유미나	북부	15	864,000		장인영	서울	양천	110	120			
20		북부지점 평균		1,556,000		류나연	서울	양천	76	87			
21								K8 총 판매 대수		295대			
22													
23													
24	[표5]												
25	성명	1번	2번	3번	4번	5번	총점	등급					
26	오지명	18	20	20	15	16	89	금상					
27	박인영	18	18	20	0	18	74	은상					
28	추정미	13	0	15	20	19	67						
29	최성오	20	18	15	20	20	93	대상					
30	정오철	5	8	7	20	20	60						
31	김민태	8	10	20	16	19	73	동상					
32													

5. 분석작업-1

1 2 3 4		A	B	C	D	E	F	G	H	I	J
	1			**상공문고 도서 대출 현황**							
	2										
	3	도서코드	도서명	출판사	대여료	성명	성별	나이	대출일	반납일	
	4	813-429	조선왕조500년	금성출판사	2,500	이한길	남	42	10-18	10-24	
	5	813-430	한국단편문학32	금성출판사	450	소수연	여	30	11-21	11-30	
	6	813-432	일본문화	금성출판사	500	황수현	여	22	11-23	11-25	
	7	813-434	교양한문	금성출판사	300	유미연	여	34	11-25	11-27	
	8			금성출판사 최소값				22			
	9			금성출판사 요약	3,750						
	10	813-418	요재지이	대현출판사	1,500	안국현	남	23	10-23	10-29	
	11	813-419	육조괴담	대현출판사	400	이정철	남	45	10-11	10-28	
	12	813-420	봉신방	대현출판사	300	모한근	남	33	10-16	10-20	
	13	813-421	논어	대현출판사	700	임철훈	남	56	09-10	09-11	
	14	813-423	대학	대현출판사	1,000	박준호	남	27	09-13	09-15	
	15			대현출판사 최소값				23			
	16			대현출판사 요약	3,900						
	17	813-424	무녀도	민음사	450	도형국	남	19	09-15	09-20	
	18	813-425	역마	민음사	500	정철훈	남	25	10-14	10-20	
	19	813-426	등신불	민음사	300	구본영	남	15	10-15	10-21	
	20	813-427	사반의 십자가	민음사	250	한미리	여	14	10-16	10-22	
	21			민음사 최소값				14			
	22			민음사 요약	1,500						
	23	813-428	대망	중앙출판사	350	정태호	남	34	10-17	10-23	
	24			중앙출판사 최소값				34			
	25			중앙출판사 요약	350						
	26	813-422	화학약품대사전	학원출판공사	2,500	김준형	남	26	09-12	09-12	
	27	813-431	화학의 정석	학원출판공사	1,500	지연희	여	23	11-22	11-22	
	28	813-433	재미있는 화학	학원출판공사	1,000	박아영	남	27	11-24	11-26	
	29			학원출판공사 최소값				23			
	30			학원출판공사 요약	5,000						
	31	813-416	혼불	한길사	1,000	김미현	여	32	10-01	10-03	
	32	813-417	태백산맥	한길사	1,500	남은영	여	17	10-03	10-09	
	33			한길사 최소값				17			
	34			한길사 요약	2,500						
	35			전체 최소값				14			
	36			총합계	17,000						
	37										

6. 분석작업-2

년도	매출액	매출원가	매출총이익	관리비	영업이익	법인세	순이익
			손익계산서				
						2021년 12월 29일	
2016년	123,500	51,870	71,630	6,000	65,630	15,751	49,900
2017년	138,653	58,234	80,419	6,000	74,419	17,861	56,600
2018년	155,666	65,380	90,286	6,000	84,286	20,229	64,100
2019년	174,766	73,402	101,364	6,000	95,364	22,887	72,500
2020년	196,210	82,408	113,802	6,000	107,802	25,872	81,900
평균	157,759	66,259	91,500	6,000	85,500	20,520	65,000
세금 적용률	24%						
연평균 성장률	12%						
매출 원가율	42%						

7. 매크로 작업

[표] 문구 생산 현황

품명	수량	원가	불량률	생산비용	목표매출액
사인펜	37,000	100	3%	3,700,000	4,440,000
연필깎기	4,500	1,200	2%	5,400,000	6,480,000
만년필	6,500	2,200	5%	14,300,000	17,160,000
자	32,500	450	7%	14,625,000	17,550,000
형광펜	6,600	660	5%	4,356,000	5,227,200
볼펜	78,000	89	5%	6,942,000	8,330,400
합계				49,323,000	59,187,600

합계

백분율

8. 차트 작업

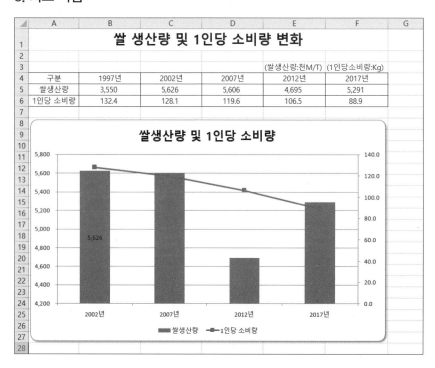

구분	1997년	2002년	2007년	2012년	2017년
			(쌀생산량:천M/T)	(1인당소비량:Kg)	
쌀생산량	3,550	5,626	5,606	4,695	5,291
1인당 소비량	132.4	128.1	119.6	106.5	88.9

쌀 생산량 및 1인당 소비량 변화

제 05 회 출제예상 모의고사 ∴ 해설 ∴

1. 기본작업-2

	A	B	C	D	E	F	G	H	I
1		하반기 생활용품 판매 현황							
2									
3						2021年 10月 현재	상품별 매출액 표시		
4	상품명	단가	목표수량	판매수량	할인율	실판매금액			
5	뜸질기	₩ 40,000	550	500	10%	₩ 18,000,000			
6	보풀제거기	₩ 5,500	350	325	5%	₩ 1,698,125			
7	생옥 찜질팩	₩ 8,000	300	350	15%	₩ 2,380,000			
8	황토팩	₩ 5,000	660	590	10%	₩ 2,655,000			
9	싹쓸이 청소기	₩ 28,000	540	515	15%	₩ 12,257,000			
10	전기장판	₩ 22,000	500	360	10%	₩ 7,128,000			
11	범랑냄비	₩ 10,000	700	723	7%	₩ 6,723,900			
12	슬로쿠커	₩ 28,000	450	243	4%	₩ 6,531,840			
13	합계					₩ 57,373,865			
14									

작업 과정

구분	작업 내용
①	• [A1:F1] 영역을 드래그한 후, [홈] 탭-[맞춤] 그룹에서 🔲병합하고 가운데 맞춤 ▾ 아이콘을 클릭합니다. • 이어서, [홈] 탭-[글꼴] 그룹에서 글꼴에 '맑은 고딕', 글꼴 크기 '20', 𝑘(굵게)를 지정한 후, 𝑘 ▾(밑줄) 아이콘의 ▾(목록 단추)를 눌러 '이중 밑줄'을 선택합니다.
②	• [F3] 셀을 클릭한 후, **Ctrl**+**1** 키를 누릅니다. • [셀 서식] 대화상자의 [표시 형식] 탭에서 '사용자 지정'의 형식에 yyyy"年" mm"月" "현재"를 입력한 후 <확인> 단추를 클릭합니다.
③	• [F4] 셀을 클릭한 후, [검토] 탭-[메모] 그룹에서 [새 메모]를 클릭합니다. (또는, '새 메모'의 바로 가기 키인 **Shift**+**F2** 키를 누릅니다.) • 기존 메모의 내용을 **Back space** 키를 이용하여 모두 삭제하고 '상품별 매출액 표시'를 입력한 후, [F4] 셀을 클릭합니다. • 이어서, [검토] 탭-[메모] 그룹에서 🔲메모 표시/숨기기 아이콘을 클릭하여 메모가 항상 표시되도록 지정합니다.
④	• [B5:B12] 영역을 드래그한 후, **Ctrl** 키를 누른 상태에서 [F5:F13] 영역도 드래그 합니다. • [홈] 탭-[표시 형식] 그룹에서 🔲(회계 표시 형식) 아이콘을 클릭합니다. • [E5:E12] 영역을 드래그한 후, [홈] 탭--[표시 형식] 그룹에서 %(백분율 스타일) 아이콘을 클릭합니다.
⑤	• [A4:F13] 영역을 드래그한 후, [홈] 탭-[글꼴] 그룹에서 🔲(아래쪽 테두리) 아이콘의 ▾(목록 단추)를 눌러 🔲(모든 테두리) 아이콘을 클릭합니다. • [B13:E13] 영역을 드래그한 후, **Ctrl**+**1** 키를 누릅니다. • [셀 서식] 대화상자의 [테두리] 탭에서 🔲를 클릭한 후 <확인> 단추를 클릭합니다.

2. 기본작업-3

	A	B	C	D	E	F	G	H
17								
18	구분	입금금액						
19	수출	>=550000						
20								
21	날짜	코드	제품명	구분	제품단가	수량	입금금액	
22	2021-08-06	G111	금도료	수출	5,500	124	682,000	
23	2021-10-09	S200	은타일	수출	4,000	145	580,000	
24	2021-10-11	S200	은타일	수출	4,000	166	664,000	
25	2021-11-11	C100	세공품	수출	4,500	155	697,500	
26								

작업 과정

① 고급 필터의 조건식에 사용할 필드 이름을 복사하기 위하여, [D3] 셀을 클릭한 후, **Ctrl** 키를 누른 상태에서 [G3] 셀도 클릭합니다.

② **Ctrl**+**C** 키를 눌러 [복사]한 후, [A18] 셀에서 **Ctrl**+**V** 키를 눌러 [붙여넣기] 합니다.

③ [A19] 셀과 [B19] 셀에 다음과 같이 조건을 입력합니다.

	A	B	C
17			
18	구분	입금금액	
19	수출	>=550000	
20			

④ [A3] 셀을 클릭한 후, [데이터] 탭-[정렬 및 필터] 그룹에서 [고급] 아이콘을 클릭합니다.

⑤ [고급 필터] 대화상자가 표시되면 다음과 같이 범위를 지정하고 〈확인〉 단추를 클릭합니다.

	A	B	C	D	E	F	G	H	I	J	K	L	M
1	[표1]					[표2]					[학교코드표]		
2	사원명	컴퓨터일반	워드	합격여부		접수번호	성명	등록번호	출신학교		학교코드	학교명	
3	이지연	65	75	합격		1	김민찬	123	동호중		1	상계중	
4	한가람	77	25	불합격		2	홍길동	148	성동여중		2	동호중	
5	오두영	85	62	합격		3	안국현	157	상공중		3	명성중	
6	안치연	90	88	합격		4	도지원	116	상계중		4	성동여중	
7	명기영	45	55	불합격		5	박수영	139	명성중		5	상공중	
8	나미인	50	78	합격		6	이덕철	161	대한중		6	대한중	
9													
10													
11	[표3]					[표4]							
12	사원명	소속지점	판매량	판매금액		성명	지역	지점	K7	K8			
13	정기영	북부	45	2,592,000		임주영	대전	갈마	42	77			
14	장금이	남부	33	1,900,800		김남주	서울	양천	102	88			
15	박태훈	북부	25	1,440,000		박수홍	부산	광안	122	109			
16	태구영	남부	36	2,073,600		피형인	서울	화곡	89	56			
17	우지원	북부	23	1,324,800		우태형	부산	영도	90	78			
18	여혜경	남부	34	1,958,400		송아리	대전	계산	105	44			
19	유미나	북부	15	864,000		장인영	서울	양천	110	120			
20		북부지점 평균		1,556,000		류나연	서울	양천	76	87			
21								K8 총 판매 대수		295대			
22													
23													
24	[표5]												
25	성명	1번	2번	3번	4번	5번	총점	등급					
26	오지명	18	20	20	15	16	89	금상					
27	박인영	18	18	20	0	18	74	은상					
28	추정미	13	0	15	20	19	67						
29	최성오	20	18	15	20	20	93	대상					
30	정오철	5	8	7	20	20	60						
31	김민태	8	10	20	16	19	73	동상					
32													

▶ 함수식

[표1] 합격여부[D3:D8]	[D3] 셀에 '=IF(AND(AVERAGE(B3:C3)>=60,NOT(OR(B3<40,C3<40))),"합격","불합격")'을 입력한 후, 채우기 핸들을 [D8] 셀까지 드래그 합니다.
[표2] 출신학교[I3:I8]	[I3] 셀에 '=VLOOKUP(MID(H3,2,1),$K$3:$L$8,2,0)'을 입력한 후, 채우기 핸들을 [I8] 셀까지 드래그 합니다.
[표3] 북부지점 평균[D20]	[D20] 셀에 '=ROUNDUP(SUMIF(B13:B19,"북부",D13:D19)/COUNTIF(B13:B19,"북부"),-3)'을 입력합니다.
[표4] K8 총 판매 대수[J21]	[J21] 셀에 '=SUMIFS(J13:J20,G13:G20,"서울",H13:H20,"양천")&"대"'를 입력합니다.
[표5] 등급[H26:H31]	[H26] 셀에 '=CHOOSE(RANK.EQ(G26,$G$26:$G$31),"대상","금상","은상","동상","","")'을 입력한 후, 채우기 핸들을 [H31] 셀까지 드래그 합니다.

1. 분석작업-1

1 2 3 4	A	B	C	D	E	F	G	H	I	J
1			상공문고 도서 대출 현황							
2										
3	도서코드	도서명	출판사	대여료	성명	성별	나이	대출일	반납일	
4	813-429	조선왕조500년	금성출판사	2,500	이한길	남	42	10-18	10-24	
5	813-430	한국단편문학32	금성출판사	450	소수연	여	30	11-21	11-30	
6	813-432	일본문화	금성출판사	500	황수현	여	22	11-23	11-25	
7	813-434	교양한문	금성출판사	300	유미연	여	34	11-25	11-27	
8			금성출판사 최소값				22			
9			금성출판사 요약	3,750						
10	813-418	요재지이	대현출판사	1,500	안국현	남	23	10-23	10-29	
11	813-419	육조괴담	대현출판사	400	이정철	남	45	10-11	10-20	
12	813-420	봉신방	대현출판사	300	모한근	남	33	10-16	10-20	
13	813-421	논어	대현출판사	700	임철훈	남	56	09-10	09-11	
14	813-423	대학	대현출판사	1,000	박준호	남	27	09-13	09-15	
15			대현출판사 최소값				23			
16			대현출판사 요약	3,900						
17	813-424	무녀도	민음사	450	도형국	남	19	09-15	09-20	
18	813-425	역마	민음사	500	정철훈	남	25	10-14	10-20	
19	813-426	등신불	민음사	300	구본영	남	15	10-15	10-21	
20	813-427	사반의 십자가	민음사	250	한미리	여	14	10-16	10-22	
21			민음사 최소값				14			
22			민음사 요약	1,500						
23	813-428	대망	중앙출판사	350	정태호	남	34	10-17	10-23	
24			중앙출판사 최소값				34			
25			중앙출판사 요약	350						
26	813-422	화학약품대사전	학원출판공사	2,500	김준형	남	26	09-12	09-12	
27	813-431	화학의 정석	학원출판공사	1,500	지연희	여	23	11-22	11-22	
28	813-433	재미있는 화학	학원출판공사	1,000	박아영	남	27	11-24	11-26	
29			학원출판공사 최소값				23			
30			학원출판공사 요약	5,000						
31	813-416	혼불	한길사	1,000	김미현	여	32	10-01	10-03	
32	813-417	태백산맥	한길사	1,500	남은영	여	17	10-03	10-09	
33			한길사 최소값				17			
34			한길사 요약	2,500						
35			전체 최소값				14			
36			총합계	17,000						
37										

작업 과정

① [C3] 셀을 클릭한 후 [데이터] 탭-[정렬 및 필터] 그룹에서 ⬇️(텍스트 오름차순 정렬) 아이콘을 클릭합니다.

② [데이터] 탭-[윤곽선] 그룹에서 [부분합]을 클릭합니다.

③ [부분합] 대화상자가 표시되면 그룹화할 항목에 '출판사', 사용할 함수에 '합계', 부분합 계산 항목에 '대여료'를 선택한 후 〈확인〉 단추를 클릭합니다.

④ 2차 부분합을 생성하기 위하여 다시 [데이터] 탭-[윤곽선] 그룹에서 [부분합]을 클릭합니다.

⑤ [부분합] 대화상자에서 그룹화할 항목에 '출판사', 사용할 함수에 '최소값', 부분합 계산 항목에 '나이'를 선택합니다.
(이때, 부분합 계산 항목에서 '대여료'의 체크 표시(✔)는 해제합니다.)

⑥ 이어서, '새로운 값으로 대치' 항목을 클릭하여 체크 표시(✔)를 해제한 다음 〈확인〉 단추를 클릭합니다.

2. 분석작업–2

	A	B	C	D	E	F	G	H	I	J
1					**손익계산서**					
2								2021년 12월 29일		
3		년도	매출액	매출원가	매출총이익	관리비	영업이익	법인세	순이익	
4		2016년	123,500	51,870	71,630	6,000	65,630	15,751	49,900	
5		2017년	138,653	58,234	80,419	6,000	74,419	17,861	56,600	
6		2018년	155,666	65,380	90,286	6,000	84,286	20,229	64,100	
7		2019년	174,766	73,402	101,364	6,000	95,364	22,887	72,500	
8		2020년	196,210	82,408	113,802	6,000	107,802	25,872	81,900	
9		평균	157,759	66,259	91,500	6,000	85,500	20,520	65,000	
10		세금 적용률	24%							
11		연평균 성장률	12%							
12		매출 원가율	42%							
13										

작업 과정

① [I9] 셀을 클릭한 후 [데이터] 탭–[예측] 그룹에서 [가상 분석]–[목표값 찾기]를 클릭합니다.

② [목표값 찾기] 대화상자가 표시되면 '수식 셀', '찾는 값', '값을 바꿀 셀'을 다음과 같이 지정한 후 〈확인〉 단추를 클릭합니다.

③ [목표값 찾기 상태] 대화상자가 표시되면 목표값을 확인한 후 〈확인〉 단추를 클릭합니다.

문제 04 기타작업(20점)

1. 매크로 작업

	A	B	C	D	E	F	G	H	I	J
1	**[표] 문구 생산 현황**									
2										
3	품명	수량	원가	불량률	생산비용	목표매출액		합계		
4	사인펜	37,000	100	3%	3,700,000	4,440,000				
5	연필깎기	4,500	1,200	2%	5,400,000	6,480,000				
6	만년필	6,500	2,200	5%	14,300,000	17,160,000				
7	자	32,500	450	7%	14,625,000	17,550,000		백분율		
8	형광펜	6,600	660	5%	4,356,000	5,227,200				
9	볼펜	78,000	89	5%	6,942,000	8,330,400				
10	합계				49,323,000	59,187,600				
11										
12										
13										

작업 과정

▶ '합계' 단추 생성과 매크로 작업

① [개발 도구] 탭–[컨트롤] 그룹에서 [삽입] 아이콘을 클릭한 후, ▢(단추(양식 컨트롤))을 선택합니다.
② **Alt** 키를 누른 상태에서 [H3:I5] 영역에 맞게 드래그한 후, [매크로 지정] 대화상자가 표시되면 매크로 위치에 '현재 통합 문서', 매크로 이름에 '합계'를 입력하고 〈기록〉 단추를 클릭합니다.
③ [매크로 기록] 대화상자가 표시되면 〈확인〉 단추를 클릭합니다.

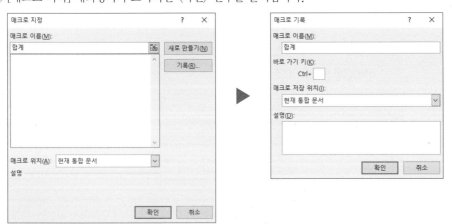

④ [E10] 셀을 클릭한 후, '=SUM('를 입력하고 [E4:E9] 영역을 드래그 합니다.
⑤ '=SUM(E4:E9'가 지정되었으면 ')'를 입력한 후, **Enter** 키를 눌러줍니다.
⑥ [E10] 셀을 클릭한 후, [E10] 셀에서 [F10] 셀까지 채우기 핸들을 드래그 합니다.

⑦ 임의의 셀을 클릭하여 영역 지정을 해제한 후, 워크시트 하단의 상태 표시줄에서 ■(기록 중지) 아이콘을 클릭하여 매크로 지정을 완료합니다. (또는, [개발 도구] 탭-[코드] 그룹에서 ■(기록 중지) 아이콘을 클릭)

⑧ 단추 위에서 마우스 오른쪽 버튼을 눌러 [바로 가기] 메뉴 중 [텍스트 편집]을 클릭합니다.

⑨ '단추 1'을 삭제하고 '합계'를 입력한 후 임의의 셀을 클릭합니다.

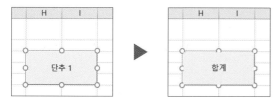

▶ '모서리가 접힌 도형' 삽입 및 텍스트 입력

① [삽입] 탭-[일러스트레이션] 그룹에서 [도형]을 클릭한 후, 〈기본 도형〉에서 □(모서리가 접힌 도형)을 선택합니다.

② **Alt** 키를 누른 상태에서 [H7:I9] 영역에 맞게 드래그하여 도형을 그려줍니다.

③ 도형에 '백분율'을 입력한 후, [홈] 탭-[맞춤] 그룹에서 세로 방향 ▤(가운데 맞춤), 가로 방향 ▤(가운데 맞춤) 아이콘을 클릭한 다음 임의의 셀을 클릭합니다.

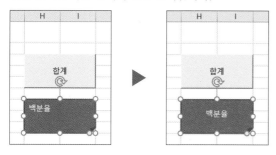

▶ '백분율' 매크로 작성

① [H7:I9] 영역의 '모서리가 접힌 도형' 위에 마우스 포인터를 위치시킵니다.

② 마우스 포인터의 모양이 ✛로 변경되면 마우스 오른쪽 버튼을 눌러 [바로 가기] 메뉴 중 [매크로 지정]을 선택합니다.

③ [매크로 지정] 대화상자에서 매크로 위치에 '현재 통합 문서', 매크로 이름에 '백분율'을 입력한 후 〈기록〉 단추를 클릭하고, [매크로 기록] 대화상자에서 〈확인〉 단추를 클릭합니다.

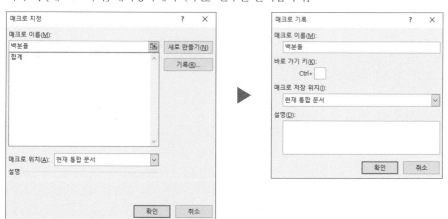

④ [D4:D9] 영역을 드래그한 후, [홈] 탭-[표시 형식] 그룹에서 %(백분율 스타일) 아이콘을 클릭합니다.

⑤ 임의의 셀을 클릭하여 영역 지정을 해제한 후, 워크시트 하단의 상태 표시줄에서 ■(기록 중지) 아이콘을 클릭하여 매크로 지정을 완료합니다. (또는, [개발 도구] 탭-[코드] 그룹에서 ■(기록 중지) 아이콘을 클릭)

2. 차트 작업

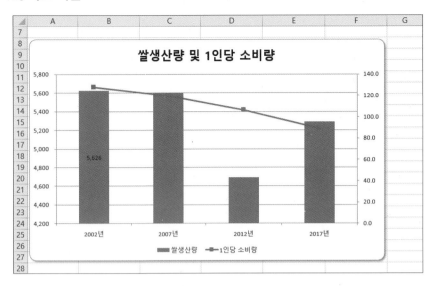

작업 과정

▶ 차트 범위 수정

① 차트 영역에서 마우스 오른쪽 버튼을 누른 후, [바로 가기] 메뉴 중 [데이터 선택]을 클릭합니다.
② [데이터 원본 선택] 대화상자가 표시되면 〈가로(항목) 축 레이블〉에서 ☞편집(E) 단추를 클릭합니다.

③ [축 레이블] 대화상자에서 〈축 레이블 범위〉 [B4:F4]가 표시되면, [C4:F4] 영역(2002년~2017년)을 드래그하여 변경할 범위를 지정하고 〈확인〉 단추를 클릭합니다.

④ [데이터 원본 선택] 대화상자의 〈범례 항목(계열)〉에서 '쌀생산량'을 선택한 후, 편집(E) 단추를 클릭합니다.

⑤ [계열 편집] 대화상자에서 〈계열 값〉을 [C5:F5] 영역으로 수정한 후 〈확인〉 단추를 클릭합니다.

⑥ 위와 같은 방법으로 '1인당 소비량'의 〈계열 값〉도 다음과 같이 변경하고 〈확인〉 단추를 클릭합니다.

⑦ [데이터 원본 선택] 대화상자에서 〈범례 항목(계열)〉과 〈가로(항목) 축 레이블〉 내용이 변경된 것을 확인하고 〈확인〉 단추를 클릭합니다.

▶ 차트 종류 변경 및 보조 축 지정

① '1인당 소비량' 계열에서 마우스 오른쪽 버튼을 누른 후, [바로 가기] 메뉴 중 [계열 차트 종류 변경]을 클릭합니다.
② [차트 종류 변경] 대화상자가 표시되면 [콤보]에서 '계열 이름'의 '1인당 소비량'에서 [표식이 있는 꺾은선형]을 클릭한 후 보조 축을 선택한 다음 〈확인〉 단추를 클릭합니다.

▶ 차트 제목 입력 및 서식 지정

① 차트 영역을 클릭한 후, [차트 도구]-[디자인] 탭의 [차트 레이아웃] 그룹에서 [차트 요소 추가]-[차트 제목]-[차트 위]를 클릭합니다.
② '차트 제목'으로 표시된 내용을 삭제한 후, '쌀생산량 및 1인당 소비량'을 입력하고 차트 제목 테두리를 클릭합니다.
③ [홈] 탭-[글꼴] 그룹에서 글꼴에 '맑은 고딕'과 ㄱ(굵게)를 지정합니다.

▶ 데이터 레이블 추가

① '쌀생산량' 계열의 '2002년' 요소를 클릭한 후, 다시 한 번 클릭합니다.
② [차트 도구]-[차트 도구]-[디자인] 탭의 [차트 레이아웃] 그룹에서 [차트 요소 추가]-[데이터 레이블]-[가운데]를 클릭합니다.

▶ 테두리 스타일 '둥근 모서리'와 그림자 '오프셋 대각선 오른쪽 아래'지정

① 차트 영역에서 마우스 오른쪽 버튼을 누른 후, [바로 가기] 메뉴 중 [차트 영역 서식]을 클릭합니다.
② [차트 영역 서식]의 [채우기 및 선]-[테두리]에서 '둥근 모서리'를 선택합니다.
③ [차트 영역 서식]의 [효과]-[그림자]를 선택하고 〈미리 설정〉 항목의 바깥쪽에서 '오프셋 대각선 오른쪽 아래'를 선택합니다.

MEMO

제 06 회 출제예상 모의고사

프로그램명	제한시간
EXCEL 2016	40분

수험번호 :

성   명 :

◆ 2급 F형 ◆

유 의 사 항

- ● 인적 사항 누락 및 잘못 작성으로 인한 불이익은 수험자 책임으로 합니다.

- ● 화면에 암호 입력창이 나타나면 아래의 암호를 입력하여야 합니다.
  - ○ 암호 : 638#77

- ● 작성된 답안은 주어진 경로 및 파일명을 변경하지 마시고 그대로 저장해야 합니다. 이를 준수하지 않으면 실격처리 됩니다.

- ● 외부데이터 위치 : C:₩OA₩파일명

- ● 별도 지시사항이 없는 경우, 다음과 같이 처리 시 실격 처리됩니다.
  - ○ 제시된 시트 및 개체의 순서나 이름을 임의로 변경한 경우
  - ○ 제시된 시트 및 개체를 임의로 추가 또는 삭제한 경우

- ● 답안은 반드시 문제에서 지시 또는 요구한 셀에 입력하여야 하며 다음과 같이 처리 시 채점 대상에서 제외됩니다.
  - ○ 수험자가 임의로 지시하지 않은 셀의 이동, 수정, 삭제, 변경 등으로 인해 셀의 위치 및 내용이 변경된 경우 해당 작업에 영향을 미치는 관련문제 모두 채점 대상에서 제외
  - ○ 도형 및 차트의 개체가 중첩되어 있거나 동일한 계산결과 시트가 복수로 존재할 경우 해당 개체나 시트는 채점 대상에서 제외

- ● 수식 작성 시 제시된 문제 파일의 데이터는 변경 가능한(가변적) 데이터임을 감안하여 문제 풀이를 하시오.

- ● 별도의 지시사항이 없는 경우, 주어진 각 시트 및 개체의 설정값 또는 기본 설정값(Default)으로 처리하시오.

- ● 저장 시간은 별도로 주어지지 않으므로 제한된 시간 내에 저장을 완료해야 하며, 제한 시간 내에 저장이 되지 않은 경우에는 실격 처리됩니다.

- ● 출제된 문제의 용어는 Microsoft office 2016 기준으로 작성되어 있습니다.

대 한 상 공 회 의 소

문제 01 주어진 시트에서 다음 과정을 수행하고 저장하시오. 기본작업(20점)

1. '기본작업-1' 시트에 다음의 자료를 주어진 대로 입력하시오. (5점)

	A	B	C	D	E	F	G	H
1	경영전문대학원 안내							
2								
3	학교	과정	특징	모집인원	시험일자	직통번호	담당자	
4	민국대	Executive MBA	리더십과 전략	5	12월 20일	02) 556-8857	이수진	
5	신라대	Finance MBA	투자운용	7	12월 15일	02) 668-7474	유연선	
6	한라대	Healthcare MBA	의료경영 특화	4	11월 28일	02) 779-8822	민정아	
7	통일대	CPA-MBA	국제회계전문가 양성	10	12월 17일	031) 876-9050	김아름	
8	성공대	금융 MBA	금융산업	8	11월 20일	02) 568-6677	최은영	
9	미래대	정보미디어 MBA	IT 미디어 산업	6	12월 27일	031) 369-9999	박경화	
10	남강대	YES MBA	차세대 경영자 양성	7	12월 19일	02) 787-5523	이미라	
11								

2. '기본작업-2' 시트에 대하여 다음의 지시사항을 처리하시오. (각 2점)

① [A1:H1] 영역은 '병합하고 가운데 맞춤', 글꼴 '궁서', 글꼴 크기 '20', 글꼴 스타일 '굵게', 밑줄 '이중 실선'으로 지정하시오.

② [A3:A4], [B3:D3], [E3:E4], [F3:H3] 영역은 '병합하고 가운데 맞춤'을 지정하고, [A3:H4] 영역은 셀 스타일 '강조 색5'를 지정하시오.

③ [F5:H8] 영역은 사용자 지정 표시 형식을 이용하여 숫자 뒤에 '만원'을 표시 예와 같이 표시하시오.
[표시 예 : 40 → 40만원, 0 → 0만원]

④ [E8] 셀에 '원장상 수상자 합계'라는 메모를 삽입한 후 항상 표시되도록 지정하고, 메모 서식에서 맞춤 '자동 크기'를 설정하시오.

⑤ [A3:H8] 영역에 '모든 테두리(⊞)'를 적용한 후 '굵은 바깥쪽 테두리(▣)'를 적용하여 표시하시오.

3. '기본작업-3' 시트에서 다음의 지시사항을 처리하시오. (5점)

– [A5:F15] 영역에 대하여 배당률(%)이 '2' 이하이고, 수익률(%) 평균이 '10' 이하인 행 전체에 대하여 글꼴 스타일을 '굵게', 글꼴 색을 '표준 색-파랑'으로 지정하는 조건부 서식을 작성하시오.
▶ AND 함수 사용
▶ 단, 규칙 유형은 '수식을 사용하여 서식을 지정할 셀 결정'을 사용하고, 한 개의 규칙으로만 작성하시오.

문제 02 '계산작업' 시트에서 다음 과정을 수행하고 저장하시오. 계산작업(40점)

1. [표1]에서 학번[A3:A9]의 세 번째에 위치한 숫자가 '1'이면 '정보', '2'이면 '상업', '3'이면 '디자인'으로 학과[D3:D9]에 표시하시오. (8점)
▶ CHOOSE, MID 함수 사용

2. [표2]에서 연수성적[G3:G9]과 면접점수[H3:H9]의 합이 '160' 이상이고, 결석[I3:I9]이 '3' 이하이면서 면접점수[H3:H9]가 '75' 이상이거나, 결석[I3:I9]이 '0' 이면 '선발', 그렇지 않으면 공백으로 전형결과(J3:J9)에 표시하시오. (8점)
▶ AND, OR, SUM, IF 함수 사용

3. [표3]에서 상품명[B14:B20]과 [B23:D25] 영역을 참조하여 상품명에 대한 할인금액[D14:D20]을 계산하시오. (8점)
▶ 할인금액 = 판매수량 × 할인율 × 판매단가

▶ VLOOKUP, HLOOKUP 함수 중 알맞은 함수 사용

4. [표4]에서 금메달[G14:G20]이 15 이상이고, 총점[J14:J20]이 150 이상인 셀의 개수를 [H23] 셀에 계산하시오. (8점)

▶ 산출된 숫자 뒤에 '개'를 포함하여 표시 [표시 예 : 3개]
▶ COUNTIF, COUNT, COUNTIFS, SUMIF 함수 중 알맞은 함수와 & 연산자 사용

5. [표5]에서 승점[C30:C36]에 대한 순위를 계산하여 1~3위까지이면 '1군승격', 그렇지 않으면 공백으로 평가결과[D30:D36]에 표시하시오. (8점)

▶ 순위는 승점이 높으면 1위임
▶ IF, RANK.EQ 함수 사용

문제 **03** 주어진 시트에서 다음 작업을 수행하고 저장하시오.

분석작업(20점)

1. '분석작업-1' 시트에 대하여 다음의 지시사항을 처리하시오. (10점)

– '서울, 경기 미분양 아파트'를 이용하여 지역은 '행', 시공사는 '열', 'Σ 값'에 총가구수와 미분양수의 합계를 계산하는 피벗 테이블을 작성하시오.

▶ 피벗 테이블 보고서는 동일 시트의 [A22] 셀에서 시작하시오.
▶ 보고서 레이아웃은 '개요 형식으로 표시'로 지정하시오.
▶ 피벗 테이블 스타일은 '피벗 스타일 보통 2'로 지정하시오.

2. '분석작업-2' 시트에 대하여 다음의 지시사항을 처리하시오. (10점)

– [부분합] 기능을 이용하여 '변액연금보험 수익률' 표에 〈그림〉과 같이 투자형태별 '사업비(%)'와 '수익률(%)'의 평균과 최대값을 계산하시오.

▶ 정렬은 '투자형태'를 기준으로 오름차순으로 처리하시오.
▶ 평균과 최대값은 위에 명시된 순서대로 처리하시오.

	A	B	C	D	E	F
1	변액연금보험 수익률					
2						
3	보험사	상품명	투자형태	사업비(%)	수익률(%)	
4	서울생명	행복플러스	주식형	9.28	6.31	
5	새한생명	빅라이프	주식형	9.39	6.28	
6	대한생명	라이프인베스트	주식형	7.65	5.01	
7	서울생명	파워밸런스	주식형	9.82	6.38	
8			주식형 최대값	9.82	6.38	
9			주식형 평균	9.04	6.00	
10	상공생명	탑클래스	채권형	9.30	6.27	
11	서울생명	수호천사	채권형	8.63	5.66	
12	대한생명	SDB변액	채권형	9.20	6.27	
13			채권형 최대값	9.30	6.27	
14			채권형 평균	9.04	6.07	
15	상공생명	100세시대	혼합형	9.70	6.86	
16	새한생명	자자손손	혼합형	7.27	6.05	
17	상공생명	스텝업	혼합형	9.95	6.26	
18			혼합형 최대값	9.95	6.86	
19			혼합형 평균	8.97	6.39	
20			전체 최대값	9.95	6.86	
21			전체 평균	9.02	6.14	
22						

문제 04 주어진 시트에서 다음 작업을 수행하고 저장하시오.

1. '매크로 작업' 시트의 [표]에서 다음과 같은 기능을 수행하는 매크로를 현재 통합 문서에 작성하고 실행하시오. (각 5점)

① [A3:F3] 영역에 채우기 색 '표준 색-진한 파랑'과 글꼴 색 '표준 색-노랑'을 적용하는 매크로를 생성하여 실행하시오.

▶ 매크로 이름 : 서식

▶ [개발 도구]-[삽입]-[양식 컨트롤]의 '단추'를 동일 시트의 [H3:I4] 영역에 생성하고, 텍스트를 '서식'으로 입력한 후 단추를 클릭할 때 '서식' 매크로가 실행되도록 설정하시오.

② [F4:F8] 영역에 합계를 계산하는 매크로를 생성하여 실행하시오.

▶ 매크로 이름 : 합계　　　　　　　　　　　▶ 합계는 연도별 주택 공급 수의 합계임.

▶ [도형]-[기본 도형]의 '배지(◌)'를 동일 시트의 [H6:I7] 영역에 생성하고, 텍스트를 '합계'로 입력한 후 도형을 클릭할 때 '합계' 매크로가 실행되도록 설정하시오.

　　※ 셀 포인터의 위치에 상관없이 현재 통합 문서에서 매크로가 실행되어야 정답으로 인정됨

2. '차트작업' 시트의 차트를 지시사항에 따라 아래 그림과 같이 수정하시오. (각 2점)

※ 차트는 반드시 문제에서 제공한 차트를 사용하여야 하며, 신규로 작성 시 0점 처리됨

① '분양예정(월)' 계열이 제거되도록 데이터 범위를 수정하시오.

② '전용면적' 계열의 차트 종류를 '표식이 있는 꺾은선형'으로 변경하고, 그림과 같이 '보조 축'으로 지정하시오.

③ 차트 제목은 '차트 위'로 추가하여 〈그림〉과 같이 입력하시오.

④ 범례는 서식을 이용하여 위치를 '위쪽'에 표시하고, 글꼴 '돋움체', 글꼴 스타일 '기울임꼴', 크기 '12'로 지정하시오.

⑤ '가구수' 계열의 '푸른힐즈' 요소에만 데이터 레이블 '값'을 표시하고, 레이블의 위치를 '안쪽 끝에'로 설정하시오.

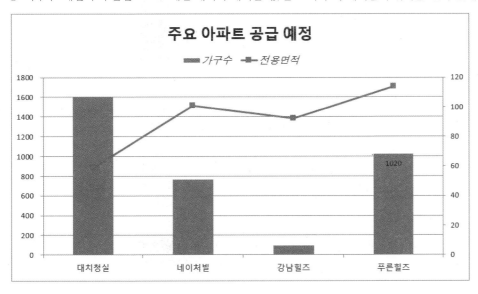

제 06 회 출제예상 모의고사 ∴정답∴

1. 기본작업-1

	A	B	C	D	E	F	G	H
1	경영전문대학원 안내							
2								
3	학교	과정	특징	모집인원	시험일자	직통번호	담당자	
4	민국대	Executive MBA	리더십과 전략	5	12월 20일	02) 556-8857	이수진	
5	신라대	Finance MBA	투자운용	7	12월 15일	02) 668-7474	유연선	
6	한라대	Healthcare MBA	의료경영 특화	4	11월 28일	02) 779-8822	민정아	
7	통일대	CPA-MBA	국제회계전문가 양성	10	12월 17일	031) 876-9050	김아름	
8	성공대	금융 MBA	금융산업	8	11월 20일	02) 568-6677	최은영	
9	미래대	정보미디어 MBA	IT 미디어 산업	6	12월 27일	031) 369-9999	박경화	
10	남강대	YES MBA	차세대 경영자 양성	7	12월 19일	02) 787-5523	이미라	
11								

2. 기본작업-2

	A	B	C	D	E	F	G	H	I
1	'한국의 자연' 발간 25주년 기념 독후감 공모전								
2									
3	상장	부문			합계(명)	부상			
4		고등	대학	일반		고등	대학	일반	
5	한국녹색연맹 위원장상	1	1	1	3	40만원	50만원	50만원	
6	환경부 장관상	1	1	1	3	40만원	50만원	50만원	
7	녹색신문 사장상	1	1	1	3	40만원	50만원	50만원	
8	환경산업기술원 원장상	2	2	2	6	20만원	30만원	30만원	
9									

원장상 수상자 합계

3. 기본작업-3

	A	B	C	D	E	F	G
1	주요배당주 펀드 성과						
2							
3	펀드명	배당률(%)	수익률(%)				
4			3개월	3년	5년	평균	
5	고배당C1	2.5	13.5	28.0	23.1	21.5	
6	HK고배당	3.0	11.6	14.2	5.8	10.5	
7	프라임배당A1	2.8	11.3	17.3	9.8	12.8	
8	고배당A2	2.8	11.2	17.9	8.7	12.6	
9	블루칩배당A1	1.2	10.9	17.5	-4.0	8.1	
10	프런티어배당B1	1.4	11.7	14.3	10.2	12.1	
11	상공고배당A1	2.8	10.7	22.9	0.4	11.3	
12	대한UBS배당C1	1.1	8.3	1.9	-13.6	-1.1	
13	블루칩배당B2	1.0	9.6	6.7	-11.6	1.6	
14	프라임배당C1	1.1	10.5	15.4	-10.1	5.3	
15	프런티어배당A2	2.8	8.6	5.5	-11.5	0.9	
16							

4. 계산작업

	A	B	C	D	E	F	G	H	I	J	K
1	[표1]					[표2]					
2	학번	성명	학년	학과		접수번호	연수성적	면접점수	결석	전형결과	
3	K-103	남대식	2학년	정보		HK-321	72	75	2		
4	M-312	김성두	1학년	디자인		HK-322	85	89	0	선발	
5	S-114	이효신	3학년	정보		HK-323	54	94	3		
6	T-209	노덕구	1학년	상업		HK-324	91	85	5		
7	M-227	홍기영	3학년	상업		HK-325	86	84	0	선발	
8	S-337	양우식	2학년	디자인		HK-326	94	79	4		
9	T-123	권대성	1학년	정보		HK-327	95	75	2	선발	
10											
11											
12	[표3]					[표4]					
13	매장명	상품명	판매수량	할인금액		지역	금매달	은매달	동매달	총점	
14	강동	키보드	250	375,000		대구	13	22	15	98	
15	강서	모니터	310	8,370,000		서울	32	28	34	186	
16	강남	키보드	350	525,000		부산	18	32	28	146	
17	강북	마우스	1,250	600,000		광주	15	35	26	141	
18	성동	마우스	1,520	729,600		대전	16	27	12	114	
19	성북	모니터	450	12,150,000		인천	12	22	31	111	
20	중앙	키보드	750	1,125,000		경기	25	39	41	194	
21											
22		상품별 판매단가 및 할인율						우수 성적 지역 수			
23	상품명	마우스	키보드	모니터				2개			
24	할인율	4%	6%	12%							
25	판매단가	12,000	25,000	225,000							
26											
27											
28	[표5]										
29	팀명	감독명	승점	평가결과							
30	대한	강성재	54								
31	상공	차우승	57								
32	우리	배승리	85	1군승격							
33	나라	송나래	65	1군승격							
34	중앙	장신수	47								
35	으뜸	이기재	58								
36	우주	김덕구	75	1군승격							
37											

5. 분석작업-1

	A	B	C	D	E	F	G	H	I
1			서울, 경기 미분양 아파트						
2									
3	지역	단지명	시공사	총가구수	미분양수	전용면적			
4	서울	개봉	대한건설	978	123	119			
5	서울	남서울	서울건설	1,764	67	115			
6	경기	미래안	상공건설	2,652	145	140			
7	서울	전농	상공건설	2,397	257	121			
8	경기	퇴계원	서울건설	1,559	56	118			
9	경기	성남	대한건설	959	78	147			
10	서울	상도	상공건설	3,885	652	145			
11	서울	답십리	상공건설	1,711	28	84			
12	서울	상암	서울건설	1,076	45	99			
13	경기	장안	서울건설	356	37	120			
14	경기	수원	대한건설	1,330	128	115			
15	서울	시흥	서울건설	927	66	127			
16	서울	상수	대한건설	1,880	78	126			
17	경기	수원	상공건설	1,381	131	114			
18	서울	마포	대한건설	999	53	210			
19									
20									
21									
22	시공사	▼값							
23		대한건설		상공건설		서울건설		전체 합계 : 총가구수	전체 합계 : 미분양수
24	지역 ▼	합계 : 총가구수	합계 : 미분양수	합계 : 총가구수	합계 : 미분양수	합계 : 총가구수	합계 : 미분양수		
25	경기	2289	206	4033	276	1915	93	8237	575
26	서울	3857	254	7993	937	3767	178	15617	1369
27	총합계	6146	460	12026	1213	5682	271	23854	1944
28									

6. 분석작업-2

	보험사	상품명	투자형태	사업비(%)	수익률(%)
	변액연금보험 수익률				
	보험사	상품명	투자형태	사업비(%)	수익률(%)
4	서울생명	행복플러스	주식형	9.28	6.31
5	새한생명	빅라이프	주식형	9.39	6.28
6	대한생명	라이프인베스트	주식형	7.65	5.01
7	서울생명	파워밸런스	주식형	9.82	6.38
8			주식형 최대값	9.82	6.38
9			주식형 평균	9.04	6.00
10	상공생명	탑클래스	채권형	9.30	6.27
11	서울생명	수호천사	채권형	8.63	5.66
12	대한생명	SDB변액	채권형	9.20	6.27
13			채권형 최대값	9.30	6.27
14			채권형 평균	9.04	6.07
15	상공생명	100세시대	혼합형	9.70	6.86
16	새한생명	자자손손	혼합형	7.27	6.05
17	상공생명	스텝업	혼합형	9.95	6.26
18			혼합형 최대값	9.95	6.86
19			혼합형 평균	8.97	6.39
20			전체 최대값	9.95	6.86
21			전체 평균	9.02	6.14
22					

7. 매크로 작업

	연도	40~60	60~85	85~135	135초과	합계
1	**[표] 크게 늘고 있는 중소형 주택 공급**					
2						
3	연도	40~60	60~85	85~135	135초과	합계
4	2009	19,970	54,512	44,892	18,812	138,186
5	2010	18,987	50,071	40,779	20,138	129,975
6	2011	41,053	96,228	38,094	23,527	198,902
7	2012	53,995	126,915	43,246	25,396	249,552
8	합계	134,005	327,726	167,011	87,873	716,615

서식

합계

8. 차트 작업

	단지명	업체명	가구수	전용면적	분양예정(월)
1	**주요 아파트 공급 예정 단지**				
2					
3	단지명	업체명	가구수	전용면적	분양예정(월)
4	대치청실	상공물산	1608	59	5
5	도시형생활주택	SH	47	41	7
6	휴면시아	대한건설	183	84	4
7	네이처빌	한국주택	765	101	5
8	강남힐즈	DH	96	92	7
9	푸른힐즈	SK주택	1020	114	6

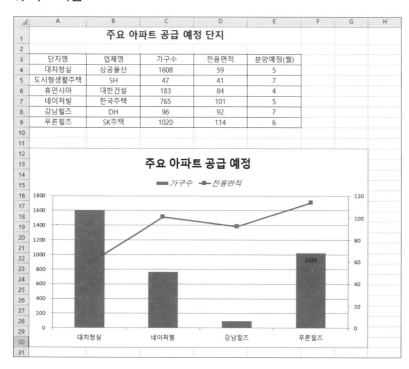

제 06 회 출제예상 모의고사 ┊ 해설 ┊

문제 01 기본작업(20점)

1. 기본작업-2

	A	B	C	D	E	F	G	H	I
1	'한국의 자연' 발간 25주년 기념 독후감 공모전								
2									
3	상장	부문			합계(명)	부상			
4		고등	대학	일반		고등	대학	일반	
5	한국녹색연맹 위원장상	1	1	1	3	40만원	50만원	50만원	
6	환경부 장관상	1	1	1	3	40만원	50만원	50만원	
7	녹색신문 사장상	1	1	1	3	40만원	50만원	50만원	
8	환경산업기술원 원장상	2	2	2	6	20만원	30만원	30만원	
9									

[E7:E8 부근에 메모] 원장상 수상자 합계

작업 과정

구분	작업 내용
①	• [A1:H1] 영역을 드래그한 후, [홈] 탭-[맞춤] 그룹에서 [병합하고 가운데 맞춤] 아이콘을 클릭합니다. • 이어서, [홈] 탭-[글꼴] 그룹에서 글꼴에 '궁서', 글꼴 크기 '20', [가](굵게)를 지정한 후, [가▾](밑줄) 아이콘의 [▾](목록 단추)를 눌러 '이중 밑줄'을 선택합니다.
②	• [A3:A4] 영역을 드래그한 후, Ctrl 키를 누른 상태에서 [B3:D3], [E3:E4], [F3:H3] 영역도 드래그 합니다. • [홈] 탭-[맞춤] 그룹에서 [병합하고 가운데 맞춤] 아이콘을 클릭합니다. • [A3:H4] 영역을 드래그한 후, [홈] 탭-[스타일] 그룹의 [셀 스타일] 아이콘을 클릭하여 <테마 셀 스타일> 항목 중 '강조색5'를 클릭합니다.
③	• [F5:H8] 영역을 드래그한 후, [셀 서식]의 바로 가기 키인 Ctrl+1 키를 누릅니다. • [셀 서식] 대화상자가 표시되면 [표시 형식] 탭의 <범주> 항목 중 '사용자 지정' 선택하고 <형식>에 '0"만원"'을 입력한 후 <확인> 단추를 클릭합니다.
④	• [E8] 셀을 클릭한 후, [검토] 탭-[메모] 그룹에서 [새 메모]를 클릭합니다. (또는, '새 메모'의 바로 가기 키인 Shift+F2 키를 누릅니다.) • 기존 메모의 내용을 Back space 키를 이용하여 모두 삭제하고 '원장상 수상자 합계'를 입력합니다. • 마우스 포인터를 메모 상자의 테두리에 위치시켜 포인터의 모양이 [✥]로 변경되면 마우스 오른쪽 버튼을 눌러 [바로 가기] 메뉴 중 [메모 서식]을 클릭합니다. • [메모 서식] 대화상자의 [맞춤] 탭에서 '자동 크기'를 선택하여 체크 표시(✓)를 지정하고 <확인> 단추를 클릭합니다. • 이어서, [검토] 탭의 [메모] 그룹에서 [메모 표시/숨기기] 아이콘을 클릭하여 메모가 항상 표시되도록 지정합니다.
⑤	• [A3:H8] 영역을 드래그 합니다. • [홈] 탭-[글꼴] 그룹에서 [⊞](아래쪽 테두리) 아이콘의 [▾](목록 단추)를 눌러 [⊞](모든 테두리) 아이콘을 클릭합니다. • 이어서, [▾](목록 단추)를 한 번 더 클릭한 후, [⊡](굵은 바깥쪽 테두리) 아이콘을 클릭합니다.

2. 기본작업-3

	펀드명	배당률(%)	수익률(%)			
			3개월	3년	5년	평균
	고배당C1	2.5	13.5	28.0	23.1	21.5
	HK고배당	3.0	11.6	14.2	5.8	10.5
	프라임배당A1	2.8	11.3	17.3	9.8	12.8
	고배당A2	2.8	11.2	17.9	8.7	12.6
	블루칩배당A1	1.2	10.9	17.5	-4.0	8.1
	프런티어배당B1	1.4	11.7	14.3	10.2	12.1
	상공고배당A1	2.8	10.7	22.9	0.4	11.3
	대한UBS배당C1	1.1	8.3	1.9	-13.6	-1.1
	블루칩배당B2	1.0	9.6	6.7	-11.6	1.6
	프라임배당C1	1.1	10.5	15.4	-10.1	5.3
	프런티어배당A2	2.8	8.6	5.5	-11.5	0.9

주요배당주 펀드 성과

작업 과정

① [A5:F15] 영역을 드래그한 후, [홈] 탭-[스타일] 그룹에서 [조건부 서식]-[새 규칙]을 클릭합니다.

② [새 서식 규칙] 대화상자가 표시되면 '▶수식을 사용하여 서식을 지정할 셀 결정'을 클릭한 후 조건 수식과 서식을 지정하고 〈확인〉 단추를 클릭합니다

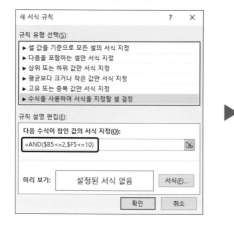

	A	B	C	D	E	F	G	H	I	J	K
1	[표1]					[표2]					
2	학번	성명	학년	학과		접수번호	연수성적	면접점수	결석	전형결과	
3	K-103	남대식	2학년	정보		HK-321	72	75	2		
4	M-312	김성두	1학년	디자인		HK-322	85	89	0	선발	
5	S-114	이효신	3학년	정보		HK-323	54	94	3		
6	T-209	노덕구	1학년	상업		HK-324	91	85	5		
7	M-227	홍기영	3학년	상업		HK-325	86	84	0	선발	
8	S-337	양우식	2학년	디자인		HK-326	94	79	4		
9	T-123	권대성	1학년	정보		HK-327	95	75	2	선발	
10											
11											
12	[표3]					[표4]					
13	매장명	상품명	판매수량	할인금액		지역	금메달	은메달	동메달	총점	
14	강동	키보드	250	375,000		대구	13	22	15	98	
15	강서	모니터	310	8,370,000		서울	32	28	34	186	
16	강남	키보드	350	525,000		부산	18	32	28	146	
17	강북	마우스	1,250	600,000		광주	15	35	26	141	
18	성동	마우스	1,520	729,600		대전	16	27	12	114	
19	성북	모니터	450	12,150,000		인천	12	22	31	111	
20	중앙	키보드	750	1,125,000		경기	25	39	41	194	
21											
22		상품별 판매단가 및 할인율						우수 성적 지역 수			
23	상품명	마우스	키보드	모니터				2개			
24	할인율	4%	6%	12%							
25	판매단가	12,000	25,000	225,000							
26											
27											
28	[표5]										
29	팀명	감독명	승점	평가결과							
30	대한	강성재	54								
31	상공	차우승	57								
32	우리	배승리	85	1군승격							
33	나라	송나래	65	1군승격							
34	중앙	장신수	47								
35	으뜸	이기재	58								
36	우주	김덕구	75	1군승격							
37											

▶ 함수식

[표1] 학과[D3:D9]	[D3] 셀에 '=CHOOSE(MID(A3,3,1),"정보","상업","디자인")'을 입력한 후, 채우기 핸들을 [D9] 셀까지 드래그 합니다.
[표2] 전형결과[J3:J9]	[J3] 셀에 '=IF(AND(SUM(G3:H3)>=160,I3<=3,OR(H3>=75,I3=0)),"선발","")'을 입력한 후, 채우기 핸들을 [J9] 셀까지 드래그 합니다.
[표3] 할인금액[D14:D20]	[D14] 셀에 '=C14*HLOOKUP(B14,$B$23:$D$25,2,0)*HLOOKUP(B14,$B$23:$D$25,3,0)'을 입력한 후, 채우기 핸들을 [D20] 셀까지 드래그 합니다.
[표4] 지역 수[H23]	[H23] 셀에 '=COUNTIFS(G14:G20,">=15", J14:J20,">=150")&"개"'를 입력합니다.
[표5] 평가결과[D30:D36]	[D30] 셀에 '=IF(RANK.EQ(C30,$C$30:$C$36)<=3,"1군승격","")'을 입력한 후, 채우기 핸들을 [D36] 셀까지 드래그 합니다.

문제 03 분석작업(20점)

1. 분석작업-1

	시공사	▼ 값						전체 합계 : 총가구수	전체 합계 : 미분양수
	대한건설		상공건설		서울건설				
지역 ▼	합계 : 총가구수	합계 : 미분양수	합계 : 총가구수	합계 : 미분양수	합계 : 총가구수	합계 : 미분양수			
경기	2289	206	4033	276	1915	93		8237	575
서울	3857	254	7993	937	3767	178		15617	1369
총합계	6146	460	12026	1213	5682	271		23854	1944

작업 과정

① [A3] 셀을 클릭한 후, [삽입] 탭-[표] 그룹에서 [피벗 테이블]을 클릭합니다.
② [피벗 테이블 만들기] 대화상자가 표시되면 표/범위('분석작업-1'!$A$3:$F$18')을 확인한 후, 피벗 테이블 보고서를 넣을 위치에서 '기존 워크시트'를 선택합니다.
③ 이어서, '위치 : ' 항목 오른쪽 상자를 클릭한 후, [A22] 셀을 클릭하고 〈확인〉 단추를 클릭합니다.

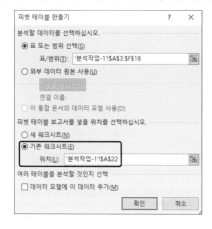

④ 워크시트 오른쪽의 [피벗 테이블 필드]에서 〈보고서에 추가할 필드 선택:〉의 '지역'에 마우스 포인터를 위치시킨 후, '행' 영역으로 드래그하여 이동시켜 줍니다.
⑤ 이어서, 〈보고서에 추가할 필드 선택:〉의 '시공사'에 마우스 포인터를 위치시킨 후, '열' 영역으로 드래그하여 이동시켜 줍니다.

⑥ 나머지 '총가구수', '미분양수' 항목은 'Σ 값' 영역으로 각각 드래그하여 이동시켜 줍니다.

⑦ [피벗 테이블 도구]-[디자인] 탭-[레이아웃] 그룹에서 [보고서 레이아웃]-[개요 형식으로 표시]를 클릭합니다.

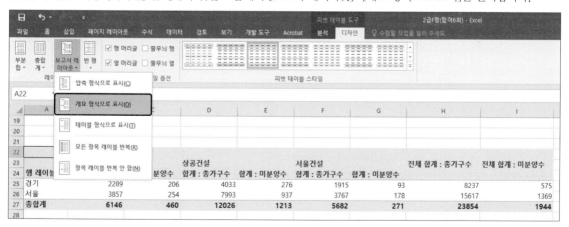

⑧ 이어서, [피벗 테이블 도구]-[디자인] 탭-[피벗 테이블 스타일] 그룹에서 ▾(자세히) 단추를 클릭합니다.

⑨ 〈보통〉 항목 중 '피벗 스타일 보통 2'를 클릭하여 선택합니다.

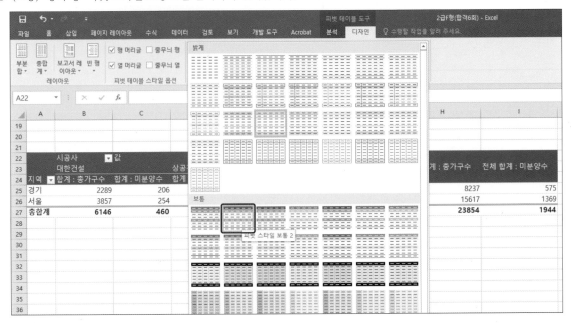

2. 분석작업-2

1 2 3 4	A	B	C	D	E	F
1		**변액연금보험 수익률**				
2						
3	보험사	상품명	투자형태	사업비(%)	수익률(%)	
4	서울생명	행복플러스	주식형	9.28	6.31	
5	새한생명	빅라이프	주식형	9.39	6.28	
6	대한생명	라이프인베스트	주식형	7.65	5.01	
7	서울생명	파워밸런스	주식형	9.82	6.38	
8			**주식형 최대값**	9.82	6.38	
9			**주식형 평균**	9.04	6.00	
10	상공생명	탑클래스	채권형	9.30	6.27	
11	서울생명	수호천사	채권형	8.63	5.66	
12	대한생명	SDB변액	채권형	9.20	6.27	
13			**채권형 최대값**	9.30	6.27	
14			**채권형 평균**	9.04	6.07	
15	상공생명	100세시대	혼합형	9.70	6.86	
16	새한생명	자자손손	혼합형	7.27	6.05	
17	상공생명	스텝업	혼합형	9.95	6.26	
18			**혼합형 최대값**	9.95	6.86	
19			**혼합형 평균**	8.97	6.39	
20			**전체 최대값**	9.95	6.86	
21			**전체 평균**	9.02	6.14	
22						

작업 과정

① [C3] 셀을 클릭한 후 [데이터] 탭-[정렬 및 필터] 그룹에서 ↓(텍스트 오름차순 정렬) 아이콘을 클릭합니다.
② [데이터] 탭-[윤곽선] 그룹에서 [부분합]을 클릭합니다.

③ [부분합] 대화상자가 표시되면 그룹화할 항목에 '투자형태', 사용할 함수에 '평균', 부분합 계산 항목에 '사업비(%)'와 '수익률(%)'을 선택한 후 〈확인〉 단추를 클릭합니다.

④ 2차 부분합을 생성하기 위하여 다시 [데이터] 탭–[윤곽선] 그룹에서 [부분합]을 클릭합니다.

⑤ [부분합] 대화상자가 표시되면 그룹화할 항목에 '투자형태', 사용할 함수에 '최대값', 부분합 계산 항목에 '사업비(%)'와 '수익률(%)'이 선택되어 있는 것을 확인한 후 〈확인〉 단추를 클릭합니다.

⑥ 이어서, '새로운 값으로 대치' 항목을 클릭하여 체크 표시(✓)를 해제한 다음 〈확인〉 단추를 클릭합니다.

문제 **04** 기타작업(20점)

1. 매크로 작업

	A	B	C	D	E	F	G	H	I	J
1	[표] 크게 늘고 있는 중소형 주택 공급									
2										
3	연도	40~60	60~85	85~135	135초과	합계		서식		
4	2009	19,970	54,512	44,892	18,812	138,186				
5	2010	18,987	50,071	40,779	20,138	129,975				
6	2011	41,053	96,228	38,094	23,527	198,902		합계		
7	2012	53,995	126,915	43,246	25,396	249,552				
8	합계	134,005	327,726	167,011	87,873	716,615				
9										

작업 과정

▶ '서식' 단추 생성과 매크로 작업

① [개발 도구] 탭–[컨트롤] 그룹에서 [삽입] 아이콘을 클릭한 후, ☐(단추(양식 컨트롤))을 선택합니다.

② **Alt** 키를 누른 상태에서 [H3:I4] 영역에 맞게 드래그한 후, [매크로 지정] 대화상자가 표시되면 매크로 위치에 '현재 통합 문서', 매크로 이름에 '서식'을 입력하고 〈기록〉 단추를 클릭합니다.

③ [매크로 기록] 대화상자가 표시되면 〈확인〉 단추를 클릭합니다.

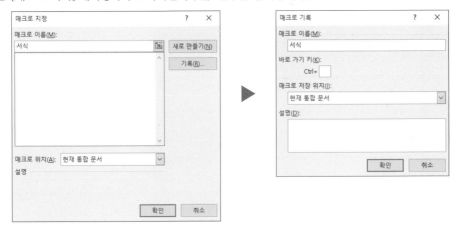

④ [A3:F3] 영역을 드래그한 후, [홈] 탭-[글꼴] 그룹에서 ⬚▾(채우기 색) 아이콘의 ▾(목록 단추)를 눌러 〈표준 색〉 항목 중 '진한 파랑'을 선택합니다.

⑤ 이어서, 🇦▾(글꼴 색) 아이콘의 ▾(목록 단추)를 눌러 〈표준 색〉 항목 중 '노랑'을 선택합니다.

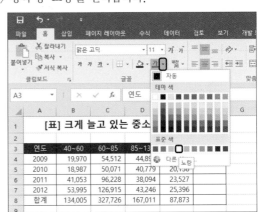

⑥ 임의의 셀을 클릭하여 영역 지정을 해제한 후, 워크시트 하단의 상태 표시줄에서 ■(기록 중지) 아이콘을 클릭하여 매크로 지정을 완료합니다. (또는, [개발 도구] 탭-[코드] 그룹에서 ■(기록 중지) 아이콘을 클릭)

⑦ 단추 위에서 마우스 오른쪽 버튼을 눌러 [바로 가기] 메뉴 중 [텍스트 편집]을 클릭합니다.

⑧ '단추 1'을 삭제하고 '서식'을 입력한 후 임의의 셀을 클릭합니다.

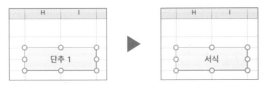

▶ '배지' 도형 삽입 및 텍스트 입력

① [삽입] 탭-[일러스트레이션] 그룹에서 [도형]을 클릭한 후, 〈기본 도형〉에서 ⬡(배지)를 선택합니다.

② **Alt** 키를 누른 상태에서 [H6:I7] 영역에 맞게 드래그하여 도형을 그려줍니다.

③ 도형에 '합계'를 입력한 후, [홈] 탭-[맞춤] 그룹에서 세로 방향 ▤(가운데 맞춤), 가로 방향 ▤(가운데 맞춤) 아이콘을 클릭한 다음 임의의 셀을 클릭합니다.

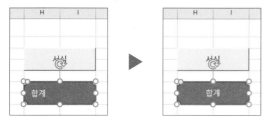

▶ '합계' 매크로 작성

① [H6:I7] 영역의 '배지' 도형 위에 마우스 포인터를 위치시킵니다.
② 마우스 포인터의 모양이 🔁로 변경되면 마우스 오른쪽 버튼을 눌러 [바로 가기] 메뉴 중 [매크로 지정]을 선택합니다.
③ [매크로 지정] 대화상자에서 매크로 위치에 '현재 통합 문서', 매크로 이름에 '합계'를 입력한 후 〈기록〉 단추를 클릭하고, [매크로 기록] 대화상자에서 〈확인〉 단추를 클릭합니다.

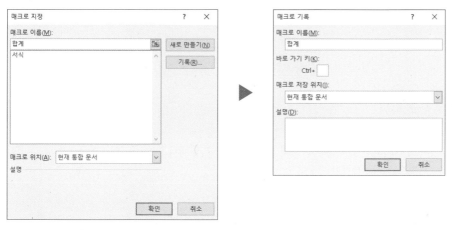

④ [F4] 셀을 클릭한 후, '=SUM('를 입력하고 [B4:E4] 영역을 드래그 합니다.
⑤ '=SUM(B4:E4'가 지정되었으면 ')'를 입력한 후, **Enter** 키를 눌러줍니다.
⑥ [F4] 셀을 클릭한 후, [F4] 셀에서 [F8] 셀까지 채우기 핸들을 드래그 합니다.
⑦ 임의의 셀을 클릭하여 영역 지정을 해제한 후, 워크시트 하단의 상태 표시줄에서 ■(기록 중지) 아이콘을 클릭하여 매크로 지정을 완료합니다. (또는, [개발 도구] 탭-[코드] 그룹에서 ■(기록 중지) 아이콘을 클릭)

2. 차트 작업

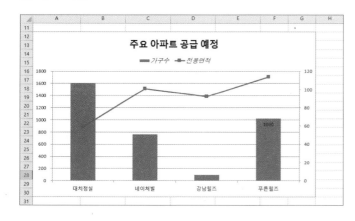

▶ 차트 범위 수정 (계열 제거)

① 마우스 포인터를 차트 위에 위치시킨 후, 마우스 오른쪽 버튼 클릭─[바로 가기] 메뉴 중 [데이터 선택]을 클릭합니다.
② [데이터 원본 선택] 대화상자가 표시되면 〈범례 항목(계열)〉에서 '분양예정(월)'을 선택한 후 X 제거(R) 단추를 클릭하고 〈확인〉 단추를 클릭합니다.

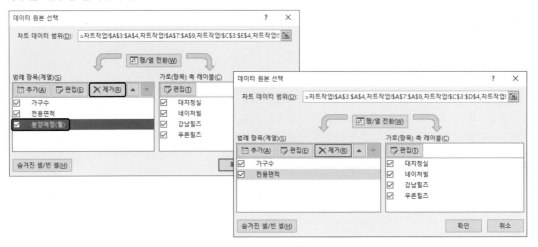

▶ 차트 종류 변경 및 보조 축 지정

① '전용면적' 계열에서 마우스 오른쪽 버튼을 누른 후, [바로 가기] 메뉴 중 [계열 차트 종류 변경]을 클릭합니다.
② [차트 종류 변경] 대화상자가 표시되면 [콤보]에서 '계열 이름'의 '전용면적'에서 [표식이 있는 꺾은선형]을 클릭한 후 보조 축을 선택한 다음 〈확인〉 단추를 클릭합니다.

▶ 차트 제목 입력

① 차트 영역을 클릭한 후, [차트 도구]─[디자인] 탭의 [차트 레이아웃] 그룹에서 [차트 요소 추가]─[차트 제목]─[차트 위]를 클릭합니다.
② '차트 제목'으로 표시된 내용을 삭제한 후, '주요 아파트 공급 예정'을 입력하고 차트 제목 테두리를 클릭합니 다.

▶ 범례 위치 및 서식 지정

① 범례를 선택한 후, [차트 도구]─[디자인] 탭의 [차트 레이아웃] 그룹에서 [차트 요소 추가]─[범례]─[위쪽]을 클릭합니다.
② 이어서, [홈] 탭─[글꼴] 그룹에서 글꼴에 '돋움체', 글꼴 크기 '12', 가(기울임꼴)을 지정합니다.

▶ 데이터 레이블 추가

① '가구수' 계열의 '푸른힐즈' 요소를 클릭한 후, 다시 한 번 클릭합니다.
② 마우스 오른쪽 버튼을 누른 후, [바로 가기] 메뉴 중 [데이터 레이블 추가]─[데이터 레이블 추가]를 클릭합니다.

③ [차트 도구]-[디자인] 탭의 [차트 레이아웃] 그룹에서 [차트 요소 추가]-[데이터 레이블]-[안쪽 끝에]를 클릭합니다.

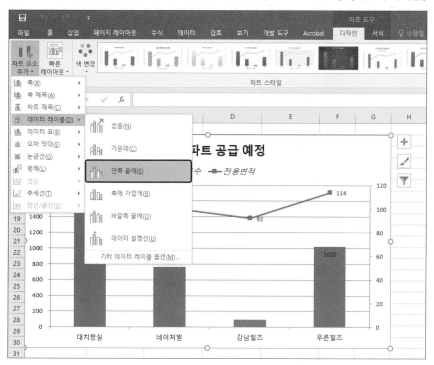

제 07 회 출제예상 모의고사

프로그램명	제한시간
EXCEL 2016	40분

수험번호 :

성 명 :

◆ 2급 G형 ◆

유의사항

- 인적 사항 누락 및 잘못 작성으로 인한 불이익은 수험자 책임으로 합니다.

- 화면에 암호 입력창이 나타나면 아래의 암호를 입력하여야 합니다.
  - 암호 : 7894*6

- 작성된 답안은 주어진 경로 및 파일명을 변경하지 마시고 그대로 저장해야 합니다. 이를 준수하지 않으면 실격처리 됩니다.

- 외부데이터 위치 : C:\OA\파일명

- 별도 지시사항이 없는 경우, 다음과 같이 처리 시 실격 처리됩니다.
  - 제시된 시트 및 개체의 순서나 이름을 임의로 변경한 경우
  - 제시된 시트 및 개체를 임의로 추가 또는 삭제한 경우

- 답안은 반드시 문제에서 지시 또는 요구한 셀에 입력하여야 하며 다음과 같이 처리 시 채점 대상에서 제외됩니다.
  - 수험자가 임의로 지시하지 않은 셀의 이동, 수정, 삭제, 변경 등으로 인해 셀의 위치 및 내용이 변경된 경우 해당 작업에 영향을 미치는 관련문제 모두 채점 대상에서 제외
  - 도형 및 차트의 개체가 중첩되어 있거나 동일한 계산결과 시트가 복수로 존재할 경우 해당 개체나 시트는 채점 대상에서 제외

- 수식 작성 시 제시된 문제 파일의 데이터는 변경 가능한(가변적) 데이터임을 감안하여 문제 풀이를 하시오.

- 별도의 지시사항이 없는 경우, 주어진 각 시트 및 개체의 설정값 또는 기본 설정값(Default)으로 처리하시오.

- 저장 시간은 별도로 주어지지 않으므로 제한된 시간 내에 저장을 완료해야 하며, 제한 시간 내에 저장이 되지 않은 경우에는 실격 처리됩니다.

- 출제된 문제의 용어는 Microsoft office 2016 기준으로 작성되어 있습니다.

대 한 상 공 회 의 소

문제 01 주어진 시트에서 다음 과정을 수행하고 저장하시오.

1. '기본작업-1' 시트에 다음의 자료를 주어진 대로 입력하시오. (5점)

	A	B	C	D	E	F	G	H
1	선진은행 고객 대출금 현황							
2								
3	고객코드	고객명	대출금	대출종류	적용이율	담보물	연락처	
4	SYK-112	윤준희	65,000	신용대출	6.80%	없음	010-2294-5678	
5	DAP-086	이인제	13,000	담보대출	6.10%	APT	010-3435-6666	
6	SYP-776	한동준	17,000	신용대출	7.20%	없음	010-8945-9898	
7	DAA-557	김민기	25,000	담보대출	5.60%	상가	010-2678-5600	
8	SYB-888	곽인영	35,000	신용대출	6.80%	없음	032-3789-3325	
9	SYV-907	최은희	17,000	신용대출	6.95%	없음	031-6688-7475	
10	DAB-378	남동구	7,500	담보대출	6.10%	주택	010-5689-9400	
11	SYB-757	이정환	25,000	신용대출	7.30%	없음	010-6358-7744	
12								

2. '기본작업-2' 시트에 대하여 다음의 지시사항을 처리하시오. (각 2점)

① [A1:G1] 영역은 '병합하고 가운데 맞춤', 글꼴 '휴먼엑스포', 글꼴 크기 '22', 글꼴 스타일 '굵게'로 지정하시오.
② [A3:G3] 영역은 셀 스타일 '강조색2'를 적용하시오.
③ [E4:E13] 영역의 이름을 '연수국가'로 정의하고, 글꼴 스타일 '굵게', 채우기 색 '표준 색-주황'으로 지정하시오.
④ [G4:G13] 영역은 사용자 지정 표시 형식을 이용하여 1000의 배수로 표시하고, 숫자 뒤에 '천원'을 표시 예와 같이 표시하시오. [표시 예 : 1230000 → 1,230천원]
⑤ [A3:G13] 영역은 '모든 테두리(⊞)'를 적용하여 표시하시오.

3. '기본작업-3' 시트에서 다음의 지시사항을 처리하시오. (5점)

- '2021년 하반기 매출 실적' 표에서 3분기가 '260' 이상이고, 4분기가 '260' 이상인 데이터 값을 고급 필터를 사용하여 검색하시오.
  ▶ 고급 필터 조건은 [A20:F22] 영역 내에 알맞게 입력하시오.
  ▶ 고급 필터 결과는 [A24] 셀부터 표시하시오.

문제 02 '계산작업' 시트에서 다음 과정을 수행하고 저장하시오.

1. [표1]에서 날짜를 이용하여 요일[C3:C9]을 표시하시오. (8점)

▶ 표기 예 : 월요일
▶ WEEKDAY와 CHOOSE 함수 사용, 단 WEEKDAY 함수의 Return_type은 기본값으로 처리

2. [표2]에서 각 수험번호별 과목1, 과목2, 과목3, 과목4 중 점수가 2번째로 높은 값의 과목을 구하여 2번째로 높은 과목[K3:K9]에 표시하시오. (8점)

▶ 과목1, 과목2, 과목3, 과목4 중에서 2번째로 높은 과목을 표시 [표시 예 : 과목3]
▶ INDEX, LARGE, MATCH 함수 사용

3. [표3]에서 대리점코드[A14:A20]와 지역코드표[B23:D24]를 이용하여 지역[B14:B20]을 구하시오. (8점)

▶ 대리점코드 2번째 문자가 A는 '강남', B는 '구로', C는 '종로'로 표시
▶ HLOOKUP, LEFT, MID, RIGHT 함수 중 알맞은 함수를 선택하여 사용

4. [표4]의 부서가 '기획부'이면서 직책이 '팀장'인 사람의 상여금 합계를 구하여 [I22] 셀에 표시하시오.(8점)

　　▶ SUM, SUMIF, SUMIFS 함수 중 알맞은 함수를 선택하여 사용

5. [표5]에서 상품별 단가[F27:G31]를 참조하여 상품명에 따른 판매액[D28:D35]을 구하시오. (8점)

　　▶ 판매액 = 판매대수 × 단가
　　▶ HLOOKUP, VLOOKUP, INDEX 함수 중 알맞은 함수를 선택하여 사용

문제 03 주어진 시트에서 다음 작업을 수행하고 저장하시오.　　분석작업(20점)

1. '분석작업-1' 시트에 대하여 다음의 지시사항을 처리하시오. (10점)

− [부분합] 기능을 이용하여 '상품 판매 현황표'에 〈그림〉과 같이 지부별 '판매금액'에 대한 합계를 계산한 후, 지부별 '수량'에 대한 평균을 계산하시오.

　　▶ 정렬은 '지부'를 기준으로 오름차순으로 하시오.
　　▶ 합계와 평균은 위에 명시된 순서대로 처리하시오.

	A	B	C	D	E
1	**상품 판매 현황표**				
2					
3	지부	영업소	성명	수량	판매금액
4	남부	대구	장군표	554	64,218
5	남부	부산	이한진	265	41,996
6	남부	부산	황청민	580	68,355
7	**남부 평균**			466	
8	**남부 요약**				174,569
9	동부	속초	김한수	572	54,641
10	동부	강릉	임달식	648	97,009
11	동부	강릉	소군호	759	95,649
12	**동부 평균**			660	
13	**동부 요약**				247,299
14	서부	안성	남경필	830	52,120
15	서부	안성	김한욱	83	87,926
16	서부	서울	서동기	250	7,979
17	**서부 평균**			388	
18	**서부 요약**				148,025
19	**전체 평균**			505	
20	**총합계**				569,893
21					

2. '분석작업-2' 시트에 대하여 다음의 지시사항을 처리하시오. (10점)

− '상공 어패럴 이월 상품 주문 내역' 표에서 오리털점퍼의 재고금액[E5]이 3,000이 되려면 오리털점퍼의 단가 [D5]가 얼마가 되어야 하는지 목표값 찾기 기능을 이용하여 계산하시오.

문제 04 주어진 시트에서 다음 작업을 수행하고 저장하시오.

1. '매크로 작업' 시트의 [표]에서 다음과 같은 기능을 수행하는 매크로를 현재 통합 문서에 작성하고 실행하시오.(각 5점)

① [G4:G12] 영역에 합계를 계산하는 매크로를 생성하여 실행하시오.
- ▶ 매크로 이름 : 합계
- ▶ 합계 = (바닥 + 도배 + 주방 + 기타) − 부가세
- ▶ [개발 도구]−[삽입]−[양식 컨트롤]의 '단추'를 동일 시트의 [I4:I5] 영역에 생성하고, 텍스트를 '합계'로 입력한 후 단추를 클릭할 때 '합계' 매크로가 실행되도록 설정하시오.

② [G3:G12] 영역에 글꼴 스타일 '굵게', 채우기 색 '표준 색−노랑'을 적용하는 매크로를 생성하여 실행하시오.
- ▶ 매크로 이름 : 서식
- ▶ [도형]−[기본 도형]의 '빗면(▢)'을 동일 시트의 [I7:I8] 영역에 생성하고, 텍스트를 '서식'으로 입력한 후 도형을 클릭할 때 '서식' 매크로가 실행되도록 설정하시오.

   ※ 셀 포인터의 위치에 상관없이 현재 통합 문서에서 매크로가 실행되어야 정답으로 인정됨

2. '차트작업' 시트의 차트를 지시사항에 따라 아래 그림과 같이 수정하시오. (각 2점)

※ 차트는 반드시 문제에서 제공한 차트를 사용하여야 하며, 신규로 작성 시 0점 처리됨
① 차트 종류를 '묶은 세로 막대형'으로 변경하고, '여행' 계열이 〈그림〉과 같이 차트에 표시되도록 설정하시오.
② 차트 제목은 '차트 위'로 추가하여 〈그림〉과 같이 입력하시오.
③ 세로 축 제목은 '가로 제목'으로 추가하여 〈그림〉과 같이 입력하고, 주 단위를 '20'으로 설정하시오.
④ '용돈' 계열에만 데이터 레이블 '값'을 표시하고, 레이블의 위치를 '안쪽 끝에'로 설정하시오.
⑤ 차트 영역의 테두리 스타일은 '둥근 모서리'를 설정하시오.

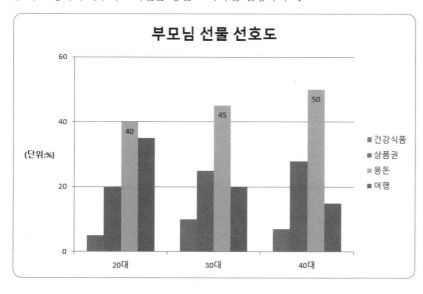

제 07 회 출제예상 모의고사 ∵정답∵

1. 기본작업-1

	A	B	C	D	E	F	G	H
1	선진은행 고객 대출금 현황							
2								
3	고객코드	고객명	대출금	대출종류	적용이율	담보물	연락처	
4	SYK-112	윤준희	65,000	신용대출	6.80%	없음	010-2294-5678	
5	DAP-086	이인제	13,000	담보대출	6.10%	APT	010-3435-6666	
6	SYP-776	한동준	17,000	신용대출	7.20%	없음	010-8945-9898	
7	DAA-557	김민기	25,000	담보대출	5.60%	상가	010-2678-5600	
8	SYB-888	곽인영	35,000	신용대출	6.80%	없음	032-3789-3325	
9	SYV-907	최은희	17,000	신용대출	6.95%	없음	031-6688-7475	
10	DAB-378	남동구	7,500	담보대출	6.10%	주택	010-5689-9400	
11	SYB-757	이정환	25,000	신용대출	7.30%	없음	010-6358-7744	
12								

2. 기본작업-2

	A	B	C	D	E	F	G	H
1	해외 연수 계획표							
2							㈜행복한 회사	
3	부서	성명	사원번호	근무연수	연수국가	기간	연수경비	
4	총무부	김만구	R-276	5년 3개월	미국	14박 16일	6,500천원	
5	총무부	홍진수	R-127	7년 2개월	미국	14박 16일	6,500천원	
6	재경팀	고진만	Q-512	4년 10개월	캐나다	12박 14일	5,500천원	
7	재경팀	한경식	Q-602	5년 4개월	캐나다	12박 14일	5,500천원	
8	인사부	노홍철	H-110	8년 2개월	일본	6박 7일	3,000천원	
9	영업부	구라만	W-042	5년 4개월	중국	6박 7일	3,000천원	
10	영업부	김재석	W-298	9년 9개월	중국	6박 7일	3,000천원	
11	기술부	배병진	E-85	6년 7개월	핀란드	14박 16일	6,000천원	
12	기술부	최동구	E-365	12년 3개월	핀란드	14박 16일	6,000천원	
13	인사부	김억만	H-205	4년 3개월	일본	6박 7일	3,000천원	
14								

3. 기본작업-3

	A	B	C	D	E	F	G	H	I	J	K	L
1	2021년 하반기 매출 실적											
2										(단위:백만원)		
3	부서명	이름	7월	8월	9월	3분기	10월	11월	12월	4분기	총계	
4	영업 1팀	이동호	85	90	90	265	80	86	82	248	513	
5	영업 1팀	남경진	84	92	82	258	86	94	88	268	526	
6	영업 1팀	황철희	82	81	88	251	92	96	86	274	525	
7	영업 1팀	김민석	85	85	94	264	94	80	92	266	530	
8	영업 1팀	남희정	90	88	90	268	87	82	83	252	520	
9	영업 2팀	박해일	82	94	92	268	86	92	82	260	528	
10	영업 2팀	정동진	88	96	81	265	76	80	82	238	503	
11	영업 2팀	이기철	94	80	77	251	90	80	76	246	497	
12	영업 3팀	유영호	80	90	88	258	82	94	92	268	526	
13	영업 3팀	장두석	86	92	94	272	82	94	92	268	540	
14	영업 3팀	진석희	90	94	72	256	94	82	86	262	518	
15	영업 3팀	최주민	92	81	96	269	72	85	90	247	516	
16	영업 3팀	홍성호	94	94	92	280	96	88	92	276	556	
17	영업 3팀	장기진	90	90	87	267	88	80	80	248	515	
18												
19												
20	3분기	4분기										
21	>=260	>=260										
22												

4. 계산작업

	A	B	C	D	E	F	G	H	I	J	K	L
1	[표1]					[표2]						
2	종목	날짜	요일			수험번호	과목1	과목2	과목3	과목4	2번째로 높은 과목	
3	100m달리기	2021-10-30	토요일			A-21	56	77	36	62	과목4	
4	오래달리기	2021-11-03	수요일			A-54	59	70	24	86	과목2	
5	윗몸일으키기	2021-11-08	월요일			A-16	70	82	48	89	과목2	
6	제자리뛰기	2021-11-14	일요일			A-25	85	52	68	43	과목3	
7	멀리던지기	2021-11-18	목요일			A-65	50	97	91	93	과목3	
8	턱걸이	2021-11-26	금요일			A-34	49	85	67	75	과목4	
9	오래매달리기	2021-12-15	수요일			A-39	60	84	75	65	과목3	
10												
11												
12	[표3]					[표4]						
13	대리점코드	지역	대리점명	판매금액		성명	부서	직책	상여금			
14	CA1101	강남	일등대리점	8,100,000		이동구	총무부	부장	2,200,000			
15	BC3203	종로	명성대리점	8,388,000		한성진	기획부	팀장	1,500,000			
16	AB2001	구로	유창대리점	3,371,000		남성철	총무부	팀장	1,650,000			
17	BB2020	구로	마석대리점	8,936,000		김한규	인사부	부장	2,300,000			
18	AC3007	종로	경우대리점	2,080,000		남동민	기획부	팀장	1,650,000			
19	AC3125	종로	신영대리점	6,041,000		김성한	인사부	팀장	1,800,000			
20	CA1005	강남	최영대리점	6,531,000		이재록	기획부	부장	2,350,000			
21						곽규형	기획부	팀장	1,750,000			
22	<지역 코드표>					기획부 팀장의 상여금 합계			4,900,000			
23	코드	A	B	C								
24	지역	강남	구로	종로								
25												
26	[표5]					[상품별 단가]						
27	상품명	대리점	판매대수	판매액		세탁기	12,000					
28	세탁기	가좌	84	1,008,000		오디오	8,000					
29	오디오	영일	201	1,608,000		냉장고	13,000					
30	냉장고	우산	55	715,000		비디오	6,000					
31	비디오	김표	260	1,560,000		TV	11,000					
32	TV	장시	38	418,000								
33	세탁기	수미	62	744,000								
34	냉장고	반포	186	2,418,000								
35	TV	옥수	126	1,386,000								
36												

5. 분석작업-1

1 2 3 4		A	B	C	D	E	F
	1		상품 판매 현황표				
	2						
	3	지부	영업소	성명	수량	판매금액	
	4	남부	대구	장군표	554	64,218	
	5	남부	부산	이한진	265	41,996	
	6	남부	부산	황청민	580	68,355	
	7	남부 평균			466		
	8	남부 요약				174,569	
	9	동부	속초	김한수	572	54,641	
	10	동부	강릉	임달식	648	97,009	
	11	동부	강릉	소군호	759	95,649	
	12	동부 평균			660		
	13	동부 요약				247,299	
	14	서부	안성	남경필	830	52,120	
	15	서부	안성	김한욱	83	87,926	
	16	서부	서울	서동기	250	7,979	
	17	서부 평균			388		
	18	서부 요약				148,025	
	19	전체 평균			505		
	20	총합계				569,893	
	21						

6. 분석작업-2

	상품명	주문수량	재고수량	단가	재고금액
상공 어패럴 이월 상품 주문 내역					
					(단위:천원)
	상품명	주문수량	재고수량	단가	재고금액
	후두티셔즈	55	250	1,600	400
	오리털점퍼	70	242	12,397	3,000
	기모청바지	52	400	3,500	1,400
	장갑&모자	72	452	2,000	904
	스키용점퍼	73	351	17,000	5,967
				합계	11,671

7. 매크로 작업

업체명	바닥	도배	주방	기타	부가세	합계
[표] 업체별 인테리어 견적서						
						(단위:천원)
업체명	바닥	도배	주방	기타	부가세	**합계**
비아체	2,046	2,039	1,294	4,022	940	**8,461**
미려한	1,437	1,433	1,103	2,754	672	**6,055**
유정인테리어	2,698	2,186	761	1,538	718	**6,465**
가미안	1,467	858	667	1,743	473	**4,262**
부르지오	1,827	1,807	572	1,067	527	**4,746**
가가호호	1,323	1,919	675	2,396	631	**5,682**
미모자	1,847	906	1,231	2,682	666	**6,000**
아리안느	2,502	453	1,392	3,132	747	**6,732**
명인	2,601	1,257	1,147	1,975	698	**6,282**

합계

서식

8. 차트 작업

연령층	건강식품	상품권	용돈	여행	합계
부모님 선물 선호도 순위					
					(단위:%)
연령층	건강식품	상품권	용돈	여행	합계
20대	5	20	40	35	100
30대	10	25	45	20	100
40대	7	28	50	15	100

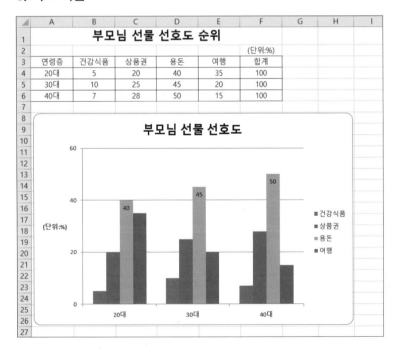

제 07 회 출제예상 모의고사 ⁝ 해설 ⁝

문제 01 기본작업(20점)

1. 기본작업-2

	A	B	C	D	E	F	G	H
1			해외 연수 계획표					
2							㈜행복한 회사	
3	부서	성명	사원번호	근무연수	연수국가	기간	연수경비	
4	총무부	김만구	R-276	5년 3개월	미국	14박 16일	6,500천원	
5	총무부	홍진수	R-127	7년 2개월	미국	14박 16일	6,500천원	
6	재경팀	고진만	Q-512	4년 10개월	캐나다	12박 14일	5,500천원	
7	재경팀	한경식	Q-602	5년 4개월	캐나다	12박 14일	5,500천원	
8	인사부	노홍철	H-110	8년 2개월	일본	6박 7일	3,000천원	
9	영업부	구라만	W-042	5년 4개월	중국	6박 7일	3,000천원	
10	영업부	김재석	W-298	9년 9개월	중국	6박 7일	3,000천원	
11	기술부	배병진	E-85	6년 7개월	핀란드	14박 16일	6,000천원	
12	기술부	최동구	E-365	12년 3개월	핀란드	14박 16일	6,000천원	
13	인사부	김억만	H-205	4년 3개월	일본	6박 7일	3,000천원	
14								

작업 과정

구분	작업 내용
①	• [A1:G1] 영역을 드래그한 후, [홈] 탭-[맞춤] 그룹에서 병합하고 가운데 맞춤 ▾ 아이콘을 클릭합니다. • 이어서, [홈] 탭-[글꼴] 그룹에서 글꼴에 '휴먼엑스포', 글꼴 크기 '22', 가(굵게)를 지정합니다.
②	• [A3:G3] 영역을 드래그 합니다. • [홈] 탭-[스타일] 그룹에서 [셀 스타일]을 클릭한 후, <테마 셀 스타일> 항목 중 '강조색2'를 클릭합니다.
③	• [E4:E13] 영역을 드래그하여 범위를 지정합니다. • 이름 상자에 '연수국가'를 입력하고 Enter 키를 누릅니다. • 이어서, [홈] 탭-[글꼴] 그룹에서 가(굵게) 아이콘을 클릭한 후, ♦-(채우기 색) 아이콘의 ▾(목록 단추)를 눌러 <표준 색> 항목 중 '주황'을 선택합니다.
④	• [G4:G13] 영역을 드래그한 후, [셀 서식]의 바로 가기 키인 Ctrl+1 키를 누릅니다. • [셀 서식] 대화상자가 표시되면 [표시 형식] 탭의 <범주> 항목 중 '사용자 지정' 선택하고 <형식>에 #,##0,"천원"을 입력한 후 <확인> 단추를 클릭합니다.
⑤	• [A3:G13] 영역을 드래그 합니다. • [홈] 탭-[글꼴] 그룹에서 ▦▾(아래쪽 테두리) 아이콘의 ▾(목록 단추)를 눌러 田(모든 테두리) 아이콘을 클릭합니다.

2. 기본작업-3

	A	B	C	D	E	F	G	H	I	J	K	L
18												
19												
20	3분기	4분기										
21	>=260	>=260										
22												
23												
24	부서명	이름	7월	8월	9월	3분기	10월	11월	12월	4분기	총계	
25	영업 1팀	김민석	85	85	94	264	94	80	92	266	530	
26	영업 2팀	박해일	82	94	92	268	86	92	82	260	528	
27	영업 3팀	장두석	86	92	94	272	82	94	92	268	540	
28	영업 3팀	홍성호	94	94	92	280	96	88	92	276	556	
29												

작업 과정

① 고급 필터의 조건식에 사용할 필드 이름을 복사하기 위하여 [F3] 셀을 클릭한 후, **Ctrl** 키를 누른 상태에서 [J3] 셀도 클릭합니다.

② **Ctrl**+**C** 키를 눌러 [복사]한 후, [A20] 셀에서 **Ctrl**+**V** 키를 눌러 [붙여넣기] 합니다.

③ [A21] 셀과 [B21] 셀에 다음과 같이 조건을 입력합니다.

	A	B	C
18			
19			
20	3분기	4분기	
21	>=260	>=260	
22			

④ [A3:K17] 영역을 드래그한 후, [데이터] 탭-[정렬 및 필터] 그룹에서 ▼고급 아이콘을 클릭합니다.

⑤ [고급 필터] 대화상자가 표시되면 다음과 같이 범위를 지정하고 〈확인〉 단추를 클릭합니다.

	A	B	C	D	E	F	G	H	I	J	K	L
1	[표1]					[표2]						
2	종목	날짜	요일			수험번호	과목1	과목2	과목3	과목4	2번째로 높은 과목	
3	100m달리기	2021-10-30	토요일			A-21	56	77	36	62	과목4	
4	오래달리기	2021-11-03	수요일			A-54	59	70	24	86	과목2	
5	윗몸일으키기	2021-11-08	월요일			A-16	70	82	48	89	과목2	
6	제자리뛰기	2021-11-14	일요일			A-25	85	52	68	43	과목3	
7	멀리던지기	2021-11-18	목요일			A-65	50	97	91	93	과목4	
8	턱걸이	2021-11-26	금요일			A-34	49	85	67	75	과목4	
9	오래매달리기	2021-12-15	수요일			A-39	60	84	75	65	과목3	
10												
11												
12	[표3]					[표4]						
13	대리점코드	지역	대리점명	판매금액		성명	부서	직책	상여금			
14	CA1101	강남	일등대리점	8,100,000		이동구	총무부	부장	2,200,000			
15	BC3203	종로	명성대리점	8,388,000		한성진	기획부	팀장	1,500,000			
16	AB2001	구로	유창대리점	3,371,000		남성철	총무부	팀장	1,650,000			
17	BB2020	구로	마석대리점	8,936,000		김한규	인사부	부장	2,300,000			
18	AC3007	종로	경우대리점	2,080,000		남동민	기획부	팀장	1,650,000			
19	AC3125	종로	신영대리점	6,041,000		김성한	인사부	팀장	1,800,000			
20	CA1005	강남	최영대리점	6,531,000		이재록	기획부	부장	2,350,000			
21						곽규형	기획부	팀장	1,750,000			
22	<지역 코드표>					기획부 팀장의 상여금 합계			4,900,000			
23	코드	A	B	C								
24	지역	강남	구로	종로								
25												
26	[표5]					[상품별 단가]						
27	상품명	대리점	판매대수	판매액		세탁기	12,000					
28	세탁기	가좌	84	1,008,000		오디오	8,000					
29	오디오	영일	201	1,608,000		냉장고	13,000					
30	냉장고	우산	55	715,000		비디오	6,000					
31	비디오	김표	260	1,560,000		TV	11,000					
32	TV	장시	38	418,000								
33	세탁기	수미	62	744,000								
34	냉장고	반포	186	2,418,000								
35	TV	옥수	126	1,386,000								
36												

▶ **함수식**

[표1] 요일[C3:C9]	[C3] 셀에 '=CHOOSE(WEEKDAY(B3),"일요일","월요일","화요일","수요일","목요일","금요일","토요일")'을 입력한 후, 채우기 핸들을 [C9] 셀까지 드래그 합니다.
[표2] 2번째로 높은 과목[K3:K9]	[K3] 셀에 '=INDEX($G$2:$J$2,MATCH(LARGE(G3:J3,2),G3:J3,0))'을 입력한 후, 채우기 핸들을 [K9] 셀까지 드래그 합니다.
[표3] 지역[B14:B20]	[B14] 셀에 '=HLOOKUP(MID(A14, 2,1),$B$23:$D$24, 2, 0)'을 입력한 후, 채우기 핸들을 [B20] 셀까지 드래그 합니다.
[표4] 기획부 팀장의 상여금 합계[I22]	[I22] 셀에 '=SUMIFS(I14:I21,G14:G21,"기획부",H14:H21,"팀장")'을 입력합니다.
[표5] 판매액[D28:D35]	[D28] 셀에 '=C28*VLOOKUP(A28,$F$27:$G$31,2,0)'을 입력한 후, 채우기 핸들을 [D35] 셀까지 드래그 합니다.

1. 분석작업-1

1 2 3 4	A	B	C	D	E	F
1			상품 판매 현황표			
2						
3	지부	영업소	성명	수량	판매금액	
4	남부	대구	장군표	554	64,218	
5	남부	부산	이한진	265	41,996	
6	남부	부산	황청민	580	68,355	
7	남부 평균			466		
8	남부 요약				174,569	
9	동부	속초	김한수	572	54,641	
10	동부	강릉	임달식	648	97,009	
11	동부	강릉	소군호	759	95,649	
12	동부 평균			660		
13	동부 요약				247,299	
14	서부	안성	남경필	830	52,120	
15	서부	안성	김한욱	83	87,926	
16	서부	서울	서동기	250	7,979	
17	서부 평균			388		
18	서부 요약				148,025	
19	전체 평균			505		
20	총합계				569,893	
21						

작업 과정

① [A3] 셀을 클릭한 후 [데이터] 탭-[정렬 및 필터] 그룹에서 ↓(텍스트 오름차순 정렬) 아이콘을 클릭합니다.

② [데이터] 탭-[윤곽선] 그룹에서 [부분합]을 클릭합니다.

③ [부분합] 대화상자가 표시되면 그룹화할 항목에 '지부', 사용할 함수에 '합계', 부분합 계산 항목에 '판매금액'을 선택한 후 〈확인〉 단추를 클릭합니다.

④ 2차 부분합을 생성하기 위하여 다시 [데이터] 탭-[윤곽선] 그룹에서 [부분합]을 클릭합니다.

⑤ [부분합] 대화상자에서 그룹화할 항목에 '지부', 사용할 함수에 '평균', 부분합 계산 항목에 '수량'을 선택합니다. (이때, 부분합 계산 항목에서 '판매금액'의 체크 표시(✓)는 해제합니다.)

⑥ 이어서, '새로운 값으로 대치' 항목을 클릭하여 체크 표시(✔)를 해제한 다음 〈확인〉 단추를 클릭합니다.

2. 분석작업-2

	A	B	C	D	E	F
1	상공 어패럴 이월 상품 주문 내역					
2					(단위:천원)	
3	상품명	주문수량	재고수량	단가	재고금액	
4	후두티셔츠	55	250	1,600	400	
5	오리털점퍼	70	242	12,397	3,000	
6	기모청바지	52	400	3,500	1,400	
7	장갑&모자	72	452	2,000	904	
8	스키용점퍼	73	351	17,000	5,967	
9				합계	11,671	
10						

작업 과정

① [E5] 셀을 클릭한 후 [데이터] 탭-[예측] 그룹에서 [가상 분석]-[목표값 찾기]를 클릭합니다.
② [목표값 찾기] 대화상자가 표시되면 '수식 셀', '찾는 값', '값을 바꿀 셀'을 다음과 같이 지정한 후 〈확인〉 단추를 클릭합니다.

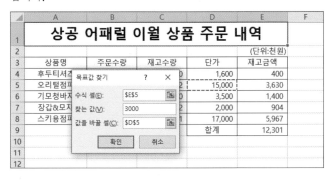

③ [목표값 찾기 상태] 대화상자가 표시되면 목표값을 확인한 후 〈확인〉 단추를 클릭한다.

1. 매크로 작업

⚫	A	B	C	D	E	F	G	H	I	J
1			[표] 업체별 인테리어 견적서							
2							(단위:천원)			
3	업체명	바닥	도배	주방	기타	부가세	합계			
4	비아체	2,046	2,039	1,294	4,022	940	8,461			
5	미려한	1,437	1,433	1,103	2,754	672	6,055		합계	
6	유정인테리어	2,698	2,186	761	1,538	718	6,465			
7	가미안	1,467	858	667	1,743	473	4,262		서식	
8	부르지오	1,827	1,807	572	1,067	527	4,746			
9	가가호호	1,323	1,919	675	2,396	631	5,682			
10	미모자	1,847	906	1,231	2,682	666	6,000			
11	아리안느	2,502	453	1,392	3,132	747	6,732			
12	명인	2,601	1,257	1,147	1,975	698	6,282			
13										

작업 과정

▶ '합계' 단추 생성과 매크로 작업

① [개발 도구] 탭–[컨트롤] 그룹에서 [삽입] 아이콘을 클릭한 후, ▭(단추(양식 컨트롤))을 선택합니다.

② **Alt** 키를 누른 상태에서 [I4:I5] 영역에 맞게 드래그한 후, [매크로 지정] 대화상자가 표시되면 매크로 위치에 '현재 통합 문서', 매크로 이름에 '합계'를 입력하고 〈기록〉 단추를 클릭합니다.

③ [매크로 기록] 대화상자가 표시되면 〈확인〉 단추를 클릭합니다.

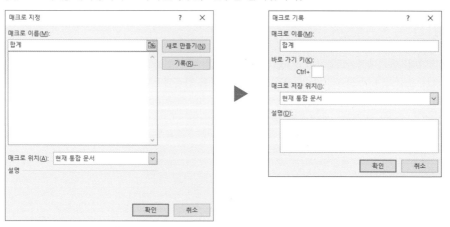

④ [G4] 셀을 클릭한 후, '=(B4+C4+D4+E4)–F4'를 입력하고 **Enter** 키를 눌러줍니다.

⑤ [G4] 셀을 클릭한 후, [G4] 셀에서 [G12] 셀까지 채우기 핸들을 드래그 합니다.

⑥ 임의의 셀을 클릭하여 영역 지정을 해제한 후, 워크시트 하단의 상태 표시줄에서 ■(기록 중지) 아이콘을 클릭하여 매크로 지정을 완료합니다.

⑦ 단추 위에서 마우스 오른쪽 버튼을 눌러 [바로 가기] 메뉴 중 [텍스트 편집]을 클릭합니다.

⑧ '단추 1'을 삭제하고 '합계'를 입력한 후 임의의 셀을 클릭합니다.

▶ '빗면' 도형 삽입 및 텍스트 입력

① [삽입] 탭–[일러스트레이션] 그룹에서 [도형]을 클릭한 후, 〈기본 도형〉에서 ▭(빗면)을 선택합니다.

② **Alt** 키를 누른 상태에서 [I7:I8] 영역에 맞게 드래그하여 도형을 그려줍니다.

③ 도형에 '서식'을 입력한 후, [홈] 탭-[맞춤] 그룹에서 세로 방향 ≡(가운데 맞춤), 가로 방향 ≡(가운데 맞춤) 아이콘을 클릭한 다음 임의의 셀을 클릭합니다.

▶ '서식' 매크로 작성

① [I7:I8] 영역의 '빗면' 도형 위에 마우스 포인터를 위치시킵니다.
② 마우스 포인터의 모양이 🖑로 변경되면 마우스 오른쪽 버튼을 눌러 [바로 가기] 메뉴 중 [매크로 지정]을 선택합니다.
③ [매크로 지정] 대화상자에서 매크로 위치에 '현재 통합 문서', 매크로 이름에 '서식'을 입력한 후 〈기록〉 단추를 클릭하고, [매크로 기록] 대화상자에서 〈확인〉 단추를 클릭합니다.

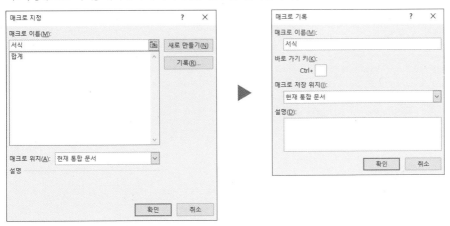

④ [G3:G12] 영역을 드래그한 후, [홈] 탭-[글꼴] 그룹에서 [가](굵게) 아이콘을 클릭합니다.
⑤ 이어서, [🖌](채우기 색) 아이콘의 [▾](목록 단추)를 눌러 〈표준 색〉 항목 중 '노랑'을 선택합니다.
⑥ 임의의 셀을 클릭하여 영역 지정을 해제한 후, 워크시트 하단의 상태 표시줄에서 [■](기록 중지) 아이콘을 클릭하여 매크로 지정을 완료합니다.

2. 차트 작업

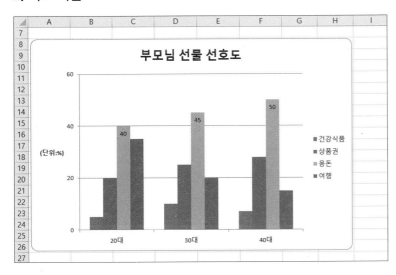

▶ 차트 종류 변경 및 차트 범위 수정

① 차트 영역에서 마우스 오른쪽 버튼을 누른 후, [바로 가기] 메뉴 중 [차트 종류 변경]을 클릭합니다.
   (또는, 차트 영역을 클릭한 후, [차트 도구]-[디자인] 탭의 [종류] 그룹에서 [차트 종류 변경]을 클릭합니다.)
② [차트 종류 변경] 대화상자에서 [세로 막대형]-[묶은 세로 막대형]을 클릭한 후 〈확인〉 단추를 클릭합니다.

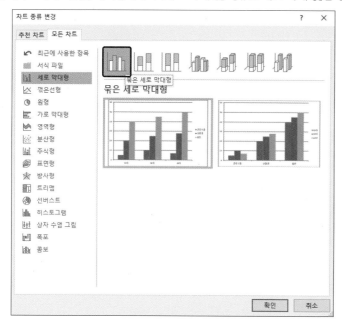

③ 변경된 차트의 차트 영역에서 마우스 오른쪽 버튼을 누른 후, [바로 가기] 메뉴 중 [데이터 선택]을 클릭합니다.
   (또는, [차트 도구]-[디자인] 탭의 [데이터] 그룹에서 [데이터 선택]을 클릭합니다.)
④ [데이터 원본 선택] 대화상자가 표시되면 추가(A) 단추를 클릭합니다.

⑤ [계열 편집] 대화상자가 표시되면 〈계열 이름〉과 〈계열 값〉을 지정하고 〈확인〉 단추를 클릭합니다.

⑥ 〈범례 항목(계열)〉에 '여행' 항목이 추가되었으면 〈가로(항목) 축 레이블〉의 [편집(E)] 단추를 클릭합니다.

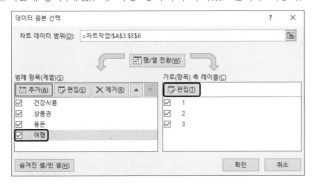

⑦ [축 레이블] 대화상자가 표시되면 [🔳] 단추를 눌러 [A4:A6] 영역을 드래그하고 [🔳] 단추를 누른 후 〈확인〉 단추를 클릭합니다.

⑧ 추가된 '여행' 항목과 레이블을 확인한 후 〈확인〉 단추를 클릭합니다.

▶ 차트 제목 입력

① 차트 영역을 클릭한 후, [차트 도구]-[디자인] 탭의 [차트 레이아웃] 그룹에서 [차트 요소 추가]-[차트 제목]-[차트 위]를 클릭합니다.
② '차트 제목'으로 표시된 내용을 삭제한 후, '부모님 선물 선호도'를 입력하고 차트 제목 테두리를 클릭합니다.

▶ 세로 (값) 축 제목 입력 및 주 단위 지정

① 차트 영역을 클릭한 후, [차트 도구]-[디자인] 탭의 [차트 레이아웃] 그룹에서 [차트 요소 추가]-[축 제목]-[기본 세로]를 클릭합니다.

② '축 제목'으로 표시된 내용을 삭제한 후, '(단위:%)'를 입력하고 마우스 오른쪽 버튼을 눌러 [축 제목 서식]을 클릭한
후, [축 제목 서식]의 [크기 및 속성]-[맞춤]에서 〈텍스트 방향〉을 '가로'로 선택합니다.

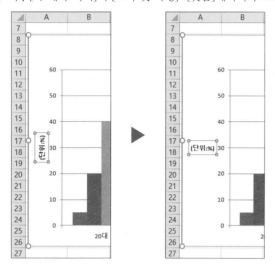

③ '세로 (값) 축'을 클릭한 후, 마우스 오른쪽 버튼을 눌러 [바로 가기] 메뉴 중 [축 서식]을 선택합니다.

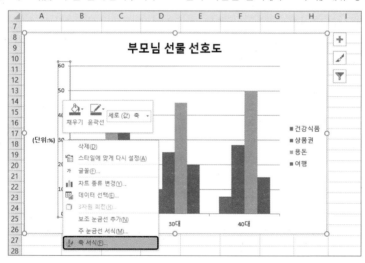

④ [축 서식]의 [축 옵션]-[단위]에서 〈주〉를 '20'으로 변경합니다.

⑤ 다음과 같이 세로 (값) 축 주 단위가 '20'으로 변경된 것을 확인합니다.

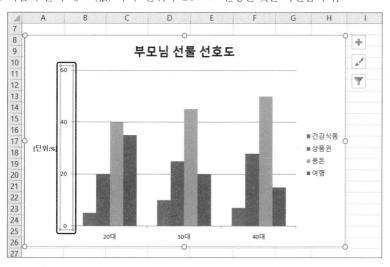

▶ 데이터 레이블 추가

① '용돈' 계열을 클릭합니다.
② 마우스 오른쪽 버튼을 누른 후, [바로 가기] 메뉴 중 [데이터 레이블 추가]-[데이터 레이블 추가]를 클릭합니다.
③ [차트 도구]-[디자인] 탭의 [차트 레이아웃] 그룹에서 [차트 요소 추가]-[데이터 레이블]-[안쪽 끝에]를 클릭합니다.

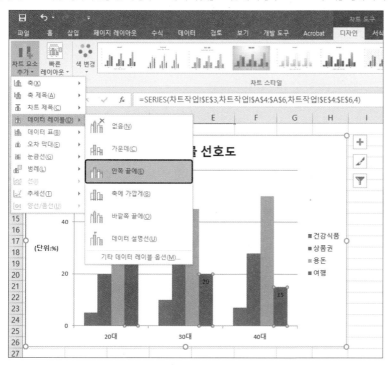

▶ 테두리 스타일 '둥근 모서리' 지정

① 차트 영역에서 마우스 오른쪽 버튼을 누른 후, [바로 가기] 메뉴 중 [차트 영역 서식]을 클릭합니다.
② [차트 영역 서식]의 [채우기 및 선]-[테두리]에서 '둥근 모서리'를 선택합니다.

제 08 회 출제예상 모의고사

프로그램명	제한시간
EXCEL 2016	40분

수험번호 :

성   명 :

◆ 2급 H형 ◆

유 의 사 항

● 인적 사항 누락 및 잘못 작성으로 인한 불이익은 수험자 책임으로 합니다.

● 화면에 암호 입력창이 나타나면 아래의 암호를 입력하여야 합니다.
   ○ 암호 : 657*12

● 작성된 답안은 주어진 경로 및 파일명을 변경하지 마시고 그대로 저장해야 합니다. 이를 준수하지 않으면 실격처리 됩니다.

● 외부데이터 위치 : C:₩OA₩파일명

● 별도 지시사항이 없는 경우, 다음과 같이 처리 시 실격 처리됩니다.
   ○ 제시된 시트 및 개체의 순서나 이름을 임의로 변경한 경우
   ○ 제시된 시트 및 개체를 임의로 추가 또는 삭제한 경우

● 답안은 반드시 문제에서 지시 또는 요구한 셀에 입력하여야 하며 다음과 같이 처리 시 채점 대상에서 제외됩니다.
   ○ 수험자가 임의로 지시하지 않은 셀의 이동, 수정, 삭제, 변경 등으로 인해 셀의 위치 및 내용이 변경된 경우 해당 작업에 영향을 미치는 관련문제 모두 채점 대상에서 제외
   ○ 도형 및 차트의 개체가 중첩되어 있거나 동일한 계산결과 시트가 복수로 존재할 경우 해당 개체나 시트는 채점 대상에서 제외

● 수식 작성 시 제시된 문제 파일의 데이터는 변경 가능한(가변적) 데이터임을 감안하여 문제 풀이를 하시오.

● 별도의 지시사항이 없는 경우, 주어진 각 시트 및 개체의 설정값 또는 기본 설정값(Default)으로 처리하시오.

● 저장 시간은 별도로 주어지지 않으므로 제한된 시간 내에 저장을 완료해야 하며, 제한 시간 내에 저장이 되지 않은 경우에는 실격 처리됩니다.

● 출제된 문제의 용어는 Microsoft office 2016 기준으로 작성되어 있습니다.

대 한 상 공 회 의 소

문제 01 주어진 시트에서 다음 과정을 수행하고 저장하시오. 기본작업(20점)

1. '기본작업-1' 시트에 다음의 자료를 주어진 대로 입력하시오. (5점)

	A	B	C	D	E	F	G	H
1	대한물산 퇴직예정자 명단							
2								
3	성명	아이디	주민등록번호	거주지	퇴임날짜	직급	평균급여	
4	박동준	parkdj*78	580127-1056336	강남구	2018-03-15	부장	5700000	
5	문진호	moonjh_1225	560910-1236667	양천구	2018-05-15	실장	6000000	
6	이재관	leejae_k_1031	570619-1233678	부평구	2018-02-17	부장	5600000	
7	이상은	leese*1004	580327-1758845	헤이리	2018-06-25	전무	8500000	
8	임재성	limjaesung_77	570819-1325587	강동구	2018-07-20	상무	8750000	
9	맹주표	mang_j_p_337	581212-1747475	연수구	2018-10-20	차장	5200000	
10	원세진	wonsaejin_56	571031-1058998	부천시	2018-09-11	부장	5500000	
11								

2. '기본작업-2' 시트에 대하여 다음의 지시사항을 처리하시오. (각 2점)

① [A1:I1] 영역은 '병합하고 가운데 맞춤'을 적용하고, 셀 스타일 중 제목 및 머리글의 '제목1'을 적용하시오.

② [A3:I3] 영역은 글꼴 스타일 '굵게', 채우기 색 '표준 색-연한 녹색'으로 지정하고, [A14:D14] 영역은 '병합하고 가운데 맞춤'을 적용하시오.

③ [I3] 셀에 '여성의류 매출현황'이라는 메모를 삽입한 후 항상 표시되도록 지정하고, 메모 서식에서 맞춤 '자동 크기'를 설정하시오.

④ [I4:I13] 영역은 사용자 지정 표시 형식을 이용하여 1000 단위 구분 기호와 숫자 뒤에 '만원'을 표시 예와 같이 표시하시오. [표시 예 : 16900 → 16,900만원]

⑤ [A3:I14] 영역에 '모든 테두리(⊞)'를 적용하고, [I14] 셀은 대각선(⊠)을 적용하여 표시하시오.

3. '기본작업-3' 시트에서 다음의 지시사항을 처리하시오. (5점)

– [A4:I13] 영역에 대하여 분류코드 2번째 문자가 'L' 이거나 입점년도가 2000년에서 2002년 까지인 행 전체에 대하여 글꼴 스타일을 '굵게', 글꼴색을 '표준색-파랑'으로 지정하는 조건부 서식을 작성하시오.

▶ OR, MID, AND 함수 사용

▶ 단, 규칙 유형은 '수식을 사용하여 서식을 지정할 셀 결정'을 사용하시고, 한 개의 규칙으로만 작성하시오.

문제 02 '계산작업' 시트에서 다음 과정을 수행하고 저장하시오. 계산작업(40점)

1. [표1]에서 총점[E3:E9]에 대한 순위를 구하여 1위에는 '수석', 2위에는 '차석', 그 외에는 공란으로 평가[F3:F9]에 표시하시오. (8점)

▶ 순위는 총점이 가장 높은 학생이 1위임

▶ IF와 RANK.EQ 함수 사용

2. [표2]에서 나이[J3:J13]가 25 이상 40 미만인 인원수를 25세~39세[K16]에 표시하시오. (8점)

▶ 산출된 인원수 뒤에 '명'을 추가하여 표시 [표시 예 : 6명]

▶ COUNTIFS 함수와 & 연산자 사용

3. [표3]에서 이메일[D14:D21]에서 선수아이디를 추출하여 아이디[E14:E21]에 표시하시오. (8점)

▶ 이메일의 아이디는 '@' 앞의 문자열 표시 [표시의 예 : abc1122@aso.co.kr → abc1122]
▶ SEARCH, LEFT 함수 사용

4. [표4]에서 판매장소[A26:A31]와 이익률표[B34:E35]를 이용하여 판매금액[F26:F31]을 계산하시오. (8점)

▶ 판매금액 = 제조원가 + 제조원가 × 이익률
▶ 이익률 표의 의미 : 판매장소가 '학교'이면 이익률 25%, '학원'이면 이익률 10%, '서점'이면 이익률 5%, '개인'이면 이익률 3%
▶ INDEX, HLOOKUP, VLOOKUP 함수 중 알맞은 함수 사용

5. [표5]에서 회원코드[J26:J32]를 10으로 나눈 나머지가 '1'이면 '서울', '2'이면 '강원도', '3'이면 '경상도', '4'이면 '충청도', '5'이면 '전라도'로 거주지역[K26:K32]에 표시하시오. (8점)

▶ CHOOSE, MOD 함수 사용

문제 **03** 주어진 시트에서 다음 작업을 수행하고 저장하시오. 분석작업(20점)

1. '분석작업-1' 시트에 대하여 다음의 지시사항을 처리하시오. (10점)

– [부분합] 기능을 이용하여 '하계 계절수업 신청현황' 표에 〈그림〉과 같이 개설학과별 '수강료 총액', '미납 총액'의 합계를 계산한 후, '신청학생수'의 평균을 계산하시오.
▶ 정렬은 '개설학과'를 기준으로 오름차순으로 처리하시오.
▶ 평균과 합계는 위에 명시된 순서대로 처리하시오.

	A	B	C	D	E	F	G	H
1			하계 계절수업 신청현황					
2								
3	개설과목	개설학과	신청학생소속	신청학생수	수강료 총액	미납 총액	1인당 수강료	
4	경영학개론	경영학과	관광과	20	1,400,000	280,000	70,000	
5	경영학개론	경영학과	컴퓨터과	15	1,050,000	210,000	70,000	
6	경영학개론	경영학과	경찰행정과	5	350,000	70,000	70,000	
7		경영학과 평균		13				
8		경영학과 요약			2,800,000	560,000		
9	컴퓨터활용	컴퓨터과	컴퓨터과	30	1,800,000	240,000	60,000	
10	컴퓨터활용	컴퓨터과	경찰행정과	25	1,500,000	60,000	60,000	
11	컴퓨터활용	컴퓨터과	경영학과	13	780,000	-	60,000	
12		컴퓨터과 평균		23				
13		컴퓨터과 요약			4,080,000	300,000		
14	환경과사회	환경학과	경찰행정과	38	2,280,000	300,000	60,000	
15	환경과사회	환경학과	관광과	30	1,800,000	120,000	60,000	
16	환경과사회	환경학과	경영학과	22	1,320,000	180,000	60,000	
17		환경학과 평균		30				
18		환경학과 요약			5,400,000	600,000		
19		전체 평균		22				
20		총합계			12,280,000	1,460,000		
21								

2. '분석작업-2' 시트에 대하여 다음의 지시사항을 처리하시오. (10점)

– '교통비 계산' 표는 휘발유가[C3], 차량연비[C4], 1일 왕복통행거리[C5]를 이용하여 20일 교통비[C7]를 계산한 것이다. [데이터 표] 기능을 이용하여 휘발유가와 차량연비 변동에 따른 20일 교통비를 [G5:J11] 영역에 계산하시오.

문제 **04** 주어진 시트에서 다음 작업을 수행하고 저장하시오. 기타작업(20점)

1. '매크로 작업' 시트의 [표]에서 다음과 같은 기능을 수행하는 매크로를 현재 통합 문서에 작성하고 실행하시오.(각 5점)

① [E13:G13] 영역에 기본급, 상여금, 총급여액의 합계를 계산하는 매크로를 생성하여 실행하시오.

- ▶ 매크로 이름 : 합계
- ▶ [개발 도구]-[삽입]-[양식 컨트롤]의 '단추'를 동일 시트의 [I4:J5] 영역에 생성하고, 텍스트를 '합계'로 입력한 후 단추를 클릭할 때 '합계' 매크로가 실행되도록 설정하시오.

② [D4:D12] 영역에 표시 형식을 '백분율 스타일(%)'로 적용하는 매크로를 생성하여 실행하시오.

- ▶ 매크로 이름 : 백분율
- ▶ [도형]-[기본 도형]의 '정육면체(🗗)'를 동일 시트의 [I7:J8] 영역에 생성하고, 텍스트를 '백분율'로 입력한 후 도형을 클릭할 때 '백분율' 매크로가 실행되도록 설정하시오.

  ※ 셀 포인터의 위치에 상관없이 현재 통합 문서에서 매크로가 실행되어야 정답으로 인정됨

2. '차트작업' 시트의 차트를 지시사항에 따라 아래 그림과 같이 수정하시오. (각 2점)

※ 차트는 반드시 문제에서 제공한 차트를 사용하여야 하며, 신규로 작성 시 0점 처리됨

① '2/4분기', '4/4분기'의 '소득', '소비지출', '평균소비성향' 데이터만 차트에 표시되도록 데이터 범위를 지정하시오.

② '평균소비성향' 계열의 차트 종류를 '표식이 있는 꺾은선형'으로 변경하고, 그림과 같이 '보조축'으로 지정하시오.

③ 범례는 서식을 이용하여 위치를 '아래쪽'으로 배치하시오.

④ '평균소비성향' 계열의 '2/4분기' 요소에만 데이터 레이블 '값'을 표시하고, 레이블의 위치를 '위쪽'으로 설정하시오.

⑤ 차트 제목에 도형 스타일 '미세 효과 – 파랑, 강조 1'을 적용하시오.

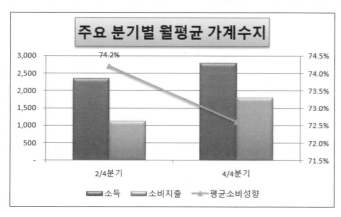

제 08 회 출제예상 모의고사 : 정답 :

1. 기본작업-1

	A	B	C	D	E	F	G	H
1	대한물산 퇴직예정자 명단							
2								
3	성명	아이디	주민등록번호	거주지	퇴임날짜	직급	평균급여	
4	박동준	parkdj*78	580127-1056336	강남구	2018-03-15	부장	5700000	
5	문진호	moonjh_1225	560910-1236667	양천구	2018-05-15	실장	6000000	
6	이재관	leejae_k_1031	570619-1233678	부평구	2018-02-17	부장	5600000	
7	이상은	leese*1004	580327-1758845	헤이리	2018-06-25	전무	8500000	
8	임재성	limjaesung_77	570819-1325587	강동구	2018-07-20	상무	8750000	
9	맹주표	mang_j_p_337	581212-1747475	연수구	2018-10-20	차장	5200000	
10	원세진	wonsaejin_56	571031-1058998	부천시	2018-09-11	부장	5500000	
11								

2. 기본작업-2

	A	B	C	D	E	F	G	H	I	J	K
1	한양백화점 여성의류 매출 현황										
2										여성의류 매출현황	
3	브랜드	분류코드	주고객	입점연도	1사분기	2사분기	3사분기	4사분기	연매출액		
4	잔쟁이	TLC-100	30대	1999년	4,200	3,600	2,800	6,300	16,900만원		
5	색진	CSC-200	10대	2001년	3,960	2,980	2,640	4,450	14,030만원		
6	키젠	MTC-300	30대	2000년	5,600	4,760	3,990	6,880	21,230만원		
7	럭시룩	TLC-101	20대	1998년	3,390	3,760	3,000	4,500	14,650만원		
8	참진	CSC-201	20대	2002년	3,280	3,540	2,080	3,700	12,600만원		
9	비이트	TLC-102	20대	2000년	4,270	3,330	3,060	3,890	14,550만원		
10	시실리	MTC-301	30대	2003년	4,190	4,020	5,780	6,100	20,090만원		
11	메트로	SSC-400	40대	1997년	3,830	4,320	5,000	6,000	19,150만원		
12	이엔씨	CSC-202	10대	1999년	2,010	2,020	2,400	2,350	8,780만원		
13	스위티	CSC-203	10대	1998년	1,980	2,010	2,300	2,400	8,690만원		
14	합계				36,710	34,340	33,050	46,570			
15											

3. 기본작업-3

	A	B	C	D	E	F	G	H	I	J
1	서울의류 남성복 매출 현황									
2										
3	브랜드	분류코드	주고객	입점연도	1사분기	2사분기	3사분기	4사분기	연매출액	
4	록산나	TLC-100	30대	1999년	4,200	3,600	2,800	6,300	16900	
5	파워맨	CSC-200	10대	2001년	3,960	2,980	2,640	4,450	14030	
6	키다리	MTC-300	30대	2000년	5,600	4,760	3,990	6,880	21230	
7	댄디룩	TLC-101	20대	1998년	3,390	3,760	3,000	4,500	14650	
8	띠아블	CSC-201	20대	2002년	3,280	3,540	2,080	3,700	12600	
9	보스랜	TLC-102	20대	2000년	4,270	3,330	3,060	3,890	14550	
10	시즐러	MTC-301	30대	2003년	4,190	4,020	5,780	6,100	20090	
11	맨하튼	SSC-400	40대	1997년	3,830	4,320	5,000	6,000	19150	
12	스위젠	CSC-202	10대	1999년	2,010	2,020	2,400	2,350	8780	
13	타블맨	CSC-203	10대	1998년	1,980	2,010	2,300	2,400	8690	
14										

4. 계산작업

	A	B	C	D	E	F	G	H	I	J	K	L
1	[표1]								[표2]			
2	학번	성명	1학기	2학기	총점	평가			이름	나이	성별	
3	CO-0311	김세영	1254	1238	2492	차석			장두리	28	여	
4	CO-0312	강준기	1085	1109	2194				이미나	32	여	
5	CO-0313	최금용	987	1023	2010				윤정환	40	남	
6	CO-0314	이종열	1056	1124	2180				최영미	19	여	
7	CO-0315	박찬봉	1145	1098	2243				정지은	20	여	
8	CO-0316	오성진	1278	1305	2583	수석			황두태	25	남	
9	CO-0317	장용구	1123	1178	2301				김영환	26	남	
10									안남식	20	남	
11									이나영	28	여	
12	[표3]								유은주	29	여	
13	팀명	선수명	선수코드	이메일	아이디				성삼민	24	남	
14	삼성	장대포	48602P	jadp22@ss.com	jadp22							
15	LG	조진수	29806C	jo2230js@aa.com	jo2230js						25세~39세	
16	기아	정수비	39607Y	jsb11ff@bb.com	jsb11ff						6명	
17	현대	박만호	28506P	pmh10000@ss.com	pmh10000							
18	두산	정조준	18509Y	jjj2345@aa.com	jjj2345							
19	한화	최강속	19805K	best250gg@bb.com	best250gg							
20	SK	박명준	49704C	pmj9650sk@ss.com	pmj9650sk							
21	롯데	김한영	39902K	kimhy6543@aa.com	kimhy6543							
22												
23												
24	[표4]								[표5]			
25	판매장소	도서명	단가	판매수량	제조원가	판매금액			성명	회원코드	거주지역	
26	서점	액세스	16,000	12	192,000	201,600			김차영	125	전라도	
27	학교	컴퓨터	15,000	8	120,000	150,000			임인영	234	충청도	
28	서점	엑셀	12,000	13	156,000	163,800			남영찬	122	강원도	
29	학교	수험서	8,000	21	168,000	210,000			나도향	123	경상도	
30	개인	자바	17,000	9	153,000	157,590			방영호	111	서울	
31	학원	역사	9,000	7	63,000	69,300			임기자	145	전라도	
32									안현우	431	서울	
33	<이익률표>											
34	판매장소	학교	학원	서점	개인							
35	이익률	25%	10%	5%	3%							
36												

5. 분석작업-1

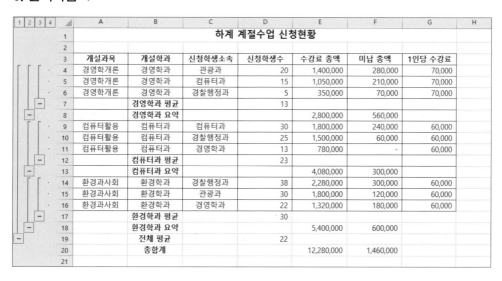

1 2 3 4		A	B	C	D	E	F	G	H
	1	하계 계절수업 신청현황							
	2								
	3	개설과목	개설학과	신청학생소속	신청학생수	수강료 총액	미납 총액	1인당 수강료	
	4	경영학개론	경영학과	관광과	20	1,400,000	280,000	70,000	
	5	경영학개론	경영학과	컴퓨터과	15	1,050,000	210,000	70,000	
	6	경영학개론	경영학과	경찰행정과	5	350,000	70,000	70,000	
	7			경영학과 평균	13				
	8			경영학과 요약		2,800,000	560,000		
	9	컴퓨터활용	컴퓨터과	컴퓨터과	30	1,800,000	240,000	60,000	
	10	컴퓨터활용	컴퓨터과	경찰행정과	25	1,500,000	60,000	60,000	
	11	컴퓨터활용	컴퓨터과	경영학과	13	780,000	-	60,000	
	12			컴퓨터과 평균	23				
	13			컴퓨터과 요약		4,080,000	300,000		
	14	환경과사회	환경학과	경찰행정과	38	2,280,000	300,000	60,000	
	15	환경과사회	환경학과	관광과	30	1,800,000	120,000	60,000	
	16	환경과사회	환경학과	경영학과	22	1,320,000	180,000	60,000	
	17			환경학과 평균	30				
	18			환경학과 요약		5,400,000	600,000		
	19			전체 평균	22				
	20			총합계		12,280,000	1,460,000		
	21								

6. 분석작업-2

	A	B	C	D	E	F	G	H	I	J	K
1		교통비 계산				연비/휘발유가 변동에 따른 20일 교통비					
2											
3		휘발유가	1415(원/L)					차량연비			
4		차량연비	13(L/Km)			235,108	11	12	13	14	
5		1일 왕복통행거리	108(Km)			1,300	255,273	234,000	216,000	200,571	
6		하루교통비	11,755			1,325	260,182	238,500	220,154	204,429	
7		20일 교통비	235,108			1,350	265,091	243,000	224,308	208,286	
8					휘	1,375	270,000	247,500	228,462	212,143	
9					발	1,400	274,909	252,000	232,615	216,000	
10					유	1,425	279,818	256,500	236,769	219,857	
11					가	1,450	284,727	261,000	240,923	223,714	
12											

7. 매크로 작업

	A	B	C	D	E	F	G	H	I	J	K
1			[표] 대한상사 급여 명세표								
2											
3		사원명	직위	근속기간	상여율	기본급	상여금	총급여액			
4		장나라	사원	3	22%	1,450,000	319,000	1,769,000			
5		황민호	대리	5	30%	1,550,000	465,000	2,015,000		합계	
6		김슬기	과장	14	38%	2,015,000	765,700	2,780,700			
7		임나영	부장	17	44%	2,356,000	1,036,640	3,392,640			
8		박호연	사원	2	20%	1,400,000	280,000	1,680,000		백분율	
9		정구연	대리	6	33%	1,600,000	528,000	2,128,000			
10		성진주	과장	9	36%	1,750,000	630,000	2,380,000			
11		태영철	대리	8	34%	1,700,000	578,000	2,278,000			
12		김나영	부장	16	50%	2,300,000	1,150,000	3,450,000			
13			합계			16,121,000	5,752,340	21,873,340			
14											

8. 차트 작업

	A	B	C	D	E	F
1		도시 근로자 가구당 월평균 가계수지				
2						
3		분기별	소득	소비지출	평균소비성향	
4		1/4분기	2,664	1,567	78.1%	
5		2/4분기	2,345	1,120	74.2%	
6		3/4분기	2,950	1,450	73.5%	
7		4/4분기	2,803	1,795	72.6%	

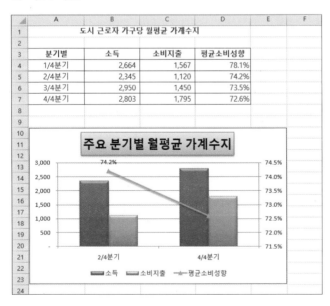

제 08 회 출제예상 모의고사 ⁝ 해설 ⁝

문제 01 기본작업(20점)

1. 기본작업-2

	A	B	C	D	E	F	G	H	I	J	K
1				한양백화점 여성의류 매출 현황							
2										여성의류 매출현황	
3	브랜드	분류코드	주고객	입점연도	1사분기	2사분기	3사분기	4사분기	연매출액		
4	잔쟁이	TLC-100	30대	1999년	4,200	3,600	2,800	6,300	16,900만원		
5	색진	CSC-200	10대	2001년	3,960	2,980	2,640	4,450	14,030만원		
6	키젠	MTC-300	30대	2000년	5,600	4,760	3,990	6,880	21,230만원		
7	럭시룩	TLC-101	20대	1998년	3,390	3,760	3,000	4,500	14,650만원		
8	참진	CSC-201	20대	2002년	3,280	3,540	2,080	3,700	12,600만원		
9	비이트	TLC-102	20대	2000년	4,270	3,330	3,060	3,890	14,550만원		
10	시실리	MTC-301	30대	2003년	4,190	4,020	5,780	6,100	20,090만원		
11	메트로	SSC-400	40대	1997년	3,830	4,320	5,000	6,000	19,150만원		
12	이엔씨	CSC-202	10대	1999년	2,010	2,020	2,400	2,350	8,780만원		
13	스위티	CSC-203	10대	1998년	1,980	2,010	2,300	2,400	8,690만원		
14	합계				36,710	34,340	33,050	46,570			
15											

작업 과정

구분	작업 내용
①	• [A1:I1] 영역을 드래그한 후, [홈] 탭-[맞춤] 그룹에서 [병합하고 가운데 맞춤 ▾] 아이콘을 클릭합니다. • 이어서, [홈] 탭-[스타일] 그룹에서 [셀 스타일]을 클릭한 후, <제목 및 머리글> 항목 중 '제목1'을 클릭합니다.
②	• [A3:I3] 영역을 드래그 합니다. • [홈] 탭-[글꼴] 그룹에서 [가](굵게) 아이콘을 클릭한 후, [채우기 색] 아이콘의 [▾](목록 단추)를 눌러 <표준 색> 항목 중 '연한 녹색'을 선택합니다. • 이어서, [A14:D14] 영역을 드래그한 후, [홈] 탭-[맞춤] 그룹에서 [병합하고 가운데 맞춤 ▾] 아이콘을 클릭합니다.
③	• [I3] 셀을 클릭한 후, [검토] 탭-[메모] 그룹에서 [새 메모]를 클릭합니다. (또는, '새 메모'의 바로 가기 키인 **Shift**+**F2** 키를 누릅니다.) • 기존 메모의 내용을 **Back Space** 키를 이용하여 모두 삭제하고 '여성의류 매출현황'을 입력합니다. • 마우스 포인터를 메모 상자의 테두리에 위치시켜 포인터의 모양이 [✛]로 변경되면 마우스 오른쪽 버튼을 눌러 [바로 가기] 메뉴 중 [메모 서식]을 클릭합니다. • [메모 서식] 대화상자의 [맞춤] 탭에서 '자동 크기'를 선택하여 체크 표시(✔)를 지정하고 <확인> 단추를 클릭합니다. • 이어서, [검토] 탭의 [메모] 그룹에서 [메모 표시/숨기기] 아이콘을 클릭하여 메모가 항상 표시되도록 지정합니다.
④	• [I4:I13] 영역을 드래그한 후, [셀 서식]의 바로 가기 키인 **Ctrl**+**1** 키를 누릅니다. • [셀 서식] 대화상자가 표시되면 [표시 형식] 탭의 <범주> 항목 중 '사용자 지정' 선택하고 <형식>에 '#,##0"만원"'을 입력한 후 <확인> 단추를 클릭합니다.

⑤	• [A3:I14] 영역을 드래그 합니다. • [홈] 탭-[글꼴] 그룹에서 ⊞(아래쪽 테두리) 아이콘의 ⊡(목록 단추)를 눌러 ⊞(모든 테두리) 아이콘을 클릭합니다. • [I14] 셀을 클릭한 후, **Ctrl** + **1** 키를 누릅니다. • [셀 서식] 대화상자의 [테두리] 탭에서 ⊠과 ⊠를 클릭하여 선택한 후 <확인> 단추를 클릭합니다.

2. 기본작업-3

└	A	B	C	D	E	F	G	H	I	J
1				서울의류 남성복 매출 현황						
2										
3	브랜드	분류코드	주고객	입점연도	1사분기	2사분기	3사분기	4사분기	연매출액	
4	록산나	TLC-100	30대	1999년	4,200	3,600	2,800	6,300	16900	
5	파워맨	CSC-200	10대	2001년	3,960	2,980	2,640	4,450	14030	
6	키다리	MTC-300	30대	2000년	5,600	4,760	3,990	6,880	21230	
7	댄디룩	TLC-101	20대	1998년	3,390	3,760	3,000	4,500	14650	
8	띠아블	CSC-201	20대	2002년	3,280	3,540	2,080	3,700	12600	
9	보스랜	TLC-102	20대	2000년	4,270	3,330	3,060	3,890	14550	
10	시즐러	MTC-301	30대	2003년	4,190	4,020	5,780	6,100	20090	
11	맨하튼	SSC-400	40대	1997년	3,830	4,320	5,000	6,000	19150	
12	스위젠	CSC-202	10대	1999년	2,010	2,020	2,400	2,350	8780	
13	타블맨	CSC-203	10대	1998년	1,980	2,010	2,300	2,400	8690	
14										

작업 과정

① [A4:I13] 영역을 드래그한 후, [홈] 탭-[스타일] 그룹에서 [조건부 서식]-[새 규칙]을 클릭합니다.
② [새 서식 규칙] 대화상자가 표시되면 '▶수식을 사용하여 서식을 지정할 셀 결정'을 클릭한 후 조건 수식과 서식을 지정하고 〈확인〉 단추를 클릭합니다.

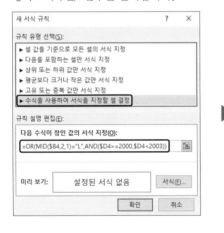

문제 02 계산작업(40점)

	A	B	C	D	E	F	G	H	I	J	K	L
1	[표1]								[표2]			
2	학번	성명	1학기	2학기	총점	평가			이름	나이	성별	
3	CO-0311	김세영	1254	1238	2492	차석			장두리	28	여	
4	CO-0312	강준기	1085	1109	2194				이미나	32	여	
5	CO-0313	최금용	987	1023	2010				윤정환	40	남	
6	CO-0314	이종열	1056	1124	2180				최영미	19	여	
7	CO-0315	박찬봉	1145	1098	2243				정지은	20	여	
8	CO-0316	오성진	1278	1305	2583	수석			황두태	25	남	
9	CO-0317	장용구	1123	1178	2301				김영환	26	남	
10									안남식	20	남	
11									이나영	28	여	
12	[표3]								유은주	29	여	
13	팀명	선수명	선수코드	이메일	아이디				성삼민	24	남	
14	삼성	장대포	48602P	jadp22@ss.com	jadp22							
15	LG	조진수	29806C	jo2230js@aa.com	jo2230js						25세~39세	
16	기아	정수비	39607Y	jsb11ff@bb.com	jsb11ff						6명	
17	현대	박만호	28506P	pmh10000@ss.com	pmh10000							
18	두산	정조준	18509Y	jjj2345@aa.com	jjj2345							
19	한화	최강속	19805K	best250gg@bb.com	best250gg							
20	SK	박명준	49704C	pmj9650sk@ss.com	pmj9650sk							
21	롯데	김한영	39902K	kimhy6543@aa.com	kimhy6543							
22												
23												
24	[표4]								[표5]			
25	판매장소	도서명	단가	판매수량	제조원가	판매금액			성명	회원코드	거주지역	
26	서점	엑세스	16,000	12	192,000	201,600			김자영	125	전라도	
27	학교	컴퓨터	15,000	8	120,000	150,000			임인영	234	충청도	
28	서점	엑셀	12,000	13	156,000	163,800			남영찬	122	강원도	
29	학교	수험서	8,000	21	168,000	210,000			나도향	123	경상도	
30	개인	자바	17,000	9	153,000	157,590			방영호	111	서울	
31	학원	역사	9,000	7	63,000	69,300			임기자	145	전라도	
32									안현우	431	서울	
33	<이익률표>											
34	판매장소	학교	학원	서점	개인							
35	이익률	25%	10%	5%	3%							
36												

▶ 함수식

[표1] 평가[F3:F9]	[F3] 셀에 '=IF(RANK.EQ(E3,$E$3:$E$9)=1,"수석",IF(RANK.EQ(E3,$E$3:$E$9)=2,"차석",""))'을 입력한 후, 채우기 핸들을 [F9] 셀까지 드래그 합니다.
[표2] 25세~39세[K16]	[K16] 셀에 '=COUNTIFS(J3:J13,">=25",J3:J13,"<40")&"명"'을 입력합니다.
[표3] 아이디[E14:E21]	[E14] 셀에 '=LEFT(D14,SEARCH("@",D14)-1)'를 입력한 후, 채우기 핸들을 [E21] 셀까지 드래그 합니다.
[표4] 판매금액[F26:F31]	[F26] 셀에 '=E26+E26*HLOOKUP(A26,$B$34:$E$35,2,FALSE)'를 입력한 후, 채우기 핸들을 [F31] 셀까지 드래그 합니다.
[표5] 거주지역[K26:K32]	[K26] 셀에 '=CHOOSE(MOD(J26,10),"서울","강원도","경상도","충청도","전라도")'를 입력한 후, 채우기 핸들을 [K32] 셀까지 드래그 합니다.

1. 분석작업-1

1 2 3 4	A	B	C	D	E	F	G	H
1	하계 계절수업 신청현황							
2								
3	개설과목	개설학과	신청학생소속	신청학생수	수강료 총액	미납 총액	1인당 수강료	
4	경영학개론	경영학과	관광과	20	1,400,000	280,000	70,000	
5	경영학개론	경영학과	컴퓨터과	15	1,050,000	210,000	70,000	
6	경영학개론	경영학과	경찰행정과	5	350,000	70,000	70,000	
7		경영학과 평균		13				
8		경영학과 요약			2,800,000	560,000		
9	컴퓨터활용	컴퓨터과	컴퓨터과	30	1,800,000	240,000	60,000	
10	컴퓨터활용	컴퓨터과	경찰행정과	25	1,500,000	60,000	60,000	
11	컴퓨터활용	컴퓨터과	경영학과	13	780,000	-	60,000	
12		컴퓨터과 평균		23				
13		컴퓨터과 요약			4,080,000	300,000		
14	환경과사회	환경학과	경찰행정과	38	2,280,000	300,000	60,000	
15	환경과사회	환경학과	관광과	30	1,800,000	120,000	60,000	
16	환경과사회	환경학과	경영학과	22	1,320,000	180,000	60,000	
17		환경학과 평균		30				
18		환경학과 요약			5,400,000	600,000		
19		전체 평균		22				
20		총합계			12,280,000	1,460,000		
21								

작업 과정

① [B3] 셀을 클릭한 후 [데이터] 탭-[정렬 및 필터] 그룹에서 ⬇(텍스트 오름차순 정렬) 아이콘을 클릭합니다.

② [데이터] 탭-[윤곽선] 그룹에서 [부분합]을 클릭합니다.

③ [부분합] 대화상자가 표시되면 그룹화할 항목에 '개설학과', 사용할 함수에 '합계', 부분합 계산 항목에 '수강료 총액'과 '미납 총액'을 선택한 후 〈확인〉 단추를 클릭합니다.

④ 2차 부분합을 생성하기 위하여 다시 [데이터] 탭-[윤곽선] 그룹에서 [부분합]을 클릭합니다.

⑤ [부분합] 대화상자가 표시되면 그룹화할 항목에 '개설학과', 사용할 함수에 '평균', 부분합 계산 항목에 '신청학생수'를 선택합니다. (이때, 부분합 계산 항목에서 '수강료 총액'과 '미납 총액'의 체크 표시(✓)는 해제합니다.)

⑥ 이어서, '새로운 값으로 대치' 항목을 클릭하여 체크 표시(✓)를 해제한 다음 〈확인〉 단추를 클릭합니다.

2. 분석작업-2

	A	B	C	D	E	F	G	H	I	J	K
1		교통비 계산				연비/휘발유가 변동에 따른 20일 교통비					
2											
3		휘발유가	1415(원/L)				차량연비				
4		차량연비	13(L/Km)			235,108	11	12	13	14	
5		1일 왕복통행거리	108(Km)			1,300	255,273	234,000	216,000	200,571	
6		하루교통비	11,755			1,325	260,182	238,500	220,154	204,429	
7		20일 교통비	235,108			1,350	265,091	243,000	224,308	208,286	
8					휘발유가	1,375	270,000	247,500	228,462	212,143	
9						1,400	274,909	252,000	232,615	216,000	
10						1,425	279,818	256,500	236,769	219,857	
11						1,450	284,727	261,000	240,923	223,714	
12											

작업 과정

① [C7] 셀의 수식 '=$C$6*20'을 복사한 후 [F4] 셀에 붙여넣기 합니다.
② [F4:J11] 영역을 드래그한 후, [데이터] 탭-[예측] 그룹에서 [가상 분석]-[데이터 표]를 클릭합니다.
③ [데이터 표] 대화상자가 표시되면 에서 〈행 입력 셀〉에 '차량연비'가 입력된 [C4] 셀을 〈열 입력 셀〉에는 '휘발유가'가 입력된 [C3] 셀을 지정한 후 〈확인〉 단추를 클릭합니다.

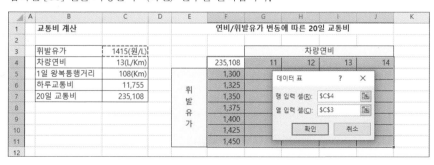

문제 04 기타작업(20점)

1. 매크로 작업

	A	B	C	D	E	F	G	H	I	J	K
1				[표] 대한상사 급여 명세표							
2											
3	사원명	직위	근속기간	상여율	기본급	상여금	총급여액				
4	장나라	사원	3	22%	1,450,000	319,000	1,769,000			합계	
5	황민호	대리	5	30%	1,550,000	465,000	2,015,000				
6	김슬기	과장	14	38%	2,015,000	765,700	2,780,700				
7	임나영	부장	17	44%	2,356,000	1,036,640	3,392,640			백분율	
8	박호연	사원	2	20%	1,400,000	280,000	1,680,000				
9	정구연	대리	6	33%	1,600,000	528,000	2,128,000				
10	성진주	과장	9	36%	1,750,000	630,000	2,380,000				
11	태영철	대리	8	34%	1,700,000	578,000	2,278,000				
12	김나영	부장	16	50%	2,300,000	1,150,000	3,450,000				
13	합계				16,121,000	5,752,340	21,873,340				
14											

작업 과정

▶ '합계' 단추 생성과 매크로 작업

① [개발 도구] 탭―[컨트롤] 그룹에서 [삽입] 아이콘을 클릭한 후, ▭(단추(양식 컨트롤))을 선택합니다.

② **Alt** 키를 누른 상태에서 [I4:J5] 영역에 맞게 드래그한 후, [매크로 지정] 대화상자가 표시되면 매크로 위치에 '현재 통합 문서', 매크로 이름에 '합계'를 입력하고 〈기록〉 단추를 클릭합니다.

③ [매크로 기록] 대화상자가 표시되면 〈확인〉 단추를 클릭합니다.

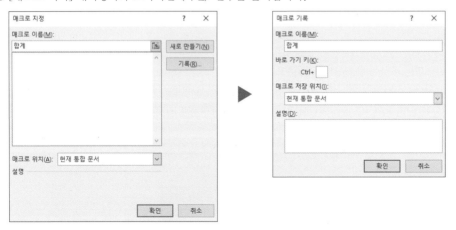

④ [E13] 셀을 클릭한 후, '=SUM('를 입력하고 [E4:E12] 영역을 드래그 합니다.

⑤ '=SUM(E4:E12'가 지정되었으면 ')'를 입력한 후, **Enter** 키를 눌러줍니다.

⑥ [E13] 셀을 클릭한 후, [E13] 셀에서 [G13] 셀까지 채우기 핸들을 드래그 합니다.

⑦ 임의의 셀을 클릭하여 영역 지정을 해제한 후, 워크시트 하단의 상태 표시줄에서 ■(기록 중지) 아이콘을 클릭하여 매크로 지정을 완료합니다.

⑧ 단추 위에서 마우스 오른쪽 버튼을 눌러 [바로 가기] 메뉴 중 [텍스트 편집]을 클릭합니다.

⑨ '단추 1'을 삭제하고 '합계'를 입력한 후 임의의 셀을 클릭합니다.

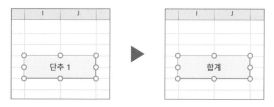

▶ '정육면체' 도형 삽입 및 텍스트 입력

① [삽입] 탭-[일러스트레이션] 그룹에서 [도형]을 클릭한 후, 〈기본 도형〉에서 ⬛(정육면체)를 선택합니다.
② **Alt** 키를 누른 상태에서 [I7:J8] 영역에 맞게 드래그하여 도형을 그려줍니다.
③ 도형에 '백분율'을 입력한 후, [홈] 탭-[맞춤] 그룹에서 세로 방향 ≡(가운데 맞춤), 가로 방향 ≡(가운데 맞춤) 아이콘을 클릭한 다음 임의의 셀을 클릭합니다.

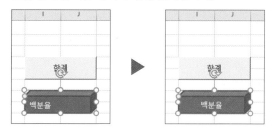

▶ '백분율' 매크로 작성

① [I7:J8] 영역의 '정육면체' 위에 마우스 포인터를 위치시킵니다.
② 마우스 포인터의 모양이 ⊹로 변경되면 마우스 오른쪽 버튼을 눌러 [바로 가기] 메뉴 중 [매크로 지정]을 선택합니다.
③ [매크로 지정] 대화상자에서 매크로 위치에 '현재 통합 문서', 매크로 이름에 '백분율'을 입력한 후 〈기록〉 단추를 클릭하고, [매크로 기록] 대화상자에서 〈확인〉 단추를 클릭합니다.

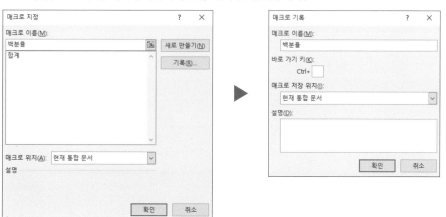

④ [D4:D12] 영역을 드래그한 후, [홈] 탭-[표시 형식] 그룹에서 %(백분율 스타일) 아이콘을 클릭합니다.
⑤ 임의의 셀을 클릭하여 영역 지정을 해제한 후, 워크시트 하단의 상태 표시줄에서 ■(기록 중지) 아이콘을 클릭하여 매크로 지정을 완료합니다.

2. 차트 작업

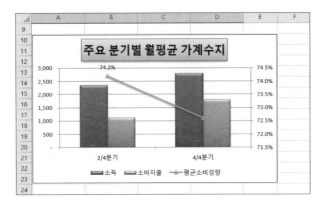

작업 과정

▶ 차트 범위 수정

① 차트 영역에서 마우스 오른쪽 버튼을 누른 후, [바로 가기] 메뉴 중 [데이터 선택]을 클릭합니다.
　(또는, [차트 도구]-[디자인] 탭의 [데이터] 그룹에서 [데이터 선택]을 클릭합니다.)

② [데이터 원본 선택] 대화상자가 표시되면 〈범례 항목(계열)〉에서 '소득'을 선택한 후 🖉 편집(E) 단추를 클릭합니다.

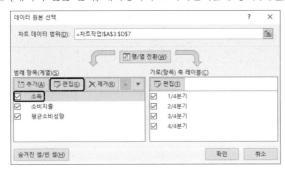

③ [계열 편집] 대화상자가 표시되면 〈계열 값〉을 변경하고 〈확인〉 단추를 클릭합니다.

④ 위와 동일한 방법으로 '소비지출'과 '평균소비성향'의 〈계열 값〉도 변경해 줍니다.

▲ '소비지출' 〈계열 값〉 변경

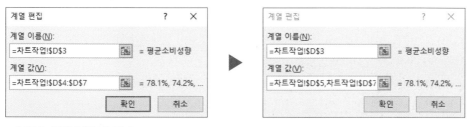

▲ '평균소비성향 〈계열 값〉 변경

⑤ 〈범례 항목(계열)〉에서 '소득', '소비지출', '평균소비성향'의 〈계열 값〉을 모두 변경하였으면 〈가로(항목) 축 레이블〉의 📝편집(E) 단추를 클릭합니다.

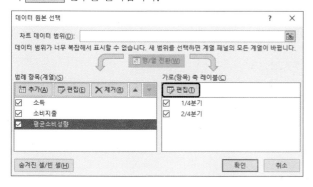

⑥ [축 레이블] 대화상자가 표시되면 〈축 레이블 범위〉에 [A5] 셀과 [A7] 셀을 선택(**Ctrl** 키 이용)하여 지정한 후 〈확인〉 단추를 클릭합니다.

⑦ [데이터 원본 선택] 대화상자가 표시되면 변경된 〈가로(항목) 축 레이블〉을 확인한 후 〈확인〉 단추를 클릭합니다.

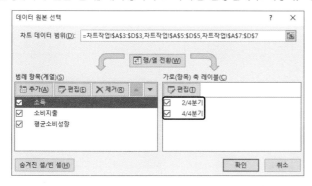

▶ 차트 종류 변경 및 보조 축 지정

① '평균소비성향' 계열을 선택하기 위해 [차트 도구]−[서식] 탭에서 다음과 같이 선택해 줍니다.

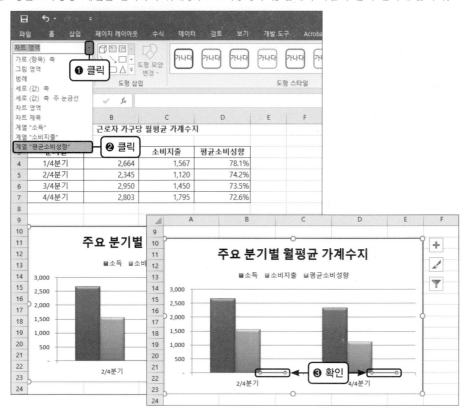

② [차트 도구]−[디자인] 탭의 [종류] 그룹에서 [차트 종류 변경] 아이콘을 클릭합니다.
③ [차트 종류 변경] 대화상자가 표시되면 [콤보]에서 '계열 이름'의 '평균소비성향'에서 [표식이 있는 꺾은선형]을 클릭한 후 보조 축을 선택한 다음 〈확인〉 단추를 클릭합니다.

▶ 범례 위치 및 서식 지정

① 범례를 선택한 후, [차트 도구]−[디자인] 탭의 [차트 레이아웃] 그룹에서 [차트 요소 추가]−[범례]−[아래쪽]을 클릭합니다.

▶ 데이터 레이블 추가

① '평균소비성향' 계열의 '2/4분기' 요소를 클릭한 후, 다시 한 번 클릭합니다.
② 마우스 오른쪽 버튼을 누른 후, [바로 가기] 메뉴 중 [데이터 레이블 추가]−[데이터 레이블 추가]를 클릭합니다.
③ [차트 도구]−[디자인] 탭의 [차트 레이아웃] 그룹에서 [차트 요소 추가]−[데이터 레이블]−[위쪽]을 클릭합니다.

▶ 차트 제목 도형 스타일 지정

① 차트 제목('주요 분기별 월평균 가계지수')을 클릭한 후, [차트 도구]−[서식] 탭의 [도형 스타일] 그룹에서 ▾(자세히) 단추를 클릭합니다.

② 도형 스타일 항목 중 '미세 효과 – 파랑, 강조 1'을 클릭합니다.

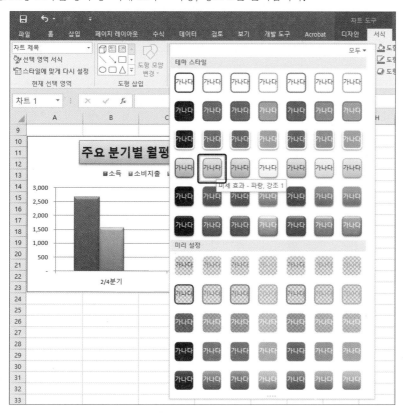

제 09 회 출제예상 모의고사

프로그램명	제한시간
EXCEL 2016	40분

수험번호 :

성   명 :

◆ 2급 I형 ◆

유 의 사 항

- 인적 사항 누락 및 잘못 작성으로 인한 불이익은 수험자 책임으로 합니다.

- 화면에 암호 입력창이 나타나면 아래의 암호를 입력하여야 합니다.
  - 암호 : 1031*9

- 작성된 답안은 주어진 경로 및 파일명을 변경하지 마시고 그대로 저장해야 합니다. 이를 준수하지 않으면 실격처리 됩니다.

- 외부데이터 위치 : C:₩OA₩파일명

- 별도 지시사항이 없는 경우, 다음과 같이 처리 시 실격 처리됩니다.
  - 제시된 시트 및 개체의 순서나 이름을 임의로 변경한 경우
  - 제시된 시트 및 개체를 임의로 추가 또는 삭제한 경우

- 답안은 반드시 문제에서 지시 또는 요구한 셀에 입력하여야 하며 다음과 같이 처리 시 채점 대상에서 제외됩니다.
  - 수험자가 임의로 지시하지 않은 셀의 이동, 수정, 삭제, 변경 등으로 인해 셀의 위치 및 내용이 변경된 경우 해당 작업에 영향을 미치는 관련문제 모두 채점 대상에서 제외
  - 도형 및 차트의 개체가 중첩되어 있거나 동일한 계산결과 시트가 복수로 존재할 경우 해당 개체나 시트는 채점 대상에서 제외

- 수식 작성 시 제시된 문제 파일의 데이터는 변경 가능한(가변적) 데이터임을 감안하여 문제 풀이를 하시오.

- 별도의 지시사항이 없는 경우, 주어진 각 시트 및 개체의 설정값 또는 기본 설정값(Default)으로 처리하시오.

- 저장 시간은 별도로 주어지지 않으므로 제한된 시간 내에 저장을 완료해야 하며, 제한 시간 내에 저장이 되지 않은 경우에는 실격 처리됩니다.

- 출제된 문제의 용어는 Microsoft office 2016 기준으로 작성되어 있습니다.

대 한 상 공 회 의 소

문제 01 주어진 시트에서 다음 과정을 수행하고 저장하시오. 기본작업(20점)

1. '기본작업-1' 시트에 다음의 자료를 주어진 대로 입력하시오. (5점)

	A	B	C	D	E	F	G	H
1	대한상사 마케팅부 상반기 소모품 신청현황							
2								
3	품목코드	품목	규격	단위	수량	단가	기타	
4	pap_a4	복사용지	A4(210*297)	박스(BOX)	12박스	18,600	75g	
5	pap_b4	복사용지	B4(257*364)	박스(BOX)	7박스	36,200	80g	
6	hp_ink	복합기잉크	hp k8600	세트(SET)	10세트	80,000	잉크포유	
7	dvd_16	DVD	4.7기가(16배속)	통	20통	18,500	50장	
8	usb_64	USB메모리	64기가	개	100개	23,700	삼성	
9	liner_6c	형광펜	6COLOR	타스	10타스	1,200	제브라	
10	cup_1000	종이컵	일반형	박스(BOX)	10박스	9,900	컵나라	
11								

2. '기본작업-2' 시트에 대하여 다음의 지시사항을 처리하시오. (각 2점)

① [A1:H1] 영역은 '병합하고 가운데 맞춤', 글꼴 '돋움', 글꼴 크기 '22', 글꼴 스타일 '굵게'로 지정하시오.
② [G4:G11] 영역은 텍스트 조정의 '셀에 맞춤', 글꼴 크기 '12', 채우기 색 '표준 색-노랑'으로 지정하시오.
③ [D4:E11] 영역은 사용자 지정 표시 형식을 이용하여 1000의 배수로 표시하고, 숫자 뒤에 '천원'을 표시 예와 같이 표시하시오. [표시 예 : 1110000 → 1,110천원]
④ [D3] 셀에 입력된 문자열 '일급'을 한자 '日給'으로 변경하시오.
⑤ [A3:H11] 영역에 '모든 테두리(田)'를 적용한 후 '굵은 바깥쪽 테두리(回)'를 적용하여 표시하시오.

3. '기본작업-3' 시트에서 다음의 지시사항을 처리하시오. (5점)

- [A4:G11] 영역에 대하여 담당 직원코드의 첫 번째 문자가 'U'인 행 전체에 대하여 글꼴 스타일을 '굵게', 글꼴 색을 '표준 색-파랑'으로 지정하는 조건부 서식을 작성하시오.
  ▶ LEFT 함수 사용
  ▶ 단, 규칙 유형은 '수식을 사용하여 서식을 지정할 셀 결정'을 사용하고, 한 개의 규칙으로만 작성하시오.

문제 02 '계산작업' 시트에서 다음 과정을 수행하고 저장하시오. 계산작업(40점)

1. [표1]에서 성적[C3:C9]을 기준으로 순위를 구하여 1~2위는 '인사부', 3~4위는 '총무부', 나머지는 영업부로 부서배치[D3:D9] 영역에 표시하시오. (8점)

▶ 순위는 성적이 가장 높은 사람이 1위
▶ IF, RANK.EQ 함수 사용

2. [표2]에서 도서코드[F3:F9]의 앞뒤에 있는 공백을 제거한 후, 앞에서 3문자만 추출하여 전체 문자를 대문자로 변환하고, 변환된 문자열 뒤에 '-KR'을 추가하여 변환도서코드[I3:I9]에 표시하시오. (8점)

▶ 표시 예 : mng-002 → MNG-KR
▶ TRIM, LEFT, UPPER 함수와 & 연산자 사용

3. [표3]에서 고객등급[C14:C21]의 4번째 문자를 이용하여 고객등급별 사은품 목록[A24:D25]을 참조하여 사은품[D14:D21] 영역에 표시하시오. (8점)

▶ VLOOKUP, HLOOKUP, LEFT, MID, RIGHT 함수 중 알맞은 함수 사용

4. [표4]에서 차량등록일[H14:H21]을 이용하여 자동차 검사시작일[I14:I21]을 표시하시오. (8점)

▶ 검사 시작일은 차량등록일 기준으로 24개월 뒤, 30일전의 날짜를 표시
▶ MONTH, EDATE, DAY 함수 중 알맞은 함수 사용

5. [표5]에서 근무년수[B30:B36]가 15년 이상이고 영업실적 값이 1위 또는 2위이면 '승진대기', 그렇지 않으면 공백으로 승진여부[D30:D36]에 표시하시오. (8점)

▶ IF, OR, AND, LARGE 함수 사용

문제 03 주어진 시트에서 다음 작업을 수행하고 저장하시오. 분석작업(20점)

1. '분석작업-1' 시트에 대하여 다음의 지시사항을 처리하시오. (10점)

- '판매현황' 표에서 실판매금액의 평균[E11]이 '18,000,000'이 되려면 우수회원 할인율[C13]이 몇 %가 되어야 하는지 목표값 찾기 기능을 이용하여 계산하시오.

2. '분석작업-2' 시트에 대하여 다음의 지시사항을 처리하시오. (10점)

- [부분합] 기능을 이용하여 '하반기 목표 매출' 표에 〈그림〉과 같이 등급별 '수량'의 합계를 계산한 후, '매출액'의 평균을 계산하시오.
  ▶ 정렬은 '등급'을 기준으로 내림차순으로 처리하시오.
  ▶ 합계와 평균은 위에 명시된 순서대로 처리하시오.

	A	B	C	D	E	F
1			하반기 목표 매출			
2						
3	고객번호	고객명	등급	수량	매출액	
4	A_Sep2	B쇼핑몰	VVIP	28,000	42,000,000	
5	A_Sep5	C쇼핑몰	VVIP	30,000	15,000,000	
6			VVIP 평균		28,500,000	
7			VVIP 요약	58,000		
8	A_Sep1	A대학	VIP	35,000	35,000,000	
9	K_Cha4	G서점	VIP	12,500	31,250,000	
10	K_Cha6	K문고	VIP	3,000	18,000,000	
11			VIP 평균		28,083,333	
12			VIP 요약	50,500		
13	K_Cha3	D전문대학	SILVER	84,000	109,200,000	
14	A_Sep4	B대학	SILVER	8,000	2,400,000	
15	K_Cha8	E전문대학	SILVER	25,000	68,250,000	
16			SILVER 평균		59,950,000	
17			SILVER 요약	117,000		
18	A_Sep3	C서점	GOLD	10,000	8,000,000	
19	K_Cha5	R문고	GOLD	5,000	10,000,000	
20	K_Cha7	D서점	GOLD	50,000	75,000,000	
21			GOLD 평균		31,000,000	
22			GOLD 요약	65,000		
23			전체 평균		37,645,455	
24			총합계	290,500		
25						

문제 04 주어진 시트에서 다음 작업을 수행하고 저장하시오.

1. '매크로 작업' 시트의 [표]에서 다음과 같은 기능을 수행하는 매크로를 현재 통합 문서에 작성하고 실행하시오.(각 5점)

① [B12:E12] 영역에 분기별 최대값을 계산하는 매크로를 생성하여 실행하시오.

▶ 매크로 이름 : 최대값

▶ [개발 도구]-[삽입]-[양식 컨트롤]의 '단추'를 동일 시트의 [G4:H5] 영역에 생성하고, 텍스트를 '최대값'으로 입력한 후 단추를 클릭할 때 '최대값' 매크로가 실행되도록 설정하시오.

② [A3:E12] 영역에 '모든 테두리(⊞)'를 적용하는 매크로를 생성하여 실행하시오.

▶ 매크로 이름 : 서식

▶ [도형]-[기본 도형]의 '배지(▢)'를 동일 시트의 [G7:H8] 영역에 생성하고, 텍스트를 '서식'으로 입력한 후 도형을 클릭할 때 '서식' 매크로가 실행되도록 설정하시오.

※ 셀 포인터의 위치에 상관없이 현재 통합 문서에서 매크로가 실행되어야 정답으로 인정됨

2. '차트작업' 시트의 차트를 지시사항에 따라 아래 그림과 같이 수정하시오. (각 2점)

※ 차트는 반드시 문제에서 제공한 차트를 사용하여야 하며, 신규로 작성 시 0점 처리됨

① 상장구분이 '코스피'인 '종목'과 '종가', '거래량'이 차트에 표시되도록 데이터 범위를 수정하시오.

② 차트 종류를 '3차원 누적 세로 막대형'으로 변경하시오.

③ 차트 제목은 '차트 위'로 추가하여 〈그림〉과 같이 입력하시오.

④ '거래량' 계열의 '기린증권' 요소에만 데이터 레이블 '값'을 표시하시오.

⑤ 차트 영역에 도형 스타일 '미세 효과 – 황록색, 강조 3'을 적용하시오.

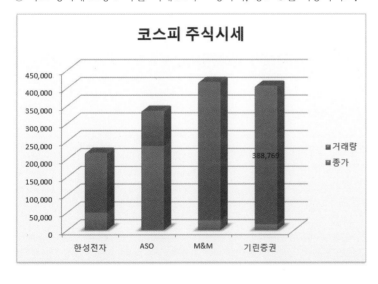

제 09 회 출제예상 모의고사 ፧정답፧

1. 기본작업-1

	A	B	C	D	E	F	G	H
1	대한상사 마케팅부 상반기 소모품 신청현황							
2								
3	품목코드	품목	규격	단위	수량	단가	기타	
4	pap_a4	복사용지	A4(210*297)	박스(BOX)	12박스	18,600	75g	
5	pap_b4	복사용지	B4(257*364)	박스(BOX)	7박스	36,200	80g	
6	hp_ink	복합기잉크	hp k8600	세트(SET)	10세트	80,000	잉크포유	
7	dvd_16	DVD	4.7기가(16배속)	통	20통	18,500	50장	
8	usb_64	USB메모리	64기가	개	100개	23,700	삼성	
9	liner_6c	형광펜	6COLOR	타스	10타스	1,200	제브라	
10	cup_1000	종이컵	일반형	박스(BOX)	10박스	9,900	컵나라	
11								

2. 기본작업-2

	A	B	C	D	E	F	G	H	I
1	일용직 근로자 임금 지급								
2									
3	성명	업무명	근무일	日給	임금합계	지급은행	계좌번호	지급일	
4	김영득	출판보조	30	37천원	1,110천원	국민	11122233333	매월 5	
5	김한웅	소품보조	20	65천원	1,300천원	기업	12340560789	매월 6	
6	도경민	소품보조	15	54천원	810천원	SC제일	23401520348	매월 7	
7	유제관	사무보조	20	75천원	1,500천원	신한	35112594114	매월 8	
8	이영희	영업보조	15	45천원	675천원	농협	23450826734	매월 9	
9	이원섭	발송보조	10	36천원	360천원	새마을	16523145893	매월 5	
10	최연화	필름수발	15	42천원	630천원	우리	65897135409	매월 6	
11	황선철	사무보조	20	36천원	720천원	외환	95315695713	매월 7	
12									

3. 기본작업-3

	A	B	C	D	E	F	G	H
1	판매실적 현황							
2								
3	구분	담당 직원코드	1/4분기	2/4분기	3/4분기	4/4분기	전년대비 증감률	
4	온라인 서점	K-000	92,733	83,345	76,753	9,388	11%	
5	대학교	R-001	66,191	60,400	54,283	5,791	10%	
6	대학	U-002	14,809	13,827	13,215	981	-7%	
7	직업전문학교	R-001	51,382	46,573	41,069	4,809	10%	
8	대형사이트 입점	K-000	19,663	17,382	17,008	2,281	15%	
9	대형서점	U-002	22,053	19,102	19,179	2,951	39%	
10	중형서점	U-002	2,390	1,720	2,171	670	-13%	
11	소형서점	R-001	4,489	3,842	3,291	647	17%	
12								

4. 계산작업

	A	B	C	D	E	F	G	H	I	J
1	[표1]					[표2]				
2	수험번호	성명	성적	부서배치		도서코드	출판사	출판년도	변환도서코드	
3	1001	오나라	95	인사부		mng-002	한국산업	2010	MNG-KR	
4	1002	유채화	74	영업부		psy-523	민음사	2008	PSY-KR	
5	1003	김사랑	85	총무부		mng-091	두란노	2010	MNG-KR	
6	1004	한나리	88	총무부		psy-725	에코의 서재	2010	PSY-KR	
7	1005	조절해	60	영업부		nov-264	마티	2011	NOV-KR	
8	1006	사오정	92	인사부		lan-183	상공사	2005	LAN-KR	
9	1007	금나라	72	영업부		lan-184	민음사	2011	LAN-KR	
10										
11										
12	[표3]					[표4]				
13	고객번호	고객명	고객등급	사은품		차량번호	차종	차량등록일	검사시작일	
14	A_Sep1	조영미	골드(G)	오디오		28허3658	아우디	2019-05-10	2021-04-10	
15	A_Sep2	나경은	루비(R)	드럼세탁기		28허3463	벤츠	2019-08-01	2021-07-02	
16	A_Sep3	황수경	실버(S)	쌀(20Kg)		28허7785	BMW	2020-03-15	2022-02-13	
17	K_Cha3	이정태	일반(N)	세제		28허6598	폭스바겐	2020-05-15	2022-04-15	
18	K_Cha4	박성호	골드(G)	오디오		28허3266	아우디	2019-04-25	2021-03-26	
19	K_Cha5	이민영	실버(S)	쌀(20Kg)		28허4528	BMW	2020-07-25	2022-06-25	
20	K_Cha6	정태섭	골드(G)	오디오		28허7844	벤츠	2019-09-10	2021-08-11	
21	K_Cha7	황은호	일반(N)	세제		28허9908	벤츠	2020-12-10	2022-11-10	
22										
23		[고객등급별 사은품 목록]								
24	N	S	G	R						
25	세제	쌀(20Kg)	오디오	드럼세탁기						
26										
27										
28	[표5]									
29	직원코드	근무년수	영업실적	승진여부						
30	1-J001	10	100,000							
31	1-J002	17	150,000	승진대기						
32	1-J003	15	50,000							
33	1-J004	25	65,000							
34	2-J001	15	134,000							
35	2-J002	22	135,000	승진대기						
36	2-J003	12	95,000							
37										

5. 분석작업-1

	A	B	C	D	E	F
1			판매현황			
2					단위:십만부,원	
3	고객번호	고객명	우수회원			
4			판매수량	판매금액	실판매금액	
5	A_Sep1	B쇼핑몰	77	95,172,000	70,442,892	
6	A_Sep2	C서점	54	11,502,000	8,513,367	
7	A_Sep3	D전문대학	38	6,296,600	4,660,517	
8	A_Sep4	G서점	65	23,400,000	17,319,839	
9	A_Sep5	R문고	75	4,125,000	3,053,177	
10	A_Sep6	K문고	43	5,418,000	4,010,209	
11		평균		24,318,933	18,000,000	
12						
13	우수회원 할인율		26%			
14						

6. 분석작업-2

	A	B	C	D	E	F
1			하반기 목표 매출			
2						
3	고객번호	고객명	등급	수량	매출액	
4	A_Sep2	B쇼핑몰	VVIP	28,000	42,000,000	
5	A_Sep5	C쇼핑몰	VVIP	30,000	15,000,000	
6			VVIP 평균		28,500,000	
7			VVIP 요약	58,000		
8	A_Sep1	A대학	VIP	35,000	35,000,000	
9	K_Cha4	G서점	VIP	12,500	31,250,000	
10	K_Cha6	K문고	VIP	3,000	18,000,000	
11			VIP 평균		28,083,333	
12			VIP 요약	50,500		
13	K_Cha3	D전문대학	SILVER	84,000	109,200,000	
14	A_Sep4	B대학	SILVER	8,000	2,400,000	
15	K_Cha8	E전문대학	SILVER	25,000	68,250,000	
16			SILVER 평균		59,950,000	
17			SILVER 요약	117,000		
18	A_Sep3	C서점	GOLD	10,000	8,000,000	
19	K_Cha5	R문고	GOLD	5,000	10,000,000	
20	K_Cha7	D서점	GOLD	50,000	75,000,000	
21			GOLD 평균		31,000,000	
22			GOLD 요약	65,000		
23			전체 평균		37,645,455	
24			총합계	290,500		
25						

7. 매크로 작업

	A	B	C	D	E	F	G	H	I
1		[표] 판매실적 현황							
2									
3	구분	1사분기	2사분기	3사분기	4사분기				
4	온라인 서점	92,733	83,345	76,753	9,388		최대값		
5	대학교	66,191	60,400	54,283	5,791				
6	대학	14,809	13,827	13,215	981				
7	직업전문학교	51,382	46,573	41,069	4,809		서식		
8	대형사이트 입점	19,663	17,382	17,008	2,281				
9	대형서점	22,053	19,102	19,179	2,951				
10	중형서점	2,390	1,720	2,171	670				
11	소형서점	4,489	3,842	3,291	647				
12	최대값	92,733	83,345	76,753	9,388				
13									

8. 차트 작업

	A	B	C	D	E	F	G	H	I
1		**주식시세 현황**							
2									
3		종목	상장구분	종가	전일비	거래량			
4		PK물산	코스닥	27,500	-2,000	275,032			
5		한성전자	코스피	50,000	-100	167,354			
6		MPM	코스닥	275,000	1,000	111,653			
7		ASO	코스피	237,000	-3,000	98,653			
8		M&M	코스피	27,642	550	388,764			
9		K미디	코스닥	37,655	1,700	435,206			
10		기린증권	코스피	16,880	-100	388,769			
11		한쇼핑	코스닥	175,085	3,800	233,569			
12									

코스피 주식시세

제 09 회 출제예상 모의고사 : 해설 :

문제 01 기본작업(20점)

1. 기본작업-2

	A	B	C	D	E	F	G	H	I
1				일용직 근로자 임금 지급					
2									
3	성명	업무명	근무일	日給	임금합계	지급은행	계좌번호	지급일	
4	김영득	출판보조	30	37천원	1,110천원	국민	11122233333	매월 5	
5	김한용	소품보조	20	65천원	1,300천원	기업	12340560789	매월 6	
6	도경민	소품보조	15	54천원	810천원	SC제일	23401520348	매월 7	
7	유재관	사무보조	20	75천원	1,500천원	신한	35112594114	매월 8	
8	이영희	영업보조	15	45천원	675천원	농협	23450826734	매월 9	
9	이원섭	발송보조	10	36천원	360천원	새마을	16523145893	매월 5	
10	최연화	필름수발	15	42천원	630천원	우리	65897135409	매월 6	
11	황선철	사무보조	20	36천원	720천원	외환	95315695713	매월 7	
12									

작업 과정

구분	작업 내용
①	• [A1:H1] 영역을 드래그한 후, [홈] 탭-[맞춤] 그룹에서 █ 병합하고 가운데 맞춤 ▾ 아이콘을 클릭합니다. • 이어서, [홈] 탭-[글꼴] 그룹에서 글꼴에 '돋움', 글꼴 크기 '22', 가(굵게)를 지정합니다.
②	• [G4:G11] 영역을 드래그한 후, [셀 서식]의 바로 가기 키인 Ctrl+1 키를 누릅니다. • [셀 서식] 대화상자가 표시되면 [맞춤] 탭의 <텍스트 조정> 항목 중 '셀에 맞춤'을 선택하고 <확인> 단추를 클릭합니다. • 이어서, [홈] 탭-[글꼴] 그룹에서 글꼴 크기 '12'를 지정하고, ▱▾(채우기 색) 아이콘의 ▾(목록 단추)를 눌러 <표준색> 항목 중 '노랑'을 선택합니다.
③	• [D4:E11] 영역을 드래그한 후, [셀 서식]의 바로 가기 키인 Ctrl+1 키를 누릅니다. • [셀 서식] 대화상자가 표시되면 [표시 형식] 탭의 <범주> 항목 중 '사용자 지정'을 선택하고 <형식>에 #,##0,"천원"을 입력한 후 <확인> 단추를 클릭합니다.
④	• [D3] 셀을 더블 클릭한 후, '일급'의 앞 또는 뒤에 커서를 위치시키고 한자 키를 누릅니다. • [한글/한자 변환] 대화상자에서 해당 한자 '日給'을 선택한 후 <변환> 단추를 클릭합니다.
⑤	• [A3:H11] 영역을 드래그 합니다. • [홈] 탭-[글꼴] 그룹에서 █▾(아래쪽 테두리) 아이콘의 ▾(목록 단추)를 눌러 ⊞(모든 테두리) 아이콘을 클릭합니다. • 이어서, ▾(목록 단추)를 한 번 더 클릭한 후, ▭(굵은 바깥쪽 테두리) 아이콘을 클릭합니다.

2. 기본작업-3

	구분	담당 직원코드	1/4분기	2/4분기	3/4분기	4/4분기	전년대비 증감률	
1			판매실적 현황					
2								
3	구분	담당 직원코드	1/4분기	2/4분기	3/4분기	4/4분기	전년대비 증감률	
4	온라인 서점	K-000	92,733	83,345	76,753	9,388	11%	
5	대학교	R-001	66,191	60,400	54,283	5,791	10%	
6	대학	U-002	14,809	13,827	13,215	981	-7%	
7	직업전문학교	R-001	51,382	46,573	41,069	4,809	10%	
8	대형사이트 입점	K-000	19,663	17,382	17,008	2,281	15%	
9	대형서점	U-002	22,053	19,102	19,179	2,951	39%	
10	중형서점	U-002	2,390	1,720	2,171	670	-13%	
11	소형서점	R-001	4,489	3,842	3,291	647	17%	
12								

작업 과정

① [A4:G11] 영역을 드래그한 후, [홈] 탭-[스타일] 그룹에서 [조건부 서식]-[새 규칙]을 클릭합니다.

② [새 서식 규칙] 대화상자가 표시되면 '▶수식을 사용하여 서식을 지정할 셀 결정'을 클릭한 후 조건 수식과 서식을 지정하고 〈확인〉 단추를 클릭합니다.

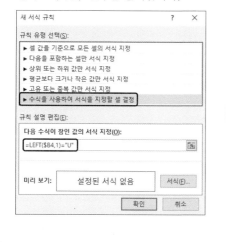

	A	B	C	D	E	F	G	H	I	J
1	[표1]					[표2]				
2	수험번호	성명	성적	부서배치		도서코드	출판사	출판년도	변환도서코드	
3	1001	오나라	95	인사부		mng-002	한국산업	2010	MNG-KR	
4	1002	유재화	74	영업부		psy-523	민음사	2008	PSY-KR	
5	1003	김사랑	85	총무부		mng-091	두란노	2010	MNG-KR	
6	1004	한나리	88	총무부		psy-725	에코의 서재	2010	PSY-KR	
7	1005	조절해	60	영업부		nov-264	마티	2011	NOV-KR	
8	1006	사오정	92	인사부		lan-183	상공사	2005	LAN-KR	
9	1007	금나라	72	영업부		lan-184	민음사	2011	LAN-KR	
10										
11										
12	[표3]					[표4]				
13	고객번호	고객명	고객등급	사은품		차량번호	차종	차량등록일	검사시작일	
14	A_Sep1	조영미	골드(G)	오디오		28허3658	아우디	2019-05-10	2021-04-10	
15	A_Sep2	나경은	루비(R)	드럼세탁기		28허3463	벤츠	2019-08-01	2021-07-02	
16	A_Sep3	황수경	실버(S)	쌀(20Kg)		28허7785	BMW	2020-03-15	2022-02-13	
17	K_Cha3	이정태	일반(N)	세제		28허6598	폭스바겐	2020-05-15	2022-04-15	
18	K_Cha4	박성호	골드(G)	오디오		28허3266	아우디	2019-04-25	2021-03-26	
19	K_Cha5	이민영	실버(S)	쌀(20Kg)		28허4528	BMW	2020-07-25	2022-06-25	
20	K_Cha6	정태섭	골드(G)	오디오		28허7844	벤츠	2019-09-10	2021-08-11	
21	K_Cha7	황은호	일반(N)	세제		28허9908	벤츠	2020-12-10	2022-11-10	
22										
23		[고객등급별 사은품 목록]								
24	N	S	G	R						
25	세제	쌀(20Kg)	오디오	드럼세탁기						
26										
27										
28	[표5]									
29	직원코드	근무년수	영업실적	승진여부						
30	1-J001	10	100,000							
31	1-J002	17	150,000	승진대기						
32	1-J003	15	50,000							
33	1-J004	25	65,000							
34	2-J001	15	134,000							
35	2-J002	22	135,000	승진대기						
36	2-J003	12	95,000							
37										

▶ 함수식

[표1] 부서배치[D3:D9]	[D3] 셀에 '=IF(RANK.EQ(C3,$C$3:$C$9)<=2,"인사부",IF(RANK.EQ(C3,$C$3:$C$9)<=4,"총무부","영업부"))'를 입력한 후, 채우기 핸들을 [D9] 셀까지 드래그 합니다.
[표2] 변환도서코드[I3:I9]	[I3] 셀에 '=LEFT(UPPER(TRIM(F3)),3)&"-KR"'을 입력한 후, 채우기 핸들을 [I9] 셀까지 드래그 합니다.
[표3] 사은품[D14:D21]	[D14] 셀에 '=HLOOKUP(MID(C14,4,1),$A$24:$D$25,2,0)'을 입력한 후, 채우기 핸들을 [D21] 셀까지 드래그 합니다.
[표4] 검사시작일[I14:I21]	[I14] 셀에 '=EDATE(H14,24)-30'을 입력한 후, 채우기 핸들을 [I21] 셀까지 드래그 합니다.
[표5] 승진여부[D30:D36]	[D30] 셀에 '=IF(AND(B30>=15,OR(LARGE($C$30:$C$36,1)=C30,LARGE($C$30:$C$36,2)=C30)),"승진대기","")'을 입력한 후, 채우기 핸들을 [D36] 셀까지 드래그 합니다.

1. 분석작업-1

	A	B	C	D	E	F
1			판매현황			
2					단위:십만부,원	
3	고객번호	고객명		우수회원		
4			판매수량	판매금액	실판매금액	
5	A_Sep1	B쇼핑몰	77	95,172,000	70,442,892	
6	A_Sep2	C서점	54	11,502,000	8,513,367	
7	A_Sep3	D전문대학	38	6,296,600	4,660,517	
8	A_Sep4	G서점	65	23,400,000	17,319,839	
9	A_Sep5	R문고	75	4,125,000	3,053,177	
10	A_Sep6	K문고	43	5,418,000	4,010,209	
11		평균		24,318,933	18,000,000	
12						
13	우수회원 할인율		26%			
14						

작업 과정

① [E11] 셀을 클릭한 후 [데이터] 탭-[예측] 그룹에서 [가상 분석]-[목표값 찾기]를 클릭합니다.

② [목표값 찾기] 대화상자가 표시되면 '수식 셀', '찾는 값', '값을 바꿀 셀'을 다음과 같이 지정한 후 〈확인〉 단추를 클릭합니다.

③ [목표값 찾기 상태] 대화상자가 표시되면 목표값을 확인한 후 〈확인〉 단추를 클릭한다.

2. 분석작업-2

1 2 3 4	A	B	C	D	E	F
1			하반기 목표 매출			
2						
3	고객번호	고객명	등급	수량	매출액	
4	A_Sep2	B쇼핑몰	VVIP	28,000	42,000,000	
5	A_Sep5	C쇼핑몰	VVIP	30,000	15,000,000	
6			VVIP 평균		28,500,000	
7			VVIP 요약	58,000		
8	A_Sep1	A대학	VIP	35,000	35,000,000	
9	K_Cha4	G서점	VIP	12,500	31,250,000	
10	K_Cha6	K문고	VIP	3,000	18,000,000	
11			VIP 평균		28,083,333	
12			VIP 요약	50,500		
13	K_Cha3	D전문대학	SILVER	84,000	109,200,000	
14	A_Sep4	B대학	SILVER	8,000	2,400,000	
15	K_Cha8	E전문대학	SILVER	25,000	68,250,000	
16			SILVER 평균		59,950,000	
17			SILVER 요약	117,000		
18	A_Sep3	C서점	GOLD	10,000	8,000,000	
19	K_Cha5	R문고	GOLD	5,000	10,000,000	
20	K_Cha7	D서점	GOLD	50,000	75,000,000	
21			GOLD 평균		31,000,000	
22			GOLD 요약	65,000		
23			전체 평균		37,645,455	
24			총합계	290,500		
25						

작업 과정

① [C3] 셀을 클릭한 후 [데이터] 탭-[정렬 및 필터] 그룹에서 ☑(텍스트 내림차순 정렬) 아이콘을 클릭합니다.

② [데이터] 탭-[윤곽선] 그룹에서 [부분합]을 클릭합니다.

③ [부분합] 대화상자가 표시되면 그룹화할 항목에 '등급', 사용할 함수에 '합계', 부분합 계산 항목에 '수량'을 선택한 후 〈확인〉 단추를 클릭합니다.

④ 2차 부분합을 생성하기 위하여 다시 [데이터] 탭-[윤곽선] 그룹에서 [부분합]을 클릭합니다.

⑤ [부분합] 대화상자가 표시되면 그룹화할 항목에 '등급', 사용할 함수에 '평균', 부분합 계산 항목에 '매출액'을 선택한 후 〈확인〉 단추를 클릭합니다. (이때, 부분합 계산 항목에서 '수량'의 체크 표시(✓)는 해제합니다.)

⑥ 이어서, '새로운 값으로 대치' 항목을 클릭하여 체크 표시(✓)를 해제한 다음 〈확인〉 단추를 클릭합니다.

문제 **04** 기타작업(20점)

1. 매크로 작업

	A	B	C	D	E	F	G	H	I
1			**[표] 판매실적 현황**						
2									
3		구분	1사분기	2사분기	3사분기	4사분기			
4		온라인 서점	92,733	83,345	76,753	9,388			최대값
5		대학교	66,191	60,400	54,283	5,791			
6		대학	14,809	13,827	13,215	981			
7		직업전문학교	51,382	46,573	41,069	4,809			서식
8		대형사이트 입점	19,663	17,382	17,008	2,281			
9		대형서점	22,053	19,102	19,179	2,951			
10		중형서점	2,390	1,720	2,171	670			
11		소형서점	4,489	3,842	3,291	647			
12		최대값	92,733	83,345	76,753	9,388			
13									

작업 과정

▶ '최대값' 단추 생성과 매크로 작업

① [개발 도구] 탭-[컨트롤] 그룹에서 [삽입] 아이콘을 클릭한 후, ▢(단추(양식 컨트롤))을 선택합니다.
② **Alt** 키를 누른 상태에서 [G4:H5] 영역에 맞게 드래그한 후, [매크로 지정] 대화상자가 표시되면 매크로 위치에 '현재 통합 문서', 매크로 이름에 '최대값'을 입력하고 〈기록〉 단추를 클릭합니다.
③ [매크로 기록] 대화상자가 표시되면 〈확인〉 단추를 클릭합니다.

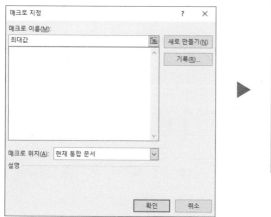

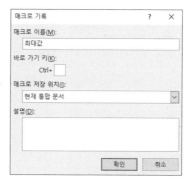

④ [B12] 셀을 클릭한 후, '=MAX('를 입력하고 [B4:B11] 영역을 드래그 합니다.

⑤ '=MAX(B4:B11'이 지정되었으면 ')'를 입력한 후, **Enter** 키를 눌러줍니다.

⑥ [B12] 셀을 클릭한 후, [B12] 셀에서 [E12] 셀까지 채우기 핸들을 드래그 합니다.

⑦ 임의의 셀을 클릭하여 영역 지정을 해제한 후, 워크시트 하단의 상태 표시줄에서 ■(기록 중지) 아이콘을 클릭하여 매크로 지정을 완료합니다.

⑧ 단추 위에서 마우스 오른쪽 버튼을 눌러 [바로 가기] 메뉴 중 [텍스트 편집]을 클릭합니다.

⑨ '단추 1'을 삭제하고 '최대값'을 입력한 후 임의의 셀을 클릭합니다.

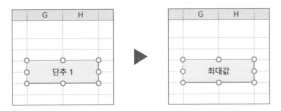

▶ '배지' 도형 삽입 및 텍스트 입력

① [삽입] 탭-[일러스트레이션] 그룹에서 [도형]을 클릭한 후, 〈기본 도형〉에서 ◯(배지)를 선택합니다.

② **Alt** 키를 누른 상태에서 [G7:H8] 영역에 맞게 드래그하여 도형을 그려줍니다.

③ 도형에 '서식'을 입력한 후, [홈] 탭-[맞춤] 그룹에서 세로 방향 ≡(가운데 맞춤), 가로 방향 ≡(가운데 맞춤) 아이콘을 클릭한 다음 임의의 셀을 클릭합니다.

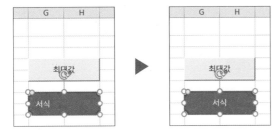

▶ '서식' 매크로 작성

① [G7:H8] 영역의 '서식' 위에 마우스 포인터를 위치시킵니다.

② 마우스 포인터의 모양이 🔅로 변경되면 마우스 오른쪽 버튼을 눌러 [바로 가기] 메뉴 중 [매크로 지정]을 선택합니다.

③ [매크로 지정] 대화상자에서 매크로 위치에 '현재 통합 문서', 매크로 이름에 '서식'을 입력한 후 〈기록〉 단추를 클릭하고, [매크로 기록] 대화상자에서 〈확인〉 단추를 클릭합니다.

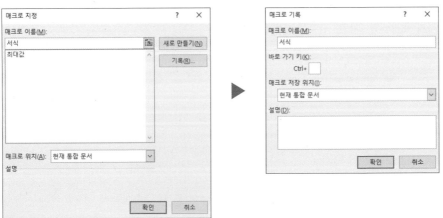

④ [A3:E12] 영역을 드래그한 후, [홈] 탭-[글꼴] 그룹에서 ⊞ˑ(아래쪽 테두리) 아이콘의 ˑ(목록 단추)를 눌러 ⊞(모든 테두리) 아이콘을 클릭합니다.

⑤ 임의의 셀을 클릭하여 영역 지정을 해제한 후, 워크시트 하단의 상태 표시줄에서 ■(기록 중지) 아이콘을 클릭하여 매크로 지정을 완료합니다.

2. 차트 작업

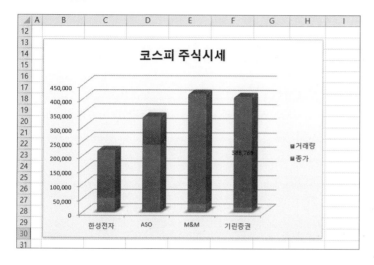

[작업 과정]

▶ 차트 범위 수정

① 차트 영역에서 마우스 오른쪽 버튼을 누른 후, [바로 가기] 메뉴 중 [데이터 선택]을 클릭합니다.

② [데이터 원본 선택] 대화상자의 〈가로(항목) 축 레이블〉에서 ☞ 편집(E) 단추를 클릭합니다.

③ [축 레이블] 대화상자의 〈축 레이블 범위〉에서 ▦ 단추를 누른 후, Delete 키를 누르고 Ctrl 키를 누른채 [B5], [B7:B8], [B10] 셀을 지정한 다음 ▦ 단추를 누른 후, 〈확인〉 단추를 클릭합니다.

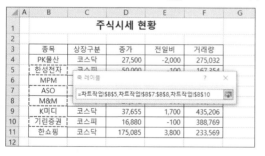 

④ [데이터 원본 선택] 대화상자의 〈범례 항목(계열)〉에서 '종가'를 선택한 후, ☞ 편집(E) 단추를 클릭합니다.

⑤ [계열 편집] 대화상자의 〈계열 값〉에서 ▦ 단추를 누른후, Delete 키를 누릅니다.

⑥ **Ctrl** 키를 누른 채 코스피의 '종가' 값이 입력된 [D5], [D7:D8], [D10] 셀로 수정하고 🔳 단추를 누른 후, 〈확인〉 단추를 클릭합니다.

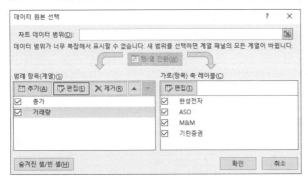

⑦ 위와 같은 방법으로 '거래량'의 〈계열 값〉([F5], [F7:F8], [F10])도 다음과 같이 변경하고 〈확인〉 단추를 클릭합니다.

⑧ [데이터 원본 선택] 대화상자에서 〈가로(항목) 축 레이블〉 내용이 변경된 것을 확인하고 〈확인〉 단추를 클릭합니다.

▶ **차트 종류 변경**

① 차트 영역에서 마우스 오른쪽 버튼을 누른 후, [바로 가기] 메뉴 중 [차트 종류 변경]을 클릭합니다.
② [차트 종류 변경] 대화상자가 표시되면 [세로 막대형]–[3차원 누적 세로 막대형]을 클릭한 후 〈확인〉 단추를 클릭합니다.

▶ **차트 제목 입력**

① 차트 영역을 클릭한 후, [차트 도구]–[디자인] 탭의 [차트 레이아웃] 그룹에서 [차트 요소 추가]–[차트 제목]–[차트 위]를 클릭합니다.
② '차트 제목'으로 표시된 내용을 삭제한 후, '코스피 주식시세'를 입력하고 차트 제목 테두리를 클릭합니다.

▶ 데이터 레이블 추가

① '거래량' 계열의 '기린증권' 요소를 클릭한 후, 다시 한 번 클릭합니다.
② 마우스 오른쪽 버튼을 누른 후, [바로 가기] 메뉴 중 [데이터 레이블 추가]–[데이터 레이블 추가]를 클릭합니다.

▶ 차트 영역 도형 스타일 지정

① 차트 영역을 클릭한 후, [차트 도구]–[서식] 탭의 [도형 스타일] 그룹에서 ⬇(자세히) 단추를 클릭합니다.
② 도형 스타일 항목 중 '미세 효과 – 황록색, 강조 3'을 클릭합니다.

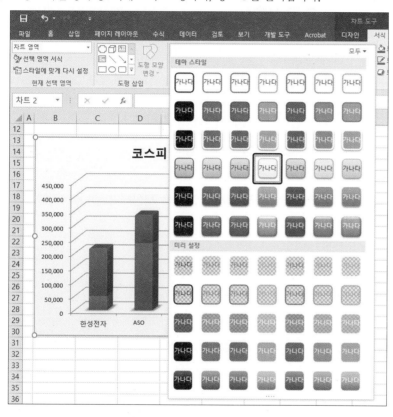

제 10 회 출제예상 모의고사

프로그램명	제한시간
EXCEL 2016	40분

수험번호 :

성   명 :

◆ 2급 J형 ◆

유 의 사 항

- 인적 사항 누락 및 잘못 작성으로 인한 불이익은 수험자 책임으로 합니다.

- 화면에 암호 입력창이 나타나면 아래의 암호를 입력하여야 합니다.
  ○ 암호 : 787*59

- 작성된 답안은 주어진 경로 및 파일명을 변경하지 마시고 그대로 저장해야 합니다. 이를 준수하지 않으면 실격처리 됩니다.

- 외부데이터 위치 : C:\OA\파일명

- 별도 지시사항이 없는 경우, 다음과 같이 처리 시 실격 처리됩니다.
  ○ 제시된 시트 및 개체의 순서나 이름을 임의로 변경한 경우
  ○ 제시된 시트 및 개체를 임의로 추가 또는 삭제한 경우

- 답안은 반드시 문제에서 지시 또는 요구한 셀에 입력하여야 하며 다음과 같이 처리 시 채점 대상에서 제외됩니다.
  ○ 수험자가 임의로 지시하지 않은 셀의 이동, 수정, 삭제, 변경 등으로 인해 셀의 위치 및 내용이 변경된 경우 해당 작업에 영향을 미치는 관련문제 모두 채점 대상에서 제외
  ○ 도형 및 차트의 개체가 중첩되어 있거나 동일한 계산결과 시트가 복수로 존재할 경우 해당 개체나 시트는 채점 대상에서 제외

- 수식 작성 시 제시된 문제 파일의 데이터는 변경 가능한(가변적) 데이터임을 감안하여 문제 풀이를 하시오.

- 별도의 지시사항이 없는 경우, 주어진 각 시트 및 개체의 설정값 또는 기본 설정값(Default)으로 처리하시오.

- 저장 시간은 별도로 주어지지 않으므로 제한된 시간 내에 저장을 완료해야 하며, 제한 시간 내에 저장이 되지 않은 경우에는 실격 처리됩니다.

- 출제된 문제의 용어는 Microsoft office 2016 기준으로 작성되어 있습니다.

대 한 상 공 회 의 소

1. '기본작업-1' 시트에 다음의 자료를 주어진 대로 입력하시오. (5점)

	A	B	C	D	E	F	G	H
1	아름다운유치원생 현황							
2								
3	이름	성별	주민등록번호	ID	주소	연락처	입학년도	
4	최선호	남	140508-3556877	sh_dream	이편한 102동	386-9966	2019년	
5	강하늘	남	150619-3266323	kangsky_77	하늘채 105동	252-8877	2018년	
6	이동준	남	141002-3125698	leedj1004	풍경채 515동	369-7896	2020년	
7	이하율	남	140910-3789698	leehu_007	훼미리 104동	256-1234	2019년	
8	김보경	여	150422-4714586	kbk_0422	하늘채 120동	369-8845	2018년	
9	임제이	여	150606-4875698	limj0606	풍경채 101동	256-6363	2020년	
10	강주은	여	140211-4363632	kje_1004	어울림 202동	698-5656	2018년	
11								

2. '기본작업-2' 시트에 대하여 다음의 지시사항을 처리하시오. (각 2점)

① [A1:G1] 영역은 '병합하고 가운데 맞춤', 글꼴 크기 '17', 글꼴 스타일 '굵게', 밑줄 '이중 실선'으로 지정하시오.

② [A4:A7], [A8:A10], [A11:B11] 영역은 '병합하고 가운데 맞춤'을 지정하고, [A3:G3] 영역은 셀 스타일을 '강조색4'를 적용하시오.

③ [C4:E11] 영역은 표시 형식을 '쉼표 스타일'로 적용하고, [F4:G10] 영역은 사용자 지정 표시 형식을 이용하여 표시 예와 같이 표시하시오. [표시 예 : 2020-12-23(수)]

④ [A3] 셀에 입력된 문자열 '총판'을 한자 '總販'으로 변경하시오.

⑤ [A3:G11] 영역에 '모든 테두리(⊞)'를 적용하여 표시하고, [F11:G11] 영역에는 '/' 모양의 대각선을 적용하여 표시하시오.

3. '기본작업-3' 시트에서 다음의 지시사항을 처리하시오. (5점)

– '인사 이동 대상자 명단' 표에서 전공점수가 '70' 이상 '89' 이하이거나, 평균이 '80' 이상인 데이터의 '성명', '부서', '전공점수', '평균' 열만 고급필터를 이용하여 표시하시오.
- ▶ 고급 필터 조건은 [A13:F15] 영역 내에 알맞게 입력하시오.
- ▶ 고급 필터 결과는 [A17] 셀부터 표시하시오.

1. [표1]에서 도착시간[C3:C11]과 출발시간[B3:B11]을 이용하여 요금을 요금[D3:D11] 영역에 계산하시오. (8점)

- ▶ 요금은 도착시간과 출발시간의 시간 차이를 분으로 계산하고, 10분당 65원으로 계산함
- ▶ HOUR와 MINUTE 함수 사용

2. [표2]에서 입사년일[H3:H11]이 1월~6월이면 '정시', 9월이면 '수시', 그 이외는 공백으로 입사형태 [I3:I11]에 표시하시오. (8점)

- ▶ IF, MONTH 함수 사용

3. [표3]에서 평수[B16:B22]가 20평대인 사무실의 임대료[C16:C22]의 합계를 임대료 합계[C25] 셀에 계산하시오. (8점)

▶ 조건은 [A24:B25] 영역에 입력하시오.
▶ DCOUNT, DSUM, DAVERAGE 함수 중 알맞은 함수 사용

4. [표4]에서 출신고[G16:G25]가 '상공고'인 학생들의 종합[J16:J25]의 평균과 '종합'의 전체 평균을 구하여 그 차이를 종합 평균의 차이[H28]에 표시하시오. (8점)

▶ 종합 평균의 차이 = 상공고 종합 평균 − 전체 종합 평균
▶ DAVERAGE, AVERAGE 함수 사용

5. [표5]에서 각 학급별 국어[C30:C41]의 평균 점수를 [C45:C47] 영역에 계산하시오. (8점)

▶ 산출된 평균 점수는 반올림하여 소수점 이하 첫째 자리까지만 표시하고, 뒤에 '점'을 추가하여 표시
[표시 예 : 77.75 → 77.8점]
▶ ROUND, AVERAGEIF 함수와 & 연산자 사용

문제 03 주어진 시트에서 다음 작업을 수행하고 저장하시오. 분석작업(20점)

1. '분석작업-1' 시트에 대하여 다음의 지시사항을 처리하시오. (10점)

– [부분합] 기능을 이용하여 '급여명세서' 표에 〈그림〉과 같이 직위별 '총급여액'의 평균을 계산한 후 '상여금'의 최대값을 계산하시오.

▶ 정렬은 '직위'를 기준으로 오름차순으로 처리하시오.
▶ 최대값과 평균은 위에 명시된 순서대로 처리하시오.

	A	B	C	D	E	F	G	H
1			급여명세서					
2								
3	이름	직위	근속기간	상여율	기본급	상여금	총급여액	
4	이나미	과장	10	40%	220,000	88,000	308,000	
5	조미영	과장	14	40%	230,000	92,000	322,000	
6	홍예나	과장	8	30%	230,000	69,000	299,000	
7		과장 최대값				92,000		
8		과장 평균					309,667	
9	이은주	대리	7	30%	180,000	54,000	234,000	
10	장은진	대리	9	30%	190,000	57,000	247,000	
11	정한나	대리	4	20%	150,000	30,000	180,000	
12		대리 최대값				57,000		
13		대리 평균					220,333	
14	강미선	부장	19	50%	270,000	135,000	405,000	
15	김은수	부장	18	50%	265,000	132,500	397,500	
16	이슬비	부장	13	40%	260,000	104,000	364,000	
17		부장 최대값				135,000		
18		부장 평균					388,833	
19		전체 최대값				135,000		
20		전체 평균					306,278	
21								

2. '분석작업-2' 시트에 대하여 다음의 지시사항을 처리하시오. (10점)

– '대출상환' 표는 대출금액[C3], 상환기간(월)[C4], 이자율(연)[C5]을 이용하여 월상환액[C6]을 계산한 것이다. [데이터 표] 기능을 이용하여 상환기간(월) 및 이자율(연)에 따른 월상환액을 [D12:G17] 영역에 계산하시오.

1. '매크로 작업' 시트의 [표]에서 다음과 같은 기능을 수행하는 매크로를 현재 통합 문서에 작성하고 실행하시오.(각 5점)

① [E4:E10] 영역에 납품금액을 계산하는 매크로를 생성하여 실행하시오.

▶ 매크로 이름 : 납품금액　　　　　　　　▶ 납품금액 = 단가＊수량

▶ [개발 도구]-[삽입]-[양식 컨트롤]의 '단추'를 동일 시트의 [G3:H4] 영역에 생성하고, 텍스트를 '납품금액'으로 입력한 후 단추를 클릭할 때 '납품금액' 매크로가 실행되도록 설정하시오.

② [A3:E10] 영역에 '모든 테두리(田)'를 적용하는 매크로를 생성하여 실행하시오.

▶ 매크로 이름 : 테두리적용

▶ [도형]-[기본 도형]의 '빗면(▱)'을 동일 시트의 [G6:H7] 영역에 생성하고, 텍스트를 '테두리적용'으로 입력한 후 도형을 클릭할 때 '테두리적용' 매크로가 실행되도록 설정하시오.

　　※ 셀 포인터의 위치에 상관없이 현재 통합 문서에서 매크로가 실행되어야 정답으로 인정됨

2. '차트작업' 시트의 차트를 지시사항에 따라 아래 그림과 같이 수정하시오. (각 2점)

※ 차트는 반드시 문제에서 제공한 차트를 사용하여야 하며, 신규로 작성 시 0점 처리됨

① '분당지점' 계열이 제거되도록 데이터 범위를 수정하시오.

② 차트 제목과 기본 세로 축 제목은 〈그림〉과 같이 입력하시오.

③ 범례는 서식을 이용하여 위치를 '위쪽'으로 배치하시오.

④ '일산지점' 계열의 '초등부' 요소에만 데이터 레이블 '값'을 표시하고, 레이블의 위치를 '왼쪽'으로 설정하시오.

⑤ 그림 영역에 도형 스타일 '미세 효과 – 바다색, 강조 5'를 적용하시오.

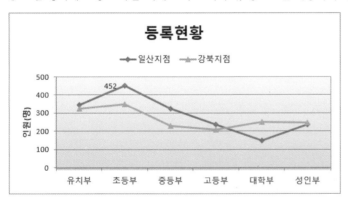

제 10 회 출제예상 모의고사 ː정답ː

1. 기본작업-1

	A	B	C	D	E	F	G	H
1	아름다운유치원생 현황							
2								
3	이름	성별	주민등록번호	ID	주소	연락처	입학년도	
4	최선호	남	140508-3556877	sh_dream	이편한 102동	386-9966	2019년	
5	강하늘	남	150619-3266323	kangsky_77	하늘채 105동	252-8877	2018년	
6	이동준	남	141002-3125698	leedj1004	풍경채 515동	369-7896	2020년	
7	이하율	남	140910-3789698	leehu_007	훼미리 104동	256-1234	2019년	
8	김보경	여	150422-4714586	kbk_0422	하늘채 120동	369-8845	2018년	
9	임제이	여	150606-4875698	limj0606	풍경채 101동	256-6363	2020년	
10	강주은	여	140211-4363632	kje_1004	어울림 202동	698-5656	2018년	
11								

2. 기본작업-2

	A	B	C	D	E	F	G	H
1			총판 도서 주문 내역					
2								
3	總販	주문도서	단가	수량	금액	주문일	입고(예정)일	
4	서울총판	엑셀2010	12,000	250	3,000,000	2020-12-20(일)	2020-12-23(수)	
5		파워포인트2010	12,000	300	3,600,000	2020-12-17(목)	2020-12-20(일)	
6		스크래치	15,000	450	6,750,000	2020-12-22(화)	2020-12-24(목)	
7		엔트리	14,000	500	7,000,000	2020-12-19(토)	2020-12-21(월)	
8	경기총판	컴퓨터활용능력 2급 실기	18,000	200	3,600,000	2020-12-15(화)	2020-12-20(일)	
9		워드프로세서 필기	16,000	150	2,400,000	2020-12-23(수)	2020-12-28(월)	
10		모바일 프로그램	22,000	100	2,200,000	2020-12-18(금)	2020-12-23(수)	
11		합계	109,000	1,950	28,550,000			
12								

3. 기본작업-3

	A	B	C	D	E	F	G
1			인사 이동 대상자 명단				
2							
3	성명	부서	인사고과	전공점수	영어점수	평균	
4	임상철	영업부	82	80	72	78.0	
5	박철순	기획부	95	85	77	87.7	
6	박영모	총무부	87	85	78	83.3	
7	이재진	인사부	79	90	65	78.0	
8	맹주표	영업부	87	92	80	86.3	
9	한서희	기획부	94	78	85	85.7	
10	남경필	영업부	97	74	80	83.7	
11	주세진	기획부	94	90	85	89.7	
12							
13	전공점수	전공점수	평균				
14	>=70	<=89					
15			>=80				
16							
17	성명	부서	전공점수	평균			
18	임상철	영업부	80	78.0			
19	박철순	기획부	85	87.7			
20	박영모	총무부	85	83.3			
21	맹주표	영업부	92	86.3			
22	한서희	기획부	78	85.7			
23	남경필	영업부	74	83.7			
24	주세진	기획부	90	89.7			
25							

4. 계산작업

	A	B	C	D	E	F	G	H	I	J	K
1	[표1]					[표2]					
2	버스번호	출발시간	도착시간	요금		번호	성명	입사년일	입사형태		
3	BS331	10:00	12:30	975		17802	인도연	2003-03-10	정시		
4	BS332	9:10	13:20	1,625		17802	원미진	1993-05-07	정시		
5	BS333	8:30	18:00	3,705		17802	구성향	2003-11-20			
6	BS334	9:00	11:20	910		17802	주정우	1995-03-29	정시		
7	BS335	11:00	12:50	715		20456	탁연실	1997-03-15	정시		
8	BS336	12:30	15:20	1,105		20456	김민재	2002-09-10	수시		
9	BS337	15:20	16:00	260		32109	이승진	1999-04-06	정시		
10	BS338	13:20	14:50	585		32109	김민연	1988-03-29	정시		
11	BS339	15:50	18:30	1,040		32109	성연아	1995-10-10			
12											
13											
14	[표3]					[표4]					
15	사무실	평수	임대료	관리비		성명	출신고	필기	실기	종합	
16	Dvil320	16	556,000	65,000		이정구	상공고	91	95	93	
17	Dvil321	28	712,000	87,000		구덕철	대한고	77	89	83	
18	Dvil322	28	750,000	64,000		명수인	상공고	56	76	66	
19	Ever110	40	1,025,000	156,000		호성일	대한고	88	80	84	
20	Ever111	20	654,000	76,000		한성철	우주고	93	90	91.5	
21	Ever112	24	886,000	102,000		박소연	우주고	87	95	91	
22	Star421	40	987,000	132,000		장두리	상공고	85	56	70.5	
23						안정오	우주고	76	89	82.5	
24	평수	평수	임대료 합계			김우인	대한고	34	90	62	
25	>=20	<30	3,002,000			변태진	상공고	59	91	75	
26											
27								종합 평균의 차이			
28	[표5]							-3.725			
29	학급	성명	국어	수학							
30	1반	임우현	77	88							
31	2반	임현우	80	68							
32	1반	유채연	90	75							
33	2반	담다디	67	90							
34	3반	임주현	89	87							
35	3반	김기련	78	65							
36	1반	박호연	79	56							
37	2반	홍지은	90	89							
38	3반	김지수	67	45							
39	1반	나도야	100	88							
40	2반	최연소	89	70							
41	3반	남동현	77	67							
42											
43			반별 성적분포								
44		학급	국어 평균								
45		1반	86.5점								
46		2반	81.5점								
47		3반	77.8점								
48											

5. 분석작업-1

1 2 3 4		A	B	C	D	E	F	G	H
	1				급여명세서				
	2								
	3	이름	직위	근속기간	상여율	기본급	상여금	총급여액	
	4	이나미	과장	10	40%	220,000	88,000	308,000	
	5	조미영	과장	14	40%	230,000	92,000	322,000	
	6	홍예나	과장	8	30%	230,000	69,000	299,000	
	7		과장 최대값				92,000		
	8		과장 평균					309,667	
	9	이은주	대리	7	30%	180,000	54,000	234,000	
	10	장은진	대리	9	30%	190,000	57,000	247,000	
	11	정한나	대리	4	20%	150,000	30,000	180,000	
	12		대리 최대값				57,000		
	13		대리 평균					220,333	
	14	강미선	부장	19	50%	270,000	135,000	405,000	
	15	김은수	부장	18	50%	265,000	132,500	397,500	
	16	이슬비	부장	13	40%	260,000	104,000	364,000	
	17		부장 최대값				135,000		
	18		부장 평균					388,833	
	19		전체 최대값				135,000		
	20		전체 평균					306,278	
	21								

6. 분석작업–2

	A	B	C	D	E	F	G	H
1	대출상환							
2								
3	대출금액		10,000,000					
4	상환기간(월)		36					
5	이자율(연)		5%					
6	월상환액		₩299,709					
7								
8								
9	상환기간과 이자율에 따른 월 상환액 조건표							
10				상환기간(월)				
11			₩299,709	36	48	60	120	
12			5%	299,709	230,293	188,712	106,066	
13			6%	304,219	234,850	193,328	111,021	
14		이자율(연)	7%	308,771	239,462	198,012	116,108	
15			8%	313,364	244,129	202,764	121,328	
16			9%	317,997	248,850	207,584	126,676	
17			10%	322,672	253,626	212,470	132,151	
18								

7. 매크로 작업

	A	B	C	D	E	F	G	H	I
1		[표] 납품업체별 납품금액							
2									
3	업체명	제품	단가	수량	납품금액		납품금액		
4	신현마트	신선우유	500	550	275,000				
5	신현마트	칼슘우유	8,500	500	4,250,000				
6	기대마트	신선우유	500	850	425,000		테두리적용		
7	기대마트	칼슘우유	8,500	700	5,950,000				
8	가정마트	칼슘우유	8,500	850	7,225,000				
9	정서진마트	신선우유	500	500	250,000				
10	정서진마트	칼슘우유	8,500	450	3,825,000				
11									

8. 차트 작업

	A	B	C	D	E	F	G	H
1		한국 영어학원 등록현황						
2								
3	분류	유치부	초등부	중등부	고등부	대학부	성인부	
4	일산지점	345	452	323	235	150	238	
5	분당지점	450	232	358	238	100	350	
6	강북지점	323	350	230	210	250	248	

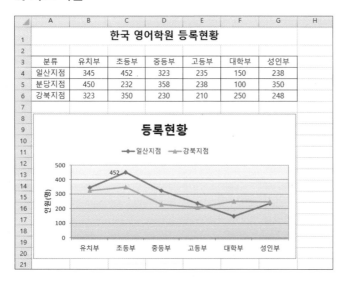

제 10 회 출제예상 모의고사 ⋮해설⋮

문제 01 기본작업(20점)

1. 기본작업-2

	A	B	C	D	E	F	G	H
1			총판 도서 주문 내역					
2								
3	總販	주문도서	단가	수량	금액	주문일	입고(예정)일	
4	서울총판	엑셀2010	12,000	250	3,000,000	2020-12-20(일)	2020-12-23(수)	
5		파워포인트2010	12,000	300	3,600,000	2020-12-17(목)	2020-12-20(일)	
6		스크래치	15,000	450	6,750,000	2020-12-22(화)	2020-12-24(목)	
7		엔트리	14,000	500	7,000,000	2020-12-19(토)	2020-12-21(월)	
8	경기총판	컴퓨터활용능력 2급 실기	18,000	200	3,600,000	2020-12-15(화)	2020-12-20(일)	
9		워드프로세서 필기	16,000	150	2,400,000	2020-12-23(수)	2020-12-28(월)	
10		모바일 프로그램	22,000	100	2,200,000	2020-12-18(금)	2020-12-23(수)	
11		합계	109,000	1,950	28,550,000			
12								

작업 과정

구분	작업 내용
①	• [A1:G1] 영역을 드래그한 후, [홈] 탭-[맞춤] 그룹에서 ▦병합하고 가운데 맞춤 ▾ 아이콘을 클릭합니다. • 이어서, [홈] 탭-[글꼴] 그룹에서 글꼴 크기 '17', 가(굵게)를 지정한 후, 가 ▾(밑줄) 아이콘의 ▾(목록 단추)를 눌러 '이중 밑줄'을 선택합니다.
②	• [A4:A7] 영역을 드래그한 후, Ctrl 키를 누른 상태에서 [A8:A10], [A11:B11] 영역도 드래그 합니다. • [홈] 탭-[맞춤] 그룹에서 ▦병합하고 가운데 맞춤 ▾ 아이콘을 클릭합니다. • 이어서, [A3:G3] 영역을 드래그한 후, [홈] 탭-[스타일] 그룹에서 [셀 스타일]을 클릭하고 <테마 셀 스타일> 항목 중 '강조색4'를 클릭합니다.
③	• [C4:E11] 영역을 드래그한 후, [홈] 탭-[표시 형식] 그룹에서 ,(쉼표 스타일) 아이콘을 클릭합니다. • [F4:G10] 영역을 드래그한 후, Ctrl+1 키를 누릅니다. • [셀 서식] 대화상자의 [표시 형식] 탭에서 '사용자 지정'의 형식에 yyyy-mm-dd(aaa)을 입력한 후 <확인> 단추를 클릭합니다.
④	• [A3] 셀을 더블 클릭한 후, '총판'의 앞 또는 뒤에 커서를 위치시키고 한자 키를 누릅니다. • [한글/한자 변환] 대화상자에서 해당 한자 '總販'을 선택한 후 <변환> 단추를 클릭합니다.
⑤	• [A3:G11] 영역을 드래그한 후, [홈] 탭-[글꼴] 그룹에서 ▦(아래쪽 테두리) 아이콘의 ▾(목록 단추)를 눌러 ⊞(모든 테두리) 아이콘을 클릭합니다. • [F11:G11] 영역을 드래그한 후, Ctrl+1 키를 누릅니다. • [셀 서식] 대화상자의 [테두리] 탭에서 ◩를 클릭한후 <확인> 단추를 클릭합니다.

2. 기본작업-3

	A	B	C	D	E
12					
13	전공점수	전공점수	평균		
14	>=70	<=89			
15			>=80		
16					
17	성명	부서	전공점수	평균	
18	임상철	영업부	80	78.0	
19	박철순	기획부	85	87.7	
20	박영모	총무부	85	83.3	
21	맹주표	영업부	92	86.3	
22	한서희	기획부	78	85.7	
23	남경필	영업부	74	83.7	
24	주세진	기획부	90	89.7	
25					

작업 과정

① 고급 필터의 조건식에 사용할 필드 이름을 복사하여 그림과 같이 붙여넣기 합니다.

② 이어서, [A14:B14] 영역과 [C15] 셀에 다음과 같이 조건을 입력합니다.

	A	B	C	D
12				
13	전공점수	전공점수	평균	
14	>=70	<=89		
15			>=80	
16				

③ [A3:B3] 영역을 드래그한 후, **Ctrl** 키를 누른 상태에서 [D3], [F3] 셀도 클릭합니다.

④ **Ctrl** + **C** 키를 눌러 [복사]한 후, [A17] 셀에서 **Ctrl** + **V** 키를 눌러 [붙여넣기] 합니다.

	A	B	C	D	E	F	G
1			인사 이동 대상자 명단				
2							
3	성명	부서	인사고과	전공점수	영어점수	평균	
4	임상철	영업부	82	80	72	78.0	
5	박철순	기획부	95	85	77	87.7	
6	박영모	총무부	87	85	78	83.3	
7	이재진	인사부	79	90	65	78.0	
8	맹주표	영업부	87	92	80	86.3	
9	한서희	기획부	94	78	85	85.7	
10	남경필	영업부	97	74	80	83.7	
11	주세진	기획부	94	90	85	89.7	
12							
13	전공점수	전공점수	평균				
14	>=70	<=89					
15			>=80				
16							
17	성명	부서	전공점수	평균			
18				📋 (Ctrl) ▾			
19							

⑤ **Esc** 키를 눌러 선택된 범위를 모두 취소한 후, [A3] 셀을 클릭하고 [데이터] 탭-[정렬 및 필터] 그룹에서 [▼고급] 아이콘을 클릭합니다.

⑥ [고급 필터] 대화상자가 표시되면 다음과 같이 범위를 지정하고 〈확인〉 단추를 클릭합니다.

인사 이동 대상자 명단

성명	부서	인사고과	전공점수	영어점수	평균
임상철	영업부	82			
박철순	기획부	95			
박영모	총무부	87			
이재진	인사부	79			
맹주표	영업부	87			
한서희	기획부	94			
남경필	영업부	97			
주세진	기획부	94			

고급 필터 ? ×

결과
○ 현재 위치에 필터(F)
◉ 다른 장소에 복사(O)

목록 범위(L): $A$3:$F$11
조건 범위(C): $A$13:$C$15
복사 위치(T): $A$17:$D$17

☐ 동일한 레코드는 하나만(R)

〈확인〉 〈취소〉

전공점수	전공점수	평균
>=70	<=89	
		>=80

성명	부서	전공점수	평균

문제 **02** 계산작업(40점)

	A	B	C	D	E	F	G	H	I	J	K
1	[표1]					[표2]					
2	버스번호	출발시간	도착시간	요금		번호	성명	입사년일	입사형태		
3	BS331	10:00	12:30	975		17802	인도연	2003-03-10	정시		
4	BS332	9:10	13:20	1,625		17802	원미진	1993-05-07	정시		
5	BS333	8:30	18:00	3,705		17802	구성향	2003-11-20			
6	BS334	9:00	11:20	910		17802	주정우	1995-03-29	정시		
7	BS335	11:00	12:50	715		20456	탁연실	1997-03-15	정시		
8	BS336	12:30	15:20	1,105		20456	김민재	2002-09-10	수시		
9	BS337	15:20	16:00	260		32109	이승진	1999-04-06	정시		
10	BS338	13:20	14:50	585		32109	김민연	1988-03-29	정시		
11	BS339	15:50	18:30	1,040		32109	성연아	1995-10-10			
12											
13											
14	[표3]					[표4]					
15	사무실	평수	임대료	관리비		성명	출신고	필기	실기	종합	
16	Dvil320	16	556,000	65,000		이정구	상공고	91	95	93	
17	Dvil321	28	712,000	87,000		구덕철	대한고	77	89	83	
18	Dvil322	28	750,000	64,000		명수인	상공고	56	76	66	
19	Ever110	40	1,025,000	156,000		효성일	대한고	88	80	84	
20	Ever111	20	654,000	76,000		한성철	우주고	93	90	91.5	
21	Ever112	24	886,000	102,000		박소연	우주고	87	95	91	
22	Star421	40	987,000	132,000		장두리	상공고	85	56	70.5	
23						안정오	우주고	76	89	82.5	
24	평수	평수	임대료 합계			김우인	대한고	34	90	62	
25	>=20	<30	3,002,000			변태진	상공고	59	91	75	
26											
27							종합 평균의 차이				
28	[표5]						-3.725				
29	학급	성명	국어	수학							
30	1반	임우현	77	88							
31	2반	임현우	80	68							
32	1반	유채연	90	75							
33	2반	담다디	67	90							
34	3반	임주현	89	87							
35	3반	김기련	78	65							
36	1반	박효면	79	56							
37	2반	홍지은	90	89							
38	3반	김지수	67	45							
39	1반	나도야	100	88							
40	2반	최연소	89	70							
41	3반	남동현	77	67							
42											
43		반별 성적분포									
44		학급	국어 평균								
45		1반	86.5점								
46		2반	81.5점								
47		3반	77.8점								
48											

▶ 함수식

[표1] 요금[D3:D11]	[D3] 셀에 '=(HOUR(C3-B3)*60 + MINUTE(C3-B3))/10*65'를 입력한 후, 채우기 핸들을 [D11] 셀까지 드래그 합니다.
[표2] 입사형태[I3:I11]	[I3] 셀에 '=IF(MONTH(H3)<=6,"정시",IF(MONTH(H3)=9,"수시",""))'을 입력한 후, 채우기 핸들을 [I11] 셀까지 드래그 합니다.
[표3] 임대료 합계[C25]	[C25] 셀에 '=DSUM(A15:D22,3,A24:B25)'를 입력합니다.
[표4] 종합 평균의 차이[H28]	[H28] 셀에 '=DAVERAGE(F15:J25,5,G15:G16)-AVERAGE(J16:J25)'를 입력합니다.
[표5] 국어평균[C45:C47]	[C45] 셀에 '=ROUND(AVERAGEIF($A$30:$A$41,B45,$C$30:$C$41),1)&"점"'을 입력한 후, 채우기 핸들을 [C47] 셀까지 드래그 합니다.

문제 **03** 분석작업(20점)

1. 분석작업-1

	A	B	C	D	E	F	G	H
1				급여명세서				
2								
3	이름	직위	근속기간	상여율	기본급	상여금	총급여액	
4	이나미	과장	10	40%	220,000	88,000	308,000	
5	조미영	과장	14	40%	230,000	92,000	322,000	
6	홍예나	과장	8	30%	230,000	69,000	299,000	
7		과장 최대값				92,000		
8		과장 평균					309,667	
9	이은주	대리	7	30%	180,000	54,000	234,000	
10	장은진	대리	9	30%	190,000	57,000	247,000	
11	정한나	대리	4	20%	150,000	30,000	180,000	
12		대리 최대값				57,000		
13		대리 평균					220,333	
14	강미선	부장	19	50%	270,000	135,000	405,000	
15	김은수	부장	18	50%	265,000	132,500	397,500	
16	이슬비	부장	13	40%	260,000	104,000	364,000	
17		부장 최대값				135,000		
18		부장 평균					388,833	
19		전체 최대값				135,000		
20		전체 평균					306,278	
21								

작업 과정

① [B3] 셀을 클릭한 후 [데이터] 탭-[정렬 및 필터] 그룹에서 ▒(텍스트 오름차순 정렬) 아이콘을 클릭합니다.
② [데이터] 탭-[윤곽선] 그룹에서 [부분합]을 클릭합니다.

③ [부분합] 대화상자가 표시되면 그룹화할 항목에 '직위', 사용할 함수에 '평균', 부분합 계산 항목에 '총급여액'을 선택한 후 〈확인〉 단추를 클릭합니다.

④ 2차 부분합을 생성하기 위하여 다시 [데이터] 탭-[윤곽선] 그룹에서 [부분합]을 클릭합니다.
⑤ [부분합] 대화상자가 표시되면 그룹화할 항목에 '직위', 사용할 함수에 '최대값', 부분합 계산 항목에 '상여금'을 선택한 후 〈확인〉 단추를 클릭합니다. (이때, 부분합 계산 항목에서 '총급여액'의 체크 표시(✔)는 해제합니다.)
⑥ 이어서, '새로운 값으로 대치' 항목을 클릭하여 체크 표시(✔)를 해제한 다음 〈확인〉 단추를 클릭합니다.

2. 분석작업-2

	A	B	C	D	E	F	G	H
1		대출상환						
2								
3		대출금액	10,000,000					
4		상환기간(월)	36					
5		이자율(연)	5%					
6		월상환액	₩299,709					
7								
8								
9		상환기간과 이자율에 따른 월 상환액 조견표						
10				상환기간(월)				
11			₩299,709	36	48	60	120	
12			5%	299,709	230,293	188,712	106,066	
13			6%	304,219	234,850	193,328	111,021	
14		이자율(연)	7%	308,771	239,462	198,012	116,108	
15			8%	313,364	244,129	202,764	121,328	
16			9%	317,997	248,850	207,584	126,676	
17			10%	322,672	253,626	212,470	132,151	
18								

① [C6] 셀의 수식 '=PMT($C$5/12,$C$4,-$C$3)'을 복사한 후 [C11] 셀에 붙여넣기 합니다.

② [C11:G17] 영역을 드래그한 후, [데이터] 탭-[예측] 그룹에서 [가상 분석]-[데이터 표]를 클릭합니다.

③ [데이터 표] 대화상자가 표시되면 〈행 입력 셀〉에 '상환기간(월)'이 입력된 [C4] 셀을 〈열 입력 셀〉에는 '이자율(연)'이 입력된 [C5] 셀을 지정한 후 〈확인〉 단추를 클릭합니다.

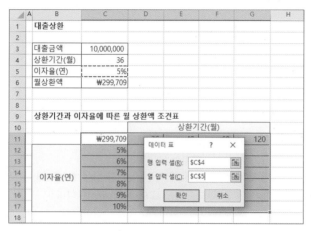

문제 **04** 기타작업(20점)

1. 매크로 작업

	A	B	C	D	E	F	G	H	I
1		**[표] 납품업체별 납품금액**							
2									
3	업체명	제품	단가	수량	납품금액			납품금액	
4	신현마트	신선우유	500	550	275,000				
5	신현마트	칼슘우유	8,500	500	4,250,000				
6	기대마트	신선우유	500	850	425,000			테두리적용	
7	기대마트	칼슘우유	8,500	700	5,950,000				
8	가정마트	칼슘우유	8,500	850	7,225,000				
9	정서진마트	신선우유	500	500	250,000				
10	정서진마트	칼슘우유	8,500	450	3,825,000				
11									

▶ '납품금액' 단추 생성과 매크로 작업

① [개발 도구] 탭-[컨트롤] 그룹에서 [삽입] 아이콘을 클릭한 후, □(단추(양식 컨트롤))을 선택합니다.

② **Alt** 키를 누른 상태에서 [G3:H4] 영역에 맞게 드래그한 후, [매크로 지정] 대화상자가 표시되면 매크로 위치에 '현재 통합 문서', 매크로 이름에 '납품금액'을 입력하고 〈기록〉 단추를 클릭합니다.

③ [매크로 기록] 대화상자가 표시되면 〈확인〉 단추를 클릭합니다.

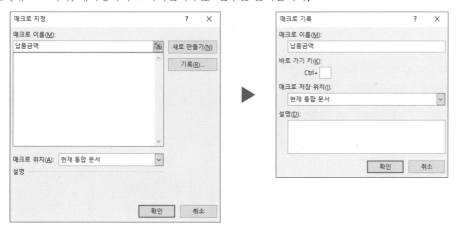

④ [E4] 셀을 클릭한 후, '=C4*D4'를 입력하고 **Enter** 키를 눌러줍니다.
⑤ [E4] 셀을 클릭한 후, [E4] 셀에서 [E10] 셀까지 채우기 핸들을 드래그 합니다.
⑥ 임의의 셀을 클릭하여 영역 지정을 해제한 후, 워크시트 하단의 상태 표시줄에서 ■(기록 중지) 아이콘을 클릭하여 매크로 지정을 완료합니다.
⑦ 단추 위에서 마우스 오른쪽 버튼을 눌러 [바로 가기] 메뉴 중 [텍스트 편집]을 클릭합니다.
⑧ '단추 1'을 삭제하고 '납품금액'을 입력한 후 임의의 셀을 클릭합니다.

▶ '빗면' 도형 삽입 및 텍스트 입력

① [삽입] 탭–[일러스트레이션] 그룹에서 [도형]을 클릭한 후, 〈기본 도형〉에서 □(빗면)을 선택합니다.
② **Alt** 키를 누른 상태에서 [G6:H7] 영역에 맞게 드래그하여 도형을 그려줍니다.
③ 도형에 '테두리적용'을 입력한 후, [홈] 탭–[맞춤] 그룹에서 세로 방향 ≡(가운데 맞춤), 가로 방향 ≡(가운데 맞춤) 아이콘을 클릭한 다음 임의의 셀을 클릭합니다.

▶ '테두리적용' 매크로 작성

① [G6:H7] 영역의 '빗면' 위에 마우스 포인터를 위치시킵니다.
② 마우스 포인터의 모양이 ⊹로 변경되면 마우스 오른쪽 버튼을 눌러 [바로 가기] 메뉴 중 [매크로 지정]을 선택합니다.

③ [매크로 지정] 대화상자에서 매크로 위치에 '현재 통합 문서', 매크로 이름에 '테두리적용'을 입력한 후 〈기록〉 단추를 클릭하고, [매크로 기록] 대화상자에서 〈확인〉 단추를 클릭합니다.

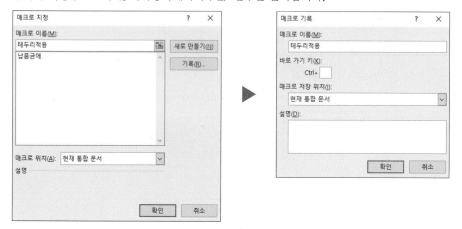

④ [A3:E10] 영역을 드래그한 후, [홈] 탭-[글꼴] 그룹에서 ⊞·(아래쪽 테두리) 아이콘의 ·(목록 단추)를 눌러 ⊞(모든 테두리) 아이콘을 클릭합니다.
⑤ 임의의 셀을 클릭하여 영역 지정을 해제한 후, 워크시트 하단의 상태 표시줄에서 ■(기록 중지) 아이콘을 클릭하여 매크로 지정을 완료합니다.

2. 차트 작업

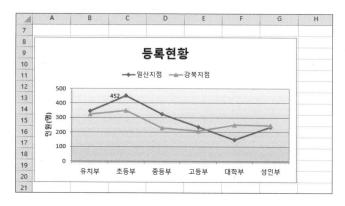

작업 과정

▶ 차트 범위 수정 (계열 제거)

① 마우스 포인터를 차트 위에 위치시킨 후, 마우스 오른쪽 버튼 클릭-[바로 가기] 메뉴 중 [데이터 선택]을 클릭합니다.

② [데이터 원본 선택] 대화상자가 표시되면 〈범례 항목(계열)〉에서 '분당지점'을 선택한 후 ✕제거(R) 단추를 클릭하고 〈확인〉 단추를 클릭합니다.

▶ 차트 제목과 세로 (값) 축 제목 입력

① 차트 영역을 클릭한 후, [차트 도구]−[디자인] 탭의 [차트 레이아웃] 그룹에서 [차트 요소 추가]−[차트 제목]−[차트 위]를 클릭합니다.
② '차트 제목'으로 표시된 내용을 삭제한 후, '등록현황'을 입력하고 차트 제목 테두리를 클릭합니다.
③ 이어서, [차트 도구]−[디자인] 탭의 [차트 레이아웃] 그룹에서 [차트 요소 추가]−[축 제목]−[기본 세로]를 클릭합니다.
④ '축 제목'으로 표시된 내용을 삭제한 후, '인원(명)'을 입력하고 임의의 셀을 클릭합니다.

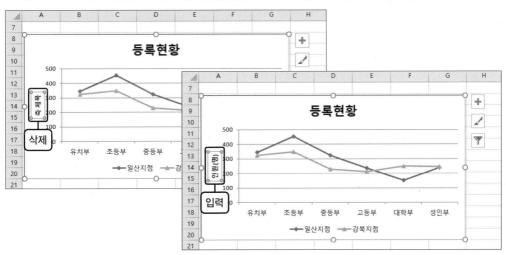

▶ 범례 위치 지정

① 범례를 선택한 후, [차트 도구]−[디자인] 탭의 [차트 레이아웃] 그룹에서 [차트 요소 추가]−[범례]−[위쪽]을 클릭합니다.

▶ 데이터 레이블 추가

① '일산지점' 계열의 '초등부' 요소를 클릭한 후, 다시 한 번 클릭합니다.
② [차트 도구]–[디자인] 탭의 [차트 레이아웃] 그룹에서 [차트 요소 추가]–[데이터 레이블]–[왼쪽]을 클릭합니다.

▶ 그림 영역 도형 스타일 지정

① 그림 영역을 클릭한 후, [차트 도구]–[서식] 탭의 [도형 스타일] 그룹에서 ▼(자세히) 단추를 클릭합니다.
② 도형 스타일 항목 중 '미세 효과 – 바다색, 강조 5'를 클릭합니다.

컴퓨터활용능력 2급 실기

엑셀 2016

CHAPTER

08 최신유형 기출문제

제 01 회 최신유형 기출문제

프로그램명	제한시간
EXCEL 2016	40분

수험번호 :
성   명 :

◆ 2급 A형 ◆

유 의 사 항

- 인적 사항 누락 및 잘못 작성으로 인한 불이익은 수험자 책임으로 합니다.

- 화면에 암호 입력창이 나타나면 아래의 암호를 입력하여야 합니다.
  - 암호 : 229*78

- 작성된 답안은 주어진 경로 및 파일명을 변경하지 마시고 그대로 저장해야 합니다. 이를 준수하지 않으면 실격처리 됩니다.

- 외부데이터 위치 : C:\OA\파일명

- 별도 지시사항이 없는 경우, 다음과 같이 처리 시 실격 처리됩니다.
  - 제시된 시트 및 개체의 순서나 이름을 임의로 변경한 경우
  - 제시된 시트 및 개체를 임의로 추가 또는 삭제한 경우

- 답안은 반드시 문제에서 지시 또는 요구한 셀에 입력하여야 하며 다음과 같이 처리 시 채점 대상에서 제외됩니다.
  - 수험자가 임의로 지시하지 않은 셀의 이동, 수정, 삭제, 변경 등으로 인해 셀의 위치 및 내용이 변경된 경우 해당 작업에 영향을 미치는 관련문제 모두 채점 대상에서 제외
  - 도형 및 차트의 개체가 중첩되어 있거나 동일한 계산결과 시트가 복수로 존재할 경우 해당 개체나 시트는 채점 대상에서 제외

- 수식 작성 시 제시된 문제 파일의 데이터는 변경 가능한(가변적) 데이터임을 감안하여 문제 풀이를 하시오.

- 별도의 지시사항이 없는 경우, 주어진 각 시트 및 개체의 설정값 또는 기본 설정값(Default)으로 처리하시오.

- 저장 시간은 별도로 주어지지 않으므로 제한된 시간 내에 저장을 완료해야 하며, 제한 시간 내에 저장이 되지 않은 경우에는 실격 처리됩니다.

- 출제된 문제의 용어는 Microsoft office 2016 기준으로 작성되어 있습니다.

대 한 상 공 회 의 소

문제 01 주어진 시트에서 다음 과정을 수행하고 저장하시오.

1. '기본작업-1' 시트에 다음의 자료를 주어진 대로 입력하시오. (5점)

	A	B	C	D	E	F	G	H
1	근로자를 위한 국비지원 현황							
2								
3	회원구분	회원명	분야	연령	연락처	등록일	국비지원금	
4	YR-25-3	여정희	요리	35세	010-3435-6767	2020-10-05	1,800,000	
5	JU-15-8	김선택	중장비	42세	010-2680-4500	2020-11-08	1,750,000	
6	JA-16-8	박길상	제빵제과	38세	010-3356-8798	2020-11-19	1,650,000	
7	HI-33-5	이민정	홈패션	33세	010-6654-7779	2020-12-26	850,000	
8	BY-65-9	황성준	보일러	45세	010-5560-8485	2020-11-25	1,250,000	
9	AK-35-5	김연아	액세서리	29세	010-6352-9370	2020-10-09	700,000	
10	DE-24-7	최성훈	도배	30세	010-2858-6964	2020-08-25	900,000	
11								

2. '기본작업-2' 시트에 대하여 다음의 지시사항을 처리하시오. (각 2점)

① [A1]셀의 제목 '도서 판매 내역서' 앞뒤에 특수문자 '◆'를 삽입하고, [A1:H1] 영역은 '병합하고 가로, 세로 가운데 맞춤', 글꼴 '굴림', 글꼴 크기 '20', 글꼴 스타일 '굵게', '밑줄'로 지정하시오.

② [D4:F14] 영역은 '쉼표 스타일(,)'로 지정하고, [G4:G13] 영역은 사용자 지정 표시 형식을 이용하여 숫자 뒤에 '위'를 표시 예와 같이 표시하시오. [표시 예 : 8 → 8위]

③ [A14:C14] 영역은 '병합하고 가운데 맞춤', [G14]셀은 대각선을 적용, [F3] 셀의 '재고금액'을 한자 '在庫金額'으로 바꾸어 표시하시오.

④ [A3:H3] 영역은 셀 스타일 '강조색4'를 적용하고, [B4:B13] 영역의 이름을 '도서명'으로 정의하시오.

⑤ [A3:H14] 영역에 '모든 테두리(⊞)'를 적용한 후 '굵은 바깥쪽 테두리(⊡)'를 적용하여 표시하시오.

3. '기본작업-3' 시트에서 다음의 지시사항을 처리하시오. (5점)

– [A4:G12] 영역에 대하여 카드종류가 '해피'이면서 사용금액이 '50,000' 이상인 행 전체에 대하여 글꼴 스타일 '굵은 기울임꼴', 글꼴 색을 '표준 색–빨강'으로 지정하는 조건부 서식을 작성하시오.
  ▶ AND 함수 사용
  ▶ 단, 규칙 유형은 '수식을 사용하여 서식을 지정할 셀 결정'을 사용하고, 한 개의 규칙으로만 작성하시오.

문제 02 '계산작업' 시트에서 다음 과정을 수행하고 저장하시오.

1. [표1]에서 점수별학점표[B9:E10]를 참조하여 교양[B3:B7]과 전공[C3:C7]의 평균에 대한 학점[D3:D7]을 구하시오. (8점)

  ▶ TRUNC, AVERAGE, HLOOKUP 함수 사용

2. [표2]에서 지역[H3:H10]이 '서울'인 사원들의 총계 평균을 구하여 서울지역 평균점수[K11] 셀에 구하시오. (8점)

  ▶ 평균은 소수점 둘째 자리에서 반올림하여 소수점 한 자리까지 표시 [표시 예 : 1.38 → 1.4]
  ▶ ROUND, DAVERAGE 함수 사용

3. [표3]에서 코드[A15:A22], 생산일자[B15:B22], 인식표[C15:C22]를 이용하여 제품코드[D15:D22]를 구하시오. (8점)

- ▶ 제품코드는 코드 뒤에 '–', 생산일자 중 월 뒤에 '–', 인식표를 연결한 후 대문자로 변환한 것임
  [표시 예 : 코드가 jh, 생산일자 2018–10–02, 인식표 k이면 → JH–10–K]
- ▶ UPPER, MONTH 함수와 & 연산자 사용

4. [표4]에서 대리점[G15:G27]이 '지구물산'인 자료들의 판매금액 합계를 구하여 [J28] 셀에 표시하시오. (8점)

- ▶ 판매금액 합계는 십단위에서 버림하여 백단위까지 표시 [표시 예 : 1,550 → 1,500]
- ▶ ROUNDDOWN, SUMIF 함수 사용

5. [표5]에서 제품구입일[B27:B32]과 A/S 기간[C27:C32]을 이용하여 A/S 만료일[D27:D32]을 구하시오. (8점)

- ▶ A/S 기간이 1년인 경우 제품구입일로부터 12개월 뒤 해당 월의 마지막 날짜를 표시하고, A/S 기간이 2년인 경우 제품구입일로부터 24개월 뒤 해당 월의 마지막 날짜를 표시
  [표시 예 : 제품구입일(2020–01–03) → A/S 기간(1년) → A/S 만료일(2021–01–31)]
- ▶ EDATE, EOMONTH, IF, MONTH 함수 중 알맞은 함수 사용

문제 **03** 주어진 시트에서 다음 작업을 수행하고 저장하시오. 분석작업(20점)

1. '분석작업–1' 시트에 대하여 다음의 지시사항을 처리하시오. (10점)

– '일자별 거래현황' 표를 이용하여 상품명은 '열', 판매처는 '행'으로 처리하고 'Σ 값'에 매출액의 합계를 계산하는 피벗 테이블을 작성하시오.
- ▶ 피벗 테이블 보고서는 동일 시트의 [A20] 셀에서 시작하시오.
- ▶ 피벗 테이블 옵션에서 '레이블이 있는 셀 병합 및 가운데 맞춤'을 설정하고, 열의 총합계만 표시하시오.
- ▶ 숫자에는 '쉼표 스타일'을 지정하시오.

2. '분석작업–2' 시트에 대하여 다음의 지시사항을 처리하시오. (10점)

– '대한상사 급여명세 안내' 표에서 상여율[B14]이 다음과 같이 변동하는 경우 급여액 합계[G12]의 변동 시나리오를 작성하시오.
- ▶ 셀 이름 정의 : [B14] 셀은 '상여율', [G12] 셀은 '급여액합계'로 정의하시오.
- ▶ 시나리오1 : 시나리오 이름은 '상여율인상', 상여율을 60%로 설정하시오.
- ▶ 시나리오2 : 시나리오 이름은 '상여율인하', 상여율을 40%로 설정하시오.
- ▶ 위 시나리오에 의한 '시나리오 요약' 보고서는 '분석작업–2' 시트 바로 앞에 위치시키시오.
  ※ 시나리오 요약 보고서 작성 시 정답과 일치하여야 하며, 오자로 인한 부분점수는 인정하지 않음

1. '매크로 작업' 시트의 [표]에서 다음과 같은 기능을 수행하는 매크로를 현재 통합 문서에 작성하고 실행하시오.(각 5점)

① [F4:F13] 영역에 합계를 계산하는 매크로를 생성하여 실행하시오.
- ▶ 매크로 이름 : 합계
- ▶ 합계 : 난방비 + 수도비 + 공동경비 + 관리비
- ▶ [개발 도구]-[삽입]-[양식 컨트롤]의 '단추'를 동일 시트의 [H4:I6] 영역에 생성하고, 텍스트를 '합계'로 입력한 후 단추를 클릭할 때 '합계' 매크로가 실행되도록 설정하시오.

② [A3:F3] 영역에 글꼴 스타일 '굵게', 채우기 색 '표준 색-노랑'을 적용하는 매크로를 생성하여 실행하시오.
- ▶ 매크로 이름 : 서식
- ▶ [도형]-[기본 도형]의 '배지(▢)'를 동일 시트의 [H8:I10] 영역에 생성하고, 텍스트를 '서식'으로 입력한 후 도형을 클릭할 때 '서식' 매크로가 실행되도록 설정하시오.

  ※ 셀 포인터의 위치에 상관없이 현재 통합 문서에서 매크로가 실행되어야 정답으로 인정됨

2. '차트작업' 시트의 차트를 지시사항에 따라 아래 그림과 같이 수정하시오. (각 2점)

※ 차트는 반드시 문제에서 제공한 차트를 사용하여야 하며, 신규로 작성 시 0점 처리됨

① '합계' 계열을 제거하고, 차트 종류를 '누적 세로 막대형'으로 변경하시오.

② 차트 제목은 '차트 위'로 추가하여 〈그림〉과 같이 입력하시오.

③ 세로 축 제목은 '가로 제목'으로 추가하여 〈그림〉과 같이 입력하고, 최대값은 '18,000', 주 단위는 '3,000'으로 설정하시오.

④ '복리후생비' 계열에만 데이터 레이블 '값'을 표시하고, 전체 계열의 겹치기와 간격 너비를 0%로 설정하시오.

⑤ 범례는 서식을 이용하여 위치를 '아래쪽'에 표시하고, 범례에 도형 스타일은 '미세효과-바다색, 강조5'로 설정하시오.

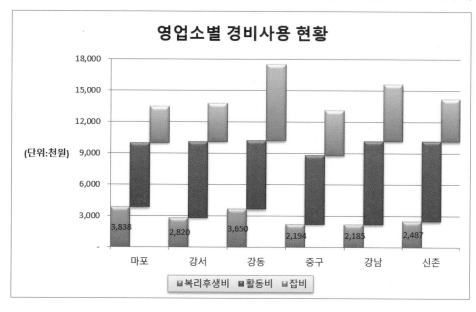

제 01 회 최신유형 기출문제 ∴정답∴

1. 기본작업-1

	A	B	C	D	E	F	G	H
1	근로자를 위한 국비지원 현황							
2								
3	회원구분	회원명	분야	연령	연락처	등록일	국비지원금	
4	YR-25-3	여정희	요리	35세	010-3435-6767	2020-10-05	1,800,000	
5	JU-15-8	김선택	중장비	42세	010-2680-4500	2020-11-08	1,750,000	
6	JA-16-8	박길상	제빵제과	38세	010-3356-8798	2020-11-19	1,650,000	
7	HI-33-5	이민정	홈패션	33세	010-6654-7779	2020-12-26	850,000	
8	BY-65-9	황성준	보일러	45세	010-5560-8485	2020-12-18	1,250,000	
9	AK-35-5	김연아	액세서리	29세	010-6352-9370	2020-10-09	700,000	
10	DE-24-7	최성훈	도배	30세	010-2858-6964	2020-08-25	900,000	
11								

2. 기본작업-2

	A	B	C	D	E	F	G	H	I
1			◆ 도서 판매 내역서 ◆						
2									
3	코드	도서명	출판사	주문량	재고량	在庫金額	이번달순위	주서점	
4	DUF-94MA	금방울전	한겨레	5,580	15,880	750,000	6위	병풍	
5	KDA-95MA	넉반점	창비	8,550	8,661	95,200	5위	정보	
6	KDA-97AJ	도서관	시화주니어	4,258	8,612	93,000	9위	OK24	
7	KIA-98AA	만희네집	샘꽃	4,225	2,548	12,000	2위	정보	
8	EKK-20WE	산골총각	너른들	3,586	3,568	54,120	7위	병풍	
9	EEE-208A	호기심도서관	비룡소	9,550	5,451	75,000	4위	태영	
10	DUF-85MA	감기걸린날	보림	4,580	1,010	21,000	10위	정보	
11	EKK-35WE	소금이온다	보리	7,680	8,114	97,000	8위	병풍	
12	KIA-201AA	지각대장존	비룡소	9,330	9,552	101,000	1위	영진	
13	KKA-95AE	터널	논장	8,610	1,200	32,000	3위	병풍	
14		합계		65,949	64,596	1,330,320			
15									

3. 기본작업-3

	A	B	C	D	E	F	G	H
1		카드 사용처별 세부내역						
2							(단위:원)	
3	카드종류	가맹점	사용지역	승인번호	요일	사용금액	비고	
4	해피	기성족발	일산	179498	토	50,000		
5	골드	고고백화점	종로	731592	월	200,000		
6	해피	편한슈즈	신촌	461716	일	120,000		
7	천국	장수식당	연신내	397642	금	70,000		
8	해피	알마트	을지로	676426	금	68,000		
9	골드	천국노래방	동대문	133536	화	25,000		
10	천국	큐브피자	종로	967510	일	55,000		
11	해피	화성서점	충무로	622009	월	30,000		
12	해피	포장마차	행당동	309073	목	45,000		
13								

4. 계산작업

	A	B	C	D	E	F	G	H	I	J	K	L
1	[표1]						[표2]					
2	성명	교양	전공	학점			성명	지역	면접	실기	총계	
3	김미나	97.3	92.1	A			이동구	서울	87	92	179	
4	박성미	68.4	78.2	C			심학재	경기	52	85	137	
5	남유경	87.1	79.3	B			김서라	인천	71	87	158	
6	최유리	65.8	68.1	F			이유섭	서울	52	72	124	
7	허영주	76.1	81.4	C			남경미	강원	75	54	129	
8	[점수별학점표]						유은정	충북	76	84	160	
9	점수	0	70	80	90		박동일	전북	80	99	179	
10	학점표	F	C	B	A		남동규	경기	60	79	139	
11							서울지역 평균점수				151.5	
12												
13	[표3]						[표4]					
14	코드	생산일자	인식표	제품코드			대리점	단가	출고수량	판매금액		
15	ag	2018-11-11	w	AG-11-W			지구물산	1,673	40	66,920		
16	rf	2018-08-30	e	RF-8-E			우주상사	1,506	58	87,348		
17	dj	2018-12-30	f	DJ-12-F			신안공업	1,126	91	102,466		
18	ik	2018-10-15	d	IK-10-D			삼성상사	2,953	99	292,347		
19	wd	2018-11-22	e	WD-11-E			지구물산	1,423	54	76,842		
20	od	2018-12-10	w	OD-12-W			신안공업	1,338	40	53,520		
21	uf	2018-09-03	h	UF-9-H			지구물산	2,310	73	168,630		
22	dh	2018-12-29	d	DH-12-D			종로상사	1,937	90	174,330		
23							신안공업	1,578	46	72,588		
24							우주상사	1,996	46	91,816		
25	[표5]						종로상사	2,380	31	73,780		
26	성명	제품구입일	A/S 기간	A/S 만료일			신안공업	1,310	92	120,520		
27	신문고	2021-01-20	1년	2022-01-31			삼성상사	2,167	91	197,197		
28	이학중	2021-07-05	2년	2023-07-31			지구물산 판매금액 합계			312,300		
29	남성철	2021-02-10	1년	2022-02-28								
30	김길호	2021-06-15	2년	2023-06-30								
31	황준기	2021-08-25	2년	2023-08-31								
32	이명학	2021-03-10	1년	2022-03-31								
33												

5. 분석작업-1

	A	B	C	D	E	F	G	H
1			일자별 거래현황					
2						(단위:원)		
3	날짜	판매처	상품명	단가	수량	매출액		
4	2018-01-01	일진상사	장구류	1,000	120	120,000		
5	2018-01-06	두서물산	장구류	1,000	90	90,000		
6	2018-01-09	장미회관	가정용품	1,100	80	88,000		
7	2018-01-16	샘터물산	세제류	1,150	130	149,500		
8	2018-01-18	일진상사	가정용품	950	90	85,500		
9	2018-01-22	장미회관	잡화	980	160	156,800		
10	2018-02-01	주공수산	세제류	1,050	80	84,000		
11	2018-02-03	샘터물산	잡화	980	130	127,400		
12	2018-02-07	장미회관	주류	1,250	100	125,000		
13	2018-02-12	주공수산	식품류	1,300	90	117,000		
14	2018-02-19	두서물산	장구류	1,000	120	120,000		
15	2018-02-20	주공수산	가정용품	1,100	110	121,000		
16	2018-02-26	일진상사	잡화	980	90	88,200		
17								
18								
19								
20	합계 : 매출액	열 레이블 ▼						
21	행 레이블 ▼	가정용품	세제류	식품류	잡화	장구류	주류	
22	두서물산					210,000		
23	샘터물산		149,500		127,400			
24	일진상사	85,500			88,200	120,000		
25	장미회관	88,000			156,800		125,000	
26	주공수산	121,000	84,000	117,000				
27	총합계	294,500	233,500	117,000	372,400	330,000	125,000	
28								

6. 분석작업-2

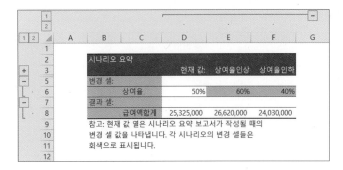

7. 매크로 작업

	A	B	C	D	E	F	G	H	I	J
1			**[표] APT 관리비 부과 내역**							
2						(단위:원)				
3	호수	난방비	수도비	공동경비	관리비	합계				
4	1001호	120,000	34,000	66,000	80,000	300,000				
5	1002호	210,000	14,000	66,000	80,000	370,000		합계		
6	1003호	160,000	25,000	66,000	80,000	331,000				
7	2001호	95,000	30,000	66,000	80,000	271,000				
8	2002호	88,000	24,000	66,000	80,000	258,000				
9	2003호	81,000	22,000	66,000	80,000	249,000		서식		
10	3001호	76,000	8,000	66,000	80,000	230,000				
11	3002호	60,000	31,000	66,000	80,000	237,000				
12	3003호	99,000	18,000	66,000	80,000	263,000				
13	합계	989,000	206,000	594,000	720,000	2,509,000				
14										

8. 차트 작업

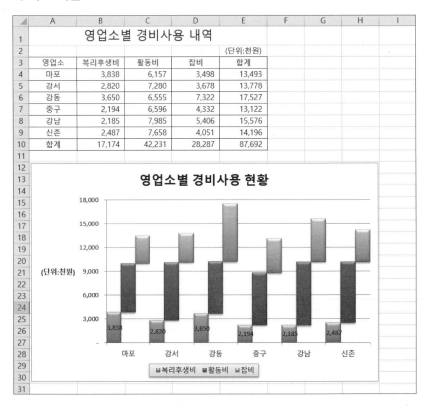

제 01 회 최신유형 기출문제 ː 해설 ː

문제 01 기본작업(20점)

1. 기본작업-2

	A	B	C	D	E	F	G	H	I
1			◆ 도서 판매 내역서 ◆						
2									
3	코드	도서명	출판사	주문량	재고량	在庫金額	이번달순위	주서점	
4	DUF-94MA	금방울전	한겨레	5,580	15,880	750,000	6위	병풍	
5	KDA-95MA	넉반점	창비	8,550	8,661	95,200	5위	정보	
6	KDA-97AJ	도서관	시화주니어	4,258	8,612	93,000	9위	OK24	
7	KIA-98AA	만희네집	샘꽃	4,225	2,548	12,000	2위	정보	
8	EKK-20WE	산골총각	너른들	3,586	3,568	54,120	7위	병풍	
9	EEE-208A	호기심도서관	비룡소	9,550	5,451	75,000	4위	태영	
10	DUF-85MA	감기걸린날	보림	4,580	1,010	21,000	10위	정보	
11	EKK-35WE	소금이온다	보리	7,680	8,114	97,000	8위	병풍	
12	KIA-201AA	지각대장존	비룡소	9,330	9,552	101,000	1위	영진	
13	KKA-95AE	터널	논장	8,610	1,200	32,000	3위	병풍	
14		합계		65,949	64,596	1,330,320			
15									

작업 과정

구분	작업 내용
①	• [A1] 셀에서 F2 키를 누른 후 '도'자 앞에 커서를 위치시킵니다. 'ㅁ'을 입력하고 한자 키를 눌러 특수문자 목록을 활성화 시킵니다. »(보기변경)을 클릭하여 '◆'를 찾아 클릭합니다. • [A1:H1] 영역을 드래그한 후, [홈] 탭-[맞춤] 그룹에서 병합하고 가운데 맞춤 아이콘을 클릭합니다. • 이어서, [홈] 탭-[글꼴] 그룹에서 글꼴에 '굴림', 글꼴 크기 '20', 가(굵게)를 지정한 후, 가 ▾(밑줄) 아이콘의 ▾(목록 단추)를 눌러 '밑줄'을 선택합니다.
②	• [D4:F14] 영역을 드래그한 후, [홈] 탭-[표시 형식] 그룹에서 ,(쉼표 스타일) 아이콘을 클릭합니다. • [G4:G13] 영역을 드래그한 후, Ctrl+1 키를 누릅니다. • [셀 서식] 대화상자의 [표시 형식] 탭에서 '사용자 지정'의 형식에 '#"위"'를 입력한 후 <확인> 단추를 클릭합니다.
③	• [F3] 셀에서 F2 키를 누른 후 '재고금액' 앞에 커서를 위치시킵니다. 한자 키를 눌러 [한글/한자 변환] 대화상자가 열리면 <한자 선택>에서 '在庫'를 선택하고 <변환> 단추를 클릭하고 '金額'을 선택하고 <변환> 단추를 클릭합니다. • [A14:C14] 영역을 드래그한 후, [홈] 탭-[맞춤] 그룹에서 병합하고 가운데 맞춤 ▾ 아이콘을 클릭합니다. • [G14] 셀을 클릭한 후, Ctrl+1 키를 누릅니다. • [셀 서식] 대화상자의 [테두리] 탭에서 ◿과 ◸를 클릭하여 선택한 후 <확인> 단추를 클릭합니다.
④	• [A3:H3] 영역을 드래그한 후, [홈] 탭-[스타일] 그룹에서 [셀 스타일]을 클릭하고 <테마 셀 스타일> 항목 중 '강조 색4'를 클릭합니다. • [B4:B13] 영역을 드래그한 후, 이름 상자에 '도서명'을 입력하고 Enter 키를 누릅니다.

	• [A3:H14] 영역을 드래그 합니다.
⑤	• [홈] 탭-[글꼴] 그룹에서 ▦(아래쪽 테두리) 아이콘의 ⏷(목록 단추)를 눌러 ▦(모든 테두리) 아이콘을 클릭합니다.
	• 이어서, ⏷(목록 단추)를 한 번 더 클릭한 후, ▣(굵은 바깥쪽 테두리) 아이콘을 클릭합니다.

2. 기본작업-3

	A	B	C	D	E	F	G	H
1			카드	사용처별	세부내역			
2							(단위:원)	
3	카드종류	가맹점	사용지역	승인번호	요일	사용금액	비고	
4	*해피*	*기성족발*	*일산*	*179498*	*토*	*50,000*		
5	골드	고고백화점	종로	731592	월	200,000		
6	*해피*	*편한슈즈*	*신촌*	*461716*	*일*	*120,000*		
7	천국	장수식당	연신내	397642	금	70,000		
8	*해피*	*알마트*	*을지로*	*676426*	*금*	*68,000*		
9	골드	천국노래방	동대문	133536	화	25,000		
10	천국	큐브피자	종로	967510	일	55,000		
11	해피	화성서점	충무로	622009	월	30,000		
12	해피	포장마차	행당동	309073	목	45,000		
13								

작업 과정

① [A4:G12] 영역을 드래그한 후, [홈] 탭-[스타일] 그룹에서 [조건부 서식]-[새 규칙]을 클릭합니다.

② [새 서식 규칙] 대화상자가 표시되면 '▶수식을 사용하여 서식을 지정할 셀 결정'을 클릭한 후 조건 수식과 서식을 지정하고 〈확인〉 단추를 클릭합니다.

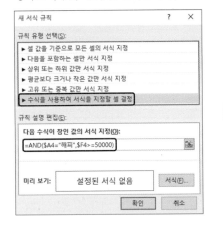

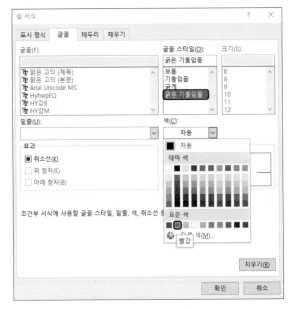

문제 02 계산작업(40점)

⚊	A	B	C	D	E	F	G	H	I	J	K	L
1	[표1]						[표2]					
2	성명	교양	전공	학점			성명	지역	면접	실기	총계	
3	김미나	97.3	92.1	A			이동구	서울	87	92	179	
4	박성미	68.4	78.2	C			심학재	경기	52	85	137	
5	남유경	87.1	79.3	B			김서라	인천	71	87	158	
6	최유리	65.8	68.1	F			이유섭	서울	52	72	124	
7	허영주	76.1	81.4	C			남경미	강원	75	54	129	
8	[점수별학점표]						유은정	충북	76	84	160	
9	점수	0	70	80	90		박동일	전북	80	99	179	
10	학점표	F	C	B	A		남동규	경기	60	79	139	
11							서울지역 평균점수				151.5	
12												
13	[표3]						[표4]					
14	코드	생산일자	인식표	제품코드			대리점	단가	출고수량	판매금액		
15	ag	2018-11-11	w	AG-11-W			지구물산	1,673	40	66,920		
16	rf	2018-08-30	e	RF-8-E			우주상사	1,506	58	87,348		
17	dj	2018-12-30	f	DJ-12-F			신안공업	1,126	91	102,466		
18	ik	2018-10-15	d	IK-10-D			삼성상사	2,953	99	292,347		
19	wd	2018-11-22	e	WD-11-E			지구물산	1,423	54	76,842		
20	od	2018-12-10	w	OD-12-W			신안공업	1,338	40	53,520		
21	uf	2018-09-03	h	UF-9-H			지구물산	2,310	73	168,630		
22	dh	2018-12-29	d	DH-12-D			종로상사	1,937	90	174,330		
23							신안공업	1,578	46	72,588		
24							우주상사	1,996	46	91,816		
25	[표5]						종로상사	2,380	31	73,780		
26	성명	제품구입일	A/S 기간	A/S 만료일			신안공업	1,310	92	120,520		
27	신문고	2021-01-20	1년	2022-01-31			삼성상사	2,167	91	197,197		
28	이학중	2021-07-05	2년	2023-07-31			지구물산 판매금액 합계			312,300		
29	남성철	2021-02-10	1년	2022-02-28								
30	김길호	2021-06-15	2년	2023-06-30								
31	황준기	2021-08-25	2년	2023-08-31								
32	이명학	2021-03-10	1년	2022-03-31								
33												

▶ 함수식

[표1] 학점[D3:D7]	[D3]셀에 '=HLOOKUP(TRUNC(AVERAGE(B3:C3),0),$B$9:$E$10,2)'를 입력한 후, 채우기 핸들을 [D7] 셀까지 드래그 합니다.
[표2] 평균점수[K11]	[K11] 셀에 '=ROUND(DAVERAGE(G2:K10,5,H2:H3),1)'을 입력합니다.
[표3] 제품코드[D15:D22]	[D15] 셀에 '=UPPER(A15)&"-"&MONTH(B15)&"-"&UPPER(C15)'를 입력한 후, 채우기 핸들을 [D22] 셀까지 드래그 합니다.
[표4] 판매금액 합계[J28]	[J28] 셀에 '=ROUNDDOWN(SUMIF(G15:G27,"지구물산",J15:J27),-2)'를 입력합니다.
[표5] A/S만료일[D27:D32]	[D27] 셀에 '=EOMONTH(B27,IF(C27="1년",12,24))'를 입력한 후, 채우기 핸들을 [D32] 셀까지 드래그 합니다.

1. 분석작업-1

	A	B	C	D	E	F	G	H
19								
20	합계 : 매출액	열 레이블 ▾						
21	행 레이블 ▾	가정용품	세제류	식품류	잡화	장구류	주류	
22	두서물산					210,000		
23	샘터물산		149,500		127,400			
24	일진상사	85,500			88,200	120,000		
25	장미회관	88,000			156,800		125,000	
26	주공수산	121,000	84,000	117,000				
27	총합계	294,500	233,500	117,000	372,400	330,000	125,000	
28								

작업 과정

① [A3:F16] 영역을 드래그한 후, [삽입] 탭-[표] 그룹에서 [피벗 테이블]을 클릭합니다.
② [피벗 테이블 만들기] 대화상자가 표시되면 표/범위('분석작업-1'!$A$3:$F$16')을 확인한 후, 피벗 테이블 보고서를 넣을 위치에서 '기존 워크시트'를 선택합니다.
③ 이어서, '위치 : ' 항목 오른쪽 상자를 클릭한 후, [A20] 셀을 클릭하고 〈확인〉 단추를 클릭합니다.

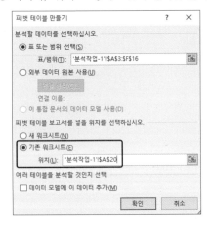

④ 워크시트 오른쪽의 [피벗 테이블 필드]에서 〈보고서에 추가할 필드 선택:〉의 '상품명'에 마우스 포인터를 위치시킨 후, '열' 영역으로 드래그하여 이동시켜 줍니다.
⑤ 이어서, 〈보고서에 추가할 필드 선택:〉의 '판매처'에 마우스 포인터를 위치시킨 후, '행' 영역으로 드래그하여 이동시켜 줍니다.

⑥ 나머지 '매출액'은 'Σ 값' 영역으로 드래그하여 이동시켜 줍니다.

⑦ 피벗 테이블 내에서 클릭한 후, 마우스 오른쪽 버튼을 누르고 [바로 가기] 메뉴 중 [피벗 테이블 옵션]을 선택합니다.

⑧ [피벗 테이블 옵션] 대화상자가 표시되면 [레이아웃 및 서식] 탭과 [요약 및 필터] 탭에서 다음과 같이 설정한 후 〈확인〉 단추를 클릭합니다.

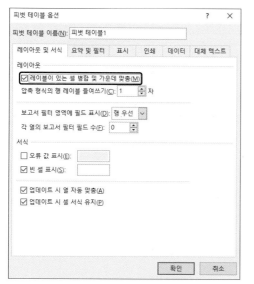

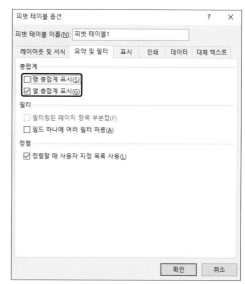

⑨ [B22:G27] 영역을 드래그한 후, [홈] 탭-[표시 형식] 그룹에서 ▮,▮(쉼표 스타일) 아이콘을 클릭합니다.

2. 분석작업-2

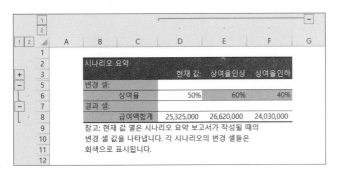

작업 과정

▶ **셀 이름 정의 : [B14] 셀은 '상여율', [G12] 셀은 '급여액합계'**

① [B14] 셀을 클릭한 후, '이름 상자'에 '상여율'을 입력하고 **Enter** 키를 눌러줍니다.
② [G12] 셀을 클릭한 후, '이름 상자'에 '급여액합계'를 입력하고 **Enter** 키를 눌러줍니다.

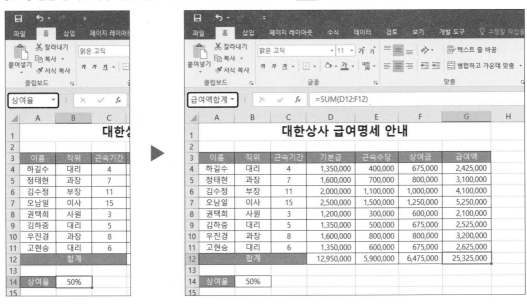

▶ **'상여율인상' 시나리오 작성**

① [G12] 셀을 클릭한 후, [데이터] 탭-[예측] 그룹에서 [가상 분석]-[시나리오 관리자]를 클릭합니다.
② [시나리오 관리자] 대화상자가 표시되면 〈추가〉 단추를 클릭합니다.
③ [시나리오 추가] 대화상자가 표시되면 시나리오 이름에 '상여율인상', 변경 셀에 '$B$14'를 지정한 후 〈확인〉 단추를 클릭합니다.

④ [시나리오 값] 대화상자에서 변경하고자 하는 상여율 값을 '60%'(또는 '0.6')로 수정한 후, '상여율인하' 시나리오를 작성하기 위해 〈추가〉 단추를 클릭합니다.

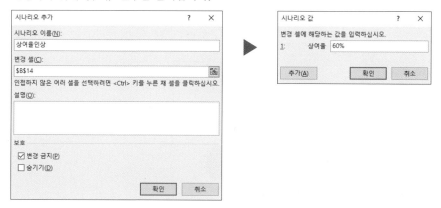

▶ '상여율인하' 시나리오 작성

① [시나리오 추가] 대화상자가 표시되면 시나리오 이름에 '상여율인하', 변경 셀에 '$B$14'를 지정한 후 〈확인〉 단추를 클릭합니다.

② [시나리오 값] 대화상자에서 변경하고자 하는 상여율 값을 '40%'(또는 '0.4')로 수정한 후 〈확인〉 단추를 클릭합니다.

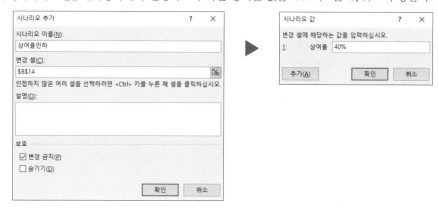

▶ 시나리오 요약

① [시나리오 관리자] 대화상자가 표시되면 〈요약〉 단추를 클릭합니다.

② [시나리오 요약] 대화상자에서 〈보고서 종류〉에 '시나리오 요약', 〈결과 셀〉에 '$G$12'를 지정하고 〈확인〉 단추를 클릭합니다.

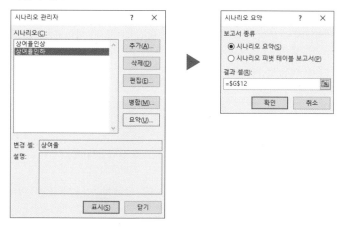

1. 매크로 작업

	[표] APT 관리비 부과 내역					
					(단위:원)	
호수	난방비	수도비	공동경비	관리비	합계	
1001호	120,000	34,000	66,000	80,000	300,000	
1002호	210,000	14,000	66,000	80,000	370,000	합계
1003호	160,000	25,000	66,000	80,000	331,000	
2001호	95,000	30,000	66,000	80,000	271,000	
2002호	88,000	24,000	66,000	80,000	258,000	
2003호	81,000	22,000	66,000	80,000	249,000	서식
3001호	76,000	8,000	66,000	80,000	230,000	
3002호	60,000	31,000	66,000	80,000	237,000	
3003호	99,000	18,000	66,000	80,000	263,000	
합계	989,000	206,000	594,000	720,000	2,509,000	

작업 과정

▶ '합계' 단추 생성과 매크로 작업

① [개발 도구] 탭-[컨트롤] 그룹에서 [삽입] 아이콘을 클릭한 후, ▭(단추(양식 컨트롤))을 선택합니다.
② **Alt** 키를 누른 상태에서 [H4:I6] 영역에 맞게 드래그한 후, [매크로 지정] 대화상자가 표시되면 매크로 위치에 '현재 통합 문서', 매크로 이름에 '합계'를 입력하고 〈기록〉 단추를 클릭합니다.
③ [매크로 기록] 대화상자가 표시되면 〈확인〉 단추를 클릭합니다.

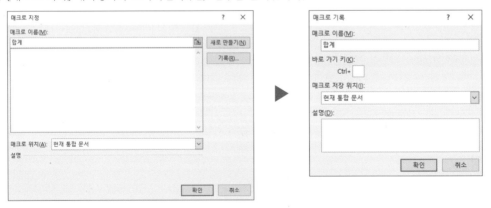

④ [F4] 셀을 클릭한 후, '=B4+C4+D4+E4'를 입력하고 **Enter** 키를 눌러줍니다.
⑤ [F4] 셀을 클릭한 후, [F4] 셀에서 [F13] 셀까지 채우기 핸들을 드래그 합니다.
⑥ 임의의 셀을 클릭하여 영역 지정을 해제한 후, 워크시트 하단의 상태 표시줄에서 ■(기록 중지) 아이콘을 클릭하여 매크로 지정을 완료합니다.
⑦ 단추 위에서 마우스 오른쪽 버튼을 눌러 [바로 가기] 메뉴 중 [텍스트 편집]을 클릭합니다.
⑧ '단추 1'을 삭제하고 '합계'를 입력한 후 임의의 셀을 클릭합니다.

▶ '배지' 도형 삽입 및 텍스트 입력

① [삽입] 탭-[일러스트레이션] 그룹에서 [도형]을 클릭한 후, 〈기본 도형〉에서 ▢(배지)를 선택합니다.
② **Alt** 키를 누른 상태에서 [H8:I10] 영역에 맞게 드래그하여 도형을 그려줍니다.
③ 도형에 '서식'을 입력한 후, [홈] 탭-[맞춤] 그룹에서 세로 방향 ▤(가운데 맞춤), 가로 방향 ▤(가운데 맞춤) 아이콘

을 클릭한 다음 임의의 셀을 클릭합니다.

▶ '서식' 매크로 작성

① [H8:I10] 영역의 '배지' 도형 위에 마우스 포인터를 위치시킵니다.
② 마우스 포인터의 모양이 🖑로 변경되면 마우스 오른쪽 버튼을 눌러 [바로 가기] 메뉴 중 [매크로 지정]을 선택합니다.
③ [매크로 지정] 대화상자에서 매크로 위치에 '현재 통합 문서', 매크로 이름에 '서식'을 입력한 후 〈기록〉 단추를 클릭하고, [매크로 기록] 대화상자에서 〈확인〉 단추를 클릭합니다.

④ [A3:F3] 영역을 드래그한 후, [홈] 탭−[글꼴] 그룹에서 가(굵게) 아이콘을 클릭합니다.
⑤ 이어서, 🖌(채우기 색) 아이콘의 ▾(목록 단추)를 눌러 〈표준 색〉 항목 중 '노랑'을 선택합니다.
⑥ 임의의 셀을 클릭하여 영역 지정을 해제한 후, 워크시트 하단의 상태 표시줄에서 ■(기록 중지) 아이콘을 클릭하여 매크로 지정을 완료합니다.

2. 차트 작업

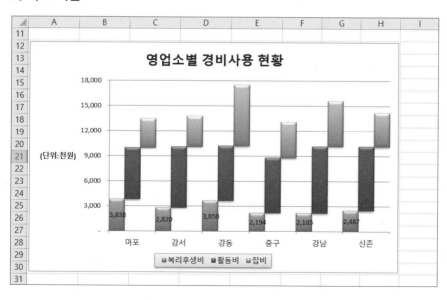

작업 과정

▶ 차트 범위 수정 (계열 제거) 및 차트 종류 변경

① 마우스 포인터를 차트 위에 위치시킨 후, 마우스 오른쪽 버튼 클릭−[바로 가기] 메뉴 중 [데이터 선택]을 클릭합니다.

② [데이터 원본 선택] 대화상자가 표시되면 〈범례 항목(계열)〉에서 '합계'를 선택한 후 <u>✕ 제거(R)</u> 단추를 클릭하고 〈확인〉 단추를 클릭합니다.

③ 차트 영역에서 마우스 오른쪽 버튼을 누른 후, [바로 가기] 메뉴 중 [차트 종류 변경]을 클릭합니다.

④ [차트 종류 변경] 대화상자가 표시되면 [세로 막대형]-[누적 세로 막대형]을 클릭한 후 〈확인〉 단추를 클릭합니다.

▶ 차트 제목 입력

① 차트 영역을 클릭한 후, [차트 도구]-[디자인] 탭의 [차트 레이아웃] 그룹에서 [차트 요소 추가]-[차트 제목]-[차트 위]를 클릭합니다.

② '차트 제목'으로 표시된 내용을 삭제한 후, '영업소별 경비사용 현황'을 입력하고 차트 제목 테두리를 클릭합니다.

▶ 세로 (값) 축 제목 입력 및 주 단위 지정

① 차트 영역을 클릭한 후, [차트 도구]-[디자인] 탭의 [차트 레이아웃] 그룹에서 [차트 요소 추가]-[축 제목]-[기본 세로]를 클릭합니다.

② '축 제목'으로 표시된 내용을 삭제한 후, '(단위:천원)'을 입력하고 임의의 셀을 클릭하고, 축 제목에서 마우스 오른쪽 버튼을 눌러 [축 제목 서식]을 클릭, [축 제목 서식]의 텍스트 옵션에서 '텍스트'를 선택하고 텍스트 방향에 '가로'를 클릭합니다.

③ '세로 (값) 축'을 클릭한 후, 마우스 오른쪽 버튼을 눌러 [바로 가기] 메뉴 중 [축 서식]을 선택합니다.

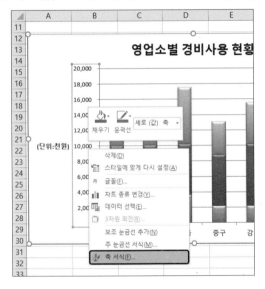

④ [축 서식]의 [축 옵션] 항목 중 '최대' 값을 '18000', '주' 값을 '3000'으로 각각 설정합니다.

⑤ 다음과 같이 세로 (값) 축 최대값이 18,000으로 주 단위가 '3,000'으로 변경된 것을 확인합니다.

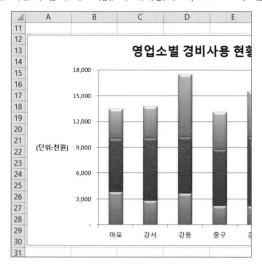

▶ 데이터 레이블 추가

① '복리후생비' 계열을 클릭한 후, 마우스 오른쪽 버튼을 눌러 [바로가기] 메뉴 중 [데이터 레이블 추가]-[데이터 레이블 추가]를 클릭합니다.

▶ 계열의 겹치기와 간격너비 지정

① 계열막대를 클릭한 후 마우스 오른쪽 버튼을 눌러 [바로가기] 메뉴 중 [데이터 계열 서식]를 클릭하고 [데이터 계열 서식]의 [계열 옵션] 항목 중 '계열 겹치기' 값을 '0'%, '간격 너비' 값을 '0'%으로 설정합니다.

▶ 범례 위치 지정 및 범례 스타일 지정

① 범례를 선택 후, [차트도구]-[디자인] 탭의 [차트 레이아웃] 그룹에서 [차트 요소 추가]-[범례]-[아래쪽]을 클릭합니다.
② 범례를 선택 후, [차트도구]-[서식] 탭의 [도형 스타일] 그룹에서 ▽(자세히) 단추를 클릭하고 '미세효과-바다색, 강조5'로 선택합니다.

제 02 회 최신유형 기출문제

프로그램명	제한시간
EXCEL 2016	40분

수험번호 :
성　　명 :

◆ 2급 B형 ◆

유 의 사 항

- 인적 사항 누락 및 잘못 작성으로 인한 불이익은 수험자 책임으로 합니다.

- 화면에 암호 입력창이 나타나면 아래의 암호를 입력하여야 합니다.
  - 암호 : 2598*5

- 작성된 답안은 주어진 경로 및 파일명을 변경하지 마시고 그대로 저장해야 합니다. 이를 준수하지 않으면 실격처리 됩니다.

- 외부데이터 위치 : C:\OA\파일명

- 별도 지시사항이 없는 경우, 다음과 같이 처리 시 실격 처리됩니다.
  - 제시된 시트 및 개체의 순서나 이름을 임의로 변경한 경우
  - 제시된 시트 및 개체를 임의로 추가 또는 삭제한 경우

- 답안은 반드시 문제에서 지시 또는 요구한 셀에 입력하여야 하며 다음과 같이 처리 시 채점 대상에서 제외됩니다.
  - 수험자가 임의로 지시하지 않은 셀의 이동, 수정, 삭제, 변경 등으로 인해 셀의 위치 및 내용이 변경된 경우 해당 작업에 영향을 미치는 관련문제 모두 채점 대상에서 제외
  - 도형 및 차트의 개체가 중첩되어 있거나 동일한 계산결과 시트가 복수로 존재할 경우 해당 개체나 시트는 채점 대상에서 제외

- 수식 작성 시 제시된 문제 파일의 데이터는 변경 가능한(가변적) 데이터임을 감안하여 문제 풀이를 하시오.

- 별도의 지시사항이 없는 경우, 주어진 각 시트 및 개체의 설정값 또는 기본 설정값(Default)으로 처리하시오.

- 저장 시간은 별도로 주어지지 않으므로 제한된 시간 내에 저장을 완료해야 하며, 제한 시간 내에 저장이 되지 않은 경우에는 실격 처리됩니다.

- 출제된 문제의 용어는 Microsoft office 2016 기준으로 작성되어 있습니다.

대 한 상 공 회 의 소

문제 01 주어진 시트에서 다음 과정을 수행하고 저장하시오. 기본작업(20점)

1. '기본작업-1' 시트에 다음의 자료를 주어진 대로 입력하시오. (5점)

	A	B	C	D	E	F	G	H
1	우수도서 신규회원 명단							
2								
3	회원번호	이름	성별	연락처	등록일	관심분야	이메일	
4	Y2018-01	이영란	Female	010-5563-9379	5월 15일	로맨스	lee1004	
5	Y2018-12	박기수	Male	032-669-6189	5월 17일	소설	pks07110	
6	Y2018-03	윤준희	Male	010-2369-5678	5월 21일	추리	yjh0521	
7	Y2018-34	한가람	Male	032-375-9966	6월 7일	고전	Hankrlove	
8	Y2018-05	최수지	Female	010-586-7777	6월 13일	사회	csj5678	
9	Y2018-26	김동우	Male	010-7563-2323	7월 11일	예술	kimbab	
10	Y2018-09	이영숙	Female	010-3698-7896	7월 19일	철학	youngsuk77	
11								

2. '기본작업-2' 시트에 대하여 다음의 지시사항을 처리하시오. (각 2점)

① [A1:F1] 영역은 '병합하고 가운데 맞춤', 글꼴 '맑은 고딕', 글꼴 크기 '16', 글꼴 스타일 '굵게', 밑줄 '이중 실선'으로 지정하시오.

② [A4:A6], [A7:A9], [B4:B6], [F4:F6], [F7:F9] 영역은 '병합하고 가운데 맞춤'을 지정하고, [A3:F3] 영역은 셀 스타일 '강조색5'를 적용하시오.

③ [C4:C6] 영역은 사용자 지정 표시 형식을 이용하여 문자 뒤에 '%'를 [표시 예]와 같이 표시하시오.
   [표시 예 : 80~90 → 80~90%]

④ [D4:D9] 영역의 이름을 '배점'으로 정의하시오.

⑤ [A3:F9] 영역에 '모든 테두리(田)'를 적용한 후 '굵은 바깥쪽 테두리(回)'를 적용하여 표시하시오.

3. '기본작업-3' 시트에서 다음의 지시사항을 처리하시오. (5점)

- [A4:H18] 영역에서 학번이 '2016'으로 시작하면서 출석이 '20' 이상인 행 전체에 대하여 글꼴 색을 '표준 색-빨강'으로 지정하는 조건부 서식을 작성하시오.
  ▶ LEFT, AND 함수 사용
  ▶ 단, 규칙 유형은 '수식을 사용하여 서식을 지정할 셀 결정'을 사용하고, 한 개의 규칙으로만 작성하시오.

문제 02 '계산작업' 시트에서 다음 과정을 수행하고 저장하시오. 계산작업(40점)

1. [표1]에서 응시일[C3:C9]이 월요일부터 금요일이면 '평일', 그 외에는 '주말'로 요일[D3:D9]에 표시하시오. (8점)

  ▶ 단, 요일 계산 시 월요일이 1인 유형으로 지정
  ▶ IF, WEEKDAY 함수 사용

2. [표2]에서 중간고사[G3:G9], 기말고사[H3:H9]와 학점기준표[G12:K14]를 참조하여 학점[I3:I9]을 계산하시오. (8점)

  ▶ 평균은 각 학생의 중간고사와 기말고사로 구함
  ▶ AVERAGE, HLOOKUP 함수 사용

3. [표3]에서 학과[A14:A21]가 '경영학과'인 학생들의 평점에 대한 평균을 [D24] 셀에 계산하시오. (8점)

   ▶ 평균은 소수점 이하 셋째자리에서 반올림하여 둘째자리까지 표시 [표시 예 : 3.5623 → 3.56]
   ▶ 조건은 [A24:A25] 영역에 입력하시오.
   ▶ ROUNDUP, ROUND, AVERAGE, DAVERAGE 함수 중 알맞은 함수 사용

4. [표4]에서 제품번호[C29:C36]를 이용하여 제품번호의 글자수가 10 이상이면 '신형', 그렇지 않으면 '구형'으로 구분[D29:D36]에 표시하시오. (8점)

   ▶ IF, LEN, MID, TRIM 함수 중 알맞은 함수를 선택하여 사용

5. [표5]에서 학과[F29:F36]의, 앞 세 문자와 입학일자[G29:G36]의 연도를 이용하여 입학코드[H29:H36]를 표시하시오. (8점)

   ▶ 학과의 첫 글자만 대문자로 표시
   [표시 예 : 학과가 'HEALTHCARE', 입학일자가 '2015-03-02'인 경우 → Hea2015]
   ▶ LEFT, PROPER, YEAR 함수와 & 연산자 사용

문제 03 주어진 시트에서 다음 작업을 수행하고 저장하시오. 분석작업(20점)

1. '분석작업-1' 시트에 대하여 다음의 지시사항을 처리하시오. (10점)

– [부분합] 기능을 이용하여 '소양인증포인트 현황' 표에 〈그림〉과 같이 학과별 '합계'의 최대값을 계산한 후 '기본영역', '인성봉사', '교육훈련'의 평균을 계산하시오.

   ▶ 정렬은 '학과'를 기준으로 오름차순으로 처리하시오.
   ▶ 최대값과 평균은 위에 명시된 순서대로 처리하시오.

	A	B	C	D	E	F	G
1			소양인증포인트 현황				
2							
3	학과	성명	기본영역	인성봉사	교육훈련	합계	
4	경영정보	맹주표	85	76	80	241	
5	경영정보	원세연	85	85	75	245	
6	경영정보	이재룡	90	70	85	245	
7	경영정보 평균		86.66666667	77	80		
8	경영정보 최대값					245	
9	유아교육	최승미	95	65	70	230	
10	유아교육	윤채영	100	90	80	270	
11	유아교육	임제이	80	70	90	240	
12	유아교육 평균		91.66666667	75	80		
13	유아교육 최대값					270	
14	정보통신	이순신	95	80	95	270	
15	정보통신	문진호	85	50	80	215	
16	정보통신	박승찬	90	80	65	235	
17	정보통신 평균		90	70	80		
18	정보통신 최대값					270	
19	전체 평균		89.44444444	74	80		
20	전체 최대값					270	
21							

2. '분석작업-2' 시트에 대하여 다음의 지시사항을 처리하시오. (10점)

– 데이터 도구 [통합] 기능을 이용하여 [표1], [표2], [표3]에 대한 학과별 '정보인증', '국제인증', '전공인증'의 합계를 [표4]의 [G5:I8] 영역에 계산하시오.

1. '매크로 작업' 시트의 [표]에서 다음과 같은 기능을 수행하는 매크로를 현재 통합 문서에 작성하고 실행하시오. (각 5점)

① [E4:E8] 영역에 총점을 계산하는 매크로를 생성하여 실행하시오.

▶ 매크로 이름 : 총점
▶ 총점 = 소양인증 + 직무인증

▶ [개발 도구]-[삽입]-[양식 컨트롤]의 '단추'를 동일 시트의 [A10:B11] 영역에 생성하고, 텍스트를 '총점'으로 입력한 후 단추를 클릭할 때 '총점' 매크로가 실행되도록 설정하시오.

② [A3:E3] 영역에 채우기 색 '표준 색-노랑'을 적용하는 매크로를 생성하여 실행하시오.

▶ 매크로 이름 : 채우기

▶ [도형]-[기본 도형]의 '빗면(▱)'을 동일 시트의 [D10:E11] 영역에 생성하고, 텍스트를 '채우기'로 입력한 후 도형을 클릭할 때 '채우기' 매크로가 실행되도록 설정하시오.

※ 셀 포인터의 위치에 상관없이 현재 통합 문서에서 매크로가 실행되어야 정답으로 인정됨

2. '차트작업' 시트의 차트를 지시사항에 따라 아래 그림과 같이 수정하시오. (각 2점)

※ 차트는 반드시 문제에서 제공한 차트를 사용하여야 하며, 신규로 작성 시 0점 처리됨

① '합계' 계열과 '2014년' 요소가 제거되도록 데이터 범위를 수정하시오.
② 차트 종류를 '누적 세로 막대형'으로 변경하시오.
③ 차트 제목은 '차트 위'로 지정한 후 [A1] 셀과 연동되도록 설정하시오.
④ '근로장학' 계열에만 데이터 레이블 '값'을 표시하고, 레이블의 위치를 '안쪽 끝에'로 설정하시오.
⑤ 차트 영역의 테두리 스타일은 '둥근 모서리'로 설정하시오.

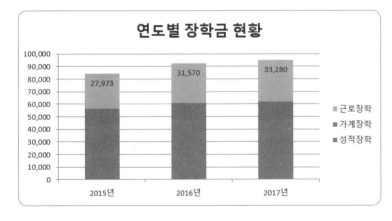

제 02 회 최신유형 기출문제 ⦂ 정답 ⦂

1. 기본작업-1

	A	B	C	D	E	F	G	H
1	우수도서 신규회원 명단							
2								
3	회원번호	이름	성별	연락처	등록일	관심분야	이메일	
4	Y2018-01	이영란	Female	010-5563-9379	5월 15일	로맨스	lee1004	
5	Y2018-12	박기수	Male	032-669-6189	5월 17일	소설	pks07110	
6	Y2018-03	윤준희	Male	010-2369-5678	5월 21일	추리	yjh0521	
7	Y2018-34	한가람	Male	032-375-9966	6월 7일	고전	Hankrlove	
8	Y2018-05	최수지	Female	010-586-7777	6월 13일	사회	csj5678	
9	Y2018-26	김동우	Male	010-7563-2323	7월 11일	예술	kimbab	
10	Y2018-09	이영숙	Female	010-3698-7896	7월 19일	철학	youngsuk77	
11								

2. 기본작업-2

	A	B	C	D	E	F	G
1			인성인증 항목 및 배점표				
2							
3	인증영역	인증항목	내용	배점	회수	최대배점	
4			95~100%	45	2		
5	기본영역	출석률	90~95%	40	2	90	
6			80~89%	40	2		
7		문화관람	영화/연극/전시회	3	10		
8	인성점수	헌혈	헌혈참여	10	5	30	
9		교외봉사	봉사시간	2	35		
10							

3. 기본작업-3

	A	B	C	D	E	F	G	H	I
1			컴퓨터활용성적						
2									
3	학번	이름	중간	중간(40)	기말	기말(40)	출석(20)	합계	
4	201513056	윤채영	30	65	30	65	18	70	
5	201309060	이하늘	70	85	10	55	16	72	
6	201121010	박기량	40	70	80	90	18	82	
7	201118036	성문수	30	65	30	65	20	72	
8	201615093	최길동	90	95	90	95	20	96	
9	201214036	이재용	50	75	50	75	18	78	
10	201330056	박성룡	60	80	20	60	16	72	
11	201309025	하성희	30	65	20	60	16	66	
12	200906050	홍준수	80	90	50	75	16	82	
13	201118046	민경아	70	85	80	90	20	90	
14	201615058	황경철	60	80	10	55	18	72	
15	201615087	이준희	50	75	40	70	20	78	
16	201202075	최동우	20	60	60	80	20	76	
17	201615065	한경숙	50	75	40	70	20	78	
18	201420030	나영호	40	70	10	55	16	66	
19									

4. 계산작업

	A	B	C	D	E	F	G	H	I	J	K
1	[표1]					[표2]					
2	응시지역	성명	응시일	요일		성명	중간고사	기말고사	학점		
3	광주	윤채영	2018-05-15	평일		박진희	85	90	B		
4	서울	김준희	2018-10-20	주말		성원찬	65	70	D		
5	안양	이영석	2018-03-05	평일		이기동	70	95	B		
6	부산	임석훈	2018-08-19	주말		박말자	90	75	B		
7	인천	이제훈	2018-11-12	평일		남길원	50	40	F		
8	제주	김상수	2018-12-16	주말		최영동	95	85	A		
9	대전	박보경	2018-02-25	주말		김재우	70	85	C		
10											
11						[학점기준표]					
12	[표3]					평균	0 이상	60 이상	70 이상	80 이상	90 이상
13	학과	성명	생년월일	평점			60 미만	70 미만	80 미만	90 미만	100 이하
14	전산과	유현상	1995-10-20	3.45		학점	F	D	C	B	A
15	경영학과	이재룡	1994-03-02	4.02							
16	경영학과	박기수	1994-05-23	3.67							
17	전산과	나영희	1992-08-17	3.89							
18	정보통신과	이민철	1995-08-10	3.12							
19	정보통신과	황길수	1996-11-15	3.91							
20	전산과	만기수	1995-12-12	4.15							
21	경영학과	황영조	1993-02-23	3.52							
22											
23	[조건]										
24	학과		경영학과 평균 평점	3.74							
25	경영학과										
26											
27	[표4]					[표5]					
28	고객코드	성명	제품번호	구분		학과	입학일자	입학코드			
29	K1001	김아령	K2021004HL	신형		HEALTHCARE	2015-03-02	Hea2015			
30	K1125	허만호	K20102233	구형		HEALTHCARE	2017-03-03	Hea2017			
31	K3948	이민재	T2020115CV	신형		COMPUTER	2015-03-02	Com2015			
32	K2840	강수정	G2018224AT	신형		COMPUTER	2017-03-02	Com2017			
33	K1753	박한길	A20115214	구형		DESIGN	2014-03-02	Des2014			
34	K2385	남성호	C20116325	구형		DESIGN	2016-03-02	Des2016			
35	K2503	이아현	A2019874GT	신형		ARTS-THERAPY	2013-03-02	Art2013			
36	K3526	강아림	K2021113YH	신형		ARTS-THERAPY	2016-03-02	Art2016			
37											

5. 분석작업-1

1 2 3 4		A	B	C	D	E	F	G
	1			소양인증포인트 현황				
	2							
	3	학과	성명	기본영역	인성봉사	교육훈련	합계	
	4	경영정보	맹주표	85	76	80	241	
	5	경영정보	원세연	85	85	75	245	
	6	경영정보	이재룡	90	70	85	245	
	7	경영정보 평균		86.66666667	77	80		
	8	경영정보 최대값					245	
	9	유아교육	최승미	95	65	70	230	
	10	유아교육	윤채영	100	90	80	270	
	11	유아교육	임제이	80	70	90	240	
	12	유아교육 평균		91.66666667	75	80		
	13	유아교육 최대값					270	
	14	정보통신	이순신	95	80	95	270	
	15	정보통신	문진호	85	50	80	215	
	16	정보통신	박승찬	90	80	65	235	
	17	정보통신 평균		90	70	80		
	18	정보통신 최대값					270	
	19	전체 평균		89.44444444	74	80		
	20	전체 최대값					270	
	21							

6. 분석작업-2

	A	B	C	D	E	F	G	H	I	J
1				학과별 인증 점수 취득 총점						
2										
3	[표1] 2015년					[표4]				
4	학과	정보인증	국제인증	전공인증		학과	정보인증	국제인증	전공인증	
5	컴퓨터정보과	10,800	9,000	9,140		컴퓨터정보과	31,520	21,860	36,200	
6	유아교육과	9,200	13,780	13,080		컴퓨터게임과	25,320	26,200	24,000	
7	컴퓨터게임과	9,060	9,160	9,140		유아교육과	22,500	32,040	25,600	
8	특수교육과	3,780	3,680	2,840		특수교육과	13,440	26,520	34,100	
9										
10	[표2] 2016년									
11	학과	정보인증	국제인증	전공인증						
12	컴퓨터정보과	11,360	5,780	17,940						
13	컴퓨터게임과	9,560	13,960	11,560						
14	특수교육과	3,960	9,140	19,700						
15	유아교육과	3,740	3,300	2,840						
16										
17	[표3] 2017년									
18	학과	정보인증	국제인증	전공인증						
19	컴퓨터정보과	9,360	7,080	9,120						
20	특수교육과	5,700	13,700	11,560						
21	컴퓨터게임과	6,700	3,080	3,300						
22	유아교육과	9,560	14,960	9,680						
23										

7. 매크로 작업

	A	B	C	D	E	F
1			[표] 소양직무인증점수			
2						
3	학과	성명	소양인증	직무인증	총점	
4	컴퓨터정보과	윤기철	5,780	17,940	23,720	
5	컴퓨터정보과	김재우	13,960	11,560	25,520	
6	특수교육과	안영돈	9,140	19,700	28,840	
7	유아교육과	김현아	3,300	2,840	6,140	
8	정보통신과	박건태	4,580	4,650	9,230	
9						
10						
11	총점			채우기		
12						

8. 차트 작업

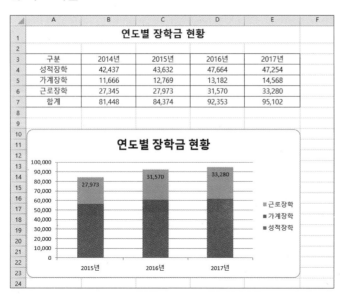

	A	B	C	D	E	F
1			연도별 장학금 현황			
2						
3	구분	2014년	2015년	2016년	2017년	
4	성적장학	42,437	43,632	47,664	47,254	
5	가계장학	11,666	12,769	13,182	14,568	
6	근로장학	27,345	27,973	31,570	33,280	
7	합계	81,448	84,374	92,353	95,102	

제 02 회 최신유형 기출문제 ∴ 해설 ∴

문제 01 기본작업(20점)

1. 기본작업-2

	A	B	C	D	E	F	G
1			인성인증 항목 및 배점표				
2							
3	인증영역	인증항목	내용	배점	회수	최대배점	
4			95~100%	45	2		
5	기본영역	출석률	90~95%	40	2	90	
6			80~89%	40	2		
7		문화관람	영화/연극/전시회	3	10		
8	인성점수	헌혈	헌혈참여	10	5	30	
9		교외봉사	봉사시간	2	35		
10							

작업 과정

구분	작업 내용
①	• [A1:F1] 영역을 드래그한 후, [홈] 탭-[맞춤] 그룹에서 병합하고 가운데 맞춤 ▾ 아이콘을 클릭합니다. • 이어서, [홈] 탭-[글꼴] 그룹에서 글꼴에 '맑은 고딕', 글꼴 크기 '16', 가(굵게)를 지정한 후, 가 (밑줄) 아이콘의 ▾(목록 단추)를 눌러 '이중 밑줄'을 선택합니다.
②	• [A4:A6] 영역을 드래그한 후, Ctrl 키를 누른 상태에서 [A7:A9], [B4:B6], [F4:F6], [F7:F9] 영역도 드래그 합니다. • [홈] 탭-[맞춤] 그룹에서 병합하고 가운데 맞춤 ▾ 아이콘을 클릭합니다. • 이어서, [A3:F3] 영역을 드래그한 후, [홈] 탭-[스타일] 그룹에서 [셀 스타일]을 클릭하고 <테마 셀 스타일> 항목 중 '강조색5'를 클릭합니다.
③	• [C4:C6] 영역을 드래그한 후, [셀 서식]의 바로 가기 키인 Ctrl+1 키를 누릅니다. • [셀 서식] 대화상자가 표시되면 [표시 형식] 탭의 <범주> 항목 중 '사용자 지정' 선택하고 <형식>에 '@"%"'를 입력한 후 <확인> 단추를 클릭합니다.
④	• [D4:D9] 영역을 드래그하여 범위를 지정합니다. • 이름 상자에 '배점'을 입력하고 Enter 키를 누릅니다.
⑤	• [A3:F9] 영역을 드래그 합니다. • [홈] 탭-[글꼴] 그룹에서 (아래쪽 테두리) 아이콘의 ▾(목록 단추)를 눌러 田(모든 테두리) 아이콘을 클릭합니다. • 이어서, ▾(목록 단추)를 한 번 더 클릭한 후, (굵은 바깥쪽 테두리) 아이콘을 클릭합니다.

2. 기본작업-3

학번	이름	중간	중간(40)	기말	기말(40)	출석(20)	합계
		컴퓨터활용성적					
201513056	윤채영	30	65	30	65	18	70
201309060	이하늘	70	85	10	55	16	72
201121010	박기량	40	70	80	90	18	82
201118036	성문수	30	65	30	65	20	72
201615093	최길동	90	95	90	95	20	96
201214036	이재용	50	75	50	75	18	78
201330056	박성룡	60	80	20	60	16	72
201309025	하성희	30	65	20	60	16	66
200906050	홍준수	80	90	50	75	16	82
201118046	민경아	70	85	80	90	20	90
201615058	황경철	40	80	10	55	18	72
201615087	이준희	50	75	40	70	20	78
201202075	최동우	20	60	60	80	20	76
201615065	한경숙	50	75	40	70	20	78
201420030	나영호	40	70	10	55	16	66

작업 과정

① [A4:H18] 영역을 드래그한 후, [홈] 탭-[스타일] 그룹에서 [조건부 서식]-[새 규칙]을 클릭합니다.

② [새 서식 규칙] 대화상자가 표시되면 '▶수식을 사용하여 서식을 지정할 셀 결정'을 클릭한 후 조건 수식과 서식을 지정하고 〈확인〉 단추를 클릭합니다.

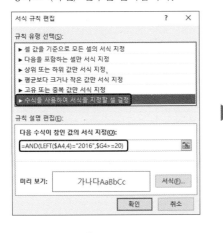

	A	B	C	D	E	F	G	H	I	J	K
1	[표1]					[표2]					
2	응시지역	성명	응시일	요일		성명	중간고사	기말고사	학점		
3	광주	윤채영	2018-05-15	평일		박진희	85	90	B		
4	서울	김준희	2018-10-20	주말		성원찬	65	70	D		
5	안양	이영석	2018-03-05	평일		이기동	70	95	B		
6	부산	임석훈	2018-08-19	주말		박말자	90	75	B		
7	인천	이제훈	2018-11-12	평일		남길원	50	40	F		
8	제주	김상수	2018-12-16	주말		최영동	95	85	A		
9	대전	박보경	2018-02-25	주말		김재우	70	85	C		
10											
11						[학점기준표]					
12	[표3]					평균	0 이상	60 이상	70 이상	80 이상	90 이상
13	학과	성명	생년월일	평점			60 미만	70 미만	80 미만	90 미만	100 이하
14	전산과	유현상	1995-10-20	3.45		학점	F	D	C	B	A
15	경영학과	이재룡	1994-03-02	4.02							
16	경영학과	박기수	1994-05-23	3.67							
17	전산과	나영희	1992-08-17	3.89							
18	정보통신과	이민철	1995-08-10	3.12							
19	정보통신과	황길수	1996-11-15	3.91							
20	전산과	만기수	1995-12-12	4.15							
21	경영학과	황영조	1993-02-23	3.52							
22											
23	[조건]										
24	학과		경영학과 평균 평점	3.74							
25	경영학과										
26											
27	[표4]					[표5]					
28	고객코드	성명	제품번호	구분		학과	입학일자	입학코드			
29	K1001	김아령	K2021004HL	신형		HEALTHCARE	2015-03-02	Hea2015			
30	K1125	허만호	K20102233	구형		HEALTHCARE	2017-03-03	Hea2017			
31	K3948	이민재	T2020115CV	신형		COMPUTER	2015-03-02	Com2015			
32	K2840	강수정	G2018224AT	신형		COMPUTER	2017-03-02	Com2017			
33	K1753	박한길	A20115214	구형		DESIGN	2014-03-02	Des2014			
34	K2385	남성호	C20116325	구형		DESIGN	2016-03-02	Des2016			
35	K2503	이아현	A2019874GT	신형		ARTS-THERAPY	2013-03-02	Art2013			
36	K3526	강아림	K2021113YH	신형		ARTS-THERAPY	2016-03-02	Art2016			
37											

▶ **함수식**

[표1] 요일[D3:D9]	[D3] 셀에 '=IF(WEEKDAY(C3,2)<=5,"평일","주말")'을 입력한 후, 채우기 핸들을 [D9] 셀까지 드래그 합니다.
[표2] 학점[I3:I9]	[I3] 셀에 '=HLOOKUP(AVERAGE(G3:H3),$G$12:$K$14,3)'을 입력한 후, 채우기 핸들을 [I9] 셀까지 드래그 합니다.
[표3] 평점[D24]	[D24] 셀에 '=ROUND(DAVERAGE(A13:D21,4,A24:A25),2)'를 입력합니다.
[표4] 구분[D29:D36]	[D29] 셀에 '=IF(LEN(C29)>=10,"신형","구형")'을 입력한 후, 채우기 핸들을 [D36] 셀까지 드래그 합니다.
[표5] 입학코드[H29:H36]	[H29] 셀에 '=PROPER(LEFT(F29,3)&YEAR(G29))'를 입력한 후, 채우기 핸들을 [H36] 셀까지 드래그 합니다.

1. 분석작업-1

1 2 3 4		A	B	C	D	E	F	G
	1			소양인증포인트 현황				
	2							
	3	학과	성명	기본영역	인성봉사	교육훈련	합계	
	4	경영정보	맹주표	85	76	80	241	
	5	경영정보	원세연	85	85	75	245	
	6	경영정보	이재룡	90	70	85	245	
	7	경영정보 평균		86.66666667	77	80		
	8	경영정보 최대값					245	
	9	유아교육	최승미	95	65	70	230	
	10	유아교육	윤채영	100	90	80	270	
	11	유아교육	임제이	80	70	90	240	
	12	유아교육 평균		91.66666667	75	80		
	13	유아교육 최대값					270	
	14	정보통신	이순신	95	80	95	270	
	15	정보통신	문진호	85	50	80	215	
	16	정보통신	박승찬	90	80	65	235	
	17	정보통신 평균		90	70	80		
	18	정보통신 최대값					270	
	19	전체 평균		89.44444444	74	80		
	20	전체 최대값					270	
	21							

작업 과정

① [A3] 셀을 클릭한 후 [데이터] 탭-[정렬 및 필터] 그룹에서 아이콘을 클릭합니다.

② [데이터] 탭-[윤곽선] 그룹에서 [부분합]을 클릭합니다.

③ [부분합] 대화상자가 표시되면 그룹화할 항목에 '학과', 사용할 함수에 '최대값', 부분합 계산 항목에 '합계'를 선택한 후 〈확인〉 단추를 클릭합니다.

④ 2차 부분합을 생성하기 위하여 다시 [데이터] 탭-[윤곽선] 그룹에서 [부분합]을 클릭합니다.

⑤ [부분합] 대화상자에서 그룹화할 항목에 '학과', 사용할 함수에 '평균', 부분합 계산 항목에 '기본영역', '인성봉사', '교육훈련'을 선택합니다.(이때, 부분합 계산 항목에서 '합계'의 체크 표시는 해제합니다.)

⑥ 이어서, '새로운 값으로 대치' 항목을 클릭하여 체크 표시(✓)를 해제한 다음 〈확인〉 단추를 클릭합니다.

2. 분석작업-2

	A	B	C	D	E	F	G	H	I	J
1				학과별 인증 점수 취득 총점						
2										
3	[표1] 2015년					[표4]				
4	학과	정보인증	국제인증	전공인증		학과	정보인증	국제인증	전공인증	
5	컴퓨터정보과	10,800	9,000	9,140		컴퓨터정보과	31,520	21,860	36,200	
6	유아교육과	9,200	13,780	13,080		컴퓨터게임과	25,320	26,200	24,000	
7	컴퓨터게임과	9,060	9,160	9,140		유아교육과	22,500	32,040	25,600	
8	특수교육과	3,780	3,680	2,840		특수교육과	13,440	26,520	34,100	
9										
10	[표2] 2016년									
11	학과	정보인증	국제인증	전공인증						
12	컴퓨터정보과	11,360	5,780	17,940						
13	컴퓨터게임과	9,560	13,960	11,560						
14	특수교육과	3,960	9,140	19,700						
15	유아교육과	3,740	3,300	2,840						
16										
17	[표3] 2017년									
18	학과	정보인증	국제인증	전공인증						
19	컴퓨터정보과	9,360	7,080	9,120						
20	특수교육과	5,700	13,700	11,560						
21	컴퓨터게임과	6,700	3,080	3,300						
22	유아교육과	9,560	14,960	9,680						
23										

작업 과정

① [F4:I8] 영역을 드래그한 후, [데이터] 탭-[데이터 도구] 그룹에서 [통합]을 클릭합니다.

② [통합] 대화상자가 표시되면 〈함수〉에 '합계'를 선택하고, 〈참조〉에서 통합할 1차 범위를 지정하기 위해 🔢 단추를 클릭합니다.

③ 통합할 1차 범위인 [A4:D8] 영역을 드래그한 후, 🔢 단추를 누르고 〈추가〉 단추를 클릭합니다.

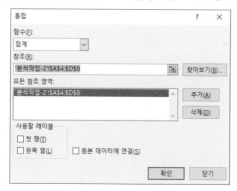

④ 통합할 2차 범위인 [A11:D15] 영역도 동일한 방법으로 범위를 지정한 후 〈추가〉 단추를 클릭합니다.

⑤ 통합할 3차 범위인 [A18:D22] 영역도 동일한 방법으로 범위를 지정한 후 〈추가〉 단추를 클릭합니다.

⑥ 이어서, 사용할 레이블에서 '첫 행'과 '왼쪽 열'을 각각 선택하여 체크 표시(✔)를 지정하고 〈확인〉 단추를 클릭합니다.

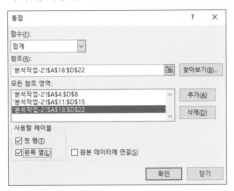

문제 04 기타작업(20점)

1. 매크로 작업

	A	B	C	D	E	F
1	[표] 소양직무인증점수					
2						
3	학과	성명	소양인증	직무인증	총점	
4	컴퓨터정보과	윤기철	5,780	17,940	23,720	
5	컴퓨터정보과	김재우	13,960	11,560	25,520	
6	특수교육과	안영돈	9,140	19,700	28,840	
7	유아교육과	김현아	3,300	2,840	6,140	
8	정보통신과	박건태	4,580	4,650	9,230	
9						
10	총점		채우기			
11						
12						

작업 과정

▶ '총점' 단추 생성과 매크로 작업

① [개발 도구] 탭-[컨트롤] 그룹에서 [삽입] 아이콘을 클릭한 후, ▭(단추(양식 컨트롤))을 선택합니다.

② **Alt** 키를 누른 상태에서 [A10:B11] 영역에 맞게 드래그한 후, [매크로 지정] 대화상자가 표시되면 매크로 위치에 '현재 통합 문서', 매크로 이름에 '총점'을 입력하고 〈기록〉 단추를 클릭합니다.

③ [매크로 기록] 대화상자가 표시되면 〈확인〉 단추를 클릭합니다.

④ [E4] 셀을 클릭한 후, '=C4+D4'를 입력하고 **Enter** 키를 눌러줍니다.

⑤ [E4] 셀을 클릭한 후, [E4] 셀에서 [E8] 셀까지 채우기 핸들을 드래그 합니다.

⑥ 임의의 셀을 클릭하여 영역 지정을 해제한 후, 워크시트 하단의 상태 표시줄에서 ■(기록 중지) 아이콘을 클릭하여 매크로 지정을 완료합니다.

⑦ 단추 위에서 마우스 오른쪽 버튼을 눌러 [바로 가기] 메뉴 중 [텍스트 편집]을 클릭합니다.

⑧ '단추 1'을 삭제하고 '총점'을 입력한 후 임의의 셀을 클릭합니다.

▶ '빗면' 도형 삽입 및 텍스트 입력

① [삽입] 탭-[일러스트레이션] 그룹에서 [도형]을 클릭한 후, 〈기본 도형〉에서 ▱(빗면)을 선택합니다.

② [Alt] 키를 누른 상태에서 [D10:E11] 영역에 맞게 드래그하여 도형을 그려줍니다.
③ 도형에 '채우기'를 입력한 후, [홈] 탭-[맞춤] 그룹에서 세로 방향 ≡(가운데 맞춤), 가로 방향 ≡(가운데 맞춤) 아이콘을 클릭한 다음 임의의 셀을 클릭합니다.

▶ '채우기' 매크로 작성

① [D10:E11] 영역의 '빗면' 도형 위에 마우스 포인터를 위치시킵니다.
② 마우스 포인터의 모양이 ⊹로 변경되면 마우스 오른쪽 버튼을 눌러 [바로 가기] 메뉴 중 [매크로 지정]을 선택합니다.
③ [매크로 지정] 대화상자에서 매크로 위치에 '현재 통합 문서', 매크로 이름에 '채우기'를 입력한 후 〈기록〉 단추를 클릭하고, [매크로 기록] 대화상자에서 〈확인〉 단추를 클릭합니다.
④ [A3:E3] 영역을 드래그한 후, ⟨채우기 색) 아이콘의 ·(목록 단추)를 눌러 〈표준 색〉 항목 중 '노랑'을 선택합니다.
⑤ 임의의 셀을 클릭하여 영역 지정을 해제한 후, 워크시트 하단의 상태 표시줄에서 ■(기록 중지) 아이콘을 클릭하여 매크로 지정을 완료합니다.

2. 차트 작업

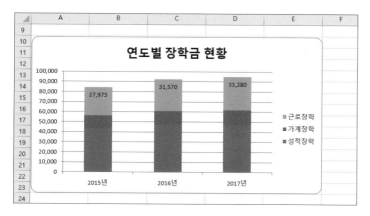

▶ 차트 범위 수정 (계열 제거)

① 마우스 포인터를 차트 위에 위치시킨 후, 마우스 오른쪽 버튼 클릭-[바로 가기] 메뉴 중 [데이터 선택]을 클릭합니다.
② [데이터 원본 선택] 대화상자가 표시되면 〈범례 항목(계열)〉에서 '합계'를 선택한 후 ✕제거(®) 단추를 클릭합니다.
③ 이어서, 〈가로(항목) 축 레이블〉에서 ✎편집(E) 단추를 클릭한 후, [축 레이블] 대화상자가 표시되면 다음과 같이 범위를 수정하고 〈확인〉 단추를 클릭합니다.

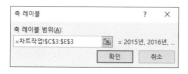

④ 〈범례 항목(계열)〉에서 '성적장학'을 선택한 후, ✎편집(E) 단추를 클릭하여 다음과 같이 〈계열 값〉을 수정하고 〈확인〉 단추를 클릭합니다.

⑤ 위와 같은 방법으로 '가계장학', '근로장학'의 〈계열 값〉도 각각 변경해 줍니다

▲ '가계장학' 〈계열 값〉 변경   ▲ '근로장학' 〈계열 값〉 변경

⑥ [데이터 원본 선택] 대화상자가 다시 표시되면 〈확인〉 단추를 클릭합니다.

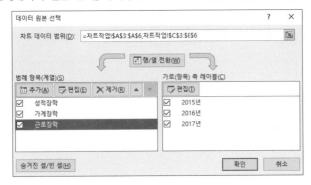

▶ 차트 종류 변경

① 차트 영역에서 마우스 오른쪽 버튼을 누른 후, [바로 가기] 메뉴 중 [차트 종류 변경]을 클릭합니다.
② [차트 종류 변경] 대화상자가 표시되면 [세로 막대형]-[누적 세로 막대형]을 클릭한 후 〈확인〉 단추를 클릭합니다.

▶ 차트 제목 입력

① [차트 도구]-[디자인] 탭의 [차트 레이아웃] 그룹에서 [차트 요소 추가]-[차트 제목]-[차트 위]를 클릭합니다.
② '차트 제목'이 표시되면 수식 입력줄을 클릭한 후, '='을 입력하고 [A1] 셀을 클릭한 다음 **Enter** 키를 눌러줍니다.
③ 차트 제목이 [A1] 셀과 연동되어 표시된 것을 확인합니다.
   (즉, [A1] 셀의 제목을 변경할 경우 차트 제목이 연동되어 있어 같이 변동되게 됩니다.)

▶ 데이터 레이블 추가

① '근로장학' 계열을 클릭한 후, [차트 도구]-[디자인] 탭의 [차트 레이아웃] 그룹에서 [차트 요소 추가]-[데이터 레이블]-[안쪽 끝에]를 클릭합니다.

▶ 테두리 스타일 '둥근 모서리' 지정

① 차트 영역에서 마우스 오른쪽 버튼을 누른 후, [바로 가기] 메뉴 중 [차트 영역 서식]을 클릭합니다.
② [차트 영역 서식]의 테두리에서 '둥근 모서리'를 선택합니다.

MEMO

제 03 회 최신유형 기출문제

프로그램명	제한시간
EXCEL 2016	40분

수험번호 :

성   명 :

◆ 2급 C형 ◆

유 의 사 항

- 인적 사항 누락 및 잘못 작성으로 인한 불이익은 수험자 책임으로 합니다.

- 화면에 암호 입력창이 나타나면 아래의 암호를 입력하여야 합니다.
  - 암호 : 6189@8

- 작성된 답안은 주어진 경로 및 파일명을 변경하지 마시고 그대로 저장해야 합니다. 이를 준수하지 않으면 실격처리 됩니다.

- 외부데이터 위치 : C:₩OA₩파일명

- 별도 지시사항이 없는 경우, 다음과 같이 처리 시 실격 처리됩니다.
  - 제시된 시트 및 개체의 순서나 이름을 임의로 변경한 경우
  - 제시된 시트 및 개체를 임의로 추가 또는 삭제한 경우

- 답안은 반드시 문제에서 지시 또는 요구한 셀에 입력하여야 하며 다음과 같이 처리 시 채점 대상에서 제외됩니다.
  - 수험자가 임의로 지시하지 않은 셀의 이동, 수정, 삭제, 변경 등으로 인해 셀의 위치 및 내용이 변경된 경우 해당 작업에 영향을 미치는 관련문제 모두 채점 대상에서 제외
  - 도형 및 차트의 개체가 중첩되어 있거나 동일한 계산결과 시트가 복수로 존재할 경우 해당 개체나 시트는 채점 대상에서 제외

- 수식 작성 시 제시된 문제 파일의 데이터는 변경 가능한(가변적) 데이터임을 감안하여 문제 풀이를 하시오.

- 별도의 지시사항이 없는 경우, 주어진 각 시트 및 개체의 설정값 또는 기본 설정값(Default)으로 처리하시오.

- 저장 시간은 별도로 주어지지 않으므로 제한된 시간 내에 저장을 완료해야 하며, 제한 시간 내에 저장이 되지 않은 경우에는 실격 처리됩니다.

- 출제된 문제의 용어는 Microsoft office 2016 기준으로 작성되어 있습니다.

대 한 상 공 회 의 소

문제 01 주어진 시트에서 다음 과정을 수행하고 저장하시오.

기본작업(20점)

1. '기본작업-1' 시트에 다음의 자료를 주어진 대로 입력하시오. (5점)

	A	B	C	D	E	F	G	H
1	대한공업사 수리작업 현황							
2								
3	제품번호	제품명	회사명	부착품	정품여부	작업내용	단가	
4	KAG-1-006	모닝	KIA	보조제동등	사제품	일반작업	230,000	
5	KAG-2-001	K6	KIA	크롬몰딩	순정부품	실리콘작업	175,000	
6	CAG-2-001	말리브	CHEVROLET	선글라스케이스	순정부품	실리콘작업	375,900	
7	CAG-2-005	올란도	CHEVROLET	트렁크네트	사제품	일반작업	567,000	
8	HAB-4-001	소나타	HYUNDAI	핸드백보관네트	사제품	실리콘작업	155,800	
9	HAB-8-004	그랜저	HYUNDAI	리어램프	순정부품	일반작업	149,100	
10	AAG-3-007	록스타	ASIA	쇼핑백후크	순정부품	실리콘작업	337,100	
11								

2. '기본작업-2' 시트에 대하여 다음의 지시사항을 처리하시오. (각 2점)

① [A1:H1] 영역은 '병합하고 가운데 맞춤'을 적용하고, 셀 스타일 중 제목 및 머리글의 '제목1'을 적용하시오.

② [A3:H3] 영역은 글꼴 'HY중고딕', 글꼴 크기 '12', 채우기 색 '표준 색-주황'으로 지정하시오.

③ [G4:G11] 영역은 셀 서식의 숫자 표시 형식을 이용하여 '1000 단위 구분 기호 사용'을 지정하고, [H4:H11] 영역은 셀 서식의 날짜에서 '2001년 3월 14일 수요일' 형식으로 지정하시오.

④ [E4:E11] 영역의 이름을 '연락처'로 정의하시오.

⑤ [A3:H11] 영역에 '모든 테두리(田)'를 적용한 후 '굵은 바깥쪽 테두리(回)'를 적용하여 표시하시오.

3. '기본작업-3' 시트에서 다음의 지시사항을 처리하시오. (5점)

– '청아학원 지원서 현황' 표에서 주민등록번호가 '77'로 시작하면서 평가가 'A급'인 데이터 값을 고급 필터를 사용하여 검색하시오.

▶ 고급 필터 조건은 [B15:G17] 영역 내에 알맞게 입력하시오.

▶ 고급 필터 결과는 [A18] 셀에서 시작하시오.

문제 02 '계산작업' 시트에서 다음 과정을 수행하고 저장하시오.

계산작업(40점)

1. [표1]에서 주민등록번호[B3:B10]를 보고 생년월일[C3:C10]을 표시하시오. (8점)

▶ 주민등록번호의 앞자리 09는 2009년을 의미 [표시 예 : 2009-09-02]

▶ LEFT, MID, DATE 함수 사용

2. [표2]에서 번호[E3:E10]에 행 번호가 1, 2, 3, 4, 5, 6, 7, 8 이 표시되도록 구하시오. (8점)

▶ ROW 함수 사용

3. [표3]에서 수강과목수[B15:B22]와 수강과목별 할인율[A26:B29]을 이용하여 수강료[C15:C22]를 계산하시오.(8점)

▶ 한 과목의 수강료는 80000원으로 계산할 것

▶ 수강료 = 수강과목수 × 80000 × (1 – 할인율)

▶ VLOOKUP, HLOOKUP 함수 중 알맞은 함수 사용

4. [표4]에서 각 분원의 1월부터 3월의 수강생 수의 평균이 전체[F15:H22] 수강생 수의 평균 이상이면 'GOOD', 그렇지 않으면 공백으로 평가[I15:I22]에 표시하시오. (8점)

   ▶ IF, AVERAGE 함수 사용

5. [표5]에서 공사명[E27:E32]의 마지막 4문자를 추출하여 공백을 제거한 후, 공사시작일[F27:F32]과 공사완료일[G27:G32]을 이용하여 공사기간[H27:H32]을 표시하시오. (8점)

   ▶ 표시 예 : 가좌3동 하수구 → 하수구212일
   ▶ RIGHT, DAYS, TRIM 함수와 & 연산자 사용

문제 03 주어진 시트에서 다음 작업을 수행하고 저장하시오. 분석작업(20점)

1. '분석작업-1' 시트에 대하여 다음의 지시사항을 처리하시오. (10점)

- '대한학원 운영 현황' 표에서 과목당 수강료[A14]와 강사료[B14]가 다음과 같이 변동하는 경우 이익 합계[H10]의 변동 시나리오를 작성하시오.
  ▶ 셀 이름 정의 : [A14] 셀은 '과목당수강료', [B14] 셀은 '강사료', [H10] 셀은 '이익합계'로 정의하시오.
  ▶ 시나리오1 : 시나리오 이름은 '10%인상', 과목당수강료 및 강사료를 각각 10%씩 인상된 값으로 설정하시오.
  ▶ 시나리오2 : 시나리오 이름은 '20%인상', 과목당수강료 및 강사료를 각각 20%씩 인상된 값으로 설정하시오.
  ▶ 시나리오 요약 시트는 '분석작업-1' 시트의 바로 앞에 위치시키시오.
  ※ 시나리오 요약 보고서 작성시 정답과 일치하여야 하며, 오자로 인한 부분점수는 인정하지 않음

2. '분석작업-2' 시트에 대하여 다음의 지시사항을 처리하시오. (10점)

- 데이터 도구 [통합] 기능을 이용하여 [표1], [표2], [표3]에 대한 분원별 '수강료합계', '강사료합계', '기타잡비', '광고료'의 평균을 대한학원 1사분기 운영 결과[G12:J17] 영역에 계산하시오.

문제 04 주어진 시트에서 다음 작업을 수행하고 저장하시오. 기타작업(20점)

1. '매크로 작업' 시트의 [표]에서 다음과 같은 기능을 수행하는 매크로를 현재 통합 문서에 작성하고 실행하시오.(각 5점)

① [B12:F12] 영역에 최소값을 계산하는 매크로를 생성하여 실행하시오.
  ▶ 매크로 이름 : 최소값
  ▶ [개발 도구]-[삽입]-[양식 컨트롤]의 '단추'를 동일 시트의 [H4:I5] 영역에 생성하고, 텍스트를 '최소값'으로 입력한 후 단추를 클릭할 때 '최소값' 매크로가 실행되도록 설정하시오.
② [B4:F12] 영역에 '쉼표 스타일(,)'을 적용하는 매크로를 생성하여 실행하시오.
  ▶ 매크로 이름 : 서식
  ▶ [도형]-[기본 도형]의 '빗면(▱)'을 동일 시트의 [H7:I8] 영역에 생성하고, 텍스트를 '서식'으로 입력한 후 도형을 클릭할 때 '서식' 매크로가 실행되도록 설정하시오.
  ※ 셀 포인터의 위치에 상관없이 현재 통합 문서에서 매크로가 실행되어야 정답으로 인정

2. '차트작업' 시트의 차트를 지시사항에 따라 아래 그림과 같이 수정하시오. (각 2점)

※ 차트는 반드시 문제에서 제공한 차트를 사용하여야 하며, 신규로 작성 시 0점 처리됨

① 분원이 '부산', '대전', '인천', '부천'이고, '4월', '5월', '6월'의 데이터만 차트에 표시되도록 데이터 범위를 수정하시오.

② 차트 종류를 '묶은 세로 막대형'으로 변경하시오.

③ 차트 제목은 '차트 위'로 추가하여 〈그림〉과 같이 입력하시오.

④ 세로 축 제목은 '제목 회전'으로 추가하여 〈그림〉과 같이 입력하고, 최대값은 '50', 주 단위는 '10'으로 설정하시오.

⑤ '4월' 계열의 '인천' 요소에만 데이터 레이블 '값'을 표시하고, 레이블의 위치를 '바깥쪽 끝에'로 설정하시오.

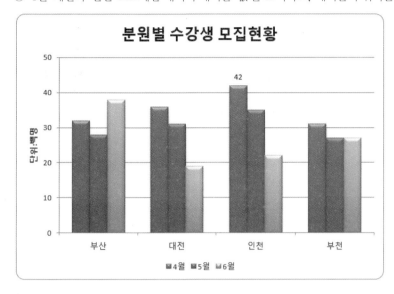

제 03 회 최신유형 기출문제 ⋮정답⋮

1. 기본작업-1

	A	B	C	D	E	F	G	H
1	대한공업사 수리작업 현황							
2								
3	제품번호	제품명	회사명	부착품	정품여부	작업내용	단가	
4	KAG-1-006	모닝	KIA	보조제동등	사제품	일반작업	230,000	
5	KAG-2-001	K6	KIA	크롬몰딩	순정부품	실리콘작업	175,000	
6	CAG-2-001	말리브	CHEVROLET	선글라스케이스	순정부품	실리콘작업	375,900	
7	CAG-2-005	올란도	CHEVROLET	트렁크네트	사제품	일반작업	567,000	
8	HAB-4-001	소나타	HYUNDAI	핸드백보관네트	사제품	실리콘작업	155,800	
9	HAB-8-004	그랜저	HYUNDAI	리어램프	순정부품	일반작업	149,100	
10	AAG-3-007	록스타	ASIA	쇼핑백후크	순정부품	실리콘작업	337,100	
11								

2. 기본작업-2

	A	B	C	D	E	F	G	H	I
1				제2외국어 응시자 명단					
2									
3	수험번호	성명	생년월일	거주지	연락처	구분	응시료	시험일시	
4	1	한가람	1988-03-01	경기도 성남시	(031)2298-5678	JL-1	34,000	2021년 7월 21일 수요일	
5	2	김은철	1996-09-22	서울시 중랑구	(02)2245-1544	JL-2	34,000	2021년 7월 22일 목요일	
6	3	고사리	1980-11-27	서울시 은평구	(02)2259-8845	JL-3	34,000	2021년 7월 23일 금요일	
7	4	박은별	1978-12-30	인천시 남동구	(032)2299-3451	PT-1	24,000	2021년 7월 24일 토요일	
8	5	성준서	1987-08-07	부산시 연제구	(051)2291-0098	PT-2	24,000	2021년 7월 25일 일요일	
9	6	이성연	1990-04-16	대전시 서구	(042)2273-6615	PT-3	24,000	2021년 7월 28일 수요일	
10	7	박한나	1970-04-17	대구시 중구	(053)2296-4451	PT-4	24,000	2021년 7월 29일 목요일	
11	8	이미리	1994-06-25	경기도 의정부	(031)2295-1176	JL-4	34,000	2021년 7월 30일 금요일	
12									

3. 기본작업-3

	A	B	C	D	E	F	G	H
1		청아학원 지원서 현황						
2								
3	성명	주민등록번호	국어	외국어	수학	총점	평가	
4	김순호	770124-1907654	48	28	19	95	A급	
5	김흥기	800519-1209834	45	29	18	92	A급	
6	박영우	771017-1098123	47	24	17	88	B급	
7	박호철	730601-1021213	40	26	19	85	B급	
8	노현규	761119-1276589	31	26	20	77	C급	
9	명현주	811230-2671234	33	29	18	80	B급	
10	권인영	790708-2121543	38	28	20	86	B급	
11	우지원	770909-1345987	49	22	20	91	A급	
12	김현우	821003-1375727	40	30	19	89	B급	
13								
14								
15		주민등록번호	평가					
16		77*	A급					
17								
18	성명	주민등록번호	국어	외국어	수학	총점	평가	
19	김순호	770124-1907654	48	28	19	95	A급	
20	우지원	770909-1345987	49	22	20	91	A급	
21								

4. 계산작업

	A	B	C	D	E	F	G	H	I	J
1	[표1]				[표2]					
2	성명	주민등록번호	생년월일		번호	성명	응시구분	1차	2차	
3	한가람	000124-3907654	2000-01-24		1	한가람	T2	79	97	
4	김은철	090519-3209834	2009-05-19		2	김은철	T2	77	89	
5	고사리	071017-4098123	2007-10-17		3	고사리	T1	56	76	
6	박은별	010601-4021213	2001-06-01		4	박은별	T2	88	80	
7	성준서	061119-3276589	2006-11-19		5	성준서	T1	88	93	
8	이성연	031230-4671234	2003-12-30		6	이성연	T2	91	67	
9	박한나	080708-3121543	2008-07-08		7	박한나	T1	85	56	
10	김가인	090902-4345987	2009-09-02		8	이미리	T1	76	89	
11										
12										
13	[표3]				[표4]				단위:백명	
14	성명	수강과목수	수강료		분원	1월	2월	3월	평가	
15	한가람	5	360,000		강서	21	28	19		
16	김은철	3	228,000		강남	45	29	21	GOOD	
17	고사리	1	80,000		강북	47	24	17	GOOD	
18	박은별	2	152,000		강서	21	26	19		
19	성준서	4	288,000		부산	31	26	35	GOOD	
20	이성연	6	408,000		대전	33	29	18		
21	박한나	4	288,000		인천	38	28	20	GOOD	
22	이미리	2	152,000		부천	29	22	20		
23										
24	[수강과목별 할인율]									
25	수강과목수	할인율			[표5]					
26	1	0			공사명	공사시작일	공사완료일	공사기간		
27	2	0.05			오거리블럭작업	2021-03-10	2021-10-20	블럭작업224일		
28	4	0.1			가좌3동 하수구	2021-01-05	2021-08-05	하수구212일		
29	6	0.15			갈현동 가로등	2021-01-20	2021-06-10	가로등141일		
30					성산 고가도로	2021-02-01	2021-12-01	고가도로303일		
31					남구일대 CCTV	2021-03-01	2021-11-25	CCTV269일		
32					서구 주차타워	2021-02-05	2021-04-05	주차타워59일		
33										

5. 분석작업-1

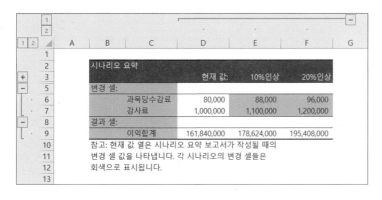

6. 분석작업-2

	A	B	C	D	E	F	G	H	I	J	K
1	[표1] 1월 운영 현황			단위:백만원		[표2] 2월 운영 현황			단위:백만원		
2	분원	수강료합계	강사료합계	기타잡비		분원	수강료합계	강사료합계	광고료		
3	중구	58	56	52		중구	44	43	36		
4	강남	42	48	50		성동	42	43	41		
5	강서	60	58	54		강남	36	39	37		
6	중부	58	54	60		동부	44	42	36		
7											
8											
9											
10	[표3] 3월 운영 현황			단위:백만원		대한학원 1사분기 운영 결과				단위:백만원	
11	분원	수강료합계	강사료합계	광고료		분원	수강료합계	강사료합계	기타잡비	광고료	
12	성동	38	36	35		중구	51	50	52	36	
13	강남	34	32	35		성동	40	40		38	
14	강서	39	38	37		강남	37	40	50	36	
15	동부	37	31	40		강서	50	48	54	37	
16						중부	58	54	60		
17						동부	41	37		38	
18											

7. 매크로 작업

	A	B	C	D	E	F	G	H	I	J
1	[표] 청아학원 운영 현황									
2										
3	분원	전체학생수	미납학생수	입금액	강사수	강사료				
4	중구	635	198	21,850,000	20	20,000,000		최소값		
5	성동	567	50	25,850,000	12	12,000,000				
6	강남	899	91	40,400,000	30	30,000,000				
7	강서	824	112	35,600,000	12	12,000,000		서식		
8	중부	890	65	41,250,000	45	45,000,000				
9	동부	768	69	34,950,000	33	33,000,000				
10	부천	456	95	18,050,000	25	25,000,000				
11	인천	347	37	15,500,000	15	15,000,000				
12	최소값	347	37	15,500,000	12	12,000,000				
13										

8. 차트 작업

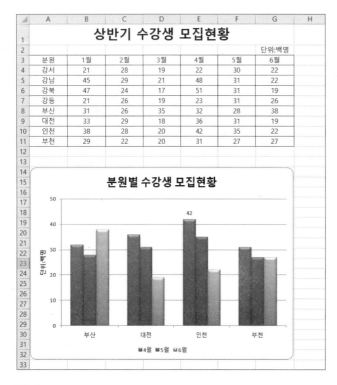

	A	B	C	D	E	F	G	H
1	상반기 수강생 모집현황							
2							단위:백명	
3	분원	1월	2월	3월	4월	5월	6월	
4	강서	21	28	19	22	30	22	
5	강남	45	29	21	48	31	22	
6	강북	47	24	17	51	31	19	
7	강동	21	26	19	23	31	26	
8	부산	31	26	35	32	28	38	
9	대전	33	29	18	36	31	19	
10	인천	38	28	20	42	35	22	
11	부천	29	22	20	31	27	27	

분원별 수강생 모집현황

제 03 회 최신유형 기출문제 ⋮ 해설 ⋮

문제 01 기본작업(20점)

1. 기본작업-2

	A	B	C	D	E	F	G	H	I
1				제2외국어 응시자 명단					
2									
3	수험번호	성명	생년월일	거주지	연락처	구분	응시료	시험일시	
4	1	한가람	1988-03-01	경기도 성남시	(031)2298-5678	JL-1	34,000	2021년 7월 21일 수요일	
5	2	김은철	1996-09-22	서울시 중랑구	(02)2245-1544	JL-2	34,000	2021년 7월 22일 목요일	
6	3	고사리	1980-11-27	서울시 은평구	(02)2259-8845	JL-3	34,000	2021년 7월 23일 금요일	
7	4	박은별	1978-12-30	인천시 남동구	(032)2299-3451	PT-1	24,000	2021년 7월 24일 토요일	
8	5	성준서	1987-08-07	부산시 연제구	(051)2291-0098	PT-2	24,000	2021년 7월 25일 일요일	
9	6	이성연	1990-04-16	대전시 서구	(042)2273-6615	PT-3	24,000	2021년 7월 28일 수요일	
10	7	박한나	1970-04-17	대구시 중구	(053)2296-4451	PT-4	24,000	2021년 7월 29일 목요일	
11	8	이미리	1994-06-25	경기도 의정부	(031)2295-1176	JL-4	34,000	2021년 7월 30일 금요일	
12									

2. 기본작업-3

	A	B	C	D	E	F	G	H
14								
15		주민등록번호	평가					
16		77*	A급					
17								
18	성명	주민등록번호	국어	외국어	수학	총점	평가	
19	김순호	770124-1907654	48	28	19	95	A급	
20	우지원	770909-1345987	49	22	20	91	A급	
21								

▶ [데이터] 탭-[정렬 및 필터] 그룹-[고급]를 이용

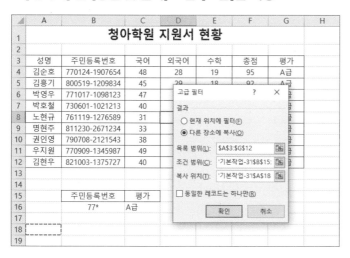

제 03 회 최신유형 기출문제_해설 **393**

	A	B	C	D	E	F	G	H	I	J
1	[표1]				[표2]					
2	성명	주민등록번호	생년월일		번호	성명	응시구분	1차	2차	
3	한가람	000124-3907654	2000-01-24		1	한가람	T2	79	97	
4	김은철	090519-3209834	2009-05-19		2	김은철	T2	77	89	
5	고사리	071017-4098123	2007-10-17		3	고사리	T1	56	76	
6	박은별	010601-4021213	2001-06-01		4	박은별	T2	88	80	
7	성준서	061119-3276589	2006-11-19		5	성준서	T1	88	93	
8	이성연	031230-4671234	2003-12-30		6	이성연	T2	91	67	
9	박한나	080708-3121543	2008-07-08		7	박한나	T1	85	56	
10	김가인	090902-4345987	2009-09-02		8	이미리	T1	76	89	
11										
12										
13	[표3]				[표4]				단위:백명	
14	성명	수강과목수	수강료		분원	1월	2월	3월	평가	
15	한가람	5	360,000		강서	21	28	19		
16	김은철	3	228,000		강남	45	29	21	GOOD	
17	고사리	1	80,000		강북	47	24	17	GOOD	
18	박은별	2	152,000		강서	21	26	19		
19	성준서	4	288,000		부산	31	26	35	GOOD	
20	이성연	6	408,000		대전	33	29	18		
21	박한나	4	288,000		인천	38	28	20	GOOD	
22	이미리	2	152,000		부천	29	22	20		
23										
24	[수강과목별 할인율]									
25	수강과목수	할인율			[표5]					
26	1	0			공사명	공사시작일	공사완료일	공사기간		
27	2	0.05			오거리블럭작업	2021-03-10	2021-10-20	블럭작업224일		
28	4	0.1			가좌3동 하수구	2021-01-05	2021-08-05	하수구212일		
29	6	0.15			갈현동 가로등	2021-01-20	2021-06-10	가로등141일		
30					성산 고가도로	2021-02-01	2021-12-01	고가도로303일		
31					남구일대 CCTV	2021-03-01	2021-11-25	CCTV269일		
32					서구 주차타워	2021-02-05	2021-04-05	주차타워59일		
33										

▶ 함수식

[표1] 생년월일[C3:C10]	[C3] 셀에 '=DATE(2000+LEFT(B3,2),MID(B3,3,2),MID(B3,5,2))'를 입력한 후, 채우기 핸들을 [C10] 셀까지 드래그 합니다.
[표2] 번호[E3:E10]	[E3] 셀에 '=ROW()-2'를 입력한 후, 채우기 핸들을 [E10] 셀까지 드래그 합니다.
[표3] 수강료[C15:C22]	[C15] 셀에 '=B15*80000*(1-VLOOKUP(B15,$A$26:$B$29,2))'를 입력한 후, 채우기 핸들을 [C22] 셀까지 드래그 합니다.
[표4] 평가[I15:I22]	[I15] 셀에 '=IF(AVERAGE(F15:H15)>=AVERAGE($F$15:$H$22),"GOOD","")'을 입력한 후, 채우기 핸들을 [I22] 셀까지 드래그 합니다.
[표5] 공사기간[H27:H32]	[H27] 셀에 '=TRIM(RIGHT(E27,4)) & DAYS(G27,F27) &"일"'을 입력한 후, 채우기 핸들을 [H32] 셀까지 드래그 합니다.

1. 분석작업-1

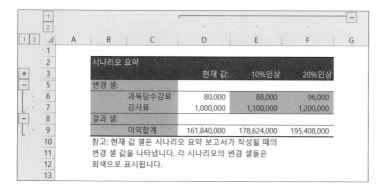

▶ [데이터] 탭-[예측] 그룹-[가상 분석]-[시나리오 관리자]를 이용

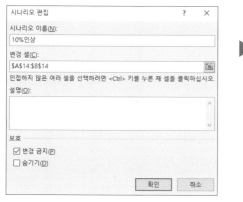

▲ 시나리오1

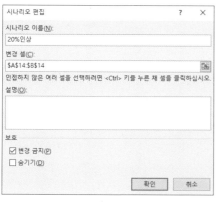

▲ 시나리오2

2. 분석작업-2

	A	B	C	D	E	F	G	H	I	J	K
1		[표1] 1월 운영 현황		단위:백만원			[표2] 2월 운영 현황		단위:백만원		
2	분원	수강료합계	강사료합계	기타잡비		분원	수강료합계	강사료합계	광고료		
3	중구	58	56	52		중구	44	43	36		
4	강남	42	48	50		성동	42	43	41		
5	강서	60	58	54		강남	36	39	37		
6	중부	58	54	60		동부	44	42	36		
7											
8											
9											
10		[표3] 3월 운영 현황		단위:백만원			대한학원 1사분기 운영 결과				단위:백만원
11	분원	수강료합계	강사료합계	광고료		분원	수강료합계	강사료합계	기타잡비	광고료	
12	성동	38	36	35		중구	51	50	52	36	
13	강남	34	32	35		성동	40	40		38	
14	강서	39	38	37		강남	37	40	50	36	
15	동부	37	31	40		강서	50	48	54	37	
16						중부	58	54	60		
17						동부	41	37		38	
18											

▶ [데이터] 탭-[데이터 도구] 그룹-[통합]을 이용

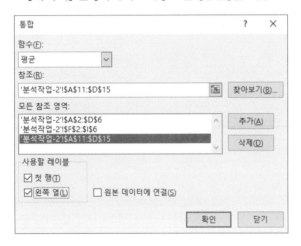

문제 04 기타작업(20점)

1. 매크로 작업

	A	B	C	D	E	F	G	H	I	J
1		[표] 청아학원 운영 현황								
2										
3	분원	전체학생수	미납학생수	입금액	강사수	강사료				
4	중구	635	198	21,850,000	20	20,000,000		최소값		
5	성동	567	50	25,850,000	12	12,000,000				
6	강남	899	91	40,400,000	30	30,000,000				
7	강서	824	112	35,600,000	12	12,000,000		서식		
8	중부	890	65	41,250,000	45	45,000,000				
9	동부	768	69	34,950,000	33	33,000,000				
10	부천	456	95	18,050,000	25	25,000,000				
11	인천	347	37	15,500,000	15	15,000,000				
12	최소값	347	37	15,500,000	12	12,000,000				
13										

▶ [양식 컨트롤]-<단추>에 '최소값' 매크로 지정

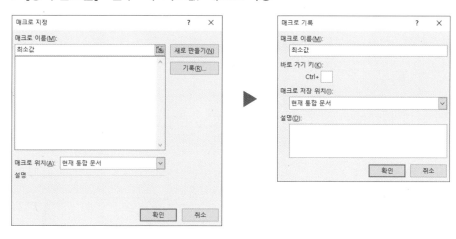

▶ '빗면' 도형에 '서식' 매크로 지정

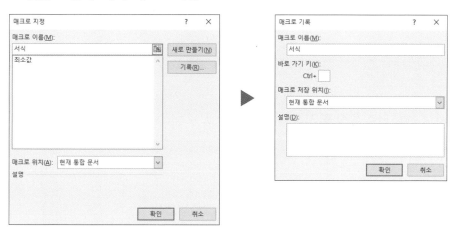

2. 차트 작업

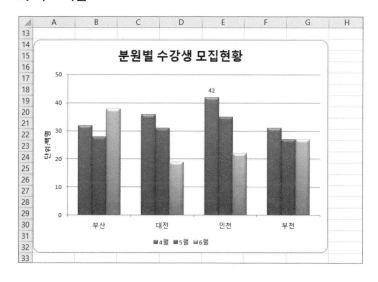

▶ 차트 영역에서 마우스 오른쪽 버튼-[바로 가기] 메뉴-[데이터 선택] 이용

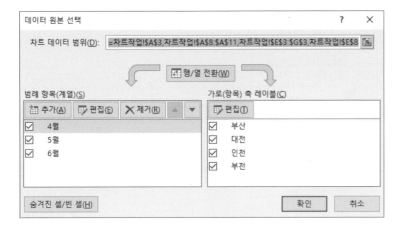

▶ <가로 (항목) 축 레이블>에서 ☞편집(E) 단추 클릭 후 지정

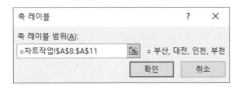

▶ <범례 항목 (계열)>에서 ☞편집(E) 단추 클릭 후 지정

MEMO

제 04 회 최신유형 기출문제

프로그램명	제한시간
EXCEL 2016	40분

수험번호 :
성   명 :

◆ 2급 D형 ◆

유 의 사 항

- 인적 사항 누락 및 잘못 작성으로 인한 불이익은 수험자 책임으로 합니다.

- 화면에 암호 입력창이 나타나면 아래의 암호를 입력하여야 합니다.
  ○ 암호 : 1099#8

- 작성된 답안은 주어진 경로 및 파일명을 변경하지 마시고 그대로 저장해야 합니다. 이를 준수하지 않으면 실격처리 됩니다.

- 외부데이터 위치 : C:₩OA₩파일명

- 별도 지시사항이 없는 경우, 다음과 같이 처리 시 실격 처리됩니다.
  ○ 제시된 시트 및 개체의 순서나 이름을 임의로 변경한 경우
  ○ 제시된 시트 및 개체를 임의로 추가 또는 삭제한 경우

- 답안은 반드시 문제에서 지시 또는 요구한 셀에 입력하여야 하며 다음과 같이 처리 시 채점 대상에서 제외됩니다.
  ○ 수험자가 임의로 지시하지 않은 셀의 이동, 수정, 삭제, 변경 등으로 인해 셀의 위치 및 내용이 변경된 경우 해당 작업에 영향을 미치는 관련문제 모두 채점 대상에서 제외
  ○ 도형 및 차트의 개체가 중첩되어 있거나 동일한 계산결과 시트가 복수로 존재할 경우 해당 개체나 시트는 채점 대상에서 제외

- 수식 작성 시 제시된 문제 파일의 데이터는 변경 가능한(가변적) 데이터임을 감안하여 문제 풀이를 하시오.

- 별도의 지시사항이 없는 경우, 주어진 각 시트 및 개체의 설정값 또는 기본 설정값(Default)으로 처리하시오.

- 저장 시간은 별도로 주어지지 않으므로 제한된 시간 내에 저장을 완료해야 하며, 제한 시간 내에 저장이 되지 않은 경우에는 실격 처리됩니다.

- 출제된 문제의 용어는 Microsoft office 2016 기준으로 작성되어 있습니다.

대 한 상 공 회 의 소

문제 01 주어진 시트에서 다음 과정을 수행하고 저장하시오. 기본작업(20점)

1. '기본작업-1' 시트에 다음의 자료를 주어진 대로 입력하시오. (5점)

	A	B	C	D	E	F	G	H
1	해외사업부 유럽출장 현황							
2								
3	성명	성별	직급	연락처	목적지	항공사	출장기간	
4	윤준희	Male	상무	010-2658-9966	France	에어프랑스	5일	
5	임제이	Female	실장	010-5588-9878	Czech	대한항공	15일	
6	이순범	Male	차장	010-4587-2356	Switzerland	스위스항공	10일	
7	이하진	Male	과장	010-6363-5544	Germany	아시아나항공	10일	
8	장영하	Female	차장	010-8588-2233	Greece	에게안항공	15일	
9	김영범	Male	부장	010-7766-5599	Italy	알리탈리아항공	8일	
10	최주택	Male	과장	010-5588-2397	Poland	폴란드항공	12일	
11								

2. '기본작업-2' 시트에 대하여 다음의 지시사항을 처리하시오. (각 2점)

① [A1:G1] 영역은 '병합하고 가운데 맞춤'을 적용하고, 셀 스타일 중 제목 및 머리글의 '제목1'을 적용하시오.

② [A4:A6], [A7:A8], [A9:A10] 영역은 '병합하고 가운데 맞춤'을 적용하고, [A3:G3] 영역은 글꼴 스타일 '굵게', 채우기 색 '표준 색-노랑'으로 지정하시오.

③ [E4:E11] 영역은 사용자 지정 표시 형식을 이용하여 1000 단위 구분 기호와 숫자 뒤에 '개'를 표시 예와 같이 표시하시오. [표시 예 : 1500 → 1,500개]

④ [B4:B10] 영역의 이름을 '물품코드'로 정의하고, [B4:B10]와 [D4:D10] 영역을 복사하여 [A15:G16] 영역에 '행/열 바꿈' 기능으로 '선택하여 붙여넣기' 하시오.

⑤ [A3:G11] 영역에 '모든 테두리(⊞)'를 적용하고, [B11] 셀은 대각선(⊠)을 적용하여 표시하시오.

3. '기본작업-3' 시트에서 다음의 지시사항을 처리하시오. (5점)

– 다음의 텍스트 파일을 열고, 생성된 데이터를 '기본작업-3' 시트의 [A3:D11] 영역에 가져오시오.
  ▶ 외부 데이터 파일명은 '퀴즈점수.txt'임.
  ▶ 외부 데이터 '세미클론(;)'으로 구분되어 있음.
  ▶ '퀴즈02'열은 제외하고 가져오시오.

문제 02 '계산작업' 시트에서 다음 과정을 수행하고 저장하시오. 계산작업(40점)

1. [표1]에서 모델명[A3:A7] 앞의 두 자리 문자와 판매단가표[B10:D11]를 이용하여 매출액[D3:D7]을 계산하시오. (8점)

  ▶ 매출액 = 판매단가 × 판매량
  ▶ 판매단가는 모델명 앞의 두 자리 문자가 'DC'이면 300, 'MP'이면 350, 'TH'이면 400을 적용함
  ▶ HLOOKUP, MID 함수 사용

2. [표2]에서 점심시간[I3:I11]에 2시간을 더해 출발시간[J3:J11]을 표시하시오. (8점)

  ▶ 출발시간의 초는 0초로 설정
  ▶ HOUR, MINUTE, TIME 함수 사용

3. [표3]에서 만족[B17:B22]의 값을 만족기준표[A26:B30]를 참조하여 만족지수에 따른 등급을 구하여 만족도[E17:E22]에 표시하시오. (8점)

- ▶ 만족도는 만족이 81~100까지는 1, 61~80까지는 2, 41~60까지는 3, 21~40까지는 4, 이하는 5등급으로 한다.
- ▶ 표시 예 : 1등급
- ▶ MATCH함수와 & 사용

4. [표4]에서 강수량(mm)[I16:I23]을 기준으로 순위를 구하고 국가[G16:G23]와 수도[H16:H23]를 연결하여 지역[J16:J23]을 표시하시오. (8점)

- ▶ 국가는 모두 대문자로 표시하고, 수도명은 국가 뒤에 괄호( ) 안에 넣어서 모두 소문자로 표시
- ▶ 표시 예 : Portugal Lisbon → 2위 PORTUGAL(lisbon)
- ▶ UPPER, LOWER, RANK.EQ 함수와 & 연산자 사용

5. [표5]에서 기준년도[B48]와 생년월일[C35:C46]을 이용하여 채용여부[D35:D46]를 표시하시오. (8점)

- ▶ 기준년도에서 생년월일의 연도를 뺀 값이 20 이상이면 '채용' 그렇지 않으면 공란으로 표시
- ▶ IF, YEAR 함수 사용

문제 03 주어진 시트에서 다음 작업을 수행하고 저장하시오. 분석작업(20점)

1. '분석작업-1' 시트에 대하여 다음의 지시사항을 처리하시오. (10점)

- '보수 지급 내역표'를 이용하여 직위와 관리부서는 '행', 'Σ 값'에 수당의 합계와 지급액의 합계를 표시하는 피벗 테이블을 작성하시오.
  - ▶ 피벗 테이블 보고서는 동일 시트의 [A15] 셀에서 시작하시오.
  - ▶ '수당'과 '지급액' 필드의 표시 형식으로 '숫자' 범주의 1000 단위 구분 기호를 사용하시오.
  - ▶ 피벗 테이블 스타일은 '피벗 스타일 보통 9'로 설정하시오.

2. '분석작업-2' 시트에 대하여 다음의 지시사항을 처리하시오. (10점)

- [부분합] 기능을 이용하여 '상반기 판매 현황' 표에 〈그림〉과 같이 제품명별로 '매출액'의 평균을 계산한 후, '판매수량'의 합계를 계산하시오.
  - ▶ 정렬은 '제품명'을 기준으로 오름차순으로 처리하시오.
  - ▶ 합계와 평균은 위에 명시된 순서대로 처리하시오.

	A	B	C	D	E	F	G
1			상반기 판매 현황				
2							
3	공급지역	제품명	판매가격	판매수량	할인율	매출액	
4	부산	디지털카메라	550,000	80	5%	41,800,000	
5	서울	디지털카메라	550,000	120	10%	59,400,000	
6	인천	디지털카메라	550,000	78	3%	41,613,000	
7		디지털카메라 요약		278			
8		디지털카메라 평균				47,604,333	
9	부산	캠코더	1,250,000	88	5%	104,500,000	
10	서울	캠코더	1,250,000	110	10%	123,750,000	
11	인천	캠코더	1,250,000	100	3%	121,250,000	
12		캠코더 요약		298			
13		캠코더 평균				116,500,000	
14	부산	컴퓨터	990,000	105	5%	98,752,500	
15	서울	컴퓨터	990,000	156	10%	138,996,000	
16	인천	컴퓨터	990,000	92	3%	88,347,600	
17		컴퓨터 요약		353			
18		컴퓨터 평균				108,698,700	
19		총합계		929			
20		전체 평균				90,934,344	
21							

1. '매크로 작업' 시트의 [표]에서 다음과 같은 기능을 수행하는 매크로를 현재 통합 문서에 작성하고 실행하시오.(각 5점)

① [F4:F10] 영역에 성과급을 계산하는 매크로를 생성하여 실행하시오

▶ 매크로 이름 : 성과급   ▶ 성과급 = 기본급 × 성과비율[B12]

▶ [개발 도구]-[삽입]-[양식 컨트롤]의 '단추'를 동일 시트의 [H4:I5] 영역에 생성하고, 텍스트를 '성과급'으로 입력한 후 단추를 클릭할 때 '성과급' 매크로가 실행되도록 설정하시오.

② [B4:F10] 영역에 표시 형식을 '회계 표시 형식(₩)'으로 표시하는 매크로를 생성하여 실행하시오

▶ 매크로 이름 : 통화서식

▶ [도형]-[기본 도형]의 '배지(▢)'를 동일 시트의 [H7:I8] 영역에 생성하고, 텍스트를 '통화서식'으로 입력한 후 도형을 클릭할 때 '통화서식' 매크로가 실행되도록 설정하시오.

※ **셀 포인터의 위치에 상관없이 현재 통합 문서에서 매크로가 실행되어야 정답으로 인정됨**

2. '차트작업' 시트의 차트를 지시사항에 따라 아래 그림과 같이 수정하시오. (각 2점)

※ 차트는 반드시 문제에서 제공한 차트를 사용하여야 하며, 신규로 작성 시 0점 처리됨

① '주유소' 별로 '휘발유', '경유' 데이터만 차트에 표시되도록 데이터 범위를 수정하고, 차트 제목은 '차트 위'로 추가하여 〈그림〉과 같이 입력하시오.

② '경유' 계열의 차트 종류는 '표식이 있는 꺾은선형'으로 변경하고, 데이터 계열을 '보조축'으로 지정하시오.

③ 세로 (값) 축의 최소값을 '1500'으로 설정하고, 주 단위를 '100'으로 설정하시오.

④ '휘발유' 계열의 '강남주유소' 요소에만 데이터 레이블 '값'을 표시하고, 레이블의 위치를 '안쪽 끝에'로 설정하시오.

⑤ 범례는 서식을 이용하여 위치를 '위쪽'으로 배치하시오.

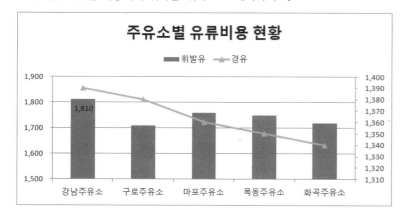

제 04 회 최신유형 기출문제 ∴정답∴

1. 기본작업-1

	A	B	C	D	E	F	G	H
1	해외사업부 유럽출장 현황							
2								
3	성명	성별	직급	연락처	목적지	항공사	출장기간	
4	윤준희	Male	상무	010-2658-9966	France	에어프랑스	5일	
5	임제이	Female	실장	010-5588-9878	Czech	대한항공	15일	
6	이순범	Male	차장	010-4587-2356	Switzerland	스위스항공	10일	
7	이하진	Male	과장	010-6363-5544	Germany	아시아나항공	10일	
8	장영하	Female	차장	010-8588-2233	Greece	에게안항공	15일	
9	김영범	Male	부장	010-7766-5599	Italy	알리탈리아항공	8일	
10	최주택	Male	과장	010-5588-2397	Poland	폴란드항공	12일	
11								

2. 기본작업-2

	A	B	C	D	E	F	G	H
1	소모품 거래 현황							
2								
3	품목	물품코드	입고가	출고가	출고량	출고금액	이익금	
4		M798	980	1,078	1,500개	1,617,000	147,000	
5	마우스	M892	2,300	2,530	1,300개	3,289,000	299,000	
6		M102	3,000	3,300	540개	1,782,000	162,000	
7	스캐너	S239	2,300	2,530	1,650개	4,174,500	379,500	
8		S223	1,800	1,980	1,125개	2,227,500	202,500	
9	LCD	L702	5,500	6,050	1,284개	7,768,200	706,200	
10		L703	7,300	8,030	2,250개	18,067,500	1,642,500	
11	합계	╳	23,180	25,498	9,649개	38,925,700	3,538,700	
12								
13								
14								
15	M798	M892	M102	S239	S223	L702	L703	
16	1,078	2,530	3,300	2,530	1,980	6,050	8,030	
17								

3. 기본작업-3

	A	B	C	D	E
1	퀴즈 점수				
2					
3	학번	이름	퀴즈01	퀴즈03	
4	201717100	윤채영	30	27	
5	201717019	박영진	27	22	
6	201717105	이지영	28	27	
7	201717117	남영진	27	25	
8	201717087	최영아	19	24	
9	201717112	황정아	26	21	
10	201717079	성채아	18	30	
11	201717107	진소영	21	28	
12					

4. 계산작업

	A	B	C	D	E	F	G	H	I	J
1	[표1]			(단위 : 천원)			[표2]			
2	모델명	분류	판매량	매출액			성명	여행권역	점심시간	출발시간
3	DC-01THA	수출용	25,000	7,500,000			고영수	북부유럽	12:10	2:10 PM
4	MP-01FHA	내수용	14,500	5,075,000			권근창	호주, 뉴질랜드	12:30	2:30 PM
5	TH-01PHB	수출용	56,000	22,400,000			김현숙	중부유럽	13:20	3:20 PM
6	DC-01GHC	수출용	43,000	12,900,000			두여랑	중부유럽	13:20	3:20 PM
7	MP-01QHB	내수용	24,500	8,575,000			문상화	북부유럽	12:10	2:10 PM
8							신영숙	남부유럽	12:50	2:50 PM
9			판매단가표(단위 : 천원)				오남섭	호주, 뉴질랜드	12:30	2:30 PM
10	모델명 2자리	DC	MP	TH			장현숙	남부유럽	12:50	2:50 PM
11	판매단가	300	350	400			조현재	미국, 캐나다	12:40	2:40 PM
12										
13										
14	[표3]						[표4]			
15		응급의료 서비스 만족도(%, N=462)					국가	수도	강수량(mm)	지역
16	항목	만족	보통	불만족	만족도		England	London	695	4위 ENGLAND(london)
17	친절도	42.6	38.9	18.5	3등급		France	Paris	614	5위 FRANCE(paris)
18	적절한 처치	92.6	34.4	13	1등급		Germany	Berlin	589	6위 GERMANY(berlin)
19	충분한 설명	73.9	29.9	16.2	2등급		Netherland	Amsterdam	765	3위 NETHERLAND(amsterdam)
20	행정절차 적절도	48.3	40.4	11.3	3등급		Portugal	Lisbon	792	2위 PORTUGAL(lisbon)
21	검사대기시간	38.1	39.8	22.1	4등급		Spain	Madrid	438	8위 SPAIN(madrid)
22	응급실환경	33.2	38.7	28.1	4등급		Sweden	Stockholm	500	7위 SWEDEN(stockholm)
23							Switzerland	Bern	1000	1위 SWITZERLAND(bern)
24	<만족 기준표>									
25	만족지수	등급								
26	100	1								
27	80	2								
28	60	3								
29	40	4								
30	20	5								
31										
32										
33	[표5]									
34	성명	채용지점	생년월일	채용여부						
35	천연희	마포	2003-07-13							
36	방한성	동대문	2001-03-12	채용						
37	류철희	상계	2002-12-29							
38	최혜정	마포	1999-09-09	채용						
39	김재하	마포	2003-10-04							
40	허마일	동대문	1998-12-09	채용						
41	문이수	동대문	2003-03-05							
42	고정효	상계	2001-01-03	채용						
43	마장도	상계	1999-03-07	채용						
44	박상도	역삼	2004-05-08							
45	이문주	역삼	2002-06-25							
46	강희연	역삼	2001-06-29	채용						
47										
48	기준년도	2021								
49										

5. 분석작업-1

	A	B	C	D	E	F	G	H	I
1			보수 지급 내역표						
2									
3	사원명	관리부서	직위	근무년수	기본급	상여비율	수당	지급액	
4	강수영	영업부	과장	6	1,985,000	0.55	1,091,750	3,076,750	
5	임우석	기획부	과장	8	2,100,000	0.57	1,197,000	3,297,000	
6	왕정훈	총무부	대리	4	1,550,000	0.53	821,500	2,371,500	
7	남진일	총무부	부장	15	2,570,000	0.62	1,593,400	4,163,400	
8	정수철	기획부	대리	5	1,650,000	0.54	891,000	2,541,000	
9	강만식	총무부	부장	11	2,350,000	0.59	1,386,500	3,736,500	
10	추영미	영업부	대리	6	1,750,000	0.55	962,500	2,712,500	
11	방일남	기획부	부장	13	2,250,000	0.61	1,372,500	3,622,500	
12	송미애	총무부	과장	7	2,010,000	0.56	1,125,600	3,135,600	
13									
14									
15	행 레이블 ▼	합계 : 수당	합계 : 지급액						
16	⊟ 과장	3,414,350	9,509,350						
17	기획부	1,197,000	3,297,000						
18	영업부	1,091,750	3,076,750						
19	총무부	1,125,600	3,135,600						
20	⊟ 대리	2,675,000	7,625,000						
21	기획부	891,000	2,541,000						
22	영업부	962,500	2,712,500						
23	총무부	821,500	2,371,500						
24	⊟ 부장	4,352,400	11,522,400						
25	기획부	1,372,500	3,622,500						
26	총무부	2,979,900	7,899,900						
27	총합계	10,441,750	28,656,750						
28									

6. 분석작업–2

	공급지역	제품명	판매가격	판매수량	할인율	매출액
1			상반기 판매 현황			
2						
3	공급지역	제품명	판매가격	판매수량	할인율	매출액
4	부산	디지털카메라	550,000	80	5%	41,800,000
5	서울	디지털카메라	550,000	120	10%	59,400,000
6	인천	디지털카메라	550,000	78	3%	41,613,000
7		디지털카메라 요약		278		
8		디지털카메라 평균				47,604,333
9	부산	캠코더	1,250,000	88	5%	104,500,000
10	서울	캠코더	1,250,000	110	10%	123,750,000
11	인천	캠코더	1,250,000	100	3%	121,250,000
12		캠코더 요약		298		
13		캠코더 평균				116,500,000
14	부산	컴퓨터	990,000	105	5%	98,752,500
15	서울	컴퓨터	990,000	156	10%	138,996,000
16	인천	컴퓨터	990,000	92	3%	88,347,600
17		컴퓨터 요약		353		
18		컴퓨터 평균				108,698,700
19		총합계		929		
20		전체 평균				90,934,344
21						

7. 매크로 작업

	이름	기본급	초과근무수당	근속수당	총지급액	성과급
1			[표] 급여 지급 현황			
2						
3	이름	기본급	초과근무수당	근속수당	총지급액	성과급
4	진선미	₩ 1,150,000	₩ 150,000	₩ 50,000	₩ 1,695,000	₩ 345,000
5	박은희	₩ 1,200,000	₩ 180,000	₩ 70,000	₩ 1,810,000	₩ 360,000
6	성만수	₩ 1,100,000	₩ 150,000	₩ 50,000	₩ 1,630,000	₩ 330,000
7	김은철	₩ 1,300,000	₩ 200,000	₩ 90,000	₩ 1,980,000	₩ 390,000
8	이기동	₩ 1,400,000	₩ 300,000	₩ 150,000	₩ 2,270,000	₩ 420,000
9	황진희	₩ 1,350,000	₩ 250,000	₩ 90,000	₩ 2,095,000	₩ 405,000
10	나한일	₩ 1,350,000	₩ 230,000	₩ 70,000	₩ 2,055,000	₩ 405,000
11						
12	성과비율	30%				
13						

성과급

통화서식

8. 차트 작업

	주유소	등유	휘발유	경유	LPG
1		지역별 주유소 유류비용			
2					
3	주유소	등유	휘발유	경유	LPG
4	강남주유소	850	1,810	1,390	1,100
5	구로주유소	830	1,710	1,380	1,090
6	마포주유소	820	1,760	1,360	1,080
7	목동주유소	830	1,750	1,350	1,070
8	화곡주유소	855	1,720	1,340	1,200

제 04 회 최신유형 기출문제 ∶ 해설 ∶

문제 01 기본작업(20점)

1. 기본작업-2

	A	B	C	D	E	F	G	H
1				소모품 거래 현황				
2								
3	품목	물품코드	입고가	출고가	출고량	출고금액	이익금	
4		M798	980	1,078	1,500개	1,617,000	147,000	
5	마우스	M892	2,300	2,530	1,300개	3,289,000	299,000	
6		M102	3,000	3,300	540개	1,782,000	162,000	
7	스캐너	S239	2,300	2,530	1,650개	4,174,500	379,500	
8		S223	1,800	1,980	1,125개	2,227,500	202,500	
9	LCD	L702	5,500	6,050	1,284개	7,768,200	706,200	
10		L703	7,300	8,030	2,250개	18,067,500	1,642,500	
11	합계	✕	23,180	25,498	9,649개	38,925,700	3,538,700	
12								
13								
14								
15	M798	M892	M102	S239	S223	L702	L703	
16	1,078	2,530	3,300	2,530	1,980	6,050	8,030	
17								

2. 기본작업-3

	A	B	C	D	E
1		퀴즈 점수			
2					
3	학번	이름	퀴즈01	퀴즈03	
4	201717100	윤채영	30	27	
5	201717019	박영진	27	22	
6	201717105	이지영	28	27	
7	201717117	남영진	27	25	
8	201717087	최영아	19	24	
9	201717112	황정아	26	21	
10	201717079	성채아	18	30	
11	201717107	진소영	21	28	
12					

▶ [데이터] 탭-[외부 데이터 가져오기] 그룹-[텍스트]를 이용

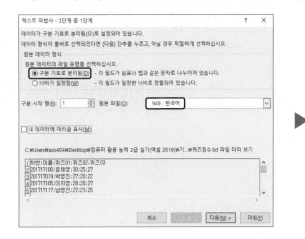
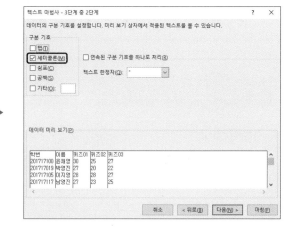

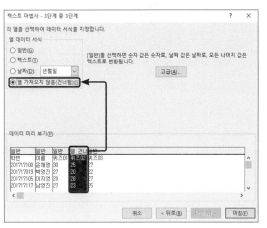
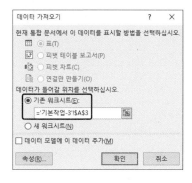

	A	B	C	D	E	F	G	H	I	J
1	[표1]			(단위 : 천원)			[표2]			
2	모델명	분류	판매량	매출액			성명	여행권역	점심시간	출발시간
3	DC-01THA	수출용	25,000	7,500,000			고영수	북부유럽	12:10	2:10 PM
4	MP-01FHA	내수용	14,500	5,075,000			권근창	호주, 뉴질랜드	12:30	2:30 PM
5	TH-01PHB	수출용	56,000	22,400,000			김현숙	중부유럽	13:20	3:20 PM
6	DC-01GHC	수출용	43,000	12,900,000			두여랑	중부유럽	13:20	3:20 PM
7	MP-01QHB	내수용	24,500	8,575,000			문상화	북부유럽	12:10	2:10 PM
8							신영숙	남부유럽	12:50	2:50 PM
9			판매단가표(단위 : 천원)				오남섭	호주, 뉴질랜드	12:30	2:30 PM
10	모델명 2자리	DC	MP	TH			장현숙	남부유럽	12:50	2:50 PM
11	판매단가	300	350	400			조현재	미국, 캐나다	12:40	2:40 PM
12										
13										
14	[표3]						[표4]			
15		응급의료 서비스 만족도(%, N=462)					국가	수도	강수량(mm)	지역
16	항목	만족	보통	불만족	만족도		England	London	695	4위 ENGLAND(london)
17	친절도	42.6	38.9	18.5	3등급		France	Paris	614	5위 FRANCE(paris)
18	적절한 처치	92.6	34.4	13	1등급		Germany	Berlin	589	6위 GERMANY(berlin)
19	충분한 설명	73.9	29.9	16.2	2등급		Netherland	Amsterdam	765	3위 NETHERLAND(amsterdam)
20	행정절차 적절도	48.3	40.4	11.3	3등급		Portugal	Lisbon	792	2위 PORTUGAL(lisbon)
21	검사대기시간	38.1	39.8	22.1	4등급		Spain	Madrid	438	8위 SPAIN(madrid)
22	응급실환경	33.2	38.7	28.1	4등급		Sweden	Stockholm	500	7위 SWEDEN(stockholm)
23							Switzerland	Bern	1000	1위 SWITZERLAND(bern)
24	<만족 기준표>									
25	만족지수	등급								
26	100	1								
27	80	2								
28	60	3								
29	40	4								
30	20	5								
31										
32										
33	[표5]									
34	성명	채용지점	생년월일	채용여부						
35	천연희	마포	2003-07-13							
36	방한성	동대문	2001-03-12	채용						
37	류철희	상계	2002-12-29							
38	최혜정	마포	1999-09-09	채용						
39	김재하	마포	2003-10-04							
40	허마일	동대문	1998-12-09	채용						
41	문이수	동대문	2003-03-05							
42	고정호	상계	2001-01-03	채용						
43	마장도	상계	1999-03-07	채용						
44	박상도	역삼	2004-05-08							
45	이문주	역삼	2002-06-25							
46	강희연	역삼	2001-06-29	채용						
47										
48	기준년도	2021								
49										

▶ 함수식

[표1] 매출액[D3:D7]	[D3] 셀에 '=HLOOKUP(MID(A3,1,2),$B$10:$D$11,2,0)*C3'을 입력한 후, 채우기 핸들을 [D7] 셀까지 드래그 합니다.
[표2] 출발시간[J3:J11]	[J3] 셀에 '=TIME(HOUR(I3)+2,MINUTE(I3),0)'을 입력한 후, 채우기 핸들을 [J11] 셀까지 드래그 합니다.
[표3] 만족도[E17:E22]	[E17] 셀에 '=MATCH(B17,$A$26:$A$30,-1)&"등급"'를 입력한 후, 채우기 핸들을 [E22] 셀까지 드래그 합니다.
[표4] 지역[J16:J23]	[J16] 셀에 '=RANK.EQ(I16,$I$16:$I$23)&"위 "&UPPER(G16)&"("&LOWER(H16)&")"'를 입력한 후, 채우기 핸들을 [J23] 셀까지 드래그 합니다.
[표5] 채용여부[D35:D46]	[D35] 셀에 '=IF($B$48-YEAR(C35)>=20,"채용","")'을 입력한 후, 채우기 핸들을 [D46] 셀까지 드래그 합니다.

1. 분석작업-1

행 레이블	합계 : 수당	합계 : 지급액
⊟과장	3,414,350	9,509,350
기획부	1,197,000	3,297,000
영업부	1,091,750	3,076,750
총무부	1,125,600	3,135,600
⊟대리	2,675,000	7,625,000
기획부	891,000	2,541,000
영업부	962,500	2,712,500
총무부	821,500	2,371,500
⊟부장	4,352,400	11,522,400
기획부	1,372,500	3,622,500
총무부	2,979,900	7,899,900
총합계	10,441,750	28,656,750

▶ [삽입] 탭-[표] 그룹-[피벗테이블] 이용

2. 분석작업-2

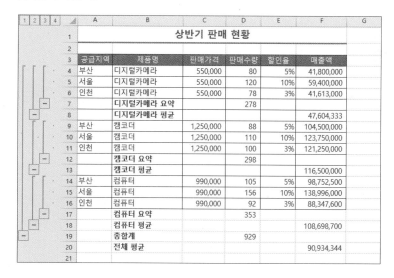

▶ [데이터] 탭-[윤곽선] 그룹-[부분합]을 이용

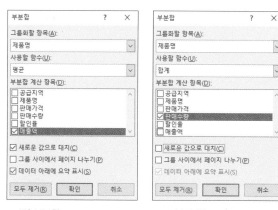

▲ 1차 부분합   ▲ 2차 부분합

문제 04 기타작업(20점)

1. 매크로 작업

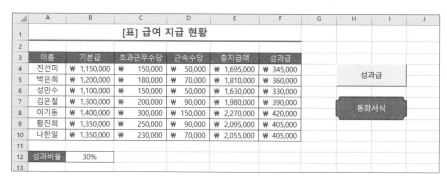

▶ [양시 컨트롤]-<단추>에 '성과급' 매크로 지정

▶ '배지' 도형에 '통화서식' 매크로 지정

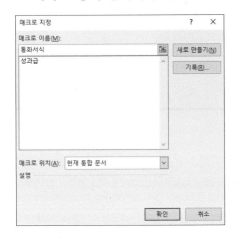 

2. 차트 작업

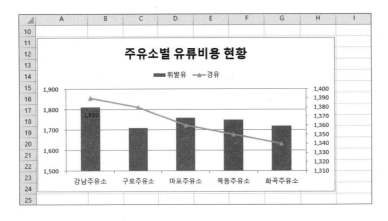

▶ 차트 영역에서 마우스 오른쪽 버튼-[바로 가기] 메뉴-[데이터 선택] 이용

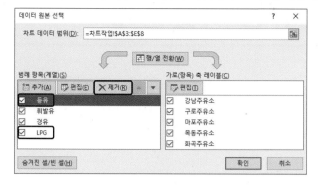

제 05 회 최신유형 기출문제

프로그램명	제한시간
EXCEL 2016	40분

수험번호 :
성   명 :

◆ 2급 E형 ◆

유 의 사 항

● 인적 사항 누락 및 잘못 작성으로 인한 불이익은 수험자 책임으로 합니다.

● 화면에 암호 입력창이 나타나면 아래의 암호를 입력하여야 합니다.
  ○ 암호 : 257*98

● 작성된 답안은 주어진 경로 및 파일명을 변경하지 마시고 그대로 저장해야 합니다. 이를 준수하지 않으면 실격처리 됩니다.

● 외부데이터 위치 : C:\OA\파일명

● 별도 지시사항이 없는 경우, 다음과 같이 처리 시 실격 처리됩니다.
  ○ 제시된 시트 및 개체의 순서나 이름을 임의로 변경한 경우
  ○ 제시된 시트 및 개체를 임의로 추가 또는 삭제한 경우

● 답안은 반드시 문제에서 지시 또는 요구한 셀에 입력하여야 하며 다음과 같이 처리 시 채점 대상에서 제외됩니다.
  ○ 수험자가 임의로 지시하지 않은 셀의 이동, 수정, 삭제, 변경 등으로 인해 셀의 위치 및 내용이 변경된 경우 해당 작업에 영향을 미치는 관련문제 모두 채점 대상에서 제외
  ○ 도형 및 차트의 개체가 중첩되어 있거나 동일한 계산결과 시트가 복수로 존재할 경우 해당 개체나 시트는 채점 대상에서 제외

● 수식 작성 시 제시된 문제 파일의 데이터는 변경 가능한(가변적) 데이터임을 감안하여 문제 풀이를 하시오.

● 별도의 지시사항이 없는 경우, 주어진 각 시트 및 개체의 설정값 또는 기본 설정값(Default)으로 처리하시오.

● 저장 시간은 별도로 주어지지 않으므로 제한된 시간 내에 저장을 완료해야 하며, 제한 시간 내에 저장이 되지 않은 경우에는 실격 처리됩니다.

● 출제된 문제의 용어는 Microsoft office 2016 기준으로 작성되어 있습니다.

대 한 상 공 회 의 소

1. '기본작업-1' 시트에 다음의 자료를 주어진 대로 입력하시오. (5점)

▲	A	B	C	D	E	F	G	H
1	봉사단체 회원 관리							
2								
3	회원번호	회원명	지역	연락처	회원구분	가입연도	활동포인트	
4	Feb-001-1&	윤준희	서울시	010-7788-9966	일반회원	2014년	88	
5	Feb-001-2&	이영석	강원도	010-7455-2369	일반회원	2014년	78	
6	Mar-001-3#	임제이	경상도	010-5588-6363	준회원	2017년	50	
7	Apr-001-4$	이하율	충청도	010-8796-1125	준회원	2017년	52	
8	May-001-5%	김보경	전라도	010-6987-2365	일반회원	2013년	85	
9	May-002-6%	이순범	경기도	010-5569-2458	특별회원	2010년	90	
10	Jun-001-1^	허성근	서울시	010-3699-2563	특별회원	2009년	95	
11								

2. '기본작업-2' 시트에 대하여 다음의 지시사항을 처리하시오. (각 2점)

① [A1:I1] 영역은 '병합하고 가운데 맞춤', 글꼴 'HY샤B', 글꼴 크기 '24', 글꼴 스타일 '굵게'로 지정하시오.

② [E4:E11], [H4:H11] 영역은 '백분율 스타일(%)'로 소수 이하 1자리까지 표시되도록 지정하시오.

③ [C4:C11], [I4:I11] 영역은 사용자 지정 표시 형식을 이용하여 1000 단위 구분 기호와 숫자 뒤에 '원'을 표시 예와 같이 표시하시오. [표시 예 : 16000 → 16,000원]

④ [I3] 셀에 '1사분기'라는 메모를 삽입한 후 항상 표시되도록 지정하고, 메모 서식에서 맞춤 '자동 크기'를 설정하시오.

⑤ [A3:I11] 영역에 '모든 테두리(⊞)'를 적용한 후 '굵은 바깥쪽 테두리(⊡)'를 적용하여 표시하시오.

3. '기본작업-3' 시트에서 다음의 지시사항을 처리하시오. (5점)

- '인턴사원 합격자 명단'에서 [A4:A12] 영역에 입력된 데이터를 [A4:F12] 영역의 각 셀에 맞게 구분하여 표시하시오.
  - ▶ 텍스트 나누기 기능을 이용
  - ▶ 원본 데이터 형식은 너비가 일정하며, 열 구분선의 위치는 6, 12, 14, 16, 26, 28
  - ▶ 열 데이터 서식에서 여섯 번째 열은 열 가져오지 않음(건너뜀) 지정
  - ▶ 별도의 열 너비 조정은 지정하지 않음

1. [표1]에서 과일명[A3:A11]이 복숭아류 이면서 단가[C3:C11]가 '1500'이상인 판매금액의 평균[D12]을 구하시오. (8점)

- ▶ '복숭아류'란 과일 이름의 마지막 문자열이 '복숭아'인 것을 의미함
- ▶ 평균은 백의 자리에서 반올림하여 표시 [표시 예 : 356,780 → 357,000]
- ▶ AVERAGEIFS, AVERAGEIF, ROUNDUP, ROUND 함수 중 알맞은 함수 사용

2. [표2]에서 수익률[F3:F11]을 이용하여 수익률 순위에 해당하는 펀드명[K3:K4]을 표시하시오. (8점)

- ▶ 수익률이 가장 높은 값이 1위
- ▶ VLOOKUP, LARGE 함수 사용

3. [표3]에서 회사보유재고[A17:A26]가 판매오더수량[B17:B26]보다 많거나 같으면 '0'을 표시하고, 그렇지 않으면 부족수량과 수입업체보유재고[C17:C26] 중 작은 값을 비고[D17:D26]에 표시하시오. (8점)

▶ 부족수량 = 판매오더수량 − 회사보유재고
▶ IF, MAX, MIN 함수 중 알맞은 함수 사용

4. [표4]에서 불량률[G17:G23]과 공정개수[H17:H23]를 이용하여 평균불량률[H24]을 구하시오. (8점)

▶ 평균불량률 = 불량률합계 / 0이 아닌 공정개수
▶ 평균불량률은 반올림없이 정수로 표시
▶ SUM, COUNTIF, TRUNC 함수 사용

5. [표5]에서 차량번호[C31:C37]의 끝자리 숫자를 이용하여 운행구분[D31:D37]에 표시하시오. (8점)

▶ 차량번호의 끝자리 숫자가 홀수이면 '오전', 짝수이면 '오후'로 표시
▶ IF, MOD, RIGHT 함수 사용

문제 03 주어진 시트에서 다음 작업을 수행하고 저장하시오. 분석작업(20점)

1. '분석작업-1' 시트에 대하여 다음의 지시사항을 처리하시오. (10점)

– '스포츠용품 판매현황' 표를 이용하여 구분은 '열', 분류는 '행'으로 처리하고 'Σ 값'에 수량의 평균과 매출의 최대값을 계산하는 피벗 테이블을 작성하시오.

▶ 피벗 테이블 보고서는 동일 시트의 [A25] 셀에서 시작하시오.
▶ 피벗 테이블 옵션에서 '레이블이 있는 셀 병합 및 가운데 맞춤'을 설정하고, 행과 열의 총합계는 표시하지 마시오.
▶ 숫자에는 '쉼표 스타일'을 지정하시오.

2. '분석작업-2' 시트에 대하여 다음의 지시사항을 처리하시오. (10점)

– '담보대출 상환액' 표는 대출금[C3], 개인신용도에따른금리[C5], 대출기간(년)[C6]을 이용하여 원금이자상환액(월)[C7]을 계산한 것이다. (개인신용도에따른금리[C5]는 CD(양도성예금증서)이율[C4]을 이용하여 계산) [데이터 표] 기능을 이용하여 CD(양도성예금증서)이율 및 대출기간(년)에 따른 원금이자상환액(월)을 [D15:I26] 영역에 계산하시오.

문제 **04** 주어진 시트에서 다음 작업을 수행하고 저장하시오.

1. '매크로 작업' 시트의 [표]에서 다음과 같은 기능을 수행하는 매크로를 현재 통합 문서에 작성하고 실행하시오.(각 5점)

① [H4:H15] 영역에 청구금액을 계산하는 매크로를 생성하여 실행하시오

- ▶ 매크로 이름 : 청구금액
- ▶ 청구금액 = 사용요금 − 할인금액
- ▶ [개발 도구]−[삽입]−[양식 컨트롤]의 '단추'를 동일 시트의 [J4:K5] 영역에 생성하고, 텍스트를 '청구금액'으로 입력한 후 단추를 클릭할 때 '청구금액' 매크로가 실행되도록 설정하시오.

② [F16:H16] 영역에 사용요금, 할인금액, 청구금액의 최대값을 계산하는 매크로를 생성하여 실행하시오.

- ▶ 매크로 이름 : 최대값
- ▶ [도형]−[기본 도형]의 '빗면(▢)'을 동일 시트의 [J7:K8] 영역에 생성하고, 텍스트를 '최대값'으로 입력한 후 도형을 클릭할 때 '최대값' 매크로가 실행되도록 설정하시오.

  ※ 셀 포인터의 위치에 상관없이 현재 통합 문서에서 매크로가 실행되어야 정답으로 인정됨

2. '차트작업' 시트의 차트를 지시사항에 따라 아래 그림과 같이 수정하시오. (각 2점)

※ 차트는 반드시 문제에서 제공한 차트를 사용하여야 하며, 신규로 작성 시 0점 처리됨

① '종가' 계열이 그림과 같이 차트에 표시되도록 설정하시오.

② '거래량' 계열의 차트 종류는 '표식이 있는 꺾은선형'으로 변경하고, 데이터 계열을 '보조축'으로 지정하시오.

③ 차트 제목은 '차트 위'로 추가하여 〈그림〉과 같이 입력하고, 글꼴은 '맑은 고딕', 글꼴 스타일은 '굵게', 글꼴 크기는 '20'으로 지정하시오.

④ 범례는 서식을 이용하여 위치를 '위쪽'으로 배치하시오.

⑤ '종가' 계열만 데이터 레이블 '값'을 표시하고, 레이블의 위치를 '가운데'로 설정하시오

제 05 회 최신유형 기출문제 ∴ 정답 ∴

1. 기본작업-1

	A	B	C	D	E	F	G	H
1	봉사단체 회원 관리							
2								
3	회원번호	회원명	지역	연락처	회원구분	가입연도	활동포인트	
4	Feb-001-1&	윤준희	서울시	010-7788-9966	일반회원	2014년	88	
5	Feb-001-2&	이영석	강원도	010-7455-2369	일반회원	2014년	78	
6	Mar-001-3#	임제이	경상도	010-5588-6363	준회원	2017년	50	
7	Apr-001-4$	이하율	충청도	010-8796-1125	준회원	2017년	52	
8	May-001-5%	김보경	전라도	010-6987-2365	일반회원	2013년	85	
9	May-002-6%	이순범	경기도	010-5569-2458	특별회원	2010년	90	
10	Jun-001-1^	허성근	서울시	010-3699-2563	특별회원	2009년	95	
11								

2. 기본작업-2

	A	B	C	D	E	F	G	H	I	J	K
1			**도서 주문판매 현황**								
2									2021-05-14	1사분기	
3	도서명	저자	정가	주문자	주문공급율	주문수량	판매수량	판매율	청구금액		
4	누구나 엑셀 2010	전예리,박혜연	10,000원	강원도서	65.0%	30	25	83.3%	162,500원		
5	누구나 포토샵 CS5	김옥경,황금숙	10,000원	경기서림	75.0%	50	33	66.0%	247,500원		
6	컴퓨터활용능력 2급(실기)	ASO R&D Center	18,000원	제일서적	65.0%	45	38	84.4%	444,600원		
7	작품만들기 한글 2010	ASO R&D Center	10,000원	경기서림	50.0%	50	45	90.0%	225,000원		
8	ITQ Excel 2010	ASO R&D Center	15,000원	제일서적	45.0%	100	77	77.0%	519,750원		
9	ITQ PowerPoint 2010	강희준	15,000원	전문서림	60.0%	30	15	50.0%	135,000원		
10	ITQ 한글 2010	정기혁	15,000원	강원도서	65.0%	50	36	72.0%	351,000원		
11	DIAT Excel 2010	ASO R&D Center	14,000원	전문서림	80.0%	40	29	72.5%	324,800원		
12											

3. 기본작업-3

	A	B	C	D	E	F	G
1		**인턴사원 합격자 명단**					
2							
3	성명	부서	나이	성별	출신대학교	연봉	
4	이민우	기획부	28	남	한국대학교	35,000,000	
5	남경미	회계부	24	여	명동대학교	32,000,000	
6	정길호	인사부	29	남	경동대학교	35,000,000	
7	김기태	영업부	26	남	관림대학교	30,000,000	
8	최희연	비서실	23	여	대한대학교	31,000,000	
9	공두식	총무부	28	남	한국대학교	32,000,000	
10	최희섭	홍보부	27	남	경부대학교	31,500,000	
11	박성무	영업부	29	남	우수대학교	32,000,000	
12	조소영	연구실	26	여	진선대학교	34,000,000	
13							

4. 계산작업

[표1]

과일명	판매량	단가	판매금액
장호원복숭아	268	1,500	402,000
성주참외	285	1,800	513,000
나주배	342	2,000	684,000
영동복숭아	198	1,600	316,800
김포포도	264	2,100	554,400
충주사과	400	1,500	600,000
사천배	268	2,000	536,000
보은참외	329	1,700	559,300
여주 복숭아	311	1,400	435,400
	복숭아류 판매금액 평균		359,000

[표2]

수익률	가입일	펀드명
50%	2020-10-25	해피펀드
36%	2020-09-12	원펀드
39%	2020-09-05	월드펀드
55%	2020-11-10	KOR펀드
40%	2020-10-15	한국펀드
42%	2020-11-27	상공펀드
39%	2020-09-22	대한펀드
51%	2020-10-09	나라펀드
30%	2020-10-05	COM펀드

수익률 순위	펀드명
1	KOR펀드
2	나라펀드

[표3]

회사보유재고	판매오더수량	수입업체보유재고	비고
100	85	50	0
98	75	46	0
75	100	55	25
48	70	10	10
65	90	33	25
78	50	18	0
43	60	10	10
55	50	27	0
71	80	26	9
66	60	37	0

[표4]

지역	불량률	공정개수
서울	10	0
제주	8	1
청주	11	3
광주	9	2
부산	9	0
대구	10	2
인천	12	0
평균불량률		17

[표5]

소속	담당기사	차량번호	운행구분
A팀	이대리	01가6512	오후
A팀	남경필	02가5411	오전
B팀	황주봉	03가4531	오전
A팀	최원석	01가3613	오전
B팀	김주철	02가3578	오후
A팀	황고집	02가8425	오전
B팀	이태랑	01가7254	오후

5. 분석작업-1

스포츠용품 판매현황

분류	구분	상품코드	판매가	수량	매출
용품	등산	A-0329	15,000	300	4,500,000
용품	등산	A-38293	27,000	20	540,000
신발	등산	S-01937	75,000	130	9,750,000
신발	등산	S-01938	40,000	120	4,800,000
신발	조깅	S-28940	38,000	90	3,420,000
의류	조깅	B-02828	85,000	150	12,750,000
의류	등산	B-93821	95,000	210	19,950,000
용품	조깅	A-03924	12,000	20	240,000
용품	등산	A-38294	21,600	10	216,000
신발	조깅	S-01939	35,000	38	1,330,000
신발	조깅	S-28941	26,600	71	1,888,600
신발	등산	S-01938	51,000	38	1,938,000
의류	조깅	B-93822	57,000	28	1,596,000
용품	등산	A-03925	14,400	10	144,000
신발	조깅	S-01950	63,000	15	945,000
신발	등산	S-01983	42,000	20	840,000
의류	조깅	B-93828	68,400	100	6,840,000
신발	등산	S-28949	38,000	90	3,420,000

행 레이블 ▾	열 레이블 ▾ 등산		조깅	
	평균 : 수량	최대값 : 매출	평균 : 수량	최대값 : 매출
신발	80	9,750,000	54	3,420,000
용품	85	4,500,000	20	240,000
의류	210	19,950,000	93	12,750,000

6. 분석작업-2

⊿	A	B	C	D	E	F	G	H	I	J
1										
2		담보대출 상환액								
3	대출금		100,000,000							
4	CD(양도성예금증서)이율		4.25%							
5	개인신용도에따른금리		5.46%							
6	대출기간(년)		15							
7	원금이자상환액(월)		₩814,962							
8	이자납입액(월)		455,000							
9										
10										
11		CD 변동금리에 따른 월 원금이자상환액								
12										
13				대출기간(년)						
14			₩814,962	9	10	11	12	13	14	
15			3.5%	1,137,789	1,046,537	972,150	910,410	858,398	814,027	
16			3.7%	1,147,391	1,056,261	981,998	920,382	868,494	824,248	
17			3.9%	1,157,041	1,066,040	991,905	930,418	878,659	834,541	
18			4.1%	1,166,740	1,075,872	1,001,871	940,518	888,893	844,909	
19			4.3%	1,176,488	1,085,758	1,011,896	950,682	899,195	855,349	
20		CD(양도성예금증서)	4.5%	1,186,285	1,095,698	1,021,979	960,909	909,566	865,863	
21		이율	4.7%	1,196,129	1,105,691	1,032,121	971,199	920,004	876,449	
22			4.9%	1,206,022	1,115,737	1,042,321	981,552	930,510	887,107	
23			5.1%	1,215,963	1,125,836	1,052,578	991,968	941,083	897,837	
24			5.3%	1,225,952	1,135,989	1,062,894	1,002,446	951,724	908,638	
25			5.5%	1,235,989	1,146,194	1,073,267	1,012,987	962,431	919,510	
26			5.7%	1,246,074	1,156,452	1,083,698	1,023,590	973,204	930,453	
27										

7. 매크로 작업

⊿	A	B	C	D	E	F	G	H	I	J	K	L
1			[표] 전화요금계산									
2												
3	고객명	등급명	사용시간	기본요금	조과시간	사용요금	할인금액	청구금액				
4	윤채영	VIP	400	57,000	100	67,000	6,700	60,300		청구금액		
5	임이제	GOLD	450	42,500	250	67,500	6,750	60,750				
6	박동준	다이아몬드	550	19,000	430	62,000	6,200	55,800		최대값		
7	장금숙	VIP	430	57,000	130	70,000	7,000	63,000				
8	이재관	SILVER	330	32,000	230	55,000	5,500	49,500				
9	문진호	다이아몬드	420	19,000	300	49,000	4,900	44,100				
10	맹주표	GOLD	480	42,500	280	70,500	7,050	63,450				
11	김봉주	SILVER	120	32,000	20	34,000	3,400	30,600				
12	임상미	VIP	85	57,000	-215	57,000	0	57,000				
13	이민지	다이아몬드	230	19,000	110	30,000	3,000	27,000				
14	곽경택	SILVER	78	32,000	-28	32,000	0	32,000				
15	김남주	GOLD	60	42,500	-140	42,500	0	42,500				
16		최대값				70,500	7,050	63,450				
17												

8. 차트 작업

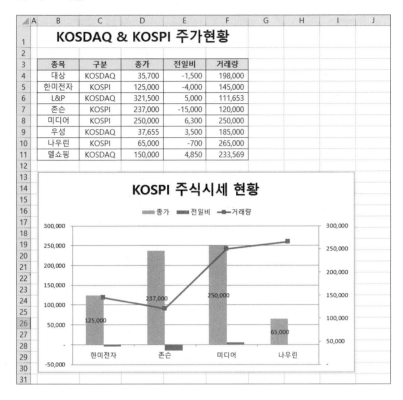

종목	구분	종가	전일비	거래량
대상	KOSDAQ	35,700	-1,500	198,000
한미전자	KOSPI	125,000	-4,000	145,000
L&P	KOSDAQ	321,500	5,000	111,653
존슨	KOSPI	237,000	-15,000	120,000
미디어	KOSPI	250,000	6,300	250,000
우성	KOSDAQ	37,655	3,500	185,000
나우린	KOSPI	65,000	-700	265,000
델쇼핑	KOSDAQ	150,000	4,850	233,569

제 05 회 최신유형 기출문제 ː 해설 ː

문제 01 기본작업(20점)

1. 기본작업-2

	A	B	C	D	E	F	G	H	I	J	K
1			**도서 주문판매 현황**								
2									2021-05-14	1사분기	
3	도서명	저자	정가	주문자	주문공급율	주문수량	판매수량	판매율	청구금액		
4	누구나 액셀 2010	전예리,박혜연	10,000원	강원도서	65.0%	30	25	83.3%	162,500원		
5	누구나 포토샵 CS5	김옥경,황금숙	10,000원	경기서림	75.0%	50	33	66.0%	247,500원		
6	컴퓨터활용능력 2급(실기)	ASO R&D Center	18,000원	제일서적	65.0%	45	38	84.4%	444,600원		
7	작품만들기 한글 2010	ASO R&D Center	10,000원	경기서림	50.0%	50	45	90.0%	225,000원		
8	ITQ Excel 2010	ASO R&D Center	15,000원	제일서적	45.0%	100	77	77.0%	519,750원		
9	ITQ PowerPoint 2010	강희준	15,000원	전문서림	60.0%	30	15	50.0%	135,000원		
10	ITQ 한글 2010	정기혁	15,000원	강원도서	65.0%	50	36	72.0%	351,000원		
11	DIAT Excel 2010	ASO R&D Center	14,000원	전문서림	80.0%	40	29	72.5%	324,800원		
12											

2. 기본작업-3

	A	B	C	D	E	F	G
1			**인턴사원 합격자 명단**				
2							
3	성명	부서	나이	성별	출신대학교	연봉	
4	이민우	기획부	28	남	한국대학교	35,000,000	
5	남경미	회계부	24	여	명동대학교	32,000,000	
6	정길호	인사부	29	남	경동대학교	35,000,000	
7	김기태	영업부	26	남	관림대학교	30,000,000	
8	최희연	비서실	23	여	대한대학교	31,000,000	
9	공두식	총무부	28	남	한국대학교	32,000,000	
10	최희섭	홍보부	27	남	경부대학교	31,500,000	
11	박성무	영업부	29	남	우수대학교	32,000,000	
12	조소영	연구실	26	여	진선대학교	34,000,000	
13							

▶ [데이터] 탭-[데이터 도구] 그룹-[텍스트 나누기]를 이용

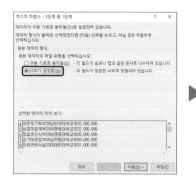  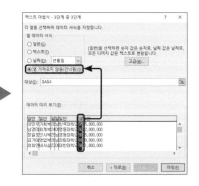

문제 02 계산작업(40점)

	A	B	C	D	E	F	G	H	I	J	K	L
1	[표1]					[표2]						
2	과일명	판매량	단가	판매금액		수익률	가입일	펀드명		수익률 순위	펀드명	
3	장호원복숭아	268	1,500	402,000		50%	2020-10-25	해피펀드		1	KOR펀드	
4	성주참외	285	1,800	513,000		36%	2020-09-12	윈펀드		2	나라펀드	
5	나주배	342	2,000	684,000		39%	2020-09-05	월드펀드				
6	영동복숭아	198	1,600	316,800		55%	2020-11-10	KOR펀드				
7	김포포도	264	2,100	554,400		40%	2020-10-15	한국펀드				
8	충주사과	400	1,500	600,000		42%	2020-11-27	상공펀드				
9	사천배	268	2,000	536,000		39%	2020-09-22	대한펀드				
10	보은참외	329	1,700	559,300		51%	2020-10-09	나라펀드				
11	여주 복숭아	311	1,400	435,400		30%	2020-10-05	COM펀드				
12		복숭아류 판매금액 평균		359,000								
13												
14												
15	[표3]					[표4]						
16	회사보유재고	판매오더수량	수입업체보유재고	비고		지역	불량률	공정개수				
17	100	85	50	0		서울	10	0				
18	98	75	46	0		제주	8	1				
19	75	100	55	25		청주	11	3				
20	48	70	10	10		광주	9	2				
21	65	90	33	25		부산	9	0				
22	78	50	18	0		대구	10	2				
23	43	60	10	10		인천	12	0				
24	55	50	27	0		평균불량률		17				
25	71	80	26	9								
26	66	60	37	0								
27												
28												
29	[표5]											
30	소속	담당기사	차량번호	운행구분								
31	A팀	이대리	01가6512	오후								
32	A팀	남경필	02가5411	오전								
33	B팀	황주봉	03가4531	오전								
34	A팀	최원석	01가3613	오전								
35	B팀	김주철	02가3578	오후								
36	A팀	황고집	02가8425	오전								
37	B팀	이태랑	01가7254	오후								
38												

▶ 함수식

[표1] 판매금액 평균[D12]	[D12] 셀에 '=ROUND(AVERAGEIFS(D3:D11,A3:A11,"*복숭아",C3:C11,">=1500"),-3)'를 입력합니다.
[표2] 펀드명[K3:K4]	[K3] 셀에 '=VLOOKUP(LARGE($F$3:$F$11,J3),$F$3:$H$11,3,0)'을 입력한 후, 채우기 핸들을 [K4] 셀까지 드래그 합니다.
[표3] 비고[D17:D26]	[D17] 셀에 '=IF(A17>=B17,0,MIN(B17-A17,C17))'를 입력한 후, 채우기 핸들을 [D26] 셀까지 드래그 합니다.
[표4] 평균불량률[H24]	[H24] 셀에 '=TRUNC(SUM(G17:G23)/COUNTIF(H17:H23,"<>0"))'을 입력합니다.
[표5] 운행구분[D31:D37]	[D31] 셀에 '=IF(MOD(RIGHT(C31,1),2)=0,"오후","오전")'을 입력한 후, 채우기 핸들을 [D37] 셀까지 드래그 합니다.

문제 ③ 분석작업(20점)

1. 분석작업-1

	A	B	C	D	E	
24						
25		열 레이블 ▾				
26			등산		조깅	
27	행 레이블 ▾	평균 : 수량	최대값 : 매출	평균 : 수량	최대값 : 매출	
28	신발	80	9,750,000	54	3,420,000	
29	용품	85	4,500,000	20	240,000	
30	의류	210	19,950,000	93	12,750,000	
31						

▶ [삽입] 탭-[표] 그룹-[피벗 테이블] 이용

▶ 피벗 테이블 내에서 마우스 오른쪽 버튼-[피벗 테이블 옵션] 이용

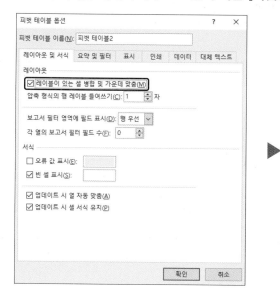 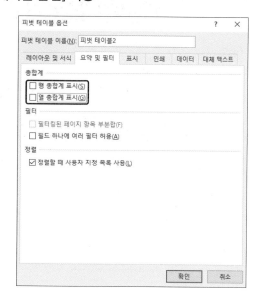

2. 분석작업-2

	B	C	D	E	F	G	H	I	J
11			CD 변동금리에 따른 월 원금이자상환액						
12									
13			대출기간(년)						
14		₩814,962	9	10	11	12	13	14	
15		3.5%	1,137,789	1,046,537	972,150	910,410	858,398	814,027	
16		3.7%	1,147,391	1,056,261	981,998	920,382	868,494	824,248	
17		3.9%	1,157,041	1,066,040	991,905	930,418	878,659	834,541	
18		4.1%	1,166,740	1,075,872	1,001,871	940,518	888,893	844,909	
19		4.3%	1,176,488	1,085,758	1,011,896	950,682	899,195	855,349	
20	CD(양도성예금증서)	4.5%	1,186,285	1,095,698	1,021,979	960,909	909,566	865,863	
21	이율	4.7%	1,196,129	1,105,691	1,032,121	971,199	920,004	876,449	
22		4.9%	1,206,022	1,115,737	1,042,321	981,552	930,510	887,107	
23		5.1%	1,215,963	1,125,836	1,052,578	991,968	941,083	897,837	
24		5.3%	1,225,952	1,135,989	1,062,894	1,002,446	951,724	908,638	
25		5.5%	1,235,989	1,146,194	1,073,267	1,012,987	962,431	919,510	
26		5.7%	1,246,074	1,156,452	1,083,698	1,023,590	973,204	930,453	
27									

▶ [데이터] 탭-[예측] 그룹-[가상분석]-[데이터 표] 이용

1. 매크로 작업

	A	B	C	D	E	F	G	H	I	J	K	L
1				**[표] 전화요금계산**								
2												
3	고객명	등급명	사용시간	기본요금	초과시간	사용요금	할인금액	청구금액				
4	윤채영	VIP	400	57,000	100	67,000	6,700	60,300		청구금액		
5	임이제	GOLD	450	42,500	250	67,500	6,750	60,750				
6	박동준	다이아몬드	550	19,000	430	62,000	6,200	55,800				
7	장금숙	VIP	430	57,000	130	70,000	7,000	63,000		최대값		
8	이재관	SILVER	330	32,000	230	55,000	5,500	49,500				
9	문진호	다이아몬드	420	19,000	300	49,000	4,900	44,100				
10	맹주표	GOLD	480	42,500	280	70,500	7,050	63,450				
11	김봉주	SILVER	120	32,000	20	34,000	3,400	30,600				
12	임상미	VIP	85	57,000	-215	57,000	0	57,000				
13	이민지	다이아몬드	230	19,000	110	30,000	3,000	27,000				
14	곽경택	SILVER	78	32,000	-28	32,000	0	32,000				
15	김남주	GOLD	60	42,500	-140	42,500	0	42,500				
16			최대값			70,500	7,050	63,450				
17												

▶ [양식 컨트롤]-<단추>에 '**청구금액**' 매크로 지정

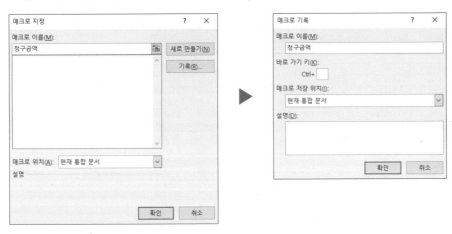

▶'**빗면**' 도형에 '**서식**' 매크로 지정

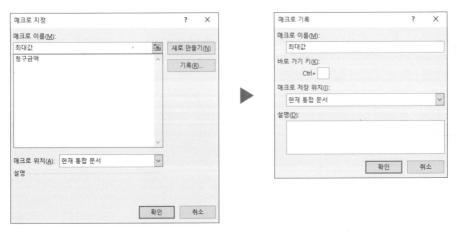

2. 차트 작업

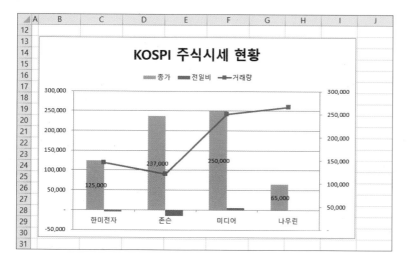

▶ 차트 영역에서 마우스 오른쪽 버튼-[바로 가기] 메뉴-[데이터 선택] 이용

▲ 〈범례 항목(계열)〉 항목에서 [추가(A)] 단추 클릭 후 계열 이름(D3)과 계열 값 (D5, D7:D8, D10) 지정

▲ 〈가로(항목) 축 레이블〉 항목에서 [편집(T)] 단추 클릭 후 축 레이블 범위(B5, B7:B8, B10) 지정

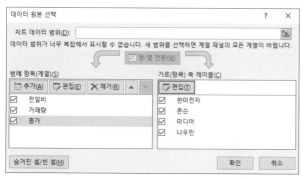

▲ '종가' 계열 추가 완료

▶ <범례 항목 (계열)>에서 '종가' 선택 후 ▲ 단추 클릭하여 위치 이동

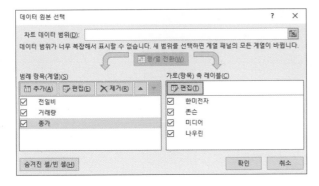

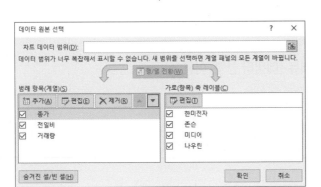

MEMO

제 06 회 최신유형 기출문제

프로그램명	제한시간
EXCEL 2016	40분

수험번호 :
성 명 :

◆ 2급 F형 ◆

유 의 사 항

- 인적 사항 누락 및 잘못 작성으로 인한 불이익은 수험자 책임으로 합니다.

- 화면에 암호 입력창이 나타나면 아래의 암호를 입력하여야 합니다.
  - 암호 : 64*258

- 작성된 답안은 주어진 경로 및 파일명을 변경하지 마시고 그대로 저장해야 합니다. 이를 준수하지 않으면 실격처리 됩니다.

- 외부데이터 위치 : C:₩OA₩파일명

- 별도 지시사항이 없는 경우, 다음과 같이 처리 시 실격 처리됩니다.
  - 제시된 시트 및 개체의 순서나 이름을 임의로 변경한 경우
  - 제시된 시트 및 개체를 임의로 추가 또는 삭제한 경우

- 답안은 반드시 문제에서 지시 또는 요구한 셀에 입력하여야 하며 다음과 같이 처리 시 채점 대상에서 제외됩니다.
  - 수험자가 임의로 지시하지 않은 셀의 이동, 수정, 삭제, 변경 등으로 인해 셀의 위치 및 내용이 변경된 경우 해당 작업에 영향을 미치는 관련문제 모두 채점 대상에서 제외
  - 도형 및 차트의 개체가 중첩되어 있거나 동일한 계산결과 시트가 복수로 존재할 경우 해당 개체나 시트는 채점 대상에서 제외

- 수식 작성 시 제시된 문제 파일의 데이터는 변경 가능한(가변적) 데이터임을 감안하여 문제 풀이를 하시오.

- 별도의 지시사항이 없는 경우, 주어진 각 시트 및 개체의 설정값 또는 기본 설정값(Default)으로 처리하시오.

- 저장 시간은 별도로 주어지지 않으므로 제한된 시간 내에 저장을 완료해야 하며, 제한 시간 내에 저장이 되지 않은 경우에는 실격 처리됩니다.

- 출제된 문제의 용어는 Microsoft office 2016 기준으로 작성되어 있습니다.

대 한 상 공 회 의 소

문제 01 주어진 시트에서 다음 과정을 수행하고 저장하시오.

1. '기본작업-1' 시트에 다음의 자료를 주어진 대로 입력하시오. (5점)

	A	B	C	D	E	F	G	H
1	정보화활용 수강신청 현황							
2								
3	학번	이름	성별	개인ID	학과	수강코드	연락처	
4	1609110	윤준희	남자	ygh0506	영상미디어과	YS-116	010-5333-9687	
5	1608117	임석훈	남자	limsh1004	경영정보과	KY-225	010-4458-7788	
6	1705223	김상수	남자	kss1225	디지털영상과	DP-256	010-2526-7896	
7	1706995	최영미	여자	cym0708	시각디자인과	SP-968	010-3698-6987	
8	1612227	남경아	여자	nka1004	영어영문학과	EN-227	010-6547-3256	
9	1711009	도경수	남자	dks1212	건축학과	KU-886	010-3698-6547	
10	1617032	황수정	여자	hsj5050	멀티미디어과	MU-578	010-8529-6325	
11								

2. '기본작업-2' 시트에 대하여 다음의 지시사항을 처리하시오. (각 2점)

① [A1:F1] 영역은 '병합하고 가운데 맞춤', 글꼴 크기 '20', 글꼴 스타일 '굵게', 글꼴 색 '표준 색-파랑'으로 지정하시오.

② [A3:F3] 영역은 셀 스타일을 '강조색1'로 적용하고, [D4:D12] 영역은 셀 서식의 백분율(%) 표시 형식을 이용하여 지정하시오.

③ [A13] 셀에 입력된 문자열 '합계'를 한자 '合計'로 변경하시오.

④ [F2] 셀은 사용자 지정 표시 형식을 이용하여 날짜를 [표시 예]와 같이 표시하시오.
   [표시 예 : 2020-12-25 → 2020년 12월분]

⑤ [A3:F13] 영역에 '모든 테두리(⊞)'를 적용하고, [B13], [D13] 셀은 '/' 모양의 대각선을 적용하여 표시하시오.

3. '기본작업-3' 시트에서 다음의 지시사항을 처리하시오. (5점)

– '인턴사원 입사시험 성적 현황' 표에서 생년월일이 '1994-1-1' 이후이면서 영어가 '90' 이상이거나, 생년월일이 '1989-12-31' 이전이면서 면접이 '90' 이상인 데이터의 '수험번호', '성명', '생년월일', '총점' 열만 고급필터를 이용하여 표시하시오.
   ▶ 고급 필터 조건은 [A18:H22] 영역 내에 알맞게 입력하시오.
   ▶ 고급 필터 결과는 [A23] 셀부터 표시하시오.

문제 02 '계산작업' 시트에서 다음 과정을 수행하고 저장하시오.

1. [표1]에서 계약일재[C3:C11]의 일을 이용하여 기간구분[D3:D11]을 계산하시오. (8점)

   ▶ 기간구분은 계약일자의 일이 10 이하이면 '초순', 10 초과 20 이하이면 '중순', 20 초과이면 '하순'으로 표시
   ▶ MONTH, DAY, IF, DATE 함수 중 알맞은 함수 사용

2. [표2]에서 지역[G3:G10]이 '중구'인 후원금[H3:H10]의 합계를 구하여 중구 지역의 후원금 합계[G13] 셀에 표시하시오. (8점)

   ▶ 중구 지역의 후원금 합계는 백의 자리에서 올림하여 천 단위까지 표시 [표시 예 : 71,248,340 → 71,249,000]
   ▶ DSUM, DAVERAGE, ROUND, ROUNDUP 함수 중 알맞은 함수 사용

3. [표3]에서 상품코드[A18:A22]와 판매 단가표[B25:D26]를 이용하여 판매단가[D18:D22]를 계산하시오. (8점)

   ▶ 상품번호는 상품코드의 왼쪽에서 네 문자를 이용하여 계산
   ▶ MID, HLOOKUP 함수 사용

4. [표4]에서 상품명[F18:F22]에서 '/' 뒤의 문자열만 뽑아 저장용량[G18:G22]에 표시하시오. (8점)

- ▶ 표시 예 : SM-M205N/32GB → 32GB
- ▶ RIGHT, LEN, SEARCH 함수 사용

5. [표5]에서 직위[C33:C41]와 인사고과[D33:D41]를 이용하여 직위별 인사고과평균[C44:C47]을 계산하시오. (8점)

- ▶ 직위[B44:B47]를 이용하여 각 직위별 인사고과평균을 구하고, 산출된 값 앞에 해당 직위를 추가하여 표시하시오.
  [표시 예 : 부장 직위의 인사고과 평균이 87인 경우 → 부장-87]
- ▶ AVERAGEIF 함수와 & 연산자 사용

문제 **03** 주어진 시트에서 다음 작업을 수행하고 저장하시오. 분석작업(20점)

1. '분석작업-1' 시트에 대하여 다음의 지시사항을 처리하시오. (10점)

– '자사 순이익 현황' 표에서 기타비용[C4]이 다음과 같이 변동하는 경우 순이익[D4]의 변동 시나리오를 작성하시오.
  - ▶ 셀 이름 정의 : [C4] 셀은 '기타비용', [D4] 셀은 '순이익'으로 정의하시오.
  - ▶ 시나리오1 : 시나리오 이름은 '기타비용 인상', 기타비용을 1200으로 설정하시오.
  - ▶ 시나리오2 : 시나리오 이름은 '기타비용 인하', 기타비용을 1000으로 설정하시오.
  - ▶ 시나리오 요약 시트는 '분석작업-1' 시트의 바로 앞에 위치시키시오.
    ※ 시나리오 요약 보고서 작성 시 정답과 일치하여야 하며, 오자로 인한 부분점수는 인정하지 않음

2. '분석작업-2' 시트에 대하여 다음의 지시사항을 처리하시오. (10점)

– [부분합] 기능을 이용하여 '부서별 사원 임금 현황' 표에 〈그림〉과 '부서명'별 '기본급', '성과급', '정근수당'의 평균을 계산 후 '총계'의 최대값을 계산하시오.
  - ▶ 정렬은 '부서명'을 기준으로 '인사부', '기획부', '관리부', '영업부'순으로 정렬하고, '총계' 기준으로 내림차순으로 처리하시오.
  - ▶ 평균과 최대값은 위에 명시된 순서대로 처리하시오.

	A	B	C	D	E	F	G	H
1			부서별 사원 임금 현황					
2								
3	이름	부서명	직급	기본급	성과급	정근수당	총계	
4	윤채영	인사부	과장	2,100,000	500,000	130,000	2,730,000	
5	이소라	인사부	사원	1,900,000	500,000	55,000	2,455,000	
6		인사부 최대값					2,730,000	
7		인사부 평균		2,000,000	500,000	92,500		
8	원세진	기획부	대리	1,700,000	500,000	70,000	2,270,000	
9		기획부 최대값					2,270,000	
10		기획부 평균		1,700,000	500,000	70,000		
11	박형준	관리부	대리	1,850,000	500,000	70,000	2,420,000	
12	장금숙	관리부	사원	1,800,000	500,000	50,000	2,350,000	
13		관리부 최대값					2,420,000	
14		관리부 평균		1,825,000	500,000	60,000		
15	이재관	영업부	과장	2,050,000	500,000	100,000	2,650,000	
16	임상미	영업부	대리	1,880,000	500,000	75,000	2,455,000	
17	문진호	영업부	대리	1,850,000	500,000	70,000	2,420,000	
18	맹주표	영업부	대리	1,800,000	300,000	70,000	2,170,000	
19		영업부 최대값					2,650,000	
20		영업부 평균		1,895,000	450,000	78,750		
21		전체 최대값					2,730,000	
22		전체 평균		1,881,111	477,778	76,667		
23								

문제 04 주어진 시트에서 다음 작업을 수행하고 저장하시오.

1. '매크로 작업' 시트의 [표]에서 다음과 같은 기능을 수행하는 매크로를 현재 통합 문서에 작성하고 실행하시오.(각 5점)

① [G4:G12] 영역에 각 스포츠센터별 헬스, 수영, 에어로빅의 합계를 계산하는 매크로를 생성하여 실행하시오.
- ▶ 매크로 이름 : 총수입액   ▶ 총수입액 = 헬스 + 수영 + 에어로빅
- ▶ [개발 도구]–[삽입]–[양식 컨트롤]의 '단추'를 동일 시트의 [I4:J5] 영역에 생성하고, 텍스트를 '총수입액'으로 입력한 후 단추를 클릭할 때 '총수입액' 매크로가 실행되도록 설정하시오.

② [D4:G12] 영역에 표시 형식을 '회계 표시 형식(₩)'으로 표시하는 매크로를 생성하여 실행하시오.
- ▶ 매크로 이름 : 통화서식
- ▶ [도형]–[기본 도형]의 '모서리가 둥근 직사각형(▢)'을 동일 시트의 [I7:J8] 영역에 생성하고, 텍스트를 '통화서식'으로 입력한 후 도형을 클릭할 때 '통화서식' 매크로가 실행되도록 설정하시오.

  ※ 셀 포인터의 위치에 상관없이 현재 통합 문서에서 매크로가 실행되어야 정답으로 인정됨

2. '차트작업' 시트의 차트를 지시사항에 따라 아래 그림과 같이 수정하시오. (각 2점)

① 주거형태가 '아파트'인 세대주의 '월소득', '잡비', '식비', '문화생활비' 데이터를 이용하여 '누적 세로 막대형'으로 [A12:G27] 영역에 차트를 작성하시오.

② '월소득' 계열의 차트 종류는 '표식이 있는 꺾은선형'으로 변경하고, 데이터 계열을 '보조 축'으로 지정하시오.

③ 범례는 서식을 이용하여 위치를 '위쪽'으로 배치하고 차트 제목은 〈그림〉과 같이 입력하고, 글꼴은 '맑은 고딕', 글꼴 스타일은 '굵게', 글꼴 크기는 '18'로 지정하시오.

④ '월소득' 계열의 '최성국' 요소와 '김국진' 요소에만 데이터 레이블 '값'이 표시되도록 설정하시오.

⑤ 그림 영역에 도형 스타일 '미세 효과 . 황록색, 강조 3'을 적용하시오.

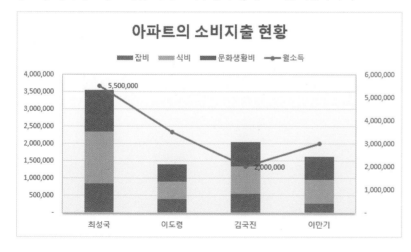

제 06 회 최신유형 기출문제 : 정답 :

1. 기본작업-1

	A	B	C	D	E	F	G	H
1	정보화활용 수강신청 현황							
2								
3	학번	이름	성별	개인ID	학과	수강코드	연락처	
4	1609110	윤준희	남자	ygh0506	영상미디어과	YS-116	010-5333-9687	
5	1608117	임석훈	남자	limsh1004	경영정보과	KY-225	010-4458-7788	
6	1705223	김상수	남자	kss1225	디지털영상과	DP-256	010-2526-7896	
7	1706995	최영미	여자	cym0708	시각디자인과	SP-968	010-3698-6987	
8	1612227	남경아	여자	nka1004	영어영문학과	EN-227	010-6547-3256	
9	1711009	도경수	남자	dks1212	건축학과	KU-886	010-3698-6547	
10	1617032	황수정	여자	hsj5050	멀티미디어과	MU-578	010-8529-6325	
11								

2. 기본작업-2

	A	B	C	D	E	F	G
1	보수 지급 현황						
2						2020년 12월분	
3	사원명	영업실적	기본급	상여비율	수당	총급여액	
4	박동준	26	1,950,000	33%	643,500	2,593,500	
5	맹주표	17	1,850,000	35%	647,500	2,497,500	
6	남기원	33	1,785,000	40%	714,000	2,499,000	
7	원세진	35	1,985,000	45%	893,250	2,878,250	
8	문진호	29	1,875,000	50%	937,500	2,812,500	
9	장금숙	16	1,885,000	30%	565,500	2,450,500	
10	이재관	39	1,900,000	36%	684,000	2,584,000	
11	이상아	22	1,795,000	42%	753,900	2,548,900	
12	김봉주	29	1,895,000	45%	852,750	2,747,750	
13	합계		16,920,000		6,691,900	23,611,900	
14							

3. 기본작업-3

	A	B	C	D	E	F	G	H	I
1	인턴사원 입사시험 성적 현황								
2									
3	수험번호	성명	생년월일	영어	전공	상식	면접	총점	
4	17-001	윤준희	1995-12-01	98	77	76	88	339	
5	17-002	박건우	1992-04-03	87	67	87	76	317	
6	17-003	임상철	1989-07-05	90	89	90	67	336	
7	17-004	김재우	1995-01-30	100	90	95	54	339	
8	17-005	안영돈	1994-03-20	87	98	45	86	316	
9	17-006	이하영	1987-11-10	96	95	57	90	338	
10	17-007	이재록	1991-06-02	86	96	78	93	353	
11	17-008	오정원	1989-06-06	96	100	89	95	380	
12	17-009	김숙희	1995-03-05	92	77	100	96	365	
13	17-010	이경수	1993-05-08	100	86	90	73	349	
14	17-011	신문고	1994-09-02	98	57	92	64	311	
15	17-012	최달호	1989-06-15	76	98	76	87	337	
16	17-013	양혜영	1992-03-05	64	84	89	75	312	
17									
18	생년월일	영어	면접						
19	>=1994-1-1	>=90							
20	<=1989-12-31		>=90						
21									
22									
23	수험번호	성명	생년월일	총점					
24	17-001	윤준희	1995-12-01	339					
25	17-004	김재우	1995-01-30	339					
26	17-006	이하영	1987-11-10	338					
27	17-008	오정원	1989-06-06	380					
28	17-009	김숙희	1995-03-05	365					
29	17-011	신문고	1994-09-02	311					
30									

4. 계산작업

	A	B	C	D	E	F	G	H	I	J	K
1	[표1]					[표2]					
2	펜션	매매 금액	계약일자	기간구분		담당자	지역	후원금			
3	A형	354,000	2021-07-03	초순		김달호	중구	15,297,520			
4	B형	245,000	2021-07-08	초순		이중수	서대문구	25,487,430			
5	C형	120,000	2021-07-23	하순		남동훈	양천구	46,782,890			
6	C형	120,000	2021-07-15	중순		김준성	중구	27,158,500			
7	A형	354,000	2021-07-20	중순		남일우	강남구	35,489,300			
8	A형	354,000	2021-07-23	하순		장시영	서대문구	78,952,730			
9	B형	245,000	2021-07-28	하순		이동숙	노원구	31,276,200			
10	B형	245,000	2021-06-29	하순		전수환	중구	33,792,320			
11	C형	120,000	2021-07-21	하순							
12							중구 지역의 후원금 합계				
13								76,249,000			
14											
15											
16	[표3]					[표4]					
17	상품코드	상품명	판매량	판매단가		상품명	저장용량	판매가	판매 수량	판매금액 합	
18	FA01-04	복합FAX	2,450	350,000		SM-M205N/32GB	32GB	90000	100	9000000	
19	FA02-01	FAX	1,520	1,200,000		A1863/256GB	256GB	470000	130	61100000	
20	FA02-10	FAX	560	1,200,000		SM-N960/8GB	8GB	320000	150	48000000	
21	FA01-21	FAX	1,420	350,000		SM-G97/128GB	128GB	130000	120	15600000	
22	MF01-03	복합FAX	2,200	2,400,000		LM-V409N/16GB	16GB	650000	100	65000000	
23											
24	<판매 단가표>										
25	상품번호	FA01	FA02	MF01							
26	단가	350,000	1,200,000	2,400,000							
27											
28											
29											
30											
31	[표5]										
32	성명	부서명	직위	인사고과							
33	박경아	총무부	과장	80							
34	최지선	총무부	대리	85							
35	김봄주	영업부	사원	88							
36	박형준	기술지원부	사원	84							
37	김하영	영업부	대리	75							
38	이명석	비서실	부장	85							
39	허성근	인사부	부장	95							
40	황선미	감사실	과장	86							
41	정유경	비서실	사원	68							
42											
43		직위	인사고과평균								
44		부장	부장-90								
45		과장	과장-83								
46		대리	대리-80								
47		사원	사원-80								
48											

5. 분석작업-1

	현재 값:	기타비용 인상	기타비용 인하
시나리오 요약			
변경 셀:			
기타비용	1,100	1,200	1,000
결과 셀:			
순이익	400	300	500

참고: 현재 값 열은 시나리오 요약 보고서가 작성될 때의
변경 셀 값을 나타냅니다. 각 시나리오의 변경 셀들은
회색으로 표시됩니다.

6. 분석작업-2

부서별 사원 임금 현황

이름	부서명	직급	기본급	성과급	정근수당	총계
윤채영	인사부	과장	2,100,000	500,000	130,000	2,730,000
이소라	인사부	사원	1,900,000	500,000	55,000	2,455,000
인사부 최대값						2,730,000
인사부 평균			2,000,000	500,000	92,500	
원세진	기획부	대리	1,700,000	500,000	70,000	2,270,000
기획부 최대값						2,270,000
기획부 평균			1,700,000	500,000	70,000	
박형준	관리부	대리	1,850,000	500,000	70,000	2,420,000
장금숙	관리부	사원	1,800,000	500,000	50,000	2,350,000
관리부 최대값						2,420,000
관리부 평균			1,825,000	500,000	60,000	
이재관	영업부	과장	2,050,000	500,000	100,000	2,650,000
임상미	영업부	대리	1,880,000	500,000	75,000	2,455,000
문진호	영업부	대리	1,850,000	500,000	70,000	2,420,000
맹주표	영업부	대리	1,800,000	300,000	70,000	2,170,000
영업부 최대값						2,650,000
영업부 평균			1,895,000	450,000	78,750	
전체 최대값						2,730,000
전체 평균			1,881,111	477,778	76,667	

7. 매크로 작업

[표] 스포츠센터별 수입현황

스포츠센터	전화번호	수강인원	헬스	수영	에어로빅	총수입액
서구스포츠	693-9988	134	₩2,700,000	₩3,100,000	₩1,800,000	₩7,600,000
롯데스포츠	568-9977	155	₩3,500,000	₩3,800,000	₩2,300,000	₩9,600,000
구로체육관	636-8585	103	₩2,300,000	₩2,050,000	₩1,550,000	₩5,900,000
청소년수련관	456-7890	137	₩2,780,000	₩3,170,000	₩2,050,000	₩8,000,000
신림스포츠	258-3698	94	₩1,980,000	₩2,120,000	₩1,800,000	₩5,900,000
가정체육관	236-6549	110	₩2,620,000	₩3,030,000	₩1,750,000	₩7,400,000
성수스포츠	550-7744	83	₩1,900,000	₩1,770,000	₩1,300,000	₩4,970,000
영등포스포츠	665-2323	141	₩3,420,000	₩3,730,000	₩2,250,000	₩9,400,000
영아체육관	487-9698	87	₩1,900,000	₩2,050,000	₩1,550,000	₩5,500,000

총수입액

통화서식

8. 차트 작업

	세대주	주거형태	가족수	월소득	잡비	식비	문화생활비
		주거형태별 소비지출 현황					
최성국	아파트	5	5,500,000	850,000	1,500,000	1,200,000
이도령	아파트	3	3,500,000	400,000	500,000	500,000
김국진	아파트	4	2,000,000	550,000	800,000	700,000
이만기	아파트	4	3,000,000	270,000	700,000	650,000
박준호	단독주택	3	2,700,000	250,000	450,000	400,000
윤기철	단독주택	5	4,000,000	450,000	1,100,000	900,000
신문고	단독주택	4	4,700,000	850,000	850,000	800,000

아파트의 소비지출 현황

제 06 회 최신유형 기출문제 ∶ 해설 ∶

문제 01 기본작업(20점)

1. 기본작업-2

	A	B	C	D	E	F	G
1	보수 지급 현황						
2						2020년 12월분	
3	사원명	영업실적	기본급	상여비율	수당	총급여액	
4	박동준	26	1,950,000	33%	643,500	2,593,500	
5	맹주표	17	1,850,000	35%	647,500	2,497,500	
6	남기원	33	1,785,000	40%	714,000	2,499,000	
7	원세진	35	1,985,000	45%	893,250	2,878,250	
8	문진호	29	1,875,000	50%	937,500	2,812,500	
9	장금숙	16	1,885,000	30%	565,500	2,450,500	
10	이재관	39	1,900,000	36%	684,000	2,584,000	
11	이상아	22	1,795,000	42%	753,900	2,548,900	
12	김봉주	29	1,895,000	45%	852,750	2,747,750	
13	합계		16,920,000		6,691,900	23,611,900	
14							

※ [F2] 셀 사용자 지정 서식을 yyyy"년" mm"월분"으로 지정

2. 기본작업-3

	A	B	C	D	E
17					
18	생년월일	영어	면접		
19	>=1994-1-1	>=90			
20	<=1989-12-31		>=90		
21					
22					
23	수험번호	성명	생년월일	총점	
24	17-001	윤준희	1995-12-01	339	
25	17-004	김재우	1995-01-30	339	
26	17-006	이하영	1987-11-10	338	
27	17-008	오정원	1989-06-06	380	
28	17-009	김숙희	1995-03-05	365	
29	17-011	신문고	1994-09-02	311	
30					

▶ [데이터] 탭-[정렬 및 필터] 그룹-[고급]을 이용

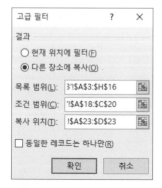

문제 02 계산작업(40점)

	A	B	C	D	E	F	G	H	I	J	K
1	[표1]					[표2]					
2	펜션	매매 금액	계약일자	기간구분		담당자	지역	후원금			
3	A형	354,000	2021-07-03	초순		김달호	중구	15,297,520			
4	B형	245,000	2021-07-08	초순		이충수	서대문구	25,487,430			
5	C형	120,000	2021-07-23	하순		남동훈	양천구	46,782,890			
6	C형	120,000	2021-07-15	중순		김준성	중구	27,158,500			
7	A형	354,000	2021-07-20	중순		남일우	강남구	35,489,300			
8	A형	354,000	2021-07-23	하순		장시영	서대문구	78,952,730			
9	B형	245,000	2021-07-28	하순		이동숙	노원구	31,276,200			
10	B형	245,000	2021-06-29	하순		전수환	중구	33,792,320			
11	C형	120,000	2021-07-21	하순							
12							중구 지역의 후원금 합계				
13							76,249,000				
14											
15											
16	[표3]					[표4]					
17	상품코드	상품명	판매량	판매단가		상품명	저장용량	판매가	판매 수량	판매금액 합	
18	FA01-04	복합FAX	2,450	350,000		SM-M205N/32GB	32GB	90000	100	9000000	
19	FA02-01	FAX	1,520	1,200,000		A1863/256GB	256GB	470000	130	61100000	
20	FA02-10	FAX	560	1,200,000		SM-N960/8GB	8GB	320000	150	48000000	
21	FA01-21	FAX	1,420	350,000		SM-G97/128GB	128GB	130000	120	15600000	
22	MF01-03	복합FAX	2,200	2,400,000		LM-V409N/16GB	16GB	650000	100	65000000	
23											
24	<판매 단가표>										
25	상품번호	FA01	FA02	MF01							
26	단가	350,000	1,200,000	2,400,000							
27											
28											
29											
30											
31	[표5]										
32	성명	부서명	직위	인사고과							
33	박경아	총무부	과장	80							
34	최지선	총무부	대리	85							
35	김봉주	영업부	사원	88							
36	박형준	기술지원부	사원	84							
37	김하영	영업부	대리	75							
38	이영석	비서실	부장	85							
39	허성근	인사부	부장	95							
40	황선미	감사실	과장	86							
41	정유경	비서실	사원	68							
42											
43		직위	인사고과평균								
44		부장	부장-90								
45		과장	과장-83								
46		대리	대리-80								
47		사원	사원-80								
48											

▶ 함수식

[표1] 기간구분[D3:D11]	[D3] 셀에 '=IF(DAY(C3)<=10,"초순",IF(DAY(C3)<=20,"중순","하순"))'을 입력한 후, 채우기 핸들을 [D11] 셀까지 드래그 합니다.
[표2] 후원금 합계[G13]	[G13] 셀에 '=ROUNDUP(DSUM(F2:H10,3,G2:G3),-3)'을 입력합니다.
[표3] 판매단가[D18:D22]	[D18] 셀에 '=HLOOKUP(MID(A18,1,4),$B$25:$D$26,2,FALSE)'를 입력한 후, 채우기 핸들을 [D22] 셀까지 드래그 합니다.
[표4] 저장용량[G18:G22]	[G18] 셀에 '=RIGHT(F18,LEN(F18)-SEARCH("/",F18))'를 입력한 후, 채우기 핸들을 [G22] 셀까지 드래그 합니다.
[표5] 인사고과평균[C44:C47]	[C44] 셀에 '=B44&"-"&AVERAGEIF($C$33:$C$41,B44,$D$33:$D$41)'을 입력한 후, 채우기 핸들을 [C47] 셀까지 드래그 합니다.

1. 분석작업-1

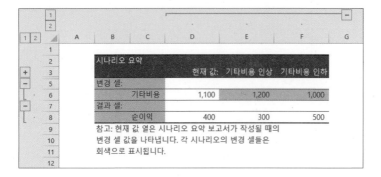

▶ [데이터] 탭-[예측] 그룹-[가상 분석]-[시나리오 관리자]를 이용

▲ 시나리오1

▲ 시나리오2

2. 분석작업-2

1 2 3 4	A	B	C	D	E	F	G	H
1			부서별 사원 임금 현황					
2								
3	이름	부서명	직급	기본급	성과급	정근수당	총계	
4	윤채영	인사부	과장	2,100,000	500,000	130,000	2,730,000	
5	이소라	인사부	사원	1,900,000	500,000	55,000	2,455,000	
6		인사부 최대값					2,730,000	
7		인사부 평균		2,000,000	500,000	92,500		
8	원세진	기획부	대리	1,700,000	500,000	70,000	2,270,000	
9		기획부 최대값					2,270,000	
10		기획부 평균		1,700,000	500,000	70,000		
11	박형준	관리부	대리	1,850,000	500,000	70,000	2,420,000	
12	장금숙	관리부	사원	1,800,000	500,000	50,000	2,350,000	
13		관리부 최대값					2,420,000	
14		관리부 평균		1,825,000	500,000	60,000		
15	이재관	영업부	과장	2,050,000	500,000	100,000	2,650,000	
16	임상미	영업부	대리	1,880,000	500,000	75,000	2,455,000	
17	문진호	영업부	대리	1,850,000	500,000	70,000	2,420,000	
18	맹주표	영업부	대리	1,800,000	300,000	70,000	2,170,000	
19		영업부 최대값					2,650,000	
20		영업부 평균		1,895,000	450,000	78,750		
21		전체 최대값					2,730,000	
22		전체 평균		1,881,111	477,778	76,667		
23								

▶ [데이터] 탭-[윤곽선] 그룹-[부분합]을 이용

▲ 1차 부분합

▲ 2차 부분합

1. 매크로 작업

	A	B	C	D	E	F	G	H	I	J	K
1			[표] 스포츠센터별 수입현황								
2											
3	스포츠센터	전화번호	수강인원	헬스	수영	에어로빅	총수입액				
4	서구스포츠	693-9988	134	₩2,700,000	₩3,100,000	₩1,800,000	₩ 7,600,000			총수입액	
5	롯데스포츠	568-9977	155	₩3,500,000	₩3,800,000	₩2,300,000	₩ 9,600,000				
6	구로체육관	636-8585	103	₩2,300,000	₩2,050,000	₩1,550,000	₩ 5,900,000				
7	청소년수련관	456-7890	137	₩2,780,000	₩3,170,000	₩2,050,000	₩ 8,000,000			통화서식	
8	신림스포츠	258-3698	94	₩1,980,000	₩2,120,000	₩1,800,000	₩ 5,900,000				
9	가정체육관	236-6549	110	₩2,620,000	₩3,030,000	₩1,750,000	₩ 7,400,000				
10	성수스포츠	550-7744	83	₩1,900,000	₩1,770,000	₩1,300,000	₩ 4,970,000				
11	영등포스포츠	665-2323	141	₩3,420,000	₩3,730,000	₩2,250,000	₩ 9,400,000				
12	영아체육관	487-9698	87	₩1,900,000	₩2,050,000	₩1,550,000	₩ 5,500,000				
13											

▶ [양식 컨트롤]-<단추>에 '총수입액' 매크로 지정

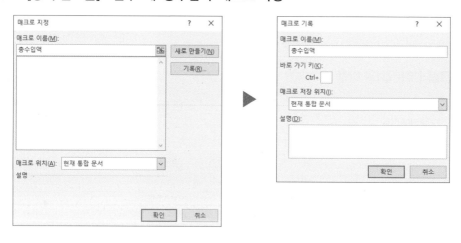

▶ '모서리가 둥근 직사각형' 도형에 '통화서식' 매크로 지정

2. 차트 작업

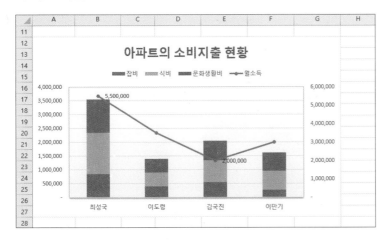

① [A3:A7] 영역을 선택하고 **Ctrl** 키를 누르면서 [D3:G7] 영역을 지정합니다.

	A	B	C	D	E	F	G	H
1			주거형태별 소비지출 현황					
2								
3	세대주	주거형태	가족수	월소득	잡비	식비	문화생활비	
4	최성국	아파트	5	5,500,000	850,000	1,500,000	1,200,000	
5	이도령	아파트	3	3,500,000	400,000	500,000	500,000	
6	김국진	아파트	4	2,000,000	550,000	800,000	700,000	
7	이만기	아파트	4	3,000,000	270,000	700,000	650,000	
8	박준호	단독주택	3	2,700,000	250,000	450,000	400,000	
9	윤기철	단독주택	5	4,000,000	450,000	1,100,000	900,000	
10	신문고	단독주택	4	4,700,000	850,000	850,000	800,000	
11								

② [삽입] 탭-[차트] 그룹에서 [세로 또는 가로 막대형 차트 삽입]을 클릭하고 [누적 세로 막대형]을 클릭합니다.

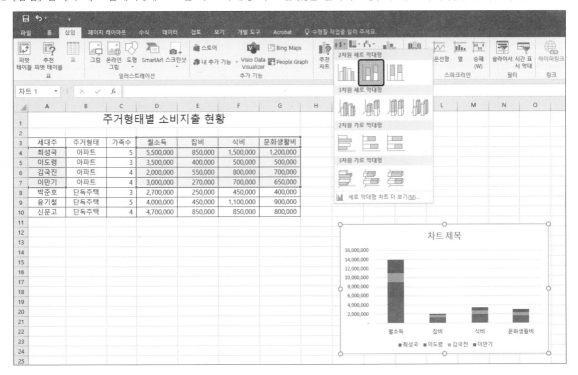

③ 차트를 [A12:G27] 셀로 이동 시켜 줍니다.

④ [차트 도구]–[디자인] 탭의 [데이터] 그룹에서 [행/열 전환]을 클릭합니다.

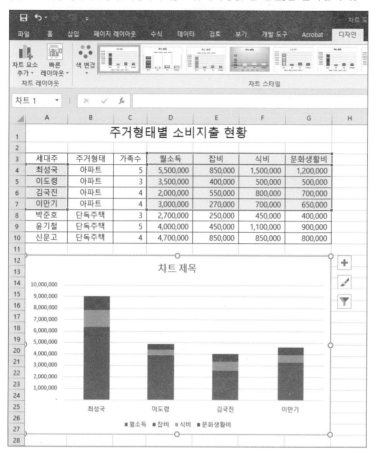

⑤ '월소득' 계열에서 마우스 오른쪽 버튼을 누른 후, [바로 가기] 메뉴 중 [계열 차트 종류 변경]을 클릭합니다.

⑥ [차트 종류 변경] 대화상자가 표시되면 [콤보]에 '계열 이름'의 '월소득'에서 [표식이 있는 꺾은선형]을 클릭한 후 보조축을 선택한 다음 〈확인〉 단추를 클릭합니다.

⑦ 범례를 선택한 후, [차트 도구]–[디자인] 탭의 [차트 레이아웃] 그룹에서 [차트 요소 추가]–[범례]–[위쪽]을 클릭합니다.

⑧ 차트 제목('아파트의 소비지출 현황')을 입력한 후, [홈] 탭–[글꼴] 그룹에서 글꼴 '맑은 고딕', 글꼴 스타일 '굵게', 글꼴 크기 '18'로 선택합니다.

⑨ '월소득' 계열의 '최성국' 요소를 클릭합니다.

⑩ 마우스 오른쪽 버튼을 누른 후, [바로 가기] 메뉴 중 [데이터 레이블 추가]–[데이터 레이블 추가]를 클릭합니다.

⑪ '김국진' 요소도 마찬가지로 데이터 레이블을 추가 시켜 줍니다.

⑫ 그림 영역을 클릭한 후, [차트 도구]–[서식] 탭의 [도형 스타일] 그룹에서 ⌄(자세히) 단추를 클릭합니다.

⑬ 도형 스타일 항목 중 '미세 효과 – 황록색, 강조 3'을 클릭합니다.

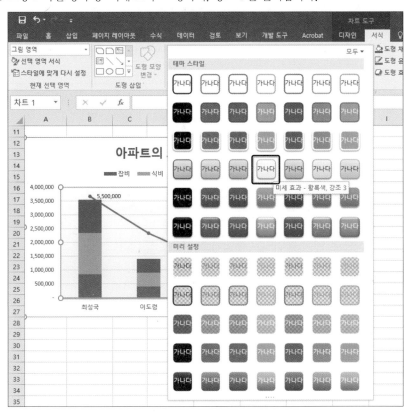

제 07 회 최신유형 기출문제

프로그램명	제한시간
EXCEL 2016	40분

수험번호 :

성   명 :

◆ 2급 G형 ◆

유의사항

- 인적 사항 누락 및 잘못 작성으로 인한 불이익은 수험자 책임으로 합니다.

- 화면에 암호 입력창이 나타나면 아래의 암호를 입력하여야 합니다.
  - 암호 : 9387*9

- 작성된 답안은 주어진 경로 및 파일명을 변경하지 마시고 그대로 저장해야 합니다. 이를 준수하지 않으면 실격처리 됩니다.

- 외부데이터 위치 : C:₩OA₩파일명

- 별도 지시사항이 없는 경우, 다음과 같이 처리 시 실격 처리됩니다.
  - 제시된 시트 및 개체의 순서나 이름을 임의로 변경한 경우
  - 제시된 시트 및 개체를 임의로 추가 또는 삭제한 경우

- 답안은 반드시 문제에서 지시 또는 요구한 셀에 입력하여야 하며 다음과 같이 처리 시 채점 대상에서 제외됩니다.
  - 수험자가 임의로 지시하지 않은 셀의 이동, 수정, 삭제, 변경 등으로 인해 셀의 위치 및 내용이 변경된 경우 해당 작업에 영향을 미치는 관련문제 모두 채점 대상에서 제외
  - 도형 및 차트의 개체가 중첩되어 있거나 동일한 계산결과 시트가 복수로 존재할 경우 해당 개체나 시트는 채점 대상에서 제외

- 수식 작성 시 제시된 문제 파일의 데이터는 변경 가능한(가변적) 데이터임을 감안하여 문제 풀이를 하시오.

- 별도의 지시사항이 없는 경우, 주어진 각 시트 및 개체의 설정값 또는 기본 설정값(Default)으로 처리하시오.

- 저장 시간은 별도로 주어지지 않으므로 제한된 시간 내에 저장을 완료해야 하며, 제한 시간 내에 저장이 되지 않은 경우에는 실격 처리됩니다.

- 출제된 문제의 용어는 Microsoft office 2016 기준으로 작성되어 있습니다.

대한상공회의소

문제 01 주어진 시트에서 다음 과정을 수행하고 저장하시오. `기본작업(20점)`

1. '기본작업-1' 시트에 다음의 자료를 주어진 대로 입력하시오. (5점)

	A	B	C	D	E	F	G	H
1	대한상사 사원별 영업실적							
2						단위:천원		
3	사번	이름	직책	부서	상반기	하반기	순위	
4	3001-M90-Y	홍영길	영업부장	영업부	54,000	50,000	3순위	
5	3101-M96-T	남성진	대리	특판부	462,000	450,000	1순위	
6	3102-M99-Y1	황영훈	사원	영업1부	56,800	60,000	2순위	
7	3103-F00-Y2	이진아	대리	영업2부	46,330	55,000	4순위	
8	3202-F97-Y1	남숙희	대리	영업1부	45,600	43,000	6순위	
9	3202-M98-Y2	김영호	사원	영업2부	35,200	35,000	7순위	
10	3203-F01-Y1	정진기	사원	영업1부	47,350	46,500	5순위	
11								

2. '기본작업-2' 시트에 대하여 다음의 지시사항을 처리하시오. (각 2점)

① [A1:H1] 영역은 '병합하고 가운데 맞춤', 글꼴 '맑은 고딕', 글꼴 크기 '24', 글꼴 스타일 '굵게'로 지정하시오.

② [A3:H3] 영역은 셀 스타일 '강조색 2'를 적용하시오.

③ [D4:G12] 영역은 '쉼표 스타일(,)'로 지정하고, [H4:H12] 영역은 사용자 지정 표시 형식을 이용하여 1000 단위 구분 기호와 숫자 뒤에 '원'을 표시 예와 같이 표시하시오. [표시 예 : 2810000 → 2,810,000원]

④ [H3] 셀에 '2021년도 8월분'이라는 메모를 삽입한 후, 항상 표시되도록 지정하고, 메모 서식에서 맞춤 '자동 크기'를 설정하시오.

⑤ [A3:H12] 영역에 '모든 테두리(⊞)'를 적용하여 표시하고, [B12:C12] 영역에는 '/' 모양의 대각선을 적용하여 표시하시오.

3. '기본작업-3' 시트에서 다음의 지시사항을 처리하시오. (5점)

– 다음의 텍스트 파일을 열고, 생성된 데이터를 '기본작업-3' 시트의 [A3:H12] 영역에 가져오시오.
- ▶ 외부 데이터 파일명은 '성적.txt' 임
- ▶ 원본 데이터는 세미콜론(;)으로 구분되어 있음
- ▶ 열 너비 및 서식은 지정하지 않음

문제 02 '계산작업' 시트에서 다음 과정을 수행하고 저장하시오. `계산작업(40점)`

1. [표1]에서 평가등급표[A14:C18]를 참조하여 면접점수[B3:B10]에 따른 평가등급을 구하고 순위에 따른 평가[C3:C10]에 표시하시오. (8점)

- ▶ 평가등급과 순위를 표시하시오. [표시 예 : A등급-1위]
- ▶ VLOOKUP, RANK.EQ 함수와 & 연산자 사용

2. [표2]에서 계약건수[I3:I8]와 기본급[J3:J8]를 이용하여 지급급여[K3:K8]를 계산하시오. (8점)

- ▶ 지급급여 = 계약수당 + 기본급
  (계약건수에 따른 계약수당은 1~3은 '200000', 4는 '350000', 5는 '500000'으로 계산)
- ▶ 지급급여는 만 단위에서 반올림하여 십만 단위까지 표시하시오. [표시 예 : 3,850,000 → 3,900,000]
- ▶ CHOOSE, ROUND 함수 사용

3. [표3]에서 영어[I14:I18] 점수가 '90' 이상이고, 전공[G14:G18] 점수나 상식[H14:H18] 점수가 '80' 이상이면 '통과' 그렇지 않으면 '재시험'으로 최종[J14:J18]에 표시하시오. (8점)

　▶ IF와 AND와 OR 함수 사용

4. [표4]에서 학과[B23:B31]가 '국문과'인 학생들의 윤리[D23:D31] 점수 평균을 산출하여 윤리 평균[D32] 셀에 표시하시오. (8점)

　▶ DAVERAGE, DSUM 함수 중 알맞은 함수 사용

5. [표5]에서 키(Cm)[H23:H31]가 180 이상인 20대의 몸무게(Kg) 평균을 [F33] 셀에 구하시오. (8점)

　▶ 몸무게 평균 뒤에 'Kg'을 포함하여 표시하시오. [표시 예 : 10Kg]
　▶ AVERAGEIFS 함수와 & 연산자 사용

문제 03 주어진 시트에서 다음 작업을 수행하고 저장하시오. 　분석작업(20점)

1. '분석작업-1' 시트에 대하여 다음의 지시사항을 처리하시오. (10점)

– 데이터 도구 [통합] 기능을 이용하여 [표1], [표2], [표3]에 대한 품목별 '판매수량', '판매금액'의 합계를 '시간대&품목별 판매실적 합계'의 [H14:I23] 영역에 계산하시오.

2. '분석작업-2' 시트에 대하여 다음의 지시사항을 처리하시오. (10점)

– '계절별 매출액 현황' 표에서 순이익 합계[F7]가 10,000,000이 되려면 여름철에 딸기우유[C6]를 얼마나 판매하여야 하는지 목표값 찾기 기능을 이용하여 계산하시오.

문제 04 주어진 시트에서 다음 작업을 수행하고 저장하시오. 　기타작업(20점)

1. '매크로 작업' 시트의 [표]에서 다음과 같은 기능을 수행하는 매크로를 현재 통합 문서에 작성하고 실행하시오.(각 5점)

① [B14:D14] 영역에 합계를 계산하는 매크로를 생성하여 실행하시오.
　▶ 매크로 이름 : 합계　　　　　　　　　　▶ 합계는 '수량', '단가', '금액'을 자동합계로 계산
　▶ [개발 도구]-[삽입]-[양식 컨트롤]의 '단추'를 동일 시트의 [F3:F4] 영역에 생성하고, 텍스트를 '합계'로 입력한 후 단추를 클릭할 때 '합계' 매크로가 실행되도록 설정하시오.
② [A14:D14] 영역에 채우기 색 '표준 색-연한 파랑'을 적용하는 매크로를 생성하여 실행하시오.
　▶ 매크로 이름 : 서식
　▶ [도형]-[기본 도형]의 '배지(▢)'를 동일 시트의 [F6:F7] 영역에 생성하고, 텍스트를 '서식'으로 입력한 후 도형을 클릭할 때 '서식' 매크로가 실행되도록 설정하시오.
　　※ 셀 포인터의 위치에 상관없이 현재 통합 문서에서 매크로가 실행되어야 정답으로 인정됨

2. '차트작업' 시트의 차트를 지시사항에 따라 아래 그림과 같이 수정하시오. (각 2점)

※ 차트는 반드시 문제에서 제공한 차트를 사용하여야 하며, 신규로 작성 시 0점 처리됨

① '급여' 계열의 차트 종류를 '표식이 있는 꺾은선형'으로 변경하고, 데이터 계열을 '보조 축'으로 지정하시오.

② 차트 제목은 '차트 위'로 추가하여 〈그림〉과 같이 입력하시오.

③ 세로 축 제목과 보조 세로 축 제목은 '세로 제목'으로 추가하여 〈그림〉과 같이 입력하시오.

④ '급여' 계열의 '김재우' 요소에만 데이터 레이블 '값'으로 표시하고, 레이블의 위치를 '왼쪽'으로 설정하시오.

⑤ 차트 영역의 테두리 스타일은 '둥근 모서리'를 설정하시오.

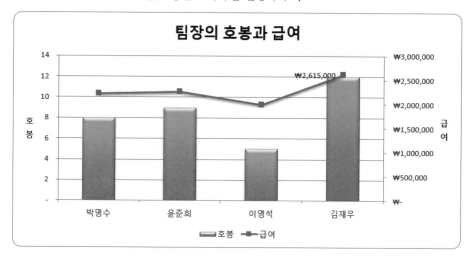

제 07 회 최신유형 기출문제 ∶ 정답 ∶

1. 기본작업-1

	A	B	C	D	E	F	G	H
1	대한상사 사원별 영업실적							
2						단위:천원		
3	사번	이름	직책	부서	상반기	하반기	순위	
4	3001-M90-Y	홍영길	영업부장	영업부	54,000	50,000	3순위	
5	3101-M96-T	남성진	대리	특판부	462,000	450,000	1순위	
6	3102-M99-Y1	황영훈	사원	영업1부	56,800	60,000	2순위	
7	3103-F00-Y2	이진아	대리	영업2부	46,330	55,000	4순위	
8	3202-F97-Y1	남숙희	대리	영업1부	45,600	43,000	6순위	
9	3202-M98-Y2	김영호	사원	영업2부	35,200	35,000	7순위	
10	3203-F01-Y1	정진기	사원	영업1부	47,350	46,500	5순위	
11								

2. 기본작업-2

	A	B	C	D	E	F	G	H	I	J
1	대한상사 부서별 급여 현황									
2									2021년도 8월분	
3	성명	부서	직책	기본급	직책수당	초과수당	가족수당	지급액		
4	이주희	총무부	부장	1,550,000	200,000	1,000,000	60,000	2,810,000원		
5	남경주	관리부	부장	1,500,000	200,000	1,000,000	60,000	2,760,000원		
6	김용민	영업부	과장	1,400,000	150,000	800,000	40,000	2,390,000원		
7	함승원	인사부	과장	1,300,000	150,000	850,000	20,000	2,320,000원		
8	차경미	총무부	대리	1,100,000	100,000	600,000	40,000	1,840,000원		
9	홍승철	관리부	사원	950,000	50,000	500,000	20,000	1,520,000원		
10	박명수	영업부	사원	900,000	50,000	550,000	60,000	1,560,000원		
11	이만기	인사부	사원	900,000	50,000	600,000	60,000	1,610,000원		
12	합계			9,600,000	950,000	5,900,000	360,000	16,810,000원		
13										

3. 기본작업-3

	A	B	C	D	E	F	G	H	I
1	컴퓨터활용 성적 현황								
2									
3	학번	성명	중간	기말	출석	평소	합계	평가	
4	2015034	임태이	28	30	20	19	97	A+	
5	2016012	윤준희	20	25	19	16	80	B	
6	2017001	이하율	29	25	20	16	90	A	
7	2017002	김하영	26	28	20	17	91	A	
8	2017004	이만기	19	30	18	17	84	B	
9	2017006	박준호	23	22	20	16	81	B	
10	2017007	조미령	27	25	20	15	87	B+	
11	2017008	박건태	25	24	20	18	87	B+	
12	2017010	안영돈	23	22	18	16	77	C+	
13									

4. 계산작업

	A	B	C	D	E	F	G	H	I	J	K	L
1	[표1]					[표2]						
2	성명	면접점수	평가			사원코드	성명	직급	계약건수	기본급	지급 급여	
3	김한국	4	E등급-7위			S-05001	김아령	과장	4	3,500,000	3,900,000	
4	정미애	7	D등급-6위			S-07010	허만호	대리	3	2,900,000	3,100,000	
5	박진만	10	D등급-5위			T-10003	이민재	사원	1	2,500,000	2,700,000	
6	강현태	2	E등급-8위			S-12005	강수정	대리	2	2,900,000	3,100,000	
7	강수정	23	A등급-2위			T-05012	박한길	과장	5	3,500,000	4,000,000	
8	최현우	16	B등급-3위			S-06011	남성호	사원	1	2,500,000	2,700,000	
9	박미정	25	A등급-1위									
10	안혁진	12	C등급-4위									
11												
12	[평가등급표]					[표3]						
13	부터	까지	평가등급			성명	전공	상식	영어	최종		
14	1	5	E			황민아	85	75	90	통과		
15	6	10	D			김원철	80	90	75	재시험		
16	11	15	C			남상기	90	80	85	재시험		
17	16	20	B			홍여진	90	85	95	통과		
18	21	25	A			이두호	85	80	90	통과		
19												
20												
21	[표4]					[표5]						
22	성명	학과	문학이해	윤리		이름	구분	키(Cm)	몸무게(Kg)			
23	박아름	국문과	82	88		김성남	20대	190	91			
24	강동수	영문과	78	80		황윤기	30대	175	82			
25	최한일	독문과	91	87		남성호	20대	176	65			
26	한수진	국문과	99	91		이미남	20대	187	80			
27	이진아	불문과	78	71		강동일	30대	173	70			
28	김수연	국문과	82	96		최철호	20대	183	78			
29	박경아	국문과	89	78		박연기	30대	168	68			
30	김연수	영문과	78	82		유성철	20대	178	85			
31	정보람	국문과	92	78		이남자	20대	181	72			
32		윤리 평균		86.2		키가 180 이상인 20대의 몸무게 평균						
33						80.25Kg						
34												

5. 분석작업-1

	A	B	C	D	E	F	G	H	I	J
1			[표1] 10-14시				[표2] 14-18시			
2	품목	단가	판매수량	판매금액		품목	단가	판매수량	판매금액	
3	통감자	800	256	204,800		고소미	1,300	12	15,600	
4	웨하스	1,200	120	144,000		고래밥	1,150	230	264,500	
5	롤쿠키	800	300	240,000		맛동산	200	120	24,000	
6	고래밥	1,000	250	250,000		웨하스	1,350	28	37,800	
7	버터랑	500	56	28,000		통감자	850	38	32,300	
8	꿈틀이	700	180	126,000		버터랑	520	200	104,000	
9	감자칩	1,200	28	33,600		꿈틀이	750	120	90,000	
10										
11										
12			[표3] 18-20시			시간대&품목별 판매실적 합계				
13	품목	단가	판매수량	판매금액		품목	판매수량	판매금액		
14	롤쿠키	670	80	53,600		통감자	512	389,700		
15	웨하스	1,000	28	28,000		웨하스	176	209,800		
16	감자칩	1,000	18	18,000		롤쿠키	380	293,600		
17	고래밥	950	21	19,950		고래밥	501	534,450		
18	꿈틀이	600	150	90,000		버터랑	256	132,000		
19	고구마	180	28	5,040		꿈틀이	450	306,000		
20	통감자	700	218	152,600		감자칩	46	51,600		
21						고소미	12	15,600		
22						맛동산	120	24,000		
23						고구마	28	5,040		
24										

6. 분석작업-2

	A	B	C	D	E	F	G
1	계절별 매출액 현황						
2						(단위:원)	
3	항목	봄	여름	가을	겨울	순이익	
4	아이스크림	2,018,000	2,610,000	1,530,000	970,000	3,564,000	
5	콜라	1,650,000	1,850,000	1,700,000	1,210,000	3,205,000	
6	딸기우유	1,240,000	2,452,000	1,360,000	1,410,000	3,231,000	
7	합계	4,908,000	6,912,000	4,590,000	3,590,000	10,000,000	
8							

7. 매크로 작업

	A	B	C	D	E	F	G
1	[표] 한국상사의 비품내역						
2							
3	품목	수량	단가	금액			
4	전화기	25	35,000	875,000		합계	
5	책장	5	180,000	900,000			
6	칸막이	6	580,000	3,480,000		서식	
7	캐비넷	20	160,000	3,200,000			
8	수납함	12	60,000	720,000			
9	냉장고	4	450,000	1,800,000			
10	에어컨	10	1,500,000	15,000,000			
11	난방기	10	2,900,000	29,000,000			
12	정수기	2	1,005,000	2,010,000			
13	회의용탁자	4	250,000	1,000,000			
14	합계	98	7,120,000	57,985,000			
15							

8. 차트 작업

	A	B	C	D	E	F	G	H	I	J
1	반도상사 급여명세서									
2										
3	사원번호	이름	직책	호봉	급여					
4	1003	이미정	비서	4	₩ 2,500,000					
5	2004	김송환	총무과장	14	₩ 2,830,000					
6	2105	박명수	팀장	8	₩ 2,210,000					
7	2106	강병구	사원	4	₩ 1,200,000					
8	2210	남일우	사원	6	₩ 1,410,000					
9	3424	윤준희	팀장	9	₩ 2,250,000					
10	3425	이영석	팀장	5	₩ 1,990,000					
11	3426	나보라	사원	6	₩ 1,410,000					
12	3427	황정아	사원	5	₩ 1,300,000					
13	4028	남희수	자재과장	15	₩ 2,900,000					
14	4029	김재우	팀장	12	₩ 2,615,000					

제 07 회 최신유형 기출문제 ∴ 해설 ∴

1. 기본작업-2

	A	B	C	D	E	F	G	H	I	J
1			대한상사 부서별 급여 현황							
2										
3	성명	부서	직책	기본급	직책수당	초과수당	가족수당	지급액	2021년도 8월분	
4	이주희	총무부	부장	1,550,000	200,000	1,000,000	60,000	2,810,000원		
5	남경주	관리부	부장	1,500,000	200,000	1,000,000	60,000	2,760,000원		
6	김용민	영업부	과장	1,400,000	150,000	800,000	40,000	2,390,000원		
7	함승원	인사부	과장	1,300,000	150,000	850,000	20,000	2,320,000원		
8	차경미	총무부	대리	1,100,000	100,000	600,000	40,000	1,840,000원		
9	홍승철	관리부	사원	950,000	50,000	500,000	20,000	1,520,000원		
10	박명수	영업부	사원	900,000	50,000	550,000	60,000	1,560,000원		
11	이만기	인사부	사원	900,000	50,000	600,000	60,000	1,610,000원		
12	합계			9,600,000	950,000	5,900,000	360,000	16,810,000원		
13										

2. 기본작업-3

	A	B	C	D	E	F	G	H	I
1	컴퓨터활용 성적 현황								
2									
3	학번	성명	중간	기말	출석	평소	합계	평가	
4	2015034	임태이	28	30	20	19	97	A+	
5	2016012	윤준희	20	25	19	16	80	B	
6	2017001	이하율	29	25	20	16	90	A	
7	2017002	김하영	26	28	20	17	91	A	
8	2017004	이만기	19	30	18	17	84	B	
9	2017006	박준호	23	22	20	16	81	B	
10	2017007	조미령	27	25	20	15	87	B+	
11	2017008	박건태	25	24	20	18	87	B+	
12	2017010	안영돈	23	22	18	16	77	C+	
13									

▶ [데이터] 탭-[외부 데이터 가져오기] 그룹-[텍스트]를 이용

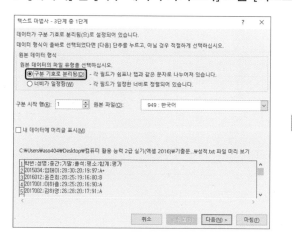

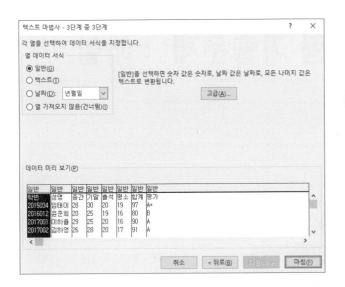
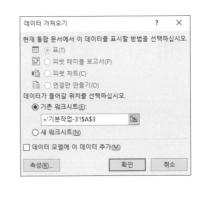

문제 02 계산작업(40점)

[표1]

성명	면접점수	평가
김한국	4	E등급-7위
정미애	7	D등급-6위
박진만	10	D등급-5위
강현태	2	E등급-8위
강수정	23	A등급-2위
최현우	16	B등급-3위
박미정	25	A등급-1위
안혁진	12	C등급-4위

[평가등급표]

부터	까지	평가등급
1	5	E
6	10	D
11	15	C
16	20	B
21	25	A

[표4]

성명	학과	문학이해	윤리
박아름	국문과	82	88
강동수	영문과	78	80
최한일	독문과	91	87
한수진	국문과	99	91
이진아	불문과	78	71
김수연	국문과	82	96
박경아	국문과	89	78
김연수	영문과	78	82
정보람	국문과	92	78
	윤리 평균		86.2

[표2]

사원코드	성명	직급	계약건수	기본급	지급 급여
S-05001	김아령	과장	4	3,500,000	3,900,000
S-07010	허만호	대리	3	2,900,000	3,100,000
T-10003	이민재	사원	1	2,500,000	2,700,000
S-12005	강수정	대리	2	2,900,000	3,100,000
T-05012	박한길	과장	5	3,500,000	4,000,000
S-06011	남성호	사원	1	2,500,000	2,700,000

[표3]

성명	전공	상식	영어	최종
황민아	85	75	90	통과
김원철	80	90	75	재시험
남상기	90	80	85	재시험
홍여진	90	85	95	통과
이두호	85	80	90	통과

[표5]

이름	구분	키(Cm)	몸무게(Kg)
김성남	20대	190	91
황윤기	30대	175	82
남성호	20대	176	65
이미남	20대	187	80
강동일	30대	173	70
최철호	20대	183	78
박연기	30대	168	68
유성철	20대	178	85
이남자	20대	181	72
키가 180 이상인 20대의 몸무게 평균			
80.25Kg			

▶ 함수식

[표1] 평가[C3:C10]	[C3] 셀에 '=VLOOKUP(B3,$A$14:$C$18,3)&"등급-"&RANK.EQ(B3,$B$3:$B$10)&"위"'을 입력한 후, 채우기 핸들을 [C10] 셀까지 드래그 합니다.
[표2] 지급 급여[K3:K8]	[K3] 셀에 '=ROUND(CHOOSE(I3,200000,200000,200000,350000,500000)+J3,-5)'을 입력한 후, 채우기 핸들을 [K8] 셀까지 드래그 합니다.
[표3] 최종[J14:J18]	[J14] 셀에 '=IF(AND(I14>=90,OR(G14>=80,H14>=80)),"통과","재시험")'을 입력한 후, 채우기 핸들을 [J18] 셀까지 드래그 합니다.
[표4] 윤리 평균[D32]	[D32] 셀에 '=DAVERAGE(A22:D31,4,B22:B23)'을 입력합니다.
[표5] 몸무게 평균[F33]	[F33] 셀에 '=AVERAGEIFS(I23:I31,G23:G31,"20대",H23:H31,">=180")&"Kg"'을 입력합니다.

문제 03 분석작업(20점)

1. 분석작업-1

▲	A	B	C	D	E	F	G	H	I	J
1		[표1] 10-14시					[표2] 14-18시			
2	품목	단가	판매수량	판매금액		품목	단가	판매수량	판매금액	
3	통감자	800	256	204,800		고소미	1,300	12	15,600	
4	웨하스	1,200	120	144,000		고래밥	1,150	230	264,500	
5	롤쿠키	800	300	240,000		맛동산	200	120	24,000	
6	고래밥	1,000	250	250,000		웨하스	1,350	28	37,800	
7	버터랑	500	56	28,000		통감자	850	38	32,300	
8	꿈틀이	700	180	126,000		버터랑	520	200	104,000	
9	감자칩	1,200	28	33,600		꿈틀이	750	120	90,000	
10										
11										
12		[표3] 18-20시					시간대&품목별 판매실적 합계			
13	품목	단가	판매수량	판매금액		품목	판매수량	판매금액		
14	롤쿠키	670	80	53,600		통감자	512	389,700		
15	웨하스	1,000	28	28,000		웨하스	176	209,800		
16	감자칩	1,000	18	18,000		롤쿠키	380	293,600		
17	고래밥	950	21	19,950		고래밥	501	534,450		
18	꿈틀이	600	150	90,000		버터랑	256	132,000		
19	고구마	180	28	5,040		꿈틀이	450	306,000		
20	통감자	700	218	152,600		감자칩	46	51,600		
21						고소미	12	15,600		
22						맛동산	120	24,000		
23						고구마	28	5,040		
24										

▶ [데이터] 탭-[데이터 도구] 그룹-[통합]을 이용

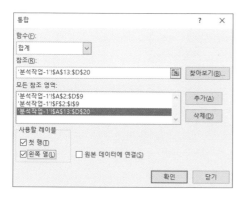

2. 분석작업-2

	A	B	C	D	E	F	G
1	계절별 매출액 현황						
2						(단위:원)	
3	항목	봄	여름	가을	겨울	순이익	
4	아이스크림	2,018,000	2,610,000	1,530,000	970,000	3,564,000	
5	콜라	1,650,000	1,850,000	1,700,000	1,210,000	3,205,000	
6	딸기우유	1,240,000	2,452,000	1,360,000	1,410,000	3,231,000	
7	합계	4,908,000	6,912,000	4,590,000	3,590,000	10,000,000	
8							

▶ [데이터] 탭-[예측] 그룹-[가상 분서]-[목표값 찾기]를 이용

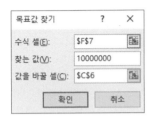

문제 04 기타작업(20점)

1. 매크로 작업

	A	B	C	D	E	F	G
1	[표] 한국상사의 비품내역						
2							
3	품목	수량	단가	금액		합계	
4	전화기	25	35,000	875,000			
5	책장	5	180,000	900,000		서식	
6	칸막이	6	580,000	3,480,000			
7	케비넷	20	160,000	3,200,000			
8	수납함	12	60,000	720,000			
9	냉장고	4	450,000	1,800,000			
10	에어컨	10	1,500,000	15,000,000			
11	난방기	10	2,900,000	29,000,000			
12	정수기	2	1,005,000	2,010,000			
13	회의용탁자	4	250,000	1,000,000			
14	합계	98	7,120,000	57,985,000			
15							

▶ [양식 컨트롤]-<단추>에 '합계' 매크로 지정

▶ '배지' 도형에 '서식' 매크로 지정

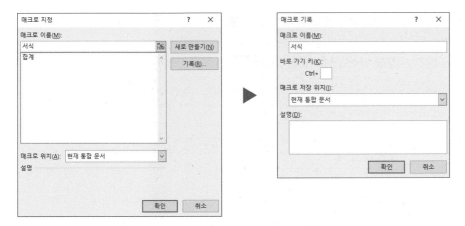

2. 차트 작업

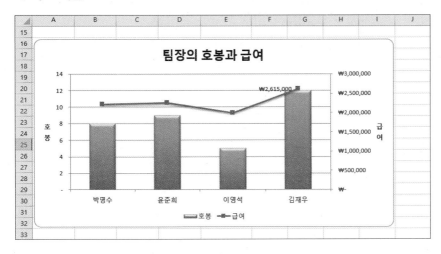

▶ [차트 도구]-[디자인] 탭-[차트 레이아웃] 그룹-[차트 요소 추가]-[데이터 레이블]-[왼쪽] 이용

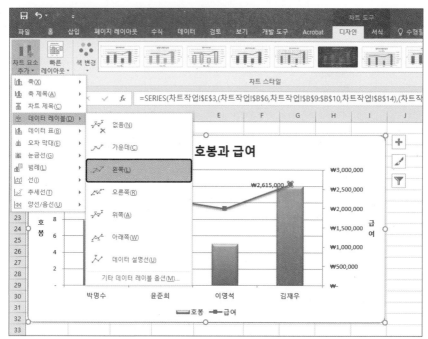

◀ 레이블의 위치를 '왼쪽'으로 설정

▶ 차트 영역에서 마우스 오른쪽 버튼-[차트 영역 서식] 이용

◀ 테두리 스타일 '둥근 모서리' 지정

MEMO

제 08 회 최신유형 기출문제

프로그램명	제한시간
EXCEL 2016	40분

수험번호 :

성   명 :

◆ 2급 H형 ◆

유 의 사 항

- 인적 사항 누락 및 잘못 작성으로 인한 불이익은 수험자 책임으로 합니다.

- 화면에 암호 입력창이 나타나면 아래의 암호를 입력하여야 합니다.
  ○ 암호 : 8865*9

- 작성된 답안은 주어진 경로 및 파일명을 변경하지 마시고 그대로 저장해야 합니다. 이를 준수하지 않으면 실격처리 됩니다.

- 외부데이터 위치 : C:₩OA₩파일명

- 별도 지시사항이 없는 경우, 다음과 같이 처리 시 실격 처리됩니다.
  ○ 제시된 시트 및 개체의 순서나 이름을 임의로 변경한 경우
  ○ 제시된 시트 및 개체를 임의로 추가 또는 삭제한 경우

- 답안은 반드시 문제에서 지시 또는 요구한 셀에 입력하여야 하며 다음과 같이 처리 시 채점 대상에서 제외됩니다.
  ○ 수험자가 임의로 지시하지 않은 셀의 이동, 수정, 삭제, 변경 등으로 인해 셀의 위치 및 내용이 변경된 경우 해당 작업에 영향을 미치는 관련문제 모두 채점 대상에서 제외
  ○ 도형 및 차트의 개체가 중첩되어 있거나 동일한 계산결과 시트가 복수로 존재할 경우 해당 개체나 시트는 채점 대상에서 제외

- 수식 작성 시 제시된 문제 파일의 데이터는 변경 가능한(가변적) 데이터임을 감안하여 문제 풀이를 하시오.

- 별도의 지시사항이 없는 경우, 주어진 각 시트 및 개체의 설정값 또는 기본 설정값(De-fault)으로 처리하시오.

- 저장 시간은 별도로 주어지지 않으므로 제한된 시간 내에 저장을 완료해야 하며, 제한 시간 내에 저장이 되지 않은 경우에는 실격 처리됩니다.

- 출제된 문제의 용어는 Microsoft office 2016 기준으로 작성되어 있습니다.

대 한 상 공 회 의 소

문제 01 주어진 시트에서 다음 과정을 수행하고 저장하시오.

1. '기본작업-1' 시트에 다음의 자료를 주어진 대로 입력하시오. (5점)

	A	B	C	D	E	F	G	H
1	영화나라 비디오 대여 현황							
2								
3	제품코드	영화 제목	대여일자	분류	대여자	성별	전화번호	
4	AK357	더킹	2021-06-07	한국/액션	이기운	남자	010-5566-8877	
5	CK358	어벤져스	2021-06-15	외화/SF액션	박기영	여자	010-9955-6363	
6	MK121	겨울왕국2	2021-06-22	외화/애니메이션	남영아	여자	010-6598-8785	
7	WA465	신비한 동물사전	2021-06-05	외화/SF액션	양혜영	여자	010-3698-6633	
8	ES820	미션 임파서블5	2021-06-12	외화/액션	홍성철	남자	010-6325-6699	
9	HK450	울엄니	2021-06-18	한국/드라마	최지선	여자	010-5263-7753	
10	YS823	럭키	2021-06-17	한국/코미디	유해성	남자	010-5236-6369	
11								

2. '기본작업-2' 시트에 대하여 다음의 지시사항을 처리하시오. (각 2점)

① [A1:H1] 영역은 '병합하고 가운데 맞춤', 글꼴 '맑은 고딕', 글꼴 크기 '20', 글꼴 스타일 '굵게', 밑줄 '이중 실선'으로 지정하시오.

② [A3:A4], [B3:B4], [C3:E3], [F3:F4], [G3:G4], [H3:H4] 영역은 '병합하고 가운데 맞춤'을 지정하고, [A3:H4] 영역은 글꼴 '돋움체', 글꼴 크기 '12', 글꼴 색 '표준 색−파랑', 채우기 색 '표준 색−노랑'으로 지정하시오.

③ [C5:E15] 영역은 사용자 지정 표시 형식을 이용하여 1000 단위 구분 기호와 숫자 뒤에 "개"를 표시 예와 같이 표시하시오. [표시 예 : 1000 → 1,000개]

④ [B5:B15] 영역을 복사하여 [K5:K15] 영역에 '연산(곱하기)' 기능으로 '값'만 '선택하여 붙여넣기'하시오.

⑤ [A3:H15] 영역에 '모든 테두리(⊞)'를 적용한 후 '굵은 바깥쪽 테두리(▢)'를 적용하여 표시하시오.

3. '기본작업-3' 시트에서 다음의 지시사항을 처리하시오. (5점)

− '결재란' 시트의 [B2:E3] 영역을 복사하여 '기본작업-3' 시트의 [D3] 셀에 '연결하여 그림 붙여넣기' 하시오.

문제 02 '계산작업' 시트에서 다음 과정을 수행하고 저장하시오.

1. [표1]에서 주민등록번호[D3:D10]의 앞에서 2자리를 이용하여 나이[E3:E10]를 구하시오. (8점)

▶ 나이 = 현재년도 − 출생년도 − 1900
▶ TODAY, YEAR, LEFT 함수 사용

2. [표2]에서 기준시간[M1]에 준비[J3:J10], 작업[K3:K10], 발표[L3:L10]를 더하여 종료시간[M3:M10]을 표시하시오. (8점)

▶ '준비', '작업', '발표'는 분 단위로 계산하고 종료시간의 초는 0초로 설정
▶ TIME, HOUR, MINUTE 함수 사용

3. [표3]에서 금년연봉[D14:D19]와 연봉순위[A22]를 이용하여 연봉이 '1위'인 이름[B22]을 구하시오. (8점)

▶ INDEX, MATCH, LARGE 함수 사용

4. [표4]에서 내신등급[K14:K21]과 등급표[H24:L25]를 이용하여 등급[L14:L21]을 구하시오.
단, 내신등급이 등급표에 존재하지 않는 경우 등급에 '등급오류'라고 표시하시오. (8점)

▶ 등급표의 의미 : 내신등급이 1~3이면 'A', 4~6이면 'B', 7~10이면 'C', 11~13이면 'D', 14 이상이면 'E'를 적용함

▶ CHOOSE, IFERROR, VLOOKUP, HLOOKUP 함수 중 알맞은 함수 사용

5. [표5]에서 총점[D27:D36]을 기준으로 순위를 구하여 1~3위는 '본선진출', 나머지는 공백으로 결과 [E27:E36]에 표시하시오. (8점)

▶ IF, COUNTIF, SUMIF, RANK.EQ 함수 중 알맞은 함수 사용

문제 03 주어진 시트에서 다음 작업을 수행하고 저장하시오. 분석작업(20점)

1. '분석작업-1' 시트에 대하여 다음의 지시사항을 처리하시오. (10점)

– '6월 전자제품 판매현황' 표에서 이익률[I21]이 다음과 같이 변동하는 경우 순이익 합계[I19]의 변동 시나리오를 작성하시오.

▶ 셀 이름 정의 : [I21] 셀은 '이익률', [I19] 셀은 '순이익합계'로 정의하시오.

▶ 시나리오1 : 시나리오 이름은 '이익률증가', 이익률을 35%로 설정하시오.

▶ 시나리오2 : 시나리오 이름은 '이익률감소', 이익률을 25%로 설정하시오.

▶ 위 시나리오에 의한 '시나리오 요약' 보고서는 '분석작업-1' 시트 바로 앞에 위치시키시오.

※ 시나리오 요약 보고서 작성 시 정답과 일치하여야 하며, 오자로 인한 부분점수는 인정하지 않음

2. '분석작업-2' 시트에 대하여 다음의 지시사항을 처리하시오. (10점)

– [부분합] 기능을 이용하여 〈그림〉과 같이 반별로 '영어'의 최대값을 계산한 후 '수학'의 최소값을 계산하시오.

▶ 정렬은 '반'을 기준으로 오름차순으로 처리하시오.

▶ 최대값과 최소값은 위에 명시된 순서대로 처리하시오.

	성명	반	국어	영어	수학	사회	과학	합계	평균
				과목별 점수 현황					
김민애	1	88	90	95	91	90	454	90.8
박철수	1	68	66	47	62	55	298	59.6
선우선	1	79	76	78	80	83	396	79.2
한관수	1	68	75	83	82	81	389	77.8
1 최소값				47				
1 최대값			90					
유승아	2	59	60	60	68	67	314	62.8
김석훈	2	87	88	83	83	88	429	85.8
이진표	2	91	90	92	90	93	456	91.2
이용우	2	63	62	59	68	70	322	64.4
2 최소값				59				
2 최대값			90					
하지은	3	96	95	95	96	97	479	95.8
강민국	3	96	98	91	95	96	476	95.2
김유선	3	86	81	80	88	91	426	85.2
윤은수	3	79	98	80	91	88	436	87.2
3 최소값				80				
3 최대값			98					
허영민	4	78	70	46	76	81	351	70.2
이강혁	4	86	86	81	79	81	413	82.6
최성철	4	80	58	56	78	80	352	70.4
장진철	4	88	84	83	84	89	428	85.6
4 최소값				46				
4 최대값			86					
전체 최소값				46				
전체 최대값			98					

1. '매크로 작업' 시트의 [표]에서 다음과 같은 기능을 수행하는 매크로를 현재 통합 문서에 작성하고 실행하시오.(각 5점)

① [D13:G13] 영역에 평균을 계산하는 매크로를 생성하여 실행하시오.

▶ 매크로 이름 : 평균

▶ [개발 도구]-[삽입]-[양식 컨트롤]의 '단추'를 동일 시트의 [I3:J4] 영역에 생성하고, 텍스트를 '평균'으로 입력한 후 단추를 클릭할 때 '평균' 매크로가 실행되도록 설정하시오.

② [A3:G3] 영역에 글꼴 스타일 '굵게', 채우기 색 '표준 색-노랑'을 적용하는 매크로를 생성하여 실행하시오.

▶ 매크로 이름 : 서식

▶ [도형]-[기본 도형]의 '배지(▢)'를 동일 시트의 [I6:J7] 영역에 생성하고, 텍스트를 '서식'으로 입력한 후 도형을 클릭할 때 '서식' 매크로가 실행되도록 설정하시오.

   ※ 셀 포인터의 위치에 상관없이 현재 통합 문서에서 매크로가 실행되어야 정답으로 인정됨

2. '차트작업' 시트의 차트를 지시사항에 따라 아래 그림과 같이 수정하시오. (각 2점)

① 직위가 '대리'인 사원 중에서 '기본급', '실수령액'을 이용하여 '표식이 있는 꺾은 선형'으로 [A16:G30] 영역에 차트를 작성하시오.

② 차트 제목은 〈그림〉과 같이 입력하고, 글꼴은 '맑은 고딕', 글꼴 스타일은 '굵게', 글꼴 크기는 '18'로 지정하시오.

③ 세로(값) 축 제목은 '가로 제목'으로 추가하여 〈그림〉과 같이 입력하고, 눈금의 주 단위는 1,000,000으로 설정하시오.

④ '실수령액' 계열의 '신용성' 요소에만 데이터 레이블 '값'을 표시하고, 레이블 위치를 '위쪽'으로 설정하시오.

⑤ 차트 영역의 테두리 스타일은 '둥근 모서리'로 설정하시오.

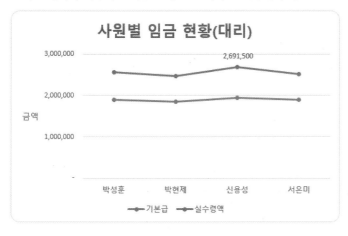

제 08 회 최신유형 기출문제 ∶정답∶

1. 기본작업-1

	A	B	C	D	E	F	G	H
1	영화나라 비디오 대여 현황							
2								
3	제품코드	영화 제목	대여일자	분류	대여자	성별	전화번호	
4	AK357	더킹	2021-06-07	한국/액션	이기운	남자	010-5566-8877	
5	CK358	어벤져스	2021-06-15	외화/SF액션	박기영	여자	010-9955-6363	
6	MK121	겨울왕국2	2021-06-22	외화/애니메이션	남영아	여자	010-6598-8785	
7	WA465	신비한 동물사전	2021-06-05	외화/SF액션	양혜영	여자	010-3698-6633	
8	ES820	미션 임파서블5	2021-06-12	외화/액션	홍성철	남자	010-6325-6699	
9	HK450	울엄니	2021-06-18	한국/드라마	최지선	여자	010-5263-7753	
10	YS823	럭키	2021-06-17	한국/코미디	유해성	남자	010-5236-6369	
11								

2. 기본작업-2

	A	B	C	D	E	F	G	H	I	J	K
1				2분기 유아 완구 판매 현황							
2											
3	완구명	판매가	판매량			세금	부대비용	총계		완구명	할인판매가
4			4월	5월	6월						
5	미니자동차	₩ 65,000	999개	1,001개	1,122개	₩ 20,293,000	₩ 73,054,800	₩ 109,582,200		미니자동차	58500
6	아기체육관	₩ 32,000	1,251개	1,322개	1,299개	₩ 12,390,400	₩ 44,605,440	₩ 66,908,160		아기체육관	28800
7	악기세트	₩ 40,000	1,182개	1,099개	1,187개	₩ 13,872,000	₩ 49,939,200	₩ 74,908,800		악기세트	36000
8	쇼핑카트	₩ 20,000	2,025개	2,110개	2,344개	₩ 12,958,000	₩ 46,648,800	₩ 69,973,200		쇼핑카트	18000
9	병원놀이	₩ 30,000	1,300개	1,328개	1,257개	₩ 11,655,000	₩ 41,958,000	₩ 62,937,000		병원놀이	27000
10	미끄럼틀	₩ 75,000	1,274개	1,332개	1,284개	₩ 29,175,000	₩ 105,030,000	₩ 157,545,000		미끄럼틀	67500
11	기차놀이	₩ 55,000	1,080개	1,187개	1,177개	₩ 18,942,000	₩ 68,191,200	₩ 102,286,800		기차놀이	49500
12	종합블록	₩ 45,000	1,374개	1,268개	1,292개	₩ 17,703,000	₩ 63,730,800	₩ 95,596,200		종합블록	40500
13	낚시놀이	₩ 20,000	2,203개	2,349개	2,311개	₩ 13,726,000	₩ 49,413,600	₩ 74,120,400		낚시놀이	18000
14	미니피아노	₩ 62,000	971개	1,127개	1,186개	₩ 20,360,800	₩ 73,298,880	₩ 109,948,320		미니피아노	55800
15	소꿉놀이	₩ 78,000	887개	869개	1,103개	₩ 22,300,200	₩ 80,280,720	₩ 120,421,080		소꿉놀이	70200
16											

3. 기본작업-3

	A	B	C	D	E	F	G
1			구매 물품입고 현황				
2							
3				결	담당	과장	대표이사
4							
5				재			
6							
7							
8	상품명	구입처	연락처	입고일(예정)	수량/무게	금액	
9	원두커피	Café Tera	031-556-8989	2019-10-10	750	4500000	
10	허브차	JE 커피	043-225-7575	2019-10-15	550	1875000	
11	전통차	JE 커피	031-332-5699	2019-10-15	530	5507050	
12	흑당시럽	Café Tera	063-447-8585	2019-11-02	600	8550000	
13	과일농축액	JE 커피	054-776-9966	2019-11-05	350	2350000	
14	파우더	Café Tera	032-574-6666	2019-11-15	500	4750000	
15							

4. 계산작업

[표1]

회원코드	성명	성별	주민등록번호	나이
MK81	민진윤	남	800621-1238899	40
ES11	김해소	여	820101-2352294	38
SJ47	유성심	여	910302-2478591	29
AR49	이문혁	남	880325-1478528	32
JI80	하태선	남	850823-1225269	35
YS09	강심장	남	811230-2458746	39
NG02	최소한	여	840804-2869874	36
CE53	이운명	남	840528-1384528	36

[표2]

						기준시간	14:30
성명	부서명	직급	준비	작업	발표	종료시간	
신가람	영업부	사원	20	32	50	오후 4:12:00	
길가온	기획부	대리	15	24	55	오후 4:04:00	
김리아	경리부	과장	13	33	62	오후 4:18:00	
이단비	경리부	대리	22	38	51	오후 4:21:00	
한벼리	기획부	과장	20	42	48	오후 4:20:00	
유미르	영업부	과장	21	31	47	오후 4:09:00	
이슬비	영업부	대리	16	25	53	오후 4:04:00	
강신성	기획부	사원	18	32	58	오후 4:18:00	

[표3]

직 급	성 명	작년연봉	금년연봉	상승금액
과장	배진나	35,000,000	38,000,000	3,000,000
대리	최현진	30,000,000	32,000,000	2,000,000
과장	강은주	38,000,000	40,000,000	2,000,000
대리	심지영	28,000,000	33,000,000	5,000,000
과장	양소희	34,000,000	37,000,000	3,000,000
대리	박찬수	29,000,000	32,000,000	3,000,000

연봉순위	이 름
1	강은주

[표4]

학교명	성명	결석일수	자격증	내신등급	등급
대한고	서유민	0	유	2	A
망원고	염진아	10	무	14	E
명유고	표현진	6	무	0	등급오류
군자고	전수식	4	유	1	A
강서고	김정린	5	유	8	C
영생고	강남뢰	1	유	4	B
수영고	이진국	2	유	12	D
명천고	안현정	5	무	6	B

[등급표]

내신등급	1	4	7	11	14
등급	A	B	C	D	E

[표5]

팀명	1차대회	2차대회	총점	결과
불사조	98	90	188	본선진출
자이언츠	85	88	173	
라이징	94	81	175	
천하무적	68	91	159	
블루파인	77	90	167	
신기루	86	93	179	본선진출
블랙이글	91	90	181	본선진출
숫타임	80	87	167	
천방지축	76	89	165	
미스터리	87	89	176	

5. 분석작업-1

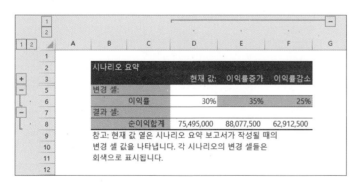

6. 분석작업-2

1 2 3 4	A	B	C	D	E	F	G	H	I	J	K
1					과목별 점수 현황						
2											
3		성명	반	국어	영어	수학	사회	과학	합계	평균	
4		김민애	1	88	90	95	91	90	454	90.8	
5		박철수	1	68	66	47	62	55	298	59.6	
6		선우선	1	79	76	78	80	83	396	79.2	
7		한관수	1	68	75	83	82	81	389	77.8	
8		1 최소값				47					
9		1 최대값			90						
10		유승아	2	59	60	60	68	67	314	62.8	
11		김석훈	2	87	88	83	83	88	429	85.8	
12		이진표	2	91	90	92	90	93	456	91.2	
13		이용우	2	63	62	59	68	70	322	64.4	
14		2 최소값				59					
15		2 최대값			90						
16		하지은	3	96	95	95	96	97	479	95.8	
17		강민국	3	96	98	91	95	96	476	95.2	
18		김유선	3	86	81	80	88	91	426	85.2	
19		윤은수	3	79	98	80	91	88	436	87.2	
20		3 최소값				80					
21		3 최대값			98						
22		허영민	4	78	70	46	76	81	351	70.2	
23		이강혁	4	86	86	81	79	81	413	82.6	
24		최성철	4	80	58	56	78	80	352	70.4	
25		장진철	4	88	84	83	84	89	428	85.6	
26		4 최소값				46					
27		4 최대값		86							
28		전체 최소값				46					
29		전체 최대값			98						
30											

7. 매크로 작업

	A	B	C	D	E	F	G	H	I	J	K
1			[표] 물놀이용품 생산 현황								
2											
3	용품명	생산팀	팀장명	목표량	생산량	불량품	출고량			평균	
4	수영복	1팀	안심해	120,000	125,000	564	124,436				
5	수영모	2팀	권노하	120,000	120,000	857	119,143				
6	물안경	3팀	정수심	120,000	120,000	963	119,037			서식	
7	1인용보트	4팀	곽하늘	15,000	16,000	99	15,901				
8	2인용보트	5팀	차안정	10,000	9,500	68	9,432				
9	튜브	6팀	임근성	100,000	110,000	625	109,375				
10	방수팩	7팀	조은일	50,000	50,000	97	49,903				
11	물총	8팀	배오민	60,000	65,000	95	64,905				
12	구명조끼	9팀	문종모	100,000	90,000	86	89,914				
13			평균	77,222	78,389	384	78,005				
14											

8. 차트 작업

	성명	부서명	직위	기본급	수당	상여금	세금	실수령액
		사원별 임금 현황						
	성명	부서명	직위	기본급	수당	상여금	세금	실수령액
4	차정만	영업부	과장	2,400,000	650,000	900,000	335,500	3,614,500
5	박성훈	경리부	대리	1,900,000	300,000	600,000	242,000	2,558,000
6	이철식	생산부	사원	1,650,000	100,000	400,000	192,500	1,957,500
7	박현제	영업부	대리	1,850,000	250,000	600,000	231,000	2,469,000
8	오승석	생산부	과장	2,300,000	600,000	900,000	319,000	3,481,000
9	김민철	경리부	과장	2,400,000	500,000	900,000	319,000	3,481,000
10	신용성	생산부	대리	1,950,000	400,000	600,000	258,500	2,691,500
11	서은미	생산부	대리	1,900,000	250,000	600,000	236,500	2,513,500
12	한동일	영업부	사원	1,600,000	300,000	400,000	209,000	2,091,000
13	홍승호	경리부	사원	1,600,000	250,000	400,000	203,500	2,046,500

사원별 임금 현황(대리)

제 08 회 최신유형 기출문제 ∴ 해설 ∴

문제 01 기본작업(20점)

1. 기본작업-2

완구명	판매가	판매량			세금	부대비용	총계		완구명	할인판매가
		4월	5월	6월						
미니자동차	₩ 65,000	999개	1,001개	1,122개	₩ 20,293,000	₩ 73,054,800	₩ 109,582,200		미니자동차	58500
아기체육관	₩ 32,000	1,251개	1,322개	1,299개	₩ 12,390,400	₩ 44,605,440	₩ 66,908,160		아기체육관	28800
악기세트	₩ 40,000	1,182개	1,099개	1,187개	₩ 13,872,000	₩ 49,939,200	₩ 74,908,800		악기세트	36000
쇼핑카트	₩ 20,000	2,025개	2,110개	2,344개	₩ 12,958,000	₩ 46,648,800	₩ 69,973,200		쇼핑카트	18000
병원놀이	₩ 30,000	1,300개	1,328개	1,257개	₩ 11,655,000	₩ 41,958,000	₩ 62,937,000		병원놀이	27000
미끄럼틀	₩ 75,000	1,274개	1,332개	1,284개	₩ 29,175,000	₩ 105,030,000	₩ 157,545,000		미끄럼틀	67500
기차놀이	₩ 55,000	1,080개	1,187개	1,177개	₩ 18,942,000	₩ 68,191,200	₩ 102,286,800		기차놀이	49500
종합블록	₩ 45,000	1,374개	1,268개	1,292개	₩ 17,703,000	₩ 63,730,800	₩ 95,596,200		종합블록	40500
낚시놀이	₩ 20,000	2,203개	2,349개	2,311개	₩ 13,726,000	₩ 49,413,600	₩ 74,120,400		낚시놀이	18000
미니피아노	₩ 62,000	971개	1,127개	1,186개	₩ 20,360,800	₩ 73,298,880	₩ 109,948,320		미니피아노	55800
소꿉놀이	₩ 78,000	887개	869개	1,103개	₩ 22,300,200	₩ 80,280,720	₩ 120,421,080		소꿉놀이	70200

상단 제목: **2분기 유아 완구 판매 현황**

2. 기본작업-3

구매 물품입고 현황

		결	담당	과장	대표이사
		재			

상품명	구입처	연락처	입고일(예정)	수량/무게	금액
원두커피	Café Tera	031-556-8989	2019-10-10	750	4500000
허브차	JE 커피	043-225-7575	2019-10-15	550	1875000
전통차	JE 커피	031-332-5699	2019-10-15	530	5507050
흑당시럽	Café Tera	063-447-8585	2019-11-02	600	8550000
과일농축액	JE 커피	054-776-9966	2019-11-05	350	2350000
파우더	Café Tera	032-574-6666	2019-11-15	500	4750000

① [결재란] 시트에서 [B2:E3] 영역을 드래그한 후, **Ctrl**+**C** 키를 눌러 [복사]를 실행합니다.
② 이어서, [기본작업] 시트에 [B2] 셀을 클릭합니다.

③ [홈] 탭-[클립보드] 그룹에서 [붙여넣기]-〈기타 붙여넣기 옵션〉 항목 중 [연결된 그림]을 클릭합니다.

④ [기본작업-3] 시트에 그림으로 복사된 것을 확인합니다.

	A	B	C	D	E	F	G
1			구매 물품입고 현황				
2							
3				결	담당	과장	대표이사
4							
5				재			
6							
7							
8	상품명	구입처	연락처	입고일(예정)	수량/무게	금액	
9	원두커피	Café Tera	031-556-8989	2019-10-10	750	4500000	
10	허브차	JE 커피	043-225-7575	2019-10-15	550	1875000	
11	전통차	JE 커피	031-332-5699	2019-10-15	530	5507050	
12	흑당시럽	Café Tera	063-447-8585	2019-11-02	600	8550000	
13	과일농축액	JE 커피	054-776-9966	2019-11-05	350	2350000	
14	파우더	Café Tera	032-574-6666	2019-11-15	500	4750000	
15							

[표1]

회원코드	성명	성별	주민등록번호	나이
MK81	민진윤	남	800621-1238899	40
ES11	김해소	여	820101-2352294	38
SJ47	유성심	여	910302-2478591	29
AR49	이문혁	남	880325-1478528	32
JI80	하태선	남	850823-1225269	35
YS09	강심장	남	811230-2458746	39
NG02	최소한	여	840804-2869874	36
CE53	이운명	남	840528-1384528	36

[표2]

성명	부서명	직급	준비	작업	발표	종료시간
					기준시간	14:30
신가람	영업부	사원	20	32	50	오후 4:12:00
길가온	기획부	대리	15	24	55	오후 4:04:00
김리아	경리부	과장	13	33	62	오후 4:18:00
이단비	경리부	대리	22	38	51	오후 4:21:00
한벼리	기획부	과장	20	42	48	오후 4:20:00
유미르	영업부	과장	21	31	47	오후 4:09:00
이슬비	영업부	대리	16	25	53	오후 4:04:00
강신성	기획부	사원	18	32	58	오후 4:18:00

[표3]

직 급	성 명	작년연봉	금년연봉	상승금액
과장	배진나	35,000,000	38,000,000	3,000,000
대리	최현진	30,000,000	32,000,000	2,000,000
과장	강은주	38,000,000	40,000,000	2,000,000
대리	심지영	28,000,000	33,000,000	5,000,000
과장	양소희	34,000,000	37,000,000	3,000,000
대리	박찬수	29,000,000	32,000,000	3,000,000

연봉순위	이 름
1	강은주

[표4]

학교명	성명	결석일수	자격증	내신등급	등급
대한고	서유민	0	유	2	A
망원고	엄진아	10	무	14	E
명유고	표현진	6	무	0	등급오류
군자고	전수식	4	유	1	A
강서고	김정린	5	유	8	C
영생고	강남원	1	유	4	B
수영고	이진국	2	유	12	D
명천고	안현정	5	무	6	B

[등급표]

내신등급	1	4	7	11	14
등급	A	B	C	D	E

[표5]

팀명	1차대회	2차대회	총점	결과
불사조	98	90	188	본선진출
자이언츠	85	88	173	
라이징	94	81	175	
천하무적	68	91	159	
블루파인	77	90	167	
신기루	86	93	179	본선진출
블랙이글	91	90	181	본선진출
슛타임	80	87	167	
천방지축	76	89	165	
미스터리	87	89	176	

▶ 함수식

[표1] 나이[E3:E10]	[E3] 셀에 '=YEAR(TODAY())-LEFT(D3,2)-1900'을 입력한 후, 채우기 핸들을 [E10] 셀까지 드래그 합니다.
[표2] 종료시간[M3:M10]	[M3] 셀에 '=TIME(HOUR($M$1),MINUTE($M$1)+J3+K3+L3,0)'를 입력한 후 채우기 핸들을 [M10] 셀까지 드래그 합니다.
[표3] 이름[B22]	[B22] 셀에 '=INDEX(A14:E19,MATCH(LARGE(D14:D19,A22),D14:D19,0),2)'을 입력합니다.
[표4] 등급[L14:L21]	[L14] 셀에 '=IFERROR(HLOOKUP(K14,$H$24:$L$25,2),"등급오류")'를 입력한 후, 채우기 핸들을 [L21] 셀까지 드래그 합니다.
[표5] 결과[E27:E36]	[E27] 셀에 '=IF(RANK.EQ(D27,$D$27:$D$36)<=3,"본선진출","")'을 입력한 후, 채우기 핸들을 [E36] 셀까지 드래그 합니다.

문제 **03** 분석작업(20점)

1. 분석작업–1

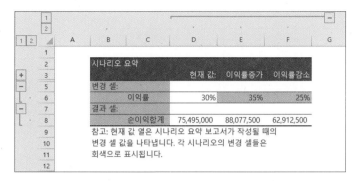

▶ [데이터] 탭-[예측] 그룹-[가상 분석]-[시나리오 관리자]를 이용

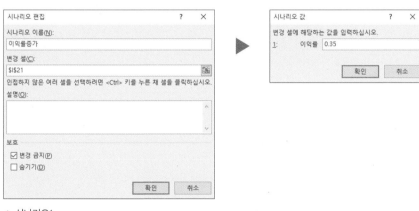

▲ 시나리오1

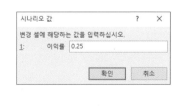

▲ 시나리오2

2. 분석작업-2

1 2 3 4	A	B	C	D	E	F	G	H	I	J	K
1		과목별 점수 현황									
2											
3		성명	반	국어	영어	수학	사회	과학	합계	평균	
4		김민애	1	88	90	95	91	90	454	90.8	
5		박철수	1	68	66	47	62	55	298	59.6	
6		선우선	1	79	76	78	80	83	396	79.2	
7		한관수	1	68	75	83	82	81	389	77.8	
8			1 최소값			47					
9			1 최대값		90						
10		유승아	2	59	60	60	68	67	314	62.8	
11		김석훈	2	87	88	83	83	88	429	85.8	
12		이진표	2	91	90	92	90	93	456	91.2	
13		이용우	2	63	62	59	68	70	322	64.4	
14			2 최소값			59					
15			2 최대값		90						
16		하지은	3	96	95	95	96	97	479	95.8	
17		강민국	3	96	98	91	95	96	476	95.2	
18		김유선	3	86	81	80	88	91	426	85.2	
19		윤은수	3	79	98	80	91	88	436	87.2	
20			3 최소값			80					
21			3 최대값		98						
22		허영민	4	78	70	46	76	81	351	70.2	
23		이강혁	4	86	86	81	79	81	413	82.6	
24		최성철	4	80	58	56	78	80	352	70.4	
25		장진철	4	88	84	83	84	89	428	85.6	
26		4 최소값				46					
27		4 최대값			86						
28		전체 최소값				46					
29		전체 최대값			98						
30											

▶ [데이터] 탭-[윤곽선] 그룹-[부분합]을 이용

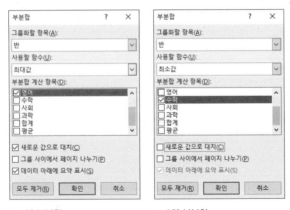

▲ 1차 부분합   ▲ 2차 부분합

문제 ④ 기타작업(20점)

1. 매크로 작업

	A	B	C	D	E	F	G	H	I	J	K
1			**[표] 물놀이용품 생산 현황**								
2											
3	용품명	생산팀	팀장명	목표량	생산량	불량품	출고량				
4	수영복	1팀	안심해	120,000	125,000	564	124,436			평균	
5	수영모	2팀	권노하	120,000	120,000	857	119,143				
6	물안경	3팀	정수심	120,000	120,000	963	119,037			서식	
7	1인용보트	4팀	곽하늘	15,000	16,000	99	15,901				
8	2인용보트	5팀	차안정	10,000	9,500	68	9,432				
9	튜브	6팀	임근성	100,000	110,000	625	109,375				
10	방수팩	7팀	조은일	50,000	50,000	97	49,903				
11	물총	8팀	배오민	60,000	65,000	95	64,905				
12	구명조끼	9팀	문종모	100,000	90,000	86	89,914				
13		평균		77,222	78,389	384	78,005				
14											

▶ [양식 컨트롤]-<단추>에 '평균' 매크로 지정

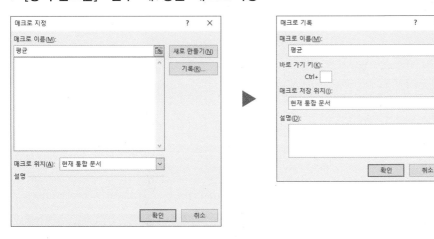

▶ '배지' 도형에 '서식' 매크로 지정

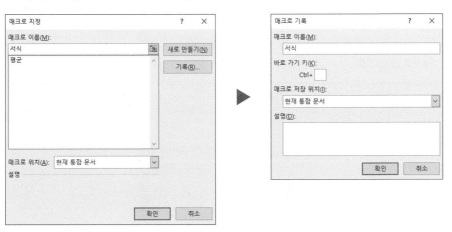

2. 차트 작업

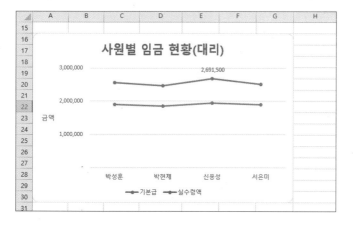

① [A3] 영역을 선택하고 **Ctrl** 키를 누르면서 [D3], [H3], [A5], [D5], [H5], [A7], [D7], [H7], [A10:A11], [D10:D11], [H10:H11] 영역을 지정합니다.

② [삽입] 탭-[차트] 그룹에서 [꺾은선형 또는 영역형 차트 삽입]을 클릭하고 [표식이 있는 꺾은선형]을 클릭합니다.

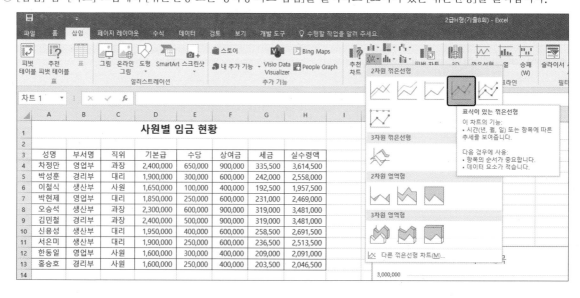

MEMO

제 09 회 최신유형 기출문제

프로그램명	제한시간
EXCEL 2016	40분

수험번호 :
성   명 :

◆ 2급 I형 ◆

유 의 사 항

- 인적 사항 누락 및 잘못 작성으로 인한 불이익은 수험자 책임으로 합니다.
- 화면에 암호 입력창이 나타나면 아래의 암호를 입력하여야 합니다.
  - 암호 : 2!3617
- 작성된 답안은 주어진 경로 및 파일명을 변경하지 마시고 그대로 저장해야 합니다. 이를 준수하지 않으면 실격처리 됩니다.
- 외부데이터 위치 : C:\OA\파일명
- 별도 지시사항이 없는 경우, 다음과 같이 처리 시 실격 처리됩니다.
  - 제시된 시트 및 개체의 순서나 이름을 임의로 변경한 경우
  - 제시된 시트 및 개체를 임의로 추가 또는 삭제한 경우
- 답안은 반드시 문제에서 지시 또는 요구한 셀에 입력하여야 하며 다음과 같이 처리 시 채점 대상에서 제외됩니다.
  - 수험자가 임의로 지시하지 않은 셀의 이동, 수정, 삭제, 변경 등으로 인해 셀의 위치 및 내용이 변경된 경우 해당 작업에 영향을 미치는 관련문제 모두 채점 대상에서 제외
  - 도형 및 차트의 개체가 중첩되어 있거나 동일한 계산결과 시트가 복수로 존재할 경우 해당 개체나 시트는 채점 대상에서 제외
- 수식 작성 시 제시된 문제 파일의 데이터는 변경 가능한(가변적) 데이터임을 감안하여 문제 풀이를 하시오.
- 별도의 지시사항이 없는 경우, 주어진 각 시트 및 개체의 설정값 또는 기본 설정값(De-fault)으로 처리하시오.
- 저장 시간은 별도로 주어지지 않으므로 제한된 시간 내에 저장을 완료해야 하며, 제한 시간 내에 저장이 되지 않은 경우에는 실격 처리됩니다.
- 출제된 문제의 용어는 Microsoft office 2016 기준으로 작성되어 있습니다.

대 한 상 공 회 의 소

문제 01 주어진 시트에서 다음 과정을 수행하고 저장하시오.

1. '기본작업-1' 시트에 다음의 자료를 주어진 대로 입력하시오. (5점)

▲	A	B	C	D	E	F	G	H
1	영업실적현황							
2								
3	사원번호	사원명	사원ID	부서	연락처	판매수량	판매금액	
4	1_G11201	김민혜	KMH-0011	영업1부	010-5523-6668	122	8235000	
5	2_C32015	임상철	LSC-1004	영업1부	010-2363-9988	132	8910000	
6	1_G11202	박영록	PYR-LOVE	영업2부	010-4569-7896	155	10462500	
7	2_CS2016	윤준희	YJH-0605	영업3부	010-5589-7896	67	4522500	
8	3_Y34567	나경환	NKH-1004	영업2부	010-8899-7785	89	6007500	
9	3_Y34568	양혜영	YHY-1225	영업3부	010-3569-4521	23	1552500	
10	2_C32017	최성국	CSK-PING	영업1부	010-5379-6698	234	15795000	
11								

2. '기본작업-2' 시트에 대하여 다음의 지시사항을 처리하시오. (각 2점)

① [A1:G1] 영역은 '병합하고 가운데 맞춤', 글꼴 '맑은 고딕', 글꼴 크기 '18', 글꼴 스타일 '굵게'로 지정하시오.

② [A1] 셀에 '1분기 우수 사업장'이라는 메모를 삽입한 후 항상 표시되도록 지정하고, 메모 서식에서 맞춤 '자동 크기'를 설정하시오.

③ [F4:F12], [G4:G13] 영역은 사용자 지정 표시 형식을 이용하여 1000 단위 구분 기호와 숫자 뒤에 "원"을 표시 예와 같이 표시하시오. [표시 예 : 1000 → 1,000원]

④ [F3] 셀에 입력된 문자열 '단가'를 한자 '單價'로 변경하시오.

⑤ [A3:G13] 영역에 '모든 테두리(⊞)'를 적용하여 표시하고, [B13:F13] 영역에는 '/' 모양의 대각선을 적용하여 표시하시오.

3. '기본작업-3' 시트에서 다음의 지시사항을 처리하시오. (5점)

– [C4:C16] 영역에 대하여 '교육'이 포함된 셀에는 '진한 녹색 텍스트가 있는 녹색 채우기'로 지정하는 조건부 서식을 작성하고, [H4:H16] 영역에서 상위 3위 이내인 셀에는 채우기 색을 '표준 색–연한 파랑'을 지정하는 조건부 서식을 작성하시오.

▶ 단, 규칙 유형은 '셀 강조 규칙'과 '상위/하위 규칙'을 사용하시오.

문제 02 '계산작업' 시트에서 다음 과정을 수행하고 저장하시오.

1. [표1]에서 과목별 80점대인 학생수를 구하여 [B11:E11] 영역에 표시하시오. (8점)

▶ 숫자 뒤에 '명'을 표시 [표시 예 : 2명]

▶ AVERAGEIFS, COUNTIFS, SUMIFS 함수 중 알맞은 함수와 & 연산자 사용

2. [표2]에서 기록(초)[H3:H11]가 빠른 5명은 '결승진출' 그 외에는 공백을 결과[I3:I11]에 표시하시오. (8점)

▶ IF, SMALL 함수 사용

3. [표3]에서 직업코드[C15:C20]와 조건표[A24:B28]를 이용하여 직업[D15:D20]을 표시하시오 .(8점)

▶ 조건표의 의미 : 직업코드 왼쪽의 한 자리가 1이면 학생, 2이면 군인, 3이면 공무원, 4이면 교사, 5이면 회사원임

▶ VLOOKUP, HLOOKUP, LEFT, RIGHT 함수 중 알맞은 함수 사용

4. [표4]에서 응모횟수[I15:I20]에 따른 난수를 발생하여 행운번호[J15:J20]에 표시하시오. (8점)

  ▶ 난수는 0에서 응모횟수까지 설정
  ▶ RANDBETWEEN, RAND, POWER 함수 중 알맞은 함수 와 & 연산자 사용

5. [표5]에서 면접일자[J24:J30]의 마지막 숫자가 '1' 또는 '3' 이면 '회의실' 그렇지 않으면 '강의실'로 면접장소[K24:K30]에 표시하시오. (8점)

  ▶ IF, OR, RIGHT 함수 사용

문제 03 주어진 시트에서 다음 작업을 수행하고 저장하시오. 분석작업(20점)

1. '분석작업-1' 시트에 대하여 다음의 지시사항을 처리하시오. (10점)

– [부분합] 기능을 이용하여 〈그림〉과 같이 부서명별로 '수당', '상여금', '세금'의 합계를 계산한 후 '실수령액'의 평균을 계산하시오.

  ▶ 정렬은 '부서명'을 기준으로 오름차순으로 처리하시오.
  ▶ 합계와 평균은 위에 명시된 순서대로 처리하시오.

	A	B	C	D	E	F	G	H	I	J
1	\multicolumn{9}{사원별 급여 지급 현황}								
2										
3	부서명	성명	성별	입사일자	기본급	수당	상여금	세금	실수령액	
4	기획부	최정미	여	2001-05-07	1,400,000	118,000	1,050,000	179,760	2,388,240	
5	기획부	피현아	여	2000-07-05	1,450,000	116,000	1,087,500	185,745	2,467,755	
6	기획부	김정태	남	2009-10-15	850,000	115,000	637,500	112,175	1,490,325	
7	기획부	김정태	남	2009-10-15	850,000	115,000	637,500	112,175	1,490,325	
8	기획부	성수연	여	2005-03-12	1,150,000	124,000	862,500	149,555	1,986,945	
9	기획부	홍현준	남	2005-08-07	1,150,000	113,000	862,500	148,785	1,976,715	
10	기획부 평균								1,966,718	
11	기획부 요약					701,000	5,137,500	888,195		
12	영업부	임두영	여	2004-09-23	1,200,000	98,000	900,000	153,860	2,044,140	
13	영업부	소지원	여	2006-05-06	1,100,000	185,000	825,000	147,700	1,962,300	
14	영업부	임호인	남	2004-12-20	1,200,000	125,000	900,000	155,750	2,069,250	
15	영업부	이진철	여	2002-11-25	1,350,000	136,000	1,012,500	174,895	2,323,605	
16	영업부 평균								2,099,824	
17	영업부 요약					544,000	3,637,500	632,205		
18	인사부	강도환	남	2003-08-04	1,235,000	103,000	926,250	158,498	2,105,753	
19	인사부	박인준	남	2003-11-25	1,250,000	88,000	937,500	159,285	2,116,215	
20	인사부 평균								2,110,984	
21	인사부 요약					191,000	1,863,750	317,783		
22	총무부	김우채	남	2000-04-06	1,450,000	145,000	1,087,500	187,775	2,494,725	
23	총무부	한지영	여	2008-12-13	900,000	156,000	675,000	121,170	1,609,830	
24	총무부	장진원	남	2006-09-07	1,100,000	132,000	825,000	143,990	1,913,010	
25	총무부	원지혜	여	2003-05-07	1,250,000	125,000	937,500	161,875	2,150,625	
26	총무부 평균								2,042,048	
27	총무부 요약					558,000	3,525,000	614,810		
28	전체 평균								2,036,860	
29	총합계					1,994,000	14,163,750	2,452,993		
30										

2. '분석작업-2' 시트에 대하여 다음의 지시사항을 처리하시오. (10점)

– 데이터 도구 [통합] 기능을 이용하여 [표1], [표2], [표3]에 대한 지점별 '매입수량', '판매수량', '판매금액'의 합계를 [표4]의 [G12:I17] 영역에 계산하시오.

문제 ④ 주어진 시트에서 다음 작업을 수행하고 저장하시오.

기타작업(20점)

1. '매크로 작업' 시트의 [표]에서 다음과 같은 기능을 수행하는 매크로를 현재 통합 문서에 작성하고 실행하시오.(각 5점)

① [D11], [H11] 영역에 평균을 계산하는 매크로를 생성하여 실행하시오.
- ▶ 매크로 이름 : 평균
- ▶ [개발도구]-[삽입]-[양식 컨트롤]의 '단추'를 동일 시트의 [J3:J4] 영역에 생성하고, 텍스트를 '평균'으로 입력한 후 단추를 클릭할 때 '평균' 매크로가 실행되도록 설정하시오.

② [A3:H3] 영역에 채우기 색 '표준 색-연한 녹색'을 적용하는 매크로를 생성하여 실행하시오.
- ▶ 매크로 이름 : 서식
- ▶ [도형]-[기본 도형]의 '빗면(□)'을 동일 시트의 [J6:J7] 영역에 생성하고, 텍스트를 '서식'으로 입력한 후 도형을 클릭할 때 '서식' 매크로가 실행되도록 설정하시오.
  ※ 셀 포인터의 위치에 상관없이 현재 통합 문서에서 매크로가 실행되어야 정답으로 인정됨

2. '차트작업' 시트의 차트를 지시사항에 따라 아래 그림과 같이 수정하시오. (각 2점)

※ 차트는 반드시 문제에서 제공한 차트를 사용하여야 하며, 신규로 작성 시 0점 처리됨

① '40대' 계열이 차트에 표시되도록 데이터 범위를 추가하고, 전체 차트 종류는 '묶은 세로 막대형'으로 변경하시오.
② 차트 제목은 '차트 위'로 추가하여 〈그림〉과 같이 입력하시오.
③ '30대' 계열의 차트 종류는 '표식이 있는 꺾은선형'으로 변경하고, 데이터 계열을 '보조축'으로 지정하시오.
④ '40대' 계열의 '야구' 요소에만 데이터 레이블 '값'을 표시하고, 레이블 위치를 '안쪽 끝에'로 설정하시오.
⑤ 범례는 서식을 이용하여 위치를 '아래쪽'으로 배치하시오

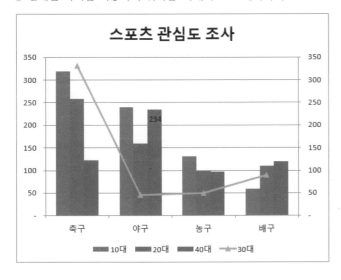

제 09 회 최신유형 기출문제 ∴ 정답 ∴

1. 기본작업-1

	A	B	C	D	E	F	G	H
1	영업실적현황							
2								
3	사원번호	사원명	사원ID	부서	연락처	판매수량	판매금액	
4	1_G11201	김민혜	KMH-0011	영업1부	010-5523-6668	122	8235000	
5	2_C32015	임상철	LSC-1004	영업1부	010-2363-9988	132	8910000	
6	1_G11202	박영록	PYR-LOVE	영업2부	010-4569-7896	155	10462500	
7	2_CS2016	윤준희	YJH-0605	영업3부	010-5589-7896	67	4522500	
8	3_Y34567	나경환	NKH-1004	영업2부	010-8899-7785	89	6007500	
9	3_Y34568	양혜영	YHY-1225	영업3부	010-3569-4521	23	1552500	
10	2_C32017	최성국	CSK-PING	영업1부	010-5379-6698	234	15795000	
11								

2. 기본작업-2

	A	B	C	D	E	F	G	H	I	J
1	현장 사업 지출 현황							1분기 우수 사업장		
2										
3	날짜	구분	현장명	품목	수량	單價	지출금액			
4	2020년 4월 20일	자재수리비	3026호	LNG	35	560원	19,600원			
5	2020년 4월 21일	차량유지비	사무실	저녁식비	7	5,000원	35,000원			
6	2020년 4월 22일	복리후생비	5648호	경유	42	980원	41,160원			
7	2020년 4월 23일	자재구입비	6752호	휘발유	38	1,324원	50,312원			
8	2020년 4월 24일	차량유지비	9586호	휘발유	44	1,328원	58,432원			
9	2020년 4월 25일	복리후생비	사무실	비품	5	5,600원	28,000원			
10	2020년 4월 26일	복리후생비	사무실	Fur-7896	3	85,000원	255,000원			
11	2020년 4월 27일	자재수리비	7564호	LPG	55	708원	38,940원			
12	2020년 4월 28일	자재구입비	8956호	휘발유	24	1,324원	31,776원			
13	합계						558,220원			
14										

3. 기본작업-3

	A	B	C	D	E	F	G	H	I
1	신입사원 성적 일람표								
2									
3	수험번호	성명	지원팀	영어	전공	상식	면접	총점	
4	51001	김민우	교육2팀	78	98	66	92	334	
5	51002	홍성철	기획1팀	92	86	78	94	350	
6	51003	안우리	영업2팀	90	92	96	90	368	
7	51004	나도야	교육3팀	90	94	97	54	335	
8	51005	장금숙	교육1팀	88	98	45	86	317	
9	51006	남주나	기획3팀	97	95	58	90	340	
10	51007	윤채영	영업1팀	100	96	97	93	386	
11	51008	김영규	기획2팀	90	98	90	95	373	
12	51009	손봉주	교육1팀	95	67	89	96	347	
13	51010	박종준	기획1팀	97	88	90	73	348	
14	51011	이재관	기획3팀	98	48	92	64	302	
15	51012	문진호	영업1팀	76	98	90	87	351	
16	51013	이상은	교육2팀	80	48	89	75	292	
17									

4. 계산작업

	A	B	C	D	E	F	G	H	I	J	K	L
1	[표1]						[표2]					
2	수험번호	언어	수리탐구	선택과목	외국어		선수명	기록(초)	결과			
3	M030101	84	88	85	78		윤준희	25.6				
4	M030102	85	54	68	59		임제이	23.4	결승진출			
5	M030103	75	82	64	70		김보경	24.7				
6	M030104	88	83	89	90		이하율	22.9	결승진출			
7	M030105	결시	55	54	60		이순범	23.7	결승진출			
8	M030106	65	44	결시	결시		김혜영	25.1				
9	M030107	90	75	68	85		최지선	22.5	결승진출			
10	M030108	76	82	84	83		이재관	20.5	결승진출			
11	80점대	3명	4명	3명	2명		문진호	24.8				
12												
13	[표3]						[표4]					
14	연번	이름	직업코드	직업			성명	누적구매액	응모횟수	행운번호		
15	1	박동준	5-40	회사원			장금숙	235,600	23	5번		
16	2	맹주표	1-80	학생			임재성	187,200	14	2번		
17	3	김영규	3-90	공무원			이상은	87,020	15	11번		
18	4	송재관	2-70	군인			손봉주	113,200	27	5번		
19	5	박영모	4-50	교사			윤채영	245,010	31	12번		
20	6	원세진	5-60	회사원			이하율	193,820	9	7번		
21												
22		<조건표>					[표5]					
23	코드	직업					성명	생년월일	지원분야	면접일자	면접장소	
24	1	학생					이진우	1995.02.15	영업부	2020.12.01	회의실	
25	2	군인					남은주	2000.01.20	총무부	2020.12.01	회의실	
26	3	공무원					선우용녀	1998.10.03	인사부	2020.12.03	회의실	
27	4	교사					김향진	1997.05.07	개발부	2020.12.01	회의실	
28	5	회사원					독고영재	1997.12.10	개발부	2020.12.02	강의실	
29							안영미	1995.01.13	인사부	2020.12.01	회의실	
30							고영미	1996.09.30	영업부	2020.12.02	강의실	
31												

5. 분석작업-1

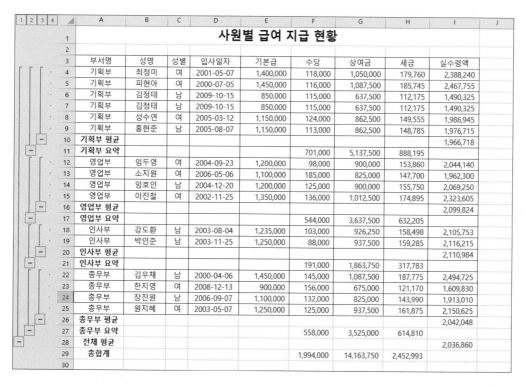

	A	B	C	D	E	F	G	H	I	J
1	사원별 급여 지급 현황									
2										
3	부서명	성명	성별	입사일자	기본급	수당	상여금	세금	실수령액	
4	기획부	최정미	여	2001-05-07	1,400,000	118,000	1,050,000	179,760	2,388,240	
5	기획부	피현아	여	2000-07-05	1,450,000	116,000	1,087,500	185,745	2,467,755	
6	기획부	김정태	남	2009-10-15	850,000	115,000	637,500	112,175	1,490,325	
7	기획부	김정태	남	2009-10-15	850,000	115,000	637,500	112,175	1,490,325	
8	기획부	성수연	여	2005-03-12	1,150,000	124,000	862,500	149,555	1,986,945	
9	기획부	홍현준	남	2005-08-07	1,150,000	113,000	862,500	148,785	1,976,715	
10	기획부 평균								1,966,718	
11	기획부 요약					701,000	5,137,500	888,195		
12	영업부	임두영	여	2004-09-23	1,200,000	98,000	900,000	153,860	2,044,140	
13	영업부	소지원	여	2006-05-06	1,100,000	185,000	825,000	147,700	1,962,300	
14	영업부	임호인	남	2004-12-20	1,200,000	125,000	900,000	155,750	2,069,250	
15	영업부	이진철	여	2002-11-25	1,350,000	136,000	1,012,500	174,895	2,323,605	
16	영업부 평균								2,099,824	
17	영업부 요약					544,000	3,637,500	632,205		
18	인사부	강도환	남	2003-08-04	1,235,000	103,000	926,250	158,498	2,105,753	
19	인사부	박인준	남	2003-11-25	1,250,000	88,000	937,500	159,285	2,116,215	
20	인사부 평균								2,110,984	
21	인사부 요약					191,000	1,863,750	317,783		
22	총무부	김우채	남	2000-04-06	1,450,000	145,000	1,087,500	187,775	2,494,725	
23	총무부	한지영	여	2008-12-13	900,000	156,000	675,000	121,170	1,609,830	
24	총무부	장진원	남	2006-09-07	1,100,000	132,000	825,000	143,990	1,913,010	
25	총무부	원지혜	여	2003-05-07	1,250,000	125,000	937,500	161,875	2,150,625	
26	총무부 평균								2,042,048	
27	총무부 요약					558,000	3,525,000	614,810		
28	전체 평균								2,036,860	
29	총합계					1,994,000	14,163,750	2,452,993		
30										

6. 분석작업-2

[표1] 지점별 판매 현황(1월)

지점	매입수량	판매수량	판매금액
북부	120	111	753,579
남부	250	150	1,018,350
서부	120	45	305,505
중구	150	78	529,542
성동	100	90	611,010
한남	57	54	366,606

[표2] 지점별 판매 현황(2월)

지점	매입수량	판매수량	판매금액
한남	50	54	366,606
성동	87	78	529,542
서부	98	89	604,221
북부	100	78	529,542
중구	132	120	814,680
남부	158	134	909,726

[표3] 지점별 판매 현황(3월)

지점	매입수량	판매수량	판매금액
북부	200	187	1,269,543
남부	180	150	1,018,350
중구	167	150	1,018,350
성동	135	123	835,047
서부	132	120	814,680
한남	77	69	468,441

[표4] 1분기 지점별 판매 현황

지점	매입수량	판매수량	판매금액
북부	420	376	2,552,664
남부	588	434	2,946,426
서부	350	254	1,724,406
중구	449	348	2,362,572
성동	322	291	1,975,599
한남	184	177	1,201,653

7. 매크로 작업

[표] 5월 노트북 판매 현황

단위:천원

지역	영업점	판매수량	판매금액	지역	영업점	판매수량	판매금액		평균
서울	종로점	123	₩233,700	경기도	광명점	142	₩269,800		
	강남점	105	₩199,500		성남점	163	₩309,700		서식
	영등포점	87	₩165,300		시흥점	94	₩178,600		
	용산점	78	₩148,200		부천점	126	₩239,400		
	노원점	77	₩146,300		하남점	98	₩186,200		
	서초점	134	₩254,600		고양점	131	₩248,900		
	송파점	128	₩243,200		과천점	110	₩209,000		
평균			₩198,686	평균			₩234,514		

8. 차트 작업

스포츠 관심도 조사

종목	10대	20대	30대	40대	50대 이상	합계	비율
축구	320	259	332	123	70	1,104	22%
야구	240	159	45	234	134	812	16%
농구	131	98	50	97	197	573	12%
배구	59	110	89	120	57	435	9%
테니스	55	169	80	105	123	532	11%
배드민턴	89	110	170	63	122	554	11%
골프	106	95	234	258	278	971	19%
합계	1,000	1,000	1,000	1,000	981	4,981	

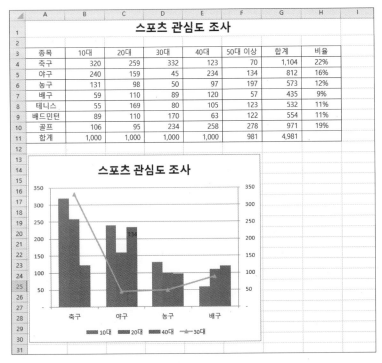

스포츠 관심도 조사

10대 ▨ 20대 ▨ 40대 ━★━30대

제 09 회 최신유형 기출문제 ∴ 해설 ∴

문제 01 기본작업(20점)

1. 기본작업-2

	A	B	C	D	E	F	G	H	I	J
1			현장 사업 지출 현황					1분기 우수 사업장		
2										
3	날짜	구분	현장명	품목	수량	單價	지출금액			
4	2020년 4월 20일	자재수리비	3026호	LNG	35	560원	19,600원			
5	2020년 4월 21일	차량유지비	사무실	저녁식비	7	5,000원	35,000원			
6	2020년 4월 22일	복리후생비	5648호	경유	42	980원	41,160원			
7	2020년 4월 23일	자재구입비	6752호	휘발유	38	1,324원	50,312원			
8	2020년 4월 24일	차량유지비	9586호	휘발유	44	1,328원	58,432원			
9	2020년 4월 25일	복리후생비	사무실	비품	5	5,600원	28,000원			
10	2020년 4월 26일	복리후생비	사무실	Fur-7896	3	85,000원	255,000원			
11	2020년 4월 27일	자재수리비	7564호	LPG	55	708원	38,940원			
12	2020년 4월 28일	자재구입비	8956호	휘발유	24	1,324원	31,776원			
13	합계						558,220원			
14										

2. 기본작업-3

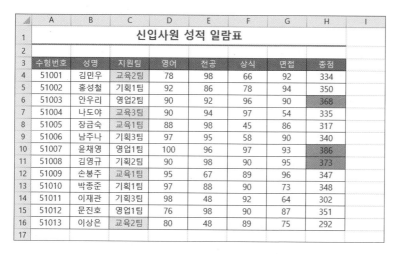

	A	B	C	D	E	F	G	H	I
1			신입사원 성적 일람표						
2									
3	수험번호	성명	지원팀	영어	전공	상식	면접	총점	
4	51001	김민우	교육2팀	78	98	66	92	334	
5	51002	홍성철	기획1팀	92	86	78	94	350	
6	51003	안우리	영업2팀	90	92	96	90	368	
7	51004	나도야	교육3팀	90	94	97	54	335	
8	51005	장금숙	교육1팀	88	98	45	86	317	
9	51006	남주나	기획3팀	97	95	58	90	340	
10	51007	윤채영	영업1팀	100	96	97	93	386	
11	51008	김영규	기획2팀	90	98	90	95	373	
12	51009	손봉주	교육1팀	95	67	89	96	347	
13	51010	박종준	기획1팀	97	88	90	73	348	
14	51011	이재관	기획3팀	98	48	92	64	302	
15	51012	문진호	영업1팀	76	98	90	87	351	
16	51013	이상은	교육2팀	80	48	89	75	292	
17									

▶ [홈] 탭-[스타일] 그룹-[조건부 서식]-[셀 강조 규칙]-[텍스트 포함]

▶ [홈] 탭-[스타일] 그룹-[조건부 서식]-[상위/하위 규칙]-[상위 10개 항목]

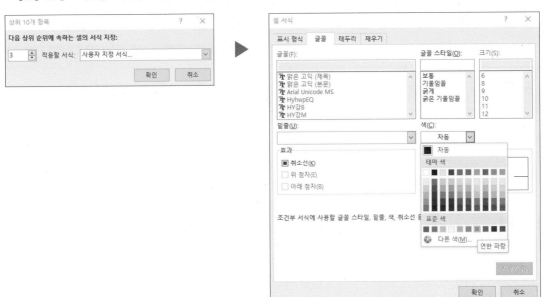

문제 02 계산작업(40점)

	A	B	C	D	E	F	G	H	I	J	K	L
1	[표1]						[표2]					
2	수험번호	언어	수리탐구	선택과목	외국어		선수명	기록(초)	결과			
3	M030101	84	88	85	78		윤준희	25.6				
4	M030102	85	54	68	59		임제이	23.4	결승진출			
5	M030103	75	82	64	70		김보경	24.7				
6	M030104	88	83	89	90		이하율	22.9	결승진출			
7	M030105	결시	55	54	60		이순범	23.7	결승진출			
8	M030106	65	44	결시	결시		김혜영	25.1				
9	M030107	90	75	68	85		최지선	22.5	결승진출			
10	M030108	76	82	84	83		이재관	20.5	결승진출			
11	80점대	3명	4명	3명	2명		문진호	24.8				
12												
13	[표3]						[표4]					
14	연번	이름	직업코드	직업			성명	누적구매액	응모횟수	행운번호		
15	1	박동준	5-40	회사원			장금숙	235,600	23	5번		
16	2	맹주표	1-80	학생			임재성	187,200	14	2번		
17	3	김영규	3-90	공무원			이상은	87,020	15	11번		
18	4	송재관	2-70	군인			손봉주	113,200	27	5번		
19	5	박영모	4-50	교사			윤채영	245,010	31	12번		
20	6	원세진	5-60	회사원			이하율	193,820	9	7번		
21												
22	<조건표>						[표5]					
23	코드	직업					성명	생년월일	지원분야	면접일자	면접장소	
24	1	학생					이진우	1995.02.15	영업부	2020.12.01	회의실	
25	2	군인					남은주	2000.01.20	총무부	2020.12.01	회의실	
26	3	공무원					선우용녀	1998.10.03	인사부	2020.12.03	회의실	
27	4	교사					김향진	1997.05.07	개발부	2020.12.03	회의실	
28	5	회사원					독고영재	1997.12.10	개발부	2020.12.02	강의실	
29							안영미	1995.01.13	인사부	2020.12.01	회의실	
30							고영미	1996.09.30	영업부	2020.12.02	강의실	
31												

▶ 함수식

[표1] 80점대[B11:E11]	[B11] 셀에 '=COUNTIFS(B3:B10,">=80",B3:B10,"<90")&"명"'을 입력한 후, 채우기 핸들을 [E11] 셀까지 드래그 합니다.
[표2] 결과[I3:I11]	[I3] 셀에 '=IF(SMALL($H$3:$H$11,5)>=H3,"결승진출","")'을 입력한 후, 채우기 핸들을 [I11] 셀까지 드래그 합니다.
[표3] 직업[D15:D20]	[D15] 셀에 '=VLOOKUP(LEFT(C15,1),$A$24:$B$28,2,0)'을 입력한 후, 채우기 핸들을 [D20] 셀까지 드래그 합니다.
[표4] 행운번호[J15:J20]	[J15] 셀에 '=RANDBETWEEN(0,I15)&"번"'을 입력한 후, 채우기 핸들을 [J20] 셀까지 드래그 합니다.
[표5] 면접장소[K24:K30]	[K24] 셀에 '=IF(OR(RIGHT(J24,1)="1",RIGHT(J24,1)="3"),"회의실","강의실")'을 입력한 후, 채우기 핸들을 [K30] 셀까지 드래그 합니다.

문제 **03** 분석작업(20점)

1. 분석작업-1

	A	B	C	D	E	F	G	H	I	J
1				사원별 급여 지급 현황						
2										
3	부서명	성명	성별	입사일자	기본급	수당	상여금	세금	실수령액	
4	기획부	최정미	여	2001-05-07	1,400,000	118,000	1,050,000	179,760	2,388,240	
5	기획부	피현아	여	2000-07-05	1,450,000	116,000	1,087,500	185,745	2,467,755	
6	기획부	김정태	남	2009-10-15	850,000	115,000	637,500	112,175	1,490,325	
7	기획부	김정태	남	2009-10-15	850,000	115,000	637,500	112,175	1,490,325	
8	기획부	성수연	여	2005-03-12	1,150,000	124,000	862,500	149,555	1,986,945	
9	기획부	홍현준	남	2005-08-07	1,150,000	113,000	862,500	148,785	1,976,715	
10	기획부 평균								1,966,718	
11	기획부 요약					701,000	5,137,500	888,195		
12	영업부	임두영	여	2004-09-23	1,200,000	98,000	900,000	153,860	2,044,140	
13	영업부	소지원	여	2006-05-06	1,100,000	185,000	825,000	147,700	1,962,300	
14	영업부	임호인	남	2004-12-20	1,200,000	125,000	900,000	155,750	2,069,250	
15	영업부	이진철	여	2002-11-25	1,350,000	136,000	1,012,500	174,895	2,323,605	
16	영업부 평균								2,099,824	
17	영업부 요약					544,000	3,637,500	632,205		
18	인사부	강도환	남	2003-08-04	1,235,000	103,000	926,250	158,498	2,105,753	
19	인사부	박인준	남	2003-11-25	1,250,000	88,000	937,500	159,285	2,116,215	
20	인사부 평균								2,110,984	
21	인사부 요약					191,000	1,863,750	317,783		
22	총무부	김우채	남	2000-04-06	1,450,000	145,000	1,087,500	187,775	2,494,725	
23	총무부	한지영	여	2008-12-13	900,000	156,000	675,000	121,170	1,609,830	
24	총무부	장진원	남	2006-09-07	1,100,000	132,000	825,000	143,990	1,913,010	
25	총무부	원지혜	여	2003-05-07	1,250,000	125,000	937,500	161,875	2,150,625	
26	총무부 평균								2,042,048	
27	총무부 요약					558,000	3,525,000	614,810		
28	전체 평균								2,036,860	
29	총합계					1,994,000	14,163,750	2,452,993		
30										

▶ [데이터] 탭-[윤곽선] 그룹-[부분합]을 이용

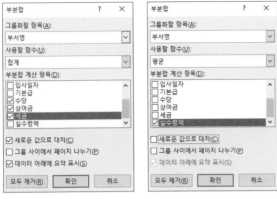

▲ 1차 부분합   ▲ 2차 부분합

2. 분석작업-2

	A	B	C	D	E	F	G	H	I	J
1	[표1] 지점별 판매 현황(1월)					[표2] 지점별 판매 현황(2월)				
2	지점	매입수량	판매수량	판매금액		지점	매입수량	판매수량	판매금액	
3	북부	120	111	753,579		한남	50	54	366,606	
4	남부	250	150	1,018,350		성동	87	78	529,542	
5	서부	120	45	305,505		서부	98	89	604,221	
6	중구	150	78	529,542		북부	100	78	529,542	
7	성동	100	90	611,010		중구	132	120	814,680	
8	한남	57	54	366,606		남부	158	134	909,726	
9										
10	[표3] 지점별 판매 현황(3월)					[표4] 1분기 지점별 판매 현황				
11	지점	매입수량	판매수량	판매금액		지점	매입수량	판매수량	판매금액	
12	북부	200	187	1,269,543		북부	420	376	2,552,664	
13	남부	180	150	1,018,350		남부	588	434	2,946,426	
14	중구	167	150	1,018,350		서부	350	254	1,724,406	
15	성동	135	123	835,047		중구	449	348	2,362,572	
16	서부	132	120	814,680		성동	322	291	1,975,599	
17	한남	77	69	468,441		한남	184	177	1,201,653	
18										

▶ [데이터] 탭-[데이터 도구] 그룹-[통합]을 이용

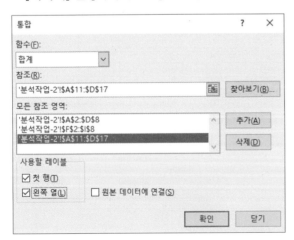

1. 매크로 작업

	A	B	C	D	E	F	G	H	I	J	K
1			**[표] 5월 노트북 판매 현황**								
2								단위:천원			
3	지역	영업점	판매수량	판매금액	지역	영업점	판매수량	판매금액		평균	
4		종로점	123	₩233,700		광명점	142	₩269,800			
5		강남점	105	₩199,500		성남점	163	₩309,700			
6	서울	영등포점	87	₩165,300	경기도	시흥점	94	₩178,600		서식	
7		용산점	78	₩148,200		부천점	126	₩239,400			
8		노원점	77	₩146,300		하남점	98	₩186,200			
9		서초점	134	₩254,600		고양점	131	₩248,900			
10		송파점	128	₩243,200		과천점	110	₩209,000			
11	평균			₩198,686	평균			₩234,514			
12											

▶ [양식 컨트롤]-<단추>에 '평균' 매크로 지정

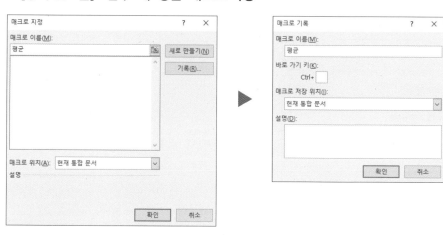

▶ '빗면' 도형에 '서식' 매크로 지정

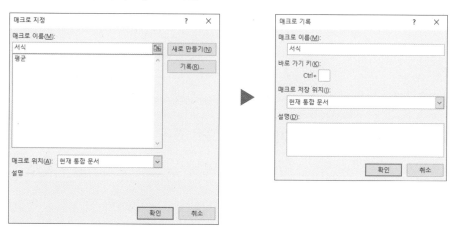

2. 차트

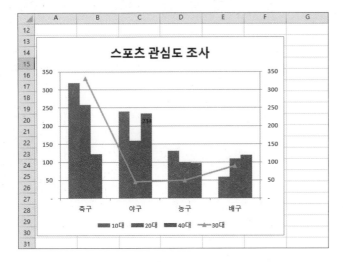

▶ 차트 영역에서 마우스 오른쪽 버튼-[바로 가기] 메뉴-[데이터 선택] 이용

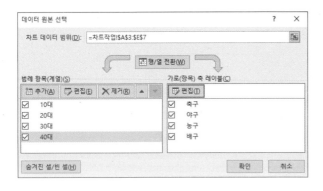

▶ <범례 항목 (계열)>에서 [추가(A)] 단추 클릭 후 지정

▲ '40대' 계열 이름(E3)과 계열 값(E4:E7) 추가

▶ <가로 (항목) 축 레이블>에서 [편집(E)] 단추 클릭 후 지정

▲ 축 레이블 범위(A4:A7) 추가

MEMO

제 10 회 최신유형 기출문제

프로그램명	제한시간
EXCEL 2016	40분

수험번호 :

성   명 :

◆ 2급 J형 ◆

유 의 사 항

● 인적 사항 누락 및 잘못 작성으로 인한 불이익은 수험자 책임으로 합니다.

● 화면에 암호 입력창이 나타나면 아래의 암호를 입력하여야 합니다.
  ○ 암호 : 689*66

● 작성된 답안은 주어진 경로 및 파일명을 변경하지 마시고 그대로 저장해야 합니다. 이를 준수하지 않으면 실격처리 됩니다.

● 외부데이터 위치 : C:₩OA₩파일명

● 별도 지시사항이 없는 경우, 다음과 같이 처리 시 실격 처리됩니다.
  ○ 제시된 시트 및 개체의 순서나 이름을 임의로 변경한 경우
  ○ 제시된 시트 및 개체를 임의로 추가 또는 삭제한 경우

● 답안은 반드시 문제에서 지시 또는 요구한 셀에 입력하여야 하며 다음과 같이 처리 시 채점 대상에서 제외됩니다.
  ○ 수험자가 임의로 지시하지 않은 셀의 이동, 수정, 삭제, 변경 등으로 인해 셀의 위치 및 내용이 변경된 경우 해당 작업에 영향을 미치는 관련문제 모두 채점 대상에서 제외
  ○ 도형 및 차트의 개체가 중첩되어 있거나 동일한 계산결과 시트가 복수로 존재할 경우 해당 개체나 시트는 채점 대상에서 제외

● 수식 작성 시 제시된 문제 파일의 데이터는 변경 가능한(가변적) 데이터임을 감안하여 문제 풀이를 하시오.

● 별도의 지시사항이 없는 경우, 주어진 각 시트 및 개체의 설정값 또는 기본 설정값(Default)으로 처리하시오.

● 저장 시간은 별도로 주어지지 않으므로 제한된 시간 내에 저장을 완료해야 하며, 제한 시간 내에 저장이 되지 않은 경우에는 실격 처리됩니다.

● 출제된 문제의 용어는 Microsoft office 2016 기준으로 작성되어 있습니다.

대 한 상 공 회 의 소

문제 01 주어진 시트에서 다음 과정을 수행하고 저장하시오. 기본작업(20점)

1. '기본작업-1' 시트에 다음의 자료를 주어진 대로 입력하시오. (5점)

	A	B	C	D	E	F	G
1	거래처 연락 현황						
2							
3	거래처코드	거래처	대표자	업태	전화번호	거래기간	
4	K_1001	상공출판	이민군	출판인쇄	02)6070-3967	3년	
5	K_1002	상공유통시스템	양미리	도소매	031)4934-8463	2년	
6	K_1003	보험공제조합	군장신	비영리	031)4684-6878	5년	
7	K_1004	백성은행	이유만	금융	02)8684-5462	3년	
8	K_1005	유명정보통신	신상주	정보서비스	02)4354-8763	4년	
9	S_1001	한신출판	김치국	출판인쇄	02)7384-1387	5년	
10	S_1002	아시아OA유통	최치수	도소매	02)5070-6248	6년	
11	S_1003	국민광고기획	배기양	광고	02)5070-2984	3년	
12	S_1004	임금은행	박은형	금융	031)6397-5846	5년	
13	S_1005	천사테크노시스템	강신수	정보서비스	02)6847-8479	4년	
14							

2. '기본작업-2' 시트에 대하여 다음의 지시사항을 처리하시오. (각 2점)

① [A1:G1] 영역은 '병합하고 가운데 맞춤', 글꼴 '맑은 고딕', 글꼴 크기 '20', 글꼴 스타일 '굵게', 밑줄 '이중 실선'으로 지정하시오.

② [A13:D13] 영역은 '병합하고 가운데 맞춤'을 적용하고, [A3:G3] 영역은 셀 스타일 '강조색4'로 적용하시오.

③ [E4:G13] 영역은 사용자 지정 표시 형식을 이용하여 1000 단위 구분 기호와 숫자 뒤에 "원"을 표시 예와 같이 표시하시오. [표시 예 : 1000000 → 1,000,000원]

④ [D4:D12] 영역의 이름을 '근속기간'으로 정의하시오.

⑤ [A3:G13] 영역에 '모든 테두리(田)'를 적용한 후 '굵은 바깥쪽 테두리(回)'를 적용하여 표시하시오.

3. '기본작업-3' 시트에서 다음의 지시사항을 처리하시오. (5점)

– [F4:F12] 영역에서 '컴활용'이 포함되지 않은 셀에는 채우기 색을 '표준 색-노랑'으로 지정하는 조건부 서식을 작성하고, [A4:F12] 영역에 대하여 호봉이 '1~2호봉'인 행 전체에 대하여 글꼴 스타일 '굵은 기울임꼴', 글꼴 색 '표준색-빨강'을 지정하는 조건부 서식을 작성하시오.

▶ 단, 규칙 유형은 '다음을 포함하는 셀만 서식 지정'과 '수식을 사용하여 서식을 지정할 셀 결정'을 사용하시오.

문제 02 '계산작업' 시트에서 다음 과정을 수행하고 저장하시오. 계산작업(40점)

1. [표1]에서 독해와 청취 점수의 전체평균[D3:E8]과 개인별 독해와 청취 점수의 평균차[F3:F8]를 구하시오. (8점)

▶ AVERAGE, DAVERAGE, SUMIFS 함수 중 알맞은 함수 사용

2. [표2]에서 주차장[J3:J8] 평가가 우수(○)한 휴게소의 월매출액 평균[L10]을 구하시오. (8점)

▶ ○는 엑셀의 특수 기호임
▶ SUMIF, COUNTIF 함수 사용

3. [표3]에서 거주지[A12:A20]가 도시이면서 나이가 16 이상인 청소년의 평균 키[D23]를 구하시오. (8점)

▶ [B22:C23] 영역에 조건을 지정

▶ 평균 키는 소수점 이하 첫째 자리에서 올림하시오. → [표시 예 174.3 → 175]
▶ DSUM, DAVERAGE, ROUNDUP, ROUNDDOWN 함수 중 알맞은 함수들을 선택하여 사용

4. [표4]에서 1차, 2차, 3차 검사 결과가 각각 4점 이상이고, 1~3차 검색 결과의 표준편차가 0.7이상이면 '통보', 그렇지 않으면 공백으로 재검통보[L14:L23]에 표시하시오. (8점)

▶ IF, AND, MEDIAN, STDEV, MODE 중 알맞은 함수들을 선택하세요.

5. [표5]에서 총점[B29:G29]를 기준으로 수상내역[B30:G30]로 표시하시오. (8점)

▶ 수상내역표의 의미 : 순위가 1위면 '대상', 2위면 '금상', 3위면 '은상', 4~5위면 '동상', 6~7위면 '장려상' 이외에는 '참가상'을 적용함
▶ 총점이 높은사람이 1위
▶ HLOOKUP, RANK.EQ, ROW 함수 사용

문제 03 주어진 시트에서 다음 작업을 수행하고 저장하시오. `분석작업(20점)`

1. '분석작업-1' 시트에 대하여 다음의 지시사항을 처리하시오. (10점)

– '부서별 급여현황'을 이용하여 입사일은 '행', 직위는 '열', 'Σ' 값에 기본급과 실수령액의 합계를 계산하는 피벗 테이블을 작성하시오.

▶ 피벗 테이블 보고서는 동일 시트의 [A15] 셀에서 시작하시오.
▶ 피벗 테이블 옵션에서 '레이블이 있는 셀 병합 및 가운데 맞춤'을 설정하고, 행과 열의 총합계는 표시하지 마시오.
▶ 행의 입사일은 '월' 단위로 그룹화
▶ 피벗 테이블 스타일은 '피벗 스타일 보통 1'로 지정하시오.

2. '분석작업-2' 시트에 대하여 다음의 지시사항을 처리하시오. (10점)

– [부분합] 기능을 이용하여 〈그림〉과 같이 '지역'별로 '판매량'의 합계를 계산한 후 '판매금액'의 평균을 계산하시오.

▶ 정렬은 '지역'을 기준으로 '서울', '강원도', '충북', '부산'으로 정렬하고, '대리점코드'를 기준으로 오름차순으로 처리하시오.
▶ 합계와 평균은 위에 명시된 순서대로 처리하시오.

	A	B	C	D	E	F	G
1			2/4분기 아이스크림 판매 현황				
2							
3	지역	대리점코드	제품명	판매가격	판매량	판매금액	
4	서울	S001	수크리바	1,000	554,100	554,100,000	
5	서울	S002	더위사랑	1,500	631,500	947,250,000	
6	서울	S003	누구바	800	613,500	490,800,000	
7	서울	S004	빵빠레오	1,500	475,800	713,700,000	
8	서울 평균					676,462,500	
9	서울 요약				2,274,900		
10	강원도	G001	누구바	800	398,500	318,800,000	
11	강원도	G002	더위사랑	1,500	438,700	658,050,000	
12	강원도	G003	수크리바	1,000	357,900	357,900,000	
13	강원도	G004	빵빠레오	1,500	426,800	640,200,000	
14	강원도 평균					493,737,500	
15	강원도 요약				1,621,900		
16	충북	C001	빵빠레오	1,500	519,800	779,700,000	
17	충북	C002	수크리바	1,000	468,500	468,500,000	
18	충북	C003	누구바	800	425,800	340,640,000	
19	충북	C004	더위사랑	1,500	524,800	787,200,000	
20	충북 평균					594,010,000	
21	충북 요약				1,938,900		
22	부산	B001	빵빠레오	1,500	452,600	678,900,000	
23	부산	B002	더위사랑	1,500	632,000	948,000,000	
24	부산	B003	수크리바	1,000	572,000	572,000,000	
25	부산	B004	누구바	800	540,000	432,000,000	
26	부산 평균					657,725,000	
27	부산 요약				2,196,600		
28	전체 평균					605,483,750	
29	총합계				8,032,300		
30							

문제 04 주어진 시트에서 다음 작업을 수행하고 저장하시오.

기타작업(20점)

1. '매크로 작업' 시트의 [표]에서 다음과 같은 기능을 수행하는 매크로를 현재 통합 문서에 작성하고 실행하시오. (각 5점)

① [D13:F13] 영역에 평균을 계산하는 매크로를 생성하여 실행하시오.

▶ 매크로 이름 : 평균

▶ [개발 도구]-[삽입]-[양식 컨트롤]의 '단추'를 동일 시트의 [H3:I4] 영역에 생성하고, 텍스트를 '평균'으로 입력한 후 단추를 클릭할 때 '평균' 매크로가 실행되도록 설정하시오.

② [A3:F3] 영역에 채우기 색 '표준 색-노랑'을 적용하는 매크로를 생성하여 실행하시오.

▶ 매크로 이름 : 서식

▶ [도형]-[기본 도형]의 '빗면(□)'을 동일 시트의 [H6:I7] 영역에 생성하고, 텍스트를 '서식'으로 입력한 후 도형을 클릭할 때 '서식' 매크로가 실행되도록 설정하시오.

※ 셀 포인터의 위치에 상관없이 현재 통합 문서에서 매크로가 실행되어야 정답으로 인정됨

2. '차트작업' 시트의 차트를 지시사항에 따라 아래 그림과 같이 수정하시오. (각 2점)

※ 차트는 반드시 문제에서 제공한 차트를 사용하여야 하며, 신규로 작성 시 0점 처리됨

① '수량' 계열이 제거되도록 데이터 범위를 수정하시오.

② 전체 차트 종류는 '원형 대 가로 막대형'으로 변경하고 차트 제목은 〈그림〉과 같이 입력하시오.

③ '수입금액' 계열에 데이터 레이블을 '항목 이름'과 '백분율'로 표시하고, 레이블의 위치는 '자동 맞춤'으로 설정하시오.

④ 범례는 서식을 이용하여 위치를 '위쪽'으로 배치하고, 도형스타일은 '미세효과-빨강 강조 2'로 설정하시오.

⑤ 계열 '수입금액' 중 요소 인 '기타'를 분리하시오.

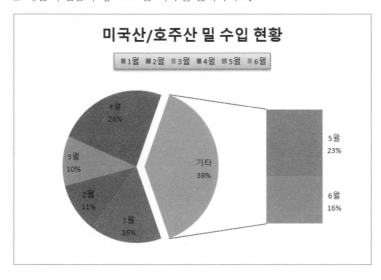

제 10 회 최신유형 기출문제 ∴정답∴

1. 기본작업-1

	A	B	C	D	E	F	G
1	거래처 연락 현황						
2							
3	거래처코드	거래처	대표자	업태	전화번호	거래기간	
4	K_1001	상공출판	이민군	출판인쇄	02)6070-3967	3년	
5	K_1002	상공유통시스템	양미리	도소매	031)4934-8463	2년	
6	K_1003	보험공제조합	군장신	비영리	031)4684-6878	5년	
7	K_1004	백성은행	이유만	금융	02)8684-5462	3년	
8	K_1005	유명정보통신	신상주	정보서비스	02)4354-8763	4년	
9	S_1001	한신출판	김치국	출판인쇄	02)7384-1387	5년	
10	S_1002	아시아OA유통	최치수	도소매	02)5070-6248	6년	
11	S_1003	국민광고기획	배기양	광고	02)5070-2984	3년	
12	S_1004	임금은행	박은형	금융	031)6397-5846	5년	
13	S_1005	천사테크노시스템	강신수	정보서비스	02)6847-8479	4년	
14							

2. 기본작업-2

	A	B	C	D	E	F	G	H
1	사원별 퇴직금 내역							
2								
3	부서	성명	직책	근속기간	기본급	수당	퇴직금	
4	영업부	김정화	부장	23	3,600,000원	1,000,000원	92,800,000원	
5	영업부	송구완	과장	19	3,000,000원	700,000원	64,000,000원	
6	영업부	김충렬	대리	7	2,400,000원	500,000원	21,800,000원	
7	인사부	최민준	부장	24	3,800,000원	1,000,000원	101,200,000원	
8	인사부	서강석	과장	13	2,800,000원	700,000원	43,400,000원	
9	인사부	이감찬	대리	8	2,100,000원	500,000원	21,800,000원	
10	생산부	김혜영	부장	22	3,500,000원	1,000,000원	87,000,000원	
11	생산부	이재석	과장	15	2,900,000원	700,000원	50,500,000원	
12	생산부	윤재욱	대리	6	2,000,000원	500,000원	17,000,000원	
13	평균				2,900,000원	733,333원	55,500,000원	
14								

3. 기본작업-3

	A	B	C	D	E	F	G
1	부서별 인적사항						
2							
3	사원번호	이름	성별	직책	호봉	자격증	
4	1001	박영모	남	대리	3	컴활용1급	
5	1002	이재관	남	과장	2	컴활용2급	
6	1003	문진호	남	부장	1	워드2급	
7	2004	김하영	여	대리	4	전산회계2급	
8	2005	이상은	여	대리	2	전산회계1급	
9	2006	임재성	남	과장	4	워드1급	
10	3007	손봉주	남	사원	3	정보기사	
11	3008	장금숙	여	사원	2	사무자동화	
12	3009	맹주표	남	대리	3	컴활용2급	
13							

4. 계산작업

	A	B	C	D	E	F	G	H	I	J	K	L	M
1	[표1]							[표2]				(단위 : 천 원)	
2	이름	학교명	학년	독해	청취	평균차		휴게소명	청결도	주차장	서비스	월매출액	
3	신성한	성포중	2학년	86	79	7		금강	○	○		₩ 5,465,000	
4	김은혜	청인중	3학년	98	94	-6		천안	○		○	₩ 3,681,000	
5	강심장	중앙중	3학년	95	85	0		안성		○	○	₩ 4,400,000	
6	노고리	서해중	3학년	87	88	2		오창	○	○	○	₩ 6,600,000	
7	안심해	군자중	2학년	92	91	-2		입장	○	○		₩ 3,824,000	
8	허영심	매향중	3학년	91	89	0		화성	○		○	₩ 4,867,000	
9													
10	[표3]							주차장 우수 휴게소의 월매출액 평균				₩ 5,072,250	
11	거주지	이름	성별	나이	키	몸무게							
12	농촌	이재능	남	16	171	62		[표4]					
13	도시	전천우	남	15	167	66		환자코드	1차검사	2차검사	3차검사	재검통보	
14	도시	윤미윤	여	16	159	50		A001	3	3	4		
15	농촌	여민홍	여	16	161	50		A002	2	5	5		
16	어촌	성일화	남	15	170	57		A003	4	4	6	통보	
17	도시	김선호	남	16	174	60		A004	2	3	3		
18	어촌	임상희	여	15	162	48		A005	2	2	5		
19	농촌	고한숙	여	15	163	52		A006	5	5	7	통보	
20	어촌	김회식	남	15	166	60		A007	5	6	6		
21								A008	1	2	2		
22		거주지	나이	도시 청소년 키 평균				A009	1	1	3		
23		도시	>=16	167				A010	5	5	5		
24													
25	[표5]												
26	이름	김시준	최미령	지승훈	이성부	윤성천	조희미						
27	창의성	88	98	84	79	86	91						
28	예술성	90	94	93	87	77	90						
29	총점	178	192	177	166	163	181						
30	수상내역	은상	대상	동상	동상	장려상	금상						
31													

5. 분석작업-1

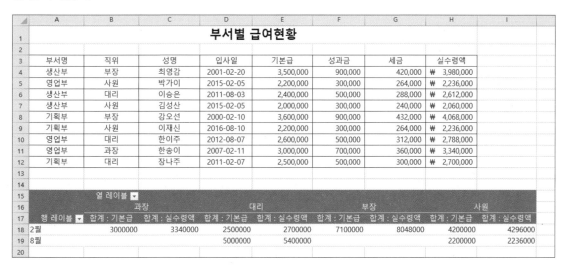

	A	B	C	D	E	F	G	H	I
1	부서별 급여현황								
2									
3	부서명	직위	성명	입사일	기본급	성과금	세금	실수령액	
4	생산부	부장	최영감	2001-02-20	3,500,000	900,000	420,000	₩ 3,980,000	
5	영업부	사원	박가이	2015-02-05	2,200,000	300,000	264,000	₩ 2,236,000	
6	생산부	대리	이승은	2011-08-03	2,400,000	500,000	288,000	₩ 2,612,000	
7	생산부	사원	김성산	2015-02-05	2,000,000	300,000	240,000	₩ 2,060,000	
8	기획부	부장	강오선	2000-02-10	3,600,000	900,000	432,000	₩ 4,068,000	
9	기획부	사원	이재신	2016-08-10	2,200,000	300,000	264,000	₩ 2,236,000	
10	영업부	대리	한이주	2012-08-07	2,600,000	500,000	312,000	₩ 2,788,000	
11	영업부	과장	한송이	2007-02-11	3,000,000	700,000	360,000	₩ 3,340,000	
12	기획부	대리	장나주	2011-02-07	2,500,000	500,000	300,000	₩ 2,700,000	
13									
14									
15		열 레이블 ▾							
16		과장		대리		부장		사원	
17	행 레이블 ▾	합계 : 기본급	합계 : 실수령액	합계 : 기본급	합계 : 실수령액	합계 : 기본급	합계 : 실수령액	합계 : 기본급	합계 : 실수령액
18	2월	3000000	3340000	2500000	2700000	7100000	8048000	4200000	4296000
19	8월			5000000	5400000			2200000	2236000
20									

6. 분석작업-2

1 2 3 4		A	B	C	D	E	F	G
	1			2/4분기 아이스크림 판매 현황				
	2							
	3	지역	대리점코드	제품명	판매가격	판매량	판매금액	
	4	서울	S001	수크리바	1,000	554,100	554,100,000	
	5	서울	S002	더위사랑	1,500	631,500	947,250,000	
	6	서울	S003	누구바	800	613,500	490,800,000	
	7	서울	S004	빵빠레오	1,500	475,800	713,700,000	
	8	서울 평균					676,462,500	
	9	서울 요약				2,274,900		
	10	강원도	G001	누구바	800	398,500	318,800,000	
	11	강원도	G002	더위사랑	1,500	438,700	658,050,000	
	12	강원도	G003	수크리바	1,000	357,900	357,900,000	
	13	강원도	G004	빵빠레오	1,500	426,800	640,200,000	
	14	강원도 평균					493,737,500	
	15	강원도 요약				1,621,900		
	16	충북	C001	빵빠레오	1,500	519,800	779,700,000	
	17	충북	C002	수크리바	1,000	468,500	468,500,000	
	18	충북	C003	누구바	800	425,800	340,640,000	
	19	충북	C004	더위사랑	1,500	524,800	787,200,000	
	20	충북 평균					594,010,000	
	21	충북 요약				1,938,900		
	22	부산	B001	빵빠레오	1,500	452,600	678,900,000	
	23	부산	B002	더위사랑	1,500	632,000	948,000,000	
	24	부산	B003	수크리바	1,000	572,000	572,000,000	
	25	부산	B004	누구바	800	540,000	432,000,000	
	26	부산 평균					657,725,000	
	27	부산 요약				2,196,600		
	28	전체 평균					605,483,750	
	29	총합계				8,032,300		
	30							

7. 매크로 작업

	A	B	C	D	E	F	G	H	I	J
1			[표] 임금명세표							
2										
3	이름	직위	상여율	기본급	상여금	총급여액		평균		
4	박동준	대리	20%	150,000	30,000	180,000				
5	윤기철	과장	30%	230,000	69,000	299,000				
6	박영모	부장	40%	260,000	104,000	364,000		서식		
7	문진호	과장	40%	220,000	88,000	308,000				
8	이재관	부장	50%	270,000	135,000	405,000				
9	이상은	과장	40%	230,000	92,000	322,000				
10	임재성	대리	30%	180,000	54,000	234,000				
11	원세진	대리	30%	190,000	57,000	247,000				
12	장금숙	부장	50%	265,000	132,500	397,500				
13		평균		221,667	84,611	306,278				
14										

8. 차트 작업

	A	B	C	D	E
1	밀 수입 현황				
2					
3	수입월	원산지	수량	kg당 단가	수입금액
4	1월	미국산	24,000	350	8,400,000
5	2월	호주산	15,000	380	5,700,000
6	3월	미국산	15,000	375	5,625,000
7	4월	미국산	35,000	367	12,845,000
8	5월	호주산	34,000	360	12,240,000
9	6월	호주산	27,000	320	8,640,000

미국산/호주산 밀 수입 현황

■1월 ■2월 ■3월 ■4월 ■5월 ■6월

4월 24%
3월 10%
2월 11%
1월 16%
기타 39%
5월 23%
6월 16%

제 10 회 최신유형 기출문제 ∶ 해설 ∶

문제 01 기본작업(20점)

1. 기본작업-2

	A	B	C	D	E	F	G	H
1			사원별 퇴직금 내역					
2								
3	부서	성명	직책	근속기간	기본급	수당	퇴직금	
4	영업부	김정화	부장	23	3,600,000원	1,000,000원	92,800,000원	
5	영업부	송구완	과장	19	3,000,000원	700,000원	64,000,000원	
6	영업부	김충렬	대리	7	2,400,000원	500,000원	21,800,000원	
7	인사부	최민준	부장	24	3,800,000원	1,000,000원	101,200,000원	
8	인사부	서강석	과장	13	2,800,000원	700,000원	43,400,000원	
9	인사부	이감찬	대리	8	2,100,000원	500,000원	21,800,000원	
10	생산부	김혜영	부장	22	3,500,000원	1,000,000원	87,000,000원	
11	생산부	이재석	과장	15	2,900,000원	700,000원	50,500,000원	
12	생산부	윤재욱	대리	6	2,000,000원	500,000원	17,000,000원	
13	평균				2,900,000원	733,333원	55,500,000원	
14								

2. 기본작업-3

	A	B	C	D	E	F	G
1			부서별 인적사항				
2							
3	사원번호	이름	성별	직책	호봉	자격증	
4	1001	박영모	남	대리	3	컴활용1급	
5	1002	이재관	남	과장	2	컴활용2급	
6	1003	문진호	남	부장	1	워드2급	
7	2004	김하영	여	대리	4	전산회계2급	
8	2005	이상은	여	대리	2	전산회계1급	
9	2006	임재성	남	과장	4	워드1급	
10	3007	손봉주	남	사원	3	정보기사	
11	3008	장금숙	여	사원	2	사무자동화	
12	3009	맹주표	남	대리	3	컴활용2급	
13							

▶ [홈] 탭-[스타일] 그룹-[조건부 서시]-[새 규칙]

▶ [홈] 탭-[스타일] 그룹-[조건부 서식]-[새 규칙]

문제 02 계산작업(40점)

	A	B	C	D	E	F	G	H	I	J	K	L	M
1	[표1]							[표2]				(단위 : 천 원)	
2	이름	학교명	학년	독해	청취	평균차		휴게소명	청결도	주차장	서비스	월매출액	
3	신성한	성포중	2학년	86	79	7		금강	○	○	○	₩ 5,465,000	
4	김은혜	청인중	3학년	98	94	-6		천안	○		○	₩ 3,681,000	
5	강심장	중앙중	3학년	95	85	0		안성		○	○	₩ 4,400,000	
6	노고리	서해중	3학년	87	88	2		오창	○	○	○	₩ 6,600,000	
7	안심해	군자중	2학년	92	91	-2		입장	○	○		₩ 3,824,000	
8	허영심	매향중	3학년	91	89	0		화성	○		○	₩ 4,867,000	
9													
10	[표3]							주차장 우수 휴게소의 월매출액 평균				₩ 5,072,250	
11	거주지	이름	성별	나이	키	몸무게		[표4]					
12	농촌	이재능	남	16	171	62		환자코드	1차검사	2차검사	3차검사	재검통보	
13	도시	전천우	남	15	167	66		A001	3	3	4		
14	도시	윤미윤	여	16	159	50		A002	2	5	5		
15	농촌	여민홍	여	16	161	50		A003	4	4	6	통보	
16	어촌	성일화	남	15	170	57		A004	2	3	3		
17	도시	김선호	남	16	174	60		A005	2	2	5		
18	어촌	임상희	여	15	162	48		A006	5	5	7	통보	
19	농촌	고한숙	여	15	163	52		A007	5	6	6		
20	어촌	김회식	남	15	166	60		A008	1	2	2		
21								A009	1	1	3		
22		거주지	나이	도시 청소년 키 평균				A010	5	5	5		
23		도시	>=16	167									
24													
25	[표5]												
26	이름	김시준	최미령	지승훈	이성부	윤성천	조희미						
27	창의성	88	98	84	79	86	91						
28	예술성	90	94	93	87	77	90						
29	총점	178	192	177	166	163	181						
30	수상내역	은상	대상	동상	동상	장려상	금상						
31													

▶ 함수식

[표1] 평균차[F3:F8]	[F3] 셀에 '=AVERAGE($D$3:$E$8)-AVERAGE(D3:E3)'을 입력한 후, 채우기 핸들을 [F8] 셀까지 드래그 합니다.
[표2] 월매출액 평균[L10]	[L10] 셀에 '=SUMIF(J3:J8,"○",L3:L8)/COUNTIF(J3:J8,"○")'을 입력합니다.

[표3] 키 평균[D23]	[D23] 셀에 '=ROUNDUP(DAVERAGE(A11:F20,E11,B22:C23),0)'을 입력합니다.
[표4] 재검통보[L14:L23]	[L14] 셀에 '=IF(AND(I14>=4,J14>=4,K14>=4,STDEV(I14:K14)>=0.7),"통보"," ")'를 입력한 후, 채우기 핸들을 [L23] 셀까지 드래그 합니다.
[표5] 수상내역[B30:G30]	[B30] 셀에 '=HLOOKUP(RANK.EQ(B29,$B$29:$G$29,0),$B$33:$G$34,ROW()-28)'를 입력한 후, 채우기 핸들을 [G30] 셀까지 드래그 합니다.

문제 **03** 분석작업(20점)

1. 분석작업-1

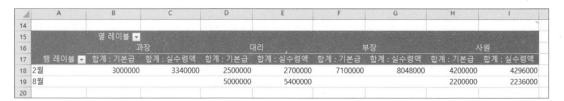

	A	B	C	D	E	F	G	H	I
14									
15		열 레이블 ▼							
16		과장		대리		부장		사원	
17	행 레이블 ▼	합계 : 기본급	합계 : 실수령액	합계 : 기본급	합계 : 실수령액	합계 : 기본급	합계 : 실수령액	합계 : 기본급	합계 : 실수령액
18	2월	3000000	3340000	2500000	2700000	7100000	8048000	4200000	4296000
19	8월			5000000	5400000			2200000	2236000
20									

▶ [삽입] 탭-[표] 그룹-[피벗 테이블] 이용

2. 분석작업-2

1 2 3 4	A	B	C	D	E	F	G
1			2/4분기 아이스크림 판매 현황				
2							
3	지역	대리점코드	제품명	판매가격	판매량	판매금액	
4	서울	S001	수크리바	1,000	554,100	554,100,000	
5	서울	S002	더위사랑	1,500	631,500	947,250,000	
6	서울	S003	누구바	800	613,500	490,800,000	
7	서울	S004	빵빠레오	1,500	475,800	713,700,000	
8	서울 평균					676,462,500	
9	서울 요약				2,274,900		
10	강원도	G001	누구바	800	398,500	318,800,000	
11	강원도	G002	더위사랑	1,500	438,700	658,050,000	
12	강원도	G003	수크리바	1,000	357,900	357,900,000	
13	강원도	G004	빵빠레오	1,500	426,800	640,200,000	
14	강원도 평균					493,737,500	
15	강원도 요약				1,621,900		
16	충북	C001	빵빠레오	1,500	519,800	779,700,000	
17	충북	C002	수크리바	1,000	468,500	468,500,000	
18	충북	C003	누구바	800	425,800	340,640,000	
19	충북	C004	더위사랑	1,500	524,800	787,200,000	
20	충북 평균					594,010,000	
21	충북 요약				1,938,900		
22	부산	B001	빵빠레오	1,500	452,600	678,900,000	
23	부산	B002	더위사랑	1,500	632,000	948,000,000	
24	부산	B003	수크리바	1,000	572,000	572,000,000	
25	부산	B004	누구바	800	540,000	432,000,000	
26	부산 평균					657,725,000	
27	부산 요약				2,196,600		
28	전체 평균					605,483,750	
29	총합계				8,032,300		
30							

▶ [데이터] 탭-[윤곽선] 그룹-[부분합]을 이용

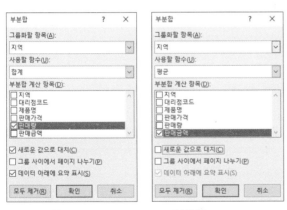

▲ 1차 부분합   ▲ 2차 부분합

문제 04 기타작업(20점)

1. 매크로 작업

	이름	직위	상여율	기본급	상여금	총급여액
1			**[표] 임금명세표**			
2						
3	이름	직위	상여율	기본급	상여금	총급여액
4	박동준	대리	20%	150,000	30,000	180,000
5	윤기철	과장	30%	230,000	69,000	299,000
6	박영모	부장	40%	260,000	104,000	364,000
7	문진호	과장	40%	220,000	88,000	308,000
8	이재관	부장	50%	270,000	135,000	405,000
9	이상은	과장	40%	230,000	92,000	322,000
10	임재성	대리	30%	180,000	54,000	234,000
11	원세진	대리	30%	190,000	57,000	247,000
12	장금숙	부장	50%	265,000	132,500	397,500
13		평균		221,667	84,611	306,278
14						

평균

서식

▶ [양식 컨트롤]-<단추>에 '평균' 매크로 지정

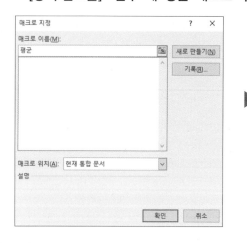

▶ '빗면' 도형에 '서식' 매크로 지정

2. 차트 작업

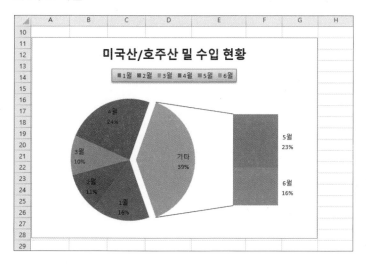

▶ 데이터 범위 수정하기

차트영역에서 마우스 오른쪽 버튼-[바로가기]메뉴-[데이터 선택]을 클릭한 다음 범례항목(계열)에서 '수량'을 선택하고, [제거]버튼을 누릅니다.

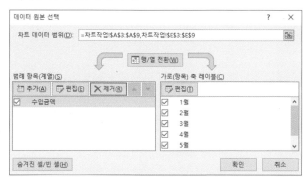

▶ 차트종류 변경하기

차트영역에서 마우스 오른쪽 버튼-[바로가기]메뉴-[차트 종류 변경]-[원형]에서 '원형 대 가로 막대형'을 클릭하여 선택합니다.

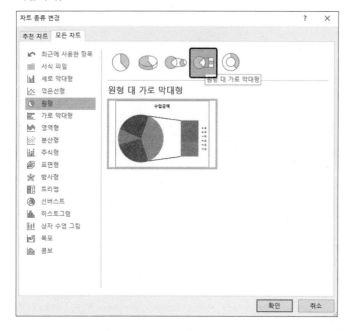

▶ 데이터 레이블 추가하기

① 왼쪽의 원형을 선택하고 오른쪽 버튼-[바로가기]메뉴-[데이터 레이블 추가]-[데이터 레이블 추가]를 클릭합니다.
② 삽입된 레이블을 선택하고 오른쪽 버튼-[데이터 레이블 서식]을 클릭합니다.
③ [데이터 레이블 서식]의 레이블 옵션에서 〈레이블 내용〉 항목 중 '항목 이름', '백분율'을 체크합니다.
   (〈레이블 내용〉 중 '값'은 체크 해제합니다.)

▶ 범례의 위치변경과 스타일 지정하기

① 차트 영역을 클릭한 후, [차트 도구]-[디자인] 탭의 [차트 레이아웃] 그룹에서 [차트 요소 추가]-[범례]-[위쪽]을 클릭합니다.
② 범례를 선택한 후 [차트도구]메뉴-[서식]탭-[도형 스타일]그룹-도형스타일의 ▽(자세히) 단추를 클릭하고 '미세효과-빨강 강조 2'를 선택합니다.

▶ 계열 '수입금액' 중 요소인 '기타'를 분리

① 왼쪽의 원형을 클릭후 '기타' 요소를 한번 더 클릭하여 '기타' 요소만 선택합니다.
② 선택된 '기타' 요소를 오른쪽으로 드래그하여 분리합니다.